Versunkene Welt: Der Küstenverlauf entspricht der Zeit der Schamanin von Bad Dürrenberg um 7000 vor Christus.

Harald Meller
Kai Michel

DAS RÄTSEL DER SCHAMANIN

Eine archäologische Reise zu unseren Anfängen

Rowohlt

2. Auflage 2024

Originalausgabe
Veröffentlicht im Rowohlt Verlag, Hamburg, November 2022

Karte und Zeitstrahl Peter Palm, Berlin
(Vorarbeiten von Anna Swieder und Anne Gottstein, LDA Sachsen-Anhalt)
Satz aus der Minion Pro
bei Dörlemann Satz, Lemförde
Druck und Bindung GGP Media GmbH, Pößneck, Germany
ISBN 978-3-498-00301-2

INHALT

BASED ON A TRUE STORY

Wann macht man schon mal jemanden um 9000 Jahre jünger? Doch wir haben keine Wahl, soll nicht alles am Alter scheitern. Der Computer der Patientenaufnahme im Universitätsklinikum Halle akzeptiert das Geburtsjahr nicht. Wie oft wir es auch versuchen, das System weigert sich; ganz gleich, ob wir nun 7000 oder 6900 vor Christus eingeben. So genau wissen wir es nämlich nicht. Also müssen wir beim Alter schummeln: «Ihr Geburtstag ist der 4. Mai 1934.» Immerhin ist das der Tag, an dem unsere Patientin das Licht der Welt erblickte – wenn auch bereits zum zweiten Mal.

Es funktioniert. Der Computer fragt nach dem Vornamen. «Schamanin», antworten wir wie aus einem Munde. Nachname? «von Bad Dürrenberg». Wohnort? «Landesmuseum für Vorgeschichte, Richard-Wagner-Straße 9, 06114 Halle an der Saale.» Krankenversicherungsnummer? Wir schauen einander ratlos an. Zum Glück rettet uns der Direktor der Klinik für Radiologie, der Medizinprofessor Walter Wohlgemuth: «Im Fall einer so prominenten Frau drücken wir ein Auge zu. Es ist uns eine Ehre, die Schamanin von Bad Dürrenberg zu untersuchen. Auch ohne Krankenversicherungsnummer.»

Die anfänglichen Schwierigkeiten bügelt unsere Patientin mit immenser Geduld aus. Wo andere für verwackelte Bilder sorgen, weil sie nicht so lange still sitzen können, besticht sie mit Todesruhe. Per DVT, also digitaler Volumentomografie, wird heute der Kieferbereich untersucht. Die Radiologie-Assistentinnen geben ihr Bestes, den Schädel richtig zu platzieren und sicherzustellen, dass er nicht herabfällt. Normalerweise tragen die Patienten hier ihren Kopf fest auf dem Hals.

So fasziniert das medizinische Personal vom Erhaltungszustand des über 9000 Jahre alten Gebisses ist – «Solch gute Zähne haben nicht alle unsere Patienten» –, so ergriffen zeigen sich die Assistentinnen, als sie registrieren, dass die oberen Schneidezähne auf der Innenseite bis in die Zahnhöhlen hinein geöffnet sind: «Das muss höllisch wehgetan haben.»

Von den Untersuchungen am Uniklinikum erhoffen wir uns, mehr darüber zu erfahren, ob die Schamanin von Bad Dürrenberg Begabungen der besonderen Art besaß. Wir möchten wissen, ob sie Zugang zu Sphären hatte, die anderen verborgen blieben.

*

Ein über 9000 Jahre alter Fall – das nennt man wohl einen Cold Case. Viel kältere Fälle sind kaum denkbar. Und in wenigen war man so lange auf der falschen Spur. Als die Nazis an jenem besagten 4. Mai 1934 im Kurpark von Bad Dürrenberg auf das Grab stießen, waren sie sicher, einen alten weißen Mann entdeckt zu haben. Mittlerweile wissen wir: Es handelte sich um eine Frau, Anfang, Mitte dreißig. Und die neuen genetischen Untersuchungen verraten: Sie war nicht weiß. Ihre Hautfarbe war so dunkel, dass man sie, lebte sie heute, der Kategorie *BIPoC*, also *Black, Indigenous, People of Colour* zurechnen würde. Indigen war sie in jedem Fall: Sie ist einer der ältesten bisher gefundenen Menschen Sachsen-Anhalts. Selten hat man sich in einer Person so sehr getäuscht wie in dieser Frau.

Die Nazis glaubten, mit dem Grab den Beweis gefunden zu haben, dass die Arier nicht aus Indien oder Tibet stammten, sondern aus dem Herzen Deutschlands. Dass die Tote ein Kind, das nicht einmal ein Jahr alt geworden war, auf dem Schoß, vielleicht sogar in den Armen hielt, interessierte sie nicht im Geringsten. Ebenso wenig schenkten sie dem Reichtum der Beigaben Beachtung, dabei könnten diese jedem Harry-Potter-Roman zur Ehre gereichen, so eigentümlich sind sie.

Die Nazis waren allein daran interessiert, das Grab zu einem zentralen Baustein ihrer wahnwitzigen Rassenideologie zu machen. Kein Wunder, dass es nach 1945 weitgehend in Vergessenheit geriet.

Erst seit einigen Jahren kursiert der Verdacht, dass diese Frau eine Schamanin gewesen sein könnte – eine mächtige Frau, die im engen Kontakt mit den Schicksalskräften stand. Dank glücklicher Umstände können wir diesem Verdacht heute auf den Grund gehen und uns an die Aufklärung des ebenso spektakulären wie geheimnisvollen Falls machen. Wir wollen herausfinden, wer diese Frau wirklich war und was es mit dem Kind an ihrer Seite auf sich hat.

Dazu hat ein interdisziplinäres Ermittlungsteam die Arbeit aufgenommen: Archäologen, die sich durch Tonnen an Gestein graben; Genetiker, die uraltes Erbgut entschlüsseln; Anthropologen, die Skeletten noch das letzte Geheimnis abringen; Mediziner, die modernste Diagnostik nutzen, und Materialspezialisten, die ihr kriminologisches Geschick beweisen. Der Aufwand lohnt sich: Schließlich geht es nicht nur um einen der bedeutendsten archäologischen Funde Europas. Dieser Cold Case eröffnet auch die Möglichkeit einer Archäologie unserer selbst.

*

Tatsächlich ist es schwer, einen archäologischen Fall zu finden, der uns persönlich mehr anginge. Die Schamanin von Bad Dürrenberg entstammt dem Mesolithikum, der auf das Ende der Eiszeit folgenden Mittelsteinzeit. Das mag spröde klingen, doch stellt diese Phase eine entscheidende Wegscheide der Menschheitsgeschichte dar. Es kündigte sich bereits das Neolithikum an, die Zeit, in der die Menschen begannen, ein neuartiges, nämlich sesshaftes Leben mit Ackerbau und Viehzucht zu führen. Wir können hautnah den Anfang jener komplexen Veränderungen beobachten, denen wir die moderne Welt verdanken – mit all ihren Wunderwerken, aber auch den unzähligen Problemen, die uns heute zusetzen und deren Tragweite wir noch nicht in Gänze erkannt haben.

Vielleicht mag die Gletschermumie des vor 5300 Jahren in den Alpen umgekommenen Ötzi spektakulärer erscheinen. Auch hat er der Wissenschaft ungemein wertvolle Erkenntnisse beschert. Doch stammt Ötzi bereits aus der Zeit, als die Menschen ihre ursprüngliche Lebensweise aufgegeben hatten. Ohne dass das despektierlich klingen soll: Die Welt eines neolithischen Alpenbauern ist für unser heutiges Alltagsleben von eher untergeordneter Bedeutung.

Auch die Schätze des Tutanchamun sind um Lichtjahre grandioser als die Funde aus Bad Dürrenberg. Der goldene Sarkophag ist eines der prachtvollsten Stücke der Archäologie. Trotzdem: So viel Wissen wir aus der Grabkammer im ägyptischen Tal der Könige gewinnen mögen, verrät uns deren Pomp vor allem etwas über das Leben der Herrscherelite im Alten Ägypten vor 3300 Jahren. Mit unseren persönlichen Sorgen hat dieser Pharao, so wunderbar er auch sein mag, nichts zu tun.

Anders verhält es sich mit dem Doppelgrab, das hoch über der Saale im heutigen Kurpark von Bad Dürrenberg unweit der für seine Zaubersprüche bekannten Stadt Merseburg liegt. Als reichste Bestattung ihrer Zeit in Mitteleuropa ist das Grab nicht nur archäologisch außergewöhnlich. Es geht uns alle an. Und zwar aus mindestens fünf Gründen:

Erstens: Es stammt aus jener Epoche, in der sich unser Schicksal entschied. Jene beiden, die dort in rot gefärbter Erde gebettet 9000 Jahre verbrachten, als lägen sie im Mutterbauch der Erde, gehören zu den Letzten, die in der Mitte Europas so lebten, wie es die Menschen die längste Zeit der Evolutionsgeschichte getan haben: jagend und sammelnd, hochmobil, in kleinen egalitären Gruppen. Die aus dieser ursprünglichen Lebensweise resultierenden psychologischen Anpassungen haben sich tief in unser aller Wesen eingeschrieben. Ohne die Kenntnis dieses Daseins können wir uns selbst nicht verstehen.

Zweitens: Der Umstand, dass es der schriftlosen Vorgeschichte an Quellen mangelt, um das Denken der Menschen zu verstehen und ihren Glauben zu rekonstruieren, verleiht dem Doppelgrab enorme

Relevanz. Allein das Ensemble der Beigaben, die von der tiefen Verehrung der Verstorbenen zeugen, erweist sich als inspirierendes Rätselbild. Dessen Entschlüsselung gewährt uns Einsichten in die Anfänge von Religion, Spiritualität und die Wurzeln des Menschseins, die sonst kaum oder gar nicht zu gewinnen sind.

Drittens: Der Fall der Schamanin führt uns vor Augen, warum heute so viele Menschen über Resonanz- und Transzendenzverlust klagen und unter der Absurdität des Alltags leiden. Wie schrieb der Philosoph Albert Camus in *Der Mythos des Sisyphos*? Das Absurde des modernen Lebens entsteht aus «der Gegenüberstellung des Menschen, der fragt, und der Welt, die vernunftwidrig schweigt». Wir begeben uns in eine Zeit, in der die Welt den Menschen noch viel zu sagen hatte und niemand verzweifelt nach dem Sinn des Lebens suchte.

Viertens liefert das Grab Einblicke in das einstige Verhältnis der Geschlechter. Die Bestattung zeigt: Das bedeutendste bisher bekannte Begräbnis dieses Zeitalters in Mitteleuropa gehört einer Frau. Und das ist kein Einzelfall. Noch ist das Patriarchat nicht erfunden. Wir werden aber auch einige der Ursachen identifizieren, die das uralte Gleichgewicht zwischen Männern und Frauen ins Wanken brachten.

Schließlich, fünftens, ermöglicht die Schamanin uns, in eine Welt zu reisen, die völlig anders geartet ist als die unsere. Sie konfrontiert uns mit Fragen, die sich heute angesichts der immer offensichtlicheren Grenzen eines technokratischen, auf Ausbeutung der Natur gegründeten Weltverständnisses mit großer Vehemenz stellen. Wir werden Pfaden folgen, die verlockend erscheinen, wenn es darum geht, doch noch einen Ausweg aus der Bredouille zu finden, in die wir uns selbst und die anderen Lebewesen auf diesem Planeten gebracht haben.

*

Doch Vorsicht, wir begeben uns auf heikles Terrain. Schon vor über 100 Jahren polterte der Ethnologe Arnold van Gennep, unter all den vagen Begriffen, mit denen sich die Religionswissenschaft herumschlagen müsste, sei «Schamanismus» der wohl gefährlichste. Noch heute herrscht alles andere als Einigkeit, was das überhaupt sein soll. Die einen mögen allenfalls in Hinsicht auf bestimmte Kulturen Sibiriens davon sprechen, und zwar im Fall jener, bei denen sich Schamanen durch den steten Schlag der Trommel in Trance versetzen, um ihre Seelen in die Sphären der Geister zu schicken, wo sie Hilfe und Heilung für die Gemeinschaft suchen. Für die anderen repräsentiert Schamanismus ein universelles Phänomen, das rund um den Globus zu finden ist. Sie halten ihn für die älteste Religion der Menschheit, womöglich sogar für eine verschüttete Quelle globaler Spiritualität.

Deshalb möchten wir betonen, dass für uns die Frage, ob wir es vor 9000 Jahren im Herzen Deutschlands wirklich mit einer Schamanin zu tun haben, keinesfalls vorab entschieden ist. Das mag paradox klingen, wird doch diese mysteriöse Frau aus den Tiefen unserer Vorgeschichte seit einigen Jahren im Museum in Halle als «Schamanin von Bad Dürrenberg» präsentiert. Ein Etikettenschwindel?

Nein, dafür gibt es gute Gründe. Doch handelte es sich bisher, wie es so oft in der Archäologie der Fall ist, nur um eine begründete Hypothese. Da wir es aber mit solch einem spektakulären und aussagekräftigen Fall zu tun haben und die Wissenschaft mittlerweile über ganz neue Möglichkeiten verfügt, werden wir alles unternehmen, den Schamanismusverdacht zu erhärten – oder zu widerlegen. Vor allem ist in den letzten Jahren das allgemeine Bewusstsein gewachsen, dass wir unseren traditionellen Vorstellungen in vielen Bereichen nicht recht trauen sollten. Gerade wenn es um fremde Kulturen geht, haben wir es mit meist veralteten Begrifflichkeiten und Konzepten zu tun, die nicht selten kolonial kontaminiert sind. Auch unsere eigene Vergangenheit ist davon betroffen. Denn das Mesolithikum im Herzen Deutschlands, das von etwa 9600 bis 5500 vor Christus dauerte, ist uns viel fremder, als es heutige Stammeskulturen in Neuguinea oder dem Dschungel Südamerikas sein mögen.

Tatsächlich spricht in Sachen Schamanismus einiges dafür, dass es sich in nicht unbeträchtlichen Maßen um ein westliches Phantasma handelt. Das ist fatal. Denn wenn wir verstehen wollen, wo wir her-

Meister der Trance: Schamanen gelten als Mittler zwischen dem Reich der Menschen und dem Reich der Geister. Sie nehmen alle Gefahren auf sich, um ihrer Gemeinschaft zu helfen. Schamane der Nanaj aus dem Amur-Gebiet in Ostsibirien an der Grenze zu China (1896).

kommen und wie diese Ursprünge unsere Gefühle, Sehnsüchte und Intuitionen geprägt haben, dürfen wir nicht möglichen Fantasieprodukten nachjagen, mögen sie noch so schillernd sein.

Das macht diese mesolithische Doppelbestattung so wichtig: Sie entstammt einer Zeit vor all dem, was man «Zivilisation» nennt. Alle späteren Überlieferungen sind kulturell verzerrt. Unser Cold Case verspricht Authentizität. Indem wir dem Schamanismusverdacht nachgehen, erkunden wir die Wurzeln menschlichen Seins. Das ist das Versprechen, das die Frau und das Kind von Bad Dürrenberg zu bieten haben: *based on a true story.*

*

Nun haben wir mit einem für schriftlose Kulturen typischen Problem zu kämpfen: Wir kennen keine Namen. Da wir nicht zur Datenbanknummer BDB001 greifen möchten, wie es etwa die Archäogenetiker tun, sehen wir vorerst keine andere Wahl, als bei Schamanin im Sinne eines Eigennamens zu bleiben. Und Schamanin hat ja schon der Computer der Patientenaufnahme im Uniklinikum Halle geschluckt. Ob sie eine war – wir werden keinen Aufwand scheuen, das herauszufinden.

Wir haben es mit alles anderem als einem Nischenthema zu tun. Es geht um unser aller Zukunft in einer postreligiösen Welt. Dass heute Schamanismus boomt, ist als ein aufschlussreiches Zeitphänomen zu werten. Wir kennen die Bilder von sibirischen oder mongolischen Schamanen in prächtigen Gewändern. Wir haben von den Jaguar-Schamanen des Amazonas gehört. Nicht wenige Menschen versichern sich des Beistands von Krafttieren oder haben Erfahrungen mit bewusstseinserweiternden Substanzen wie Ayahuasca oder psilocybinhaltigen *Magic Mushrooms* gemacht.

In Europa kehren die Menschen den traditionellen Religionen den Rücken. Viele suchen nach neuen Wegen, Resonanz der außeralltäglichen Art zu erfahren. Die einen finden ihr Glück in Seelenreisen, in der Kontaktaufnahme mit den Ahnen oder Schwitzhüttenritualen; andere entwickeln sich dank Meditation, Heilsteinen oder Mondritualen spirituell weiter. Manche driften auch völlig ab. Den meisten indes genügt schon die gelegentliche Möglichkeit, der allzu rationalen Alltagswelt zu entfliehen, sei es mit einem Fantasy-Roman auf dem Sofa, Serien à la *Game of Thrones* oder der Kostümplanung für die nächste *Comic Con*.

Längst muss man für all das nicht mehr in ferne Sphären reisen. Schamanismus hat auch hierzulande die esoterischen Zirkel verlassen und ist auf bestem Weg, einen festen Platz im Repertoire einer modernen Spiritualität zu erhalten, von der sich viele die Erkenntnis ihrer selbst und den Zugang zu neuen Energien erhoffen. Schamanismus gilt als Mittel der Selbstermächtigung. Schamanen gehören zu den Sehnsuchtsgestalten unserer Tage.

Für nicht wenige jedoch zählen sie zu den Schreckgespenstern. Es gibt Spinner und Scharlatane, die zweifelhaften, wenn nicht schlimmeren Rat erteilen. Verdächtig oft finden wir sie unter den Hohepriestern grassierender Verschwörungskulte. Wir erinnern uns alle an jenen «QAnon»-Schamanen, der mit Kojotenfell und Bisonhörnern als schrecklich obskure Ikone des gewaltsamen Sturms auf das amerikanische Kapitol in Washington 2021 durch die Weltpresse ging. Auch das sind Phänomene, die aus dem Wegfall jener kirchlichen Institutionen resultieren, die den Westen über viele Jahrhunderte fest im Griff hatten.

Dank des immer besseren Verständnisses unserer Evolutionsgeschichte wissen wir: Es handelt sich nicht einfach um unaufgeklärte Verirrungen oder tumben Aberglauben. Hier rumoren uralte, evolutionär erworbene Strukturen der menschlichen Psychologie, die mal mehr, mal weniger nach Befriedigung verlangen. Umso wichtiger ist es zu verstehen, was es damit auf sich hat. Schließlich tragen auch die Rationalsten unter uns dieses evolutionäre Erbe in sich. Erst dann können wir sinnvoll und auf zeitgemäße Weise damit umgehen oder zumindest gefährliche Auswüchse verhindern.

Nein, wir predigen hier keine neue Spiritualität, wir plädieren für die Archäologie als Medium der Selbsterkenntnis. Dass unsere Körper darunter leiden, dass sich ihre Evolution unter gänzlich anderen Bedingungen vollzog als jenen, die unsere moderne Welt bestimmen, ist längst Allgemeinwissen. Wir bewegen uns zu wenig, und unser prähistorisch verwurzelter Heißhunger auf Salziges und Fettiges macht uns das Leben im wahrsten Sinne des Wortes schwer. Die Fastfood-Industrie hat darauf ihr Megaimperium aufgebaut.

Dass Ähnliches für unsere Psychologie gilt, diese Erkenntnis etabliert sich dagegen nur langsam. Deshalb lassen wir uns viel zu leicht mit seelischem Fastfood abspeisen, liefern uns bereitwillig digitalen Megakonzernen aus oder verfallen einem bedrohlichen Hyperkonsum. Es ist an der Zeit, endlich unsere psychologischen Altlasten zu identifizieren und einen adäquaten Umgang mit ihnen zu entwickeln.

In die alte Welt der Jäger und Sammler führt nun mal kein Weg zurück. Aber wir müssen deren Lebensbedingungen kennen, weil diese unsere Psyche geformt haben. Und wir müssen die massiven Veränderungen der Daseinsbedingungen verstehen, die wir als *Homo sapiens* seither durchgemacht haben. Die archäologische Reise zu unseren Anfängen wird damit zu einem Mittel der Emanzipation.

*

Wissenschaften wie Primatologie und evolutionäre Anthropologie haben in den letzten Jahren ein immer überzeugenderes Bild der menschlichen Natur gezeichnet. Jedoch sind sie, wenn es um die tiefe menschliche Vorgeschichte geht, in der sich diese geformt hat, auf die Archäologie angewiesen. Denn nur die kann Beweise liefern, wie es wirklich gewesen ist. Das bürdet der Archäologie eine hohe Verantwortung auf. Sie muss alles daransetzen, möglichst genau die menschlichen Wurzeln zu rekonstruieren und nicht vorschnell Fantasieprodukten auf den Leim zu gehen. Das ist bisher viel zu oft passiert – und zwar alles andere als unabsichtlich.

Die Geschichte des Schamanismus im Allgemeinen wie der Schamanin von Bad Dürrenberg im Besonderen sind Paradebeispiele, wie die menschliche Vergangenheit aus ideologischen Gründen verfälscht und instrumentalisiert wurde. Die Vorgeschichtsforschung war wie auch die Ethnologie nur allzu oft an vorderster Front dabei, um die Ungerechtigkeiten der Welt zu zementieren.

Es ist diese doppelte Dimension, die unseren Fall einzigartig macht: Wir haben es nicht nur mit einem spektakulären archäologischen Fund zu tun, es handelt sich zugleich um einen eklatanten Missbrauchsfall. Das zieht sich wie ein zweiter roter Faden durch unser Buch: Immer wieder diente Wissenschaft dazu, Unterdrückung, Ausbeutung und Ausrottung zu legitimieren.

Deshalb betreiben wir eine doppelte Archäologie. Mehr als einmal müssen wir bedenklichen Zivilisationsschutt beiseiteräumen, um mit der eigentlichen archäologischen Arbeit zu beginnen. Zum Glück ist dieser Schutt ebenso spannend wie aktuell. Wir können erstmals rekonstruieren, wie das Grab von Bad Dürrenberg als Baustein der pseudowissenschaftlichen Untermauerung der rassistischen Vernichtungspolitik der Nazis herhalten sollte. Zugleich werden wir beobachten, wie der Kolonialismus das westliche Denken vergiftete und welche Leiden russischer Imperialismus in der Vergangenheit verursachte. Nicht zuletzt ergründen wir, warum sich der Westen an Trance und Schamanen berauscht. Neben der prähistorischen Archäologie betreiben wir also eine Archäologie der modernen Welt.

*

Umso mehr müssen wir aufpassen, dass wir – trotz bester Absichten – nicht selbst eine neue Vorgeschichte erfinden. Deshalb werden wir so transparent wie möglich den Gang der Forschung offenlegen und zeigen, wie archäologische Arbeit auf Hypothesen basiert, die durch neue Erkenntnisse bestätigt oder infrage gestellt und modifiziert werden. Wissenschaft ist ein Erkenntnisprozess, nicht das Verkünden ultimativer Wahrheiten.

Dabei konnten wir auf ein Netzwerk ebenso großartiger wie kritischer Wissenschaftlerinnen und Wissenschaftler verschiedenster Disziplinen vertrauen. Wir sind ihnen zutiefst zu Dank verpflichtet, erlaubten sie uns doch, hier erstmals über ihre neuen Forschungen zu berichten. Deshalb folgen wir einmal mehr dem Ratschlag C. W. Cerams, der im erfolgreichsten Archäologiebuch aller Zeiten *Götter, Gräber und Gelehrte* die Parole ausgab, nichts sei spannender, als die Leserinnen und Leser denselben Weg wie die Wissenschaft nehmen zu lassen.

Einer von uns beiden ist zwar als Landesarchäologe von Sachsen-Anhalt auch Direktor jenes Landesmuseums für Vorgeschichte in Halle, in dem die Schamanin von Bad Dürrenberg die Besucher verzaubert, und zeichnet damit verantwortlich für die neuen Ausgrabungen und die umfangreichen Nachuntersuchungen. Trotzdem werden wir in diesem Buch immer wieder Ermittlern oder Reportern gleich unterwegs sein, um mit allen Beteiligten die neuesten Forschungsergebnisse zu diskutieren. Wir werden Sie hautnah daran teilhaben lassen.

In den beiden Farbtafelteilen unseres Buchs präsentieren wir Ihnen unsere Heldin, das Grab, die Funde und die Welt, aus der sie stammt. Zur räumlichen und zeitlichen Orientierung finden Sie im vorderen Buchdeckel eine Überblickskarte und im hinteren zwei Zeitstrahle, die Sie über unsere tiefe Vergangenheit informieren.

*

Die mutmaßliche Schamanin zog alle in ihren Bann. Auch hielt sie uns mit immer neuen, höchst erstaunlichen Erkenntnissen auf Trab. Ganz so, als ob sie endlich ihr Rätsel gelöst wissen wollte. Nach 9000 Jahren ist das selbst für einen Cold Case höchste Zeit.

1

ERSTER VERDACHT

Es gehört zur Eigenart von Déjà-vus, dass sie einen unvorbereitet treffen. Etwa freitagabends, wenn sich langsam Wochenendstimmung breitmacht. So sah sich Martin Porr, Professor für Archäologie an der University of Western Australia in Perth, den Hollywood-Blockbuster *Alpha* an. Ein optisch grandios in Szene gesetztes Epos aus der letzten Eiszeit über die Anfänge der Freundschaft zwischen Mensch und Wolf.

Am Lagerfeuer beschwor eine geheimnisvolle Frau die Geister; am nächsten Tag teilten höhere Mächte ihr den Moment zum Aufbruch der Jäger mit. Da überkam es Porr: «Die Frau kenn ich doch!» Nun wäre das bei der nicht unbekannten Schauspielerin Leonor Varela durchaus möglich. Doch es war nicht ihr Gesicht. Es war das, was sie trug, was Martin Porr sein Steinzeit-Déjà-vu bescherte.

«Letzten Freitag habe ich mir @AlphaTheMovie angesehen», schrieb der Archäologe am 21. Januar 2019 auf Twitter, «und mir ist nicht entgangen, dass die Kleidung der Schamanin im Grunde eine Kopie eines Designs ist, an dessen Entwicklung ich für das @Museum Halle beteiligt war.» Zum Beweis twitterte er zwei Bilder: einen *Alpha*-Screenshot und das suggestive Schamanin-Porträt, das der Künstler Karol Schauer für das Landesmuseum angefertigt hatte. Kein Zweifel: Halle hatte Hollywood inspiriert.

*

Inspiration für Hollywood: Karol Schauers Illustration diente als Vorlage für die von Leonor Varela gespielte Schamanin im Steinzeit-Epos «Alpha».

Martin Porr gehörte ebenso wie Karol Schauer zu jenem Team, das an der Konzeption der neuen Dauerausstellung in Halle beteiligt war. 2001 war einer von uns Direktor des Landesmuseums für Vorgeschichte geworden. Eine der großen Herausforderungen: die grandiosen Sammlungsbestände neu in Szene zu setzen. Vieles war in DDR-Zeiten im Dornröschenschlaf versunken. So auch unsere Heldin.

Die Nazis hatten sie 1934 ausgegraben und zu einer Art Urarier erklärt, was ihr in der DDR keinen leichten Start bescherte. Wenigstens hatte man ihr Skelett untersucht und erkannt, dass es einer Frau gehört hatte. Ansonsten dämmerte sie Jahrzehnte im Museum dahin – als ein Fund unter vielen. Ihr *Coming-out* als Schamanin war nicht abzusehen.

Doch dann fiel die Mauer, eine neue Zeit brach an – und unsere Heldin erwachte zu neuem Leben. In den 1990er-Jahren machte sich der Anthropologe und Archäologe Jörg Orschiedt daran, steinzeitliche Menschenknochen zu untersuchen, ob sie Hinweise auf Gewalt, Opfer oder Kannibalismus lieferten. Im Rahmen seiner Forschungen begutachtete er auch das Skelett der Frau aus Bad Dürrenberg. Seit den 1950ern kursierte die Vermutung, sie sei enthauptet worden oder einer kultischen Leichenzerstückelung zum Opfer gefallen, Entnahme des Gehirns inklusive.

Orschiedt konnte belegen, dass beides nicht der Fall war. Die verdächtigen Beschädigungen des Schädels gingen auf Fraßspuren von Nagetieren zurück. Vor allem zeigte der Anthropologe, dass es sich beim merkwürdigen Befund am *Foramen magnum*, dem Hinterhauptsloch, das Gehirn und Rückenmark verbindet, um eine Wachstumsanomalie handelte. Die dem Hirn Blut zuführende *Arteria vertebralis* war hier in den Schädelknochen eingedrückt. Auch beobachtete Orschiedt, dass die oberen Schneidezähne der Frau auf der Innenseite abgeschliffen waren. Und zwar so stark, dass die Pulpa, die Zahninnenhöhle mit Nerven und Blutgefäßen, offen lag. Das bereitete heftige Schmerzen und hatte auch zur Entzündung der Zahnwurzeln geführt. Eine überraschende Beobachtung: Jäger und Sammler hatten zwar häufig abgenutzte Zähne, weil sie diese als dritte Hand benutzten; ansonsten litten sie wegen der stärkearmen Ernährung nur selten unter Karies. Die Knochen des Kindes, das an der Seite der Frau gelegen hatte, identifizierte er als die eines Säuglings, der kein Jahr alt geworden war.

Im Jahr 2000 legte die am Museum beschäftigte Archäologin Judith M. Grünberg ihre Doktorarbeit vor: eine Bestandsaufnahme aller bekannten Bestattungen des europäischen Mesolithikums. Auch sie begutachtete das Doppelgrab von Bad Dürrenberg, in dem die Frau und der Säugling einst mit einer Schicht Rötel bedeckt gelegen hatten, einer durch Eisenoxyd rot gefärbten Erde. Überwältigend sei die Vielfalt ungewöhnlicher Grabbeigaben, notierte Grünberg: «Das Grab enthielt etwa 52 Geräte und 69 Schmuckelemente sowie zahlreiche unbearbeitete tierische Reste und ein Rötelstück.» Bemerkenswert seien neben durchbohrten Tierzähnen «die Panzerbruchstücke von mindestens drei Sumpfschildkröten und die zusammenpassenden Schädelfragmente eines Rehgeweihs sowie eines Rehunterkiefers».

Grünberg vermutete, dass die Schildkröten, wenn es keine Nahrungsbeigaben waren, als Trommeln oder Rasseln und ein hohler Kranichknochen als Flöte oder Trommelschlägel gedient haben könnten. «Wahrscheinlich war das Rehgeweih, vielleicht auch ein ganzer Rehkopf, auf dem Kopf der Frau befestigt. Die Schmuckanhänger könnten auf dem dazugehörigen Rehfell aufgenäht gewesen sein.» Grünbergs Resümee: «Alle Besonderheiten bei dieser Bestattung deuten zwanglos darauf hin, dass es sich um das Grab einer Schamanin handelte.» Damit war der Verdacht erstmals schriftlich fixiert.

*

Und dann kam Martin Porr ins Spiel. Gemeinsam mit dem Anthropologen Kurt W. Alt begutachtete er im Rahmen der Neukonzeption der Dauerausstellung das Fundmaterial. Die beiden bestätigten Orschiedts und Grünbergs Thesen und konnten nachweisen, dass sogar der Atlaswirbel missgebildet war. Das ist der oberste Halswirbel, der den Kopf trägt, wie in der griechischen Sage der Titan Atlas das Himmelsgewölbe. Der hatte Orschiedt bei seinen Untersuchungen nicht vorgelegen. Dieser Atlasknochen war gar nicht komplett ausgeprägt und deshalb in seiner stabilisierenden Funktion eingeschränkt.

«Solch eine Fehlbildung kann als Geburtsfehler auftreten», befand Kurt W. Alt. «Zwar zeigen nicht alle Betroffenen Symptome, aber manche entwickeln markante Auffälligkeiten.» Es sei möglich, dass diese das Gefühl hatten, als krabbelten Ameisen über ihre Haut. Lähmungserscheinungen können auftauchen, ebenso Wahrnehmungsstörungen und Halluzinationen. Mitunter geht ein Nystagmus damit einher: unbeabsichtigte, ruckartige Augenbewegungen. Auch zu Diplopie könne es kommen: Man sieht Dinge doppelt.

Es könnte sogar sein, dass die mangelhafte Stützfunktion des Atlas bei unserer Heldin dazu führte, dass, wenn sie den Kopf zur Seite drehte, sich die Blutversorgung des Gehirns verringerte, da der Schädelknochen die *Arteria vertebralis* zudrückte. Könnte sie damit – beabsichtigt oder nicht – eine Ohnmacht herbeigeführt haben?

Das erstaunte alle zutiefst. Die anthropologische Untersuchung schien die Schamanin-These zu stützen, die auf der archäologischen

Bewertung und Interpretation der Grabbeigaben basierte. Schließlich ist die ethnografische Literatur über die Schamanen Sibiriens voller Beispiele, dass diese, wenn sie in Trance geraten und ihre Seele auf Reisen schicken, wie tot zusammenbrechen – und erst mit deren Rückkehr wieder zum Leben erwachen. Auch wird von auffälligem Verhalten berichtet, wie unartikuliertem Geschrei, Augenrollen, wild zuckendem Körper. In vergangenen Zeiten glaubten westliche Beobachter, es handle sich bei Schamanen um «Epileptiker», «Hysteriker» oder «Neurotiker». Hat die Tote aus Bad Dürrenberg in ihrem Leben Dinge gesehen, die andere nicht sahen?

Alt bestätigte auch Orschiedts Urteil hinsichtlich der Löcher in den beiden oberen Schneidezähnen. Für den Anthropologen, der auch Zahnarzt ist, deutete vieles darauf hin, dass die Frontzähne über ihre Kaufunktion hinaus für spezifische Tätigkeiten exzessiv benutzt worden waren. Allerdings fehlten entsprechende Abnutzungsspuren im Unterkiefer. In jedem Fall stellte die offene Pulpa an beiden Zähnen einen Entzündungsherd dar, der immer wieder aufflammen konnte. Im Bereich der Wurzelspitzen im Oberkiefer gab es Hinweise auf Abszesse. War das die Erklärung für den Tod der Frau aus Bad Dürrenberg? Waren ihre Zähne vielleicht sogar absichtlich aufgefeilt worden?

*

Eine Schamanin? Fürs Erste folgen wir dem Religionswissenschaftler Mircea Eliade, der die Woodstock-Generation mit seinem Buch *Schamanismus und archaische Ekstasetechnik* begeisterte. Seine Gleichung «Schamanismus = Technik der Ekstase» hat sich zwar als deutlich zu einfach erwiesen, wie auch sein ganzes Buch Kritik einstecken musste. Doch Eliade bezeichnet Schamaninnen und Schamanen auch als die «großen Spezialisten für die menschliche Seele». Deshalb dürfe Schamanismus keinesfalls mit Religion verwechselt werden, denn «wo das Los der Seele selber nicht berührt ist», haben Schamanen nichts verloren. Man müsse in ihnen vor allem eins sehen: «Seelengeleiter». Eliade nennt sie beim griechischen Namen: «Psychopompoi».

Der Religionswissenschaftler schreibt: «Heilender und Psychopomp, das ist der Schamane, weil er die Techniken der Ekstase kennt, das heißt, weil seine Seele ungestraft den Körper verlassen und in sehr großen Entfernungen umherschweifen, weil sie in die Unterwelt hinabdringen und zum Himmel steigen kann.» Lauschen wir Eliade weiter, um zu verstehen, warum er vor allem die *Sixties* und *Seventies* für Schamanismus begeisterte: «Durch sein eigenes Ekstase-Erlebnis kennt er die Reisewege in den außerirdischen Regionen. Die Gefahr, sich in diesen verbotenen Regionen zu verirren, bleibt immer groß, doch geheiligt durch die Initiation und mit seinen Schutzgeistern bewehrt, vermag der Schamane als einziges menschliches Wesen dieser Gefahr zu trotzen und sich in die Abenteuer einer mythischen Geografie zu begeben.»

Wohnen wir einer schamanischen Séance, einer *kamlanie*, bei. Wir folgen dem Bericht des russischen Ethnografen Arkadiy F. Anisimov aus dem Jahr 1931, der eine Gruppe Ewenken an einem Nebenfluss des Jenisseis in Sibirien besucht hatte. Wir geben seinen Bericht in geraffter Form wieder:

Im Halbdunkel eines Zeltes sitzen die Mitglieder des Clans, ihnen gegenüber wartet der Schamane. Das Feuer ist umgeben von Bildern der Geister in Gestalt von Lachsforellen. Auf ein Zeichen des Schamanen legt sein Assistent ihm das Gewand an: einen Umhang, den Brustschmuck, Schuhwerk, eine Kappe, die gekrönt ist mit einem eisernen Geweih, und Handschuhe. Dann reicht er dem Schamanen die Trommel, die er zuvor über dem Feuer erwärmt hat. Das Publikum verstummt.

Der Schamane bewegt seinen Körper langsam im Rhythmus der Trommel und hebt mit melodiöser Stimme einen Gesang an, um die Geister anzurufen. Das Publikum antwortet im Chor, der Trommelschlag wird dominanter. Dann fleht der Schamane seine Hilfsgeister an, ihm einmal mehr im Kampf beizustehen gegen jenen Geist der Krankheit, der den Clan heimgesucht hat. Nach einer Weile verstummt der Schamane, der Trommelschlag wird leiser. Jetzt sind die Stimmen der

Nicht allein Sibirien: Schamanen in einem entlegenen Bergdorf des Himalayas in Nepal im Jahr 1984. Eine Aufnahme des Anthropologen Michael Oppitz aus dem Buch «Singers of Ten Thousand Lines».

Geister klar zu vernehmen: das Schnauben von Tieren, Vogelgeschrei, das Flattern von Schwingen. Die Trommel bleibt still, der Schamane öffnet seinen Mund, gähnt weit, nimmt einen herannahenden Geist in sich auf und schlägt wieder die Trommel. Das wiederholt sich mehrmals, bis er all seine Hilfsgeister beisammenhat.

Anschließend instruiert er sie, welcher Geist das Zelt bewachen soll, wer als Wache auf dem Weg dient, wer die Vorhut macht. Dann schickt er sein geistiges Tier-Double los, erst in die Unterwelt, von dort in die höheren Sphären, um mehr über die Eigenart des Krankheitsgeistes zu erfahren. In ebenso fantastischer wie lautmalerischer Weise beschreibt der Gesang die Abenteuer in der Anderswelt, eine wilde Kakofonie der Geräusche und Stimmen. Das Tempo nimmt zu, die Stimme des Schamanen wird aufgeregter und aufgeregter.

Die Trommel verstummt erneut, nur um die ganze Runde mit zwei ohrenbetäubenden Schlägen zu erschrecken. Der Schamane windet sich, tanzt, bricht in Geschrei aus, eine letzte Botschaft in größter Not an die

Geister, die Ekstase hebt an, der Assistent kann gerade noch die Trommel ergreifen. Der Schamane erlebt nun tanzend die Abenteuer seines Doubles in der Anderswelt, zeigt, wie die Hilfsgeister ihn unterstützen. Der Assistent treibt das Geschehen mit schnellem Schlag dem Höhepunkt entgegen. Endlich bricht der Schamane, Schaum vorm Mund, zusammen und liegt wie tot da.

Der Assistent fleht das Tier-Double an, so schnell wie möglich zurückzukommen, aus Angst, der Schamane könnte auf immer in den anderen Welten verloren gehen. Nach einer Weile – man sieht, wie das Publikum die Luft anhält – zeigt der Schamane erste Lebenszeichen. Ein Flüstern ist zu hören, einige der Geister sind zurückgekehrt. Der Schamane schreit, der Assistent eilt trommelnd zu Hilfe. Der Schamane springt auf, beginnt den pantomimischen Tanz erneut. Alle spüren, wie sein Tier-Double mitsamt Gefolge zurückkehrt.

Der Schamane beruhigt sich, wird friedlich. Der Assistent reicht ihm die Trommel. Der Schamane rezitiert nun, was die Hilfsgeister in jenen Sphären erfahren haben, in die kein Mensch je darf. Er erklärt, was zu tun sei, um den Geist der Krankheit zu vertreiben. Dann mit einem Mal steht der Schamane still, bleich und völlig erschöpft. Jemand reicht ihm eine Pfeife, begierig, als sei es sein letztes Mal, fängt er an zu rauchen. Die Mission ist erfüllt.

Schamanen sind laut Eliade charismatische Heroen, die Gefahren auf sich nehmen, um der Gemeinschaft zu helfen. Es sind aber beileibe nicht immer Männer: «Bei den Völkern Sibiriens waren sowohl Männer als auch Frauen Schamanen», berichtet Karina Jur'evna Solov'eva vom Russischen Ethnografischen Museum in St. Petersburg. «Aus Überlieferungen der Altaier, Tuviner und Burjaten geht hervor, dass die ersten Schamanen Frauen waren … Die Fähigkeit der Frauen, Kinder zu gebären, machte sie zu ‹besonderen Wesen›, die Zugang zu einer anderen Welt hatten.» Mancherorts, etwa bei den Tschuktschen und den nördlichen Jakuten, galten Schamaninnen sogar als mächtiger. Besonders talentiert waren auch jene mit «verwandeltem» Geschlecht: «Männer, die sich wie Frauen gaben, und umgekehrt.»

*

Eine solche charismatische Heroin malte Karol Schauer, der für das Museum in Halle wunderbare Bilderwelten erschafft. Immer arbeitet er mit wissenschaftlicher Akribie. Auch im Fall der vermeintlichen Schamanin von Bad Dürrenberg machte er sich auf Grundlage der archäologischen und anthropologischen Erkenntnisse ans Werk. Er unterzog die durchlochten Tierzähne, die Knochen und das Rehgeweih einer genauen Analyse und sichtete ethnografische Literatur schamanischer Trachten und Masken. Dabei halfen ihm seine Sprachkenntnisse. «In einer 1933 auf Ukrainisch erschienenen Studie zu einem Gräberfeld bei Mariupol entdeckte ich Gräber, bei denen Eberhauer im Brustbereich auf die Kleidung aufgenäht gewesen sein mussten», erzählt Schauer. Da aus dem Dürrenberger Grabungsbericht des Jahres 1934 bekannt war, dass solche Eberhauer im Bereich des Oberkörpers der Schamanin gefunden worden waren, applizierte er sie entsprechend. Aus zahlreichen Berichten ist bekannt, dass viele Schamanen Sibiriens eine symbolische Initiation durchmachen, in denen Geister sie entfleischen, die Knochen reinigen und wieder neu zusammensetzen. Die rippenartige Anordnung der Wildschweinhauer könnte eine solche Skelettanmutung evozieren.

Und der Vorhang aus Tierzähnen vor ihren Augen? «Die Gebrauchsspuren der durchlochten Zähne sprechen dafür, dass sie aufgehängt waren», erklärt Schauer. «Schamanen aus dem Altai berichteten, dass sie leichter in Trance fallen, wenn sie einen Schleier aus Perlenschnüren vor den Augen trugen.» Das schützt vorm bösen Blick, und die Camouflage verhindert, von übelwollenden Geistern erkannt zu werden. Natürlich setzte Schauer auch auf künstlerische Freiheit; das ist ja gar nicht anders möglich, da sich organische Materialien wie Federn, Pelz, Leder oder Holz im Grab nicht erhalten, aber sicher reichlich vorhanden waren.

Besonders mächtig: Vielerorts in Sibirien galten Frauen als die ersten Schamanen und mit großer Kraft begabt. Die korjakische Schamanin Kylukenja vom Ochotskischen Meer (Aufnahme um 1900).

Nun ist eine Schamanentracht, wenn wir Eliade weiter folgen, etwas ganz Besonderes: Sie stellt einen «geistigen Mikrokosmos» dar, «der von dem umgebenden profanen Raum qualitativ verschieden ist». Sie ist ein «symbolisches System», mit «geistigen Kräften und vor allem mit ‹Geistern› getränkt». Die Tracht wappnet den Schamanen für seine Reise und offeriert ihm Schutz für alle Gefahren, die sich ihm entgegenstellen. Ebendas zeigt Karol Schauers kongeniales Porträt der Schamanin im vollen Ornat: eine unerschrockene Heldin. Sie ist bereit, es mit jeder Macht des Geisterreichs aufzunehmen.

Mitunter wird zwar über die Angelina-Jolie-Lippen des Schauerschen Porträts gespöttelt – doch selbst die sind wissenschaftlich fundiert. Und zwar nicht allein, weil im Grab ein Stück Hämatit, also Rötel gefunden wurde und ein Mittelfußknochen eines Hirschs, an dessen Ende deutliche Farbanhaftungen sichtbar waren (auf Museumsführerdeutsch: «ältester Schminkstift der Welt»). Nein, Schauer visualisierte die möglicherweise entzündet angeschwollene Oberkieferpartie, die der Frau den Tod gebracht haben könnte.

«Meine Bilder basieren auf wissenschaftlichen Fakten», erzählt Karol Schauer heute. Aber natürlich bleibt vieles hypothetisch – oder wird zuweilen vom wissenschaftlichen Fortschritt eingeholt. «Zur Frage der Haut- und Haarfarbe gab es, als ich das Bild malte, noch keine Daten», erinnert sich der Künstler. «Es hieß, die Mesolithiker seien als Nachkommen der jungpaläolitischen Eiszeitmenschen eher hellhäutig, also skandinavische Typen – und so habe ich die Schamanin porträtiert.» Schauers Urschamanin war blond, ihre Augen von einem zarten Oliv. Als die neuen archäogenetischen Ergebnisse diese Annahmen über den Haufen warfen, stimmte Schauer den farblichen Anpassungen zu. Wir freuen uns, sie in diesem Buch erstmals präsentieren zu können.

*

Martin Porr twittert bis heute immer mal wieder, wenn er ein Schamaninnen-Déjà-vu hat. Etwa als Playmobil die Figur «Feuerhüter mit LED-Feuerfels» à la Karol Schauer gestaltete. Oder als in der Netflix-Serie *Barbarians* eine Rehgehörn tragende Schamanin auftrat. Zwar blieben im Kontext der neuen Dauerausstellung Fragen offen, wie etwa die, was es mit dem Kind auf sich hatte, das mit im Grab lag. Doch das Rätsel der Schamanin von Bad Dürrenberg schien weitgehend gelöst. Aber das sollte sich als Fehleinschätzung erweisen – und zwar als keine allzu geringe.

2

WEIBLICHER ÖTZI?

Wir selbst hatten bereits ein gutes Jahr, bevor Martin Porr sein *Alpha*-Déjà-vu hatte, ein Erweckungserlebnis. Damals, in Harald Mellers Direktorenzimmer des Landesamtes, dämmerte uns, dass sich das Rätsel der Schamanin erst jetzt so richtig enthüllte. Es war Anfang 2018, als die Archäogenetiker Wolfgang Haak und Johannes Krause zu Gast waren. Zu der Zeit arbeiteten sie noch am Max-Planck-Institut (MPI) für Menschheitsgeschichte in Jena, heute sind sie als Forschungsgruppenleiter und Direktor am MPI für evolutionäre Anthropologie in Leipzig. Auch Susanne Friederich, die für Ausgrabungen verantwortliche Abteilungsleiterin, der Datierungsspezialist Ralf Schwarz, der stellvertretende Landesarchäologe Alfred Reichenberger und die beiden Autoren dieses Buchs saßen rund um den Besprechungstisch. Zwischen den deckenhohen Bücherregalen hing Karol Schauers Porträt der Schamanin. Stoisch schaute sie über die munter diskutierende Runde hinweg auf die Dächer der Altstadt und Halles berühmten Roten Turm am Marktplatz.

Der rasante Fortschritt in der Analyse alter DNA hat die Archäologie in den letzten Jahren revolutioniert. Dass heute Erbgut von vor Jahrtausenden verstorbenen Menschen schnell und kostengünstig lesbar gemacht werden kann, kommt dem Entziffern einer unbekannten Schrift gleich. Seither stehen Genetiker und Archäologen im engen Austausch, um zentrale Forschungsfragen gemeinsam anzugehen. Nicht zuletzt, weil das Landesamt für Archäologie in Halle im Besitz jenes Stoffes ist, den die Genetiker so heiß begehren: gut erhaltene Knochen.

Das Gespräch kam auf eine gemeinsame Studie, die von der Genetikerin Maïté Rivollat und Wolfgang Haak geleitet wurde. Ihr Ziel, eine große Frage der Archäologie besser zu verstehen: Wie vollzog sich in Europa der Übergang vom Mesolithikum zum Neolithikum? Von den Jägern und Sammlern zu den ersten Bauern? Dank der Archäogenetik ist seit einigen Jahren bekannt, dass es Zuwanderer aus Anatolien waren, die Ackerbau und Viehzucht nach Europa brachten. Die große Frage lautet seither: Was geschah mit den hier seit Jahrzehntausenden lebenden Jägern und Sammlern? Wurden die von den Farmern verdrängt? Vertrieben? Hingemetzelt? Oder existierten sie in unterschiedlichen Landschaftsregionen nebeneinanderher und vermischten sich mit der Zeit?

«Unsere Auswahl steht», berichtete Wolfgang Haak. Die Analyse des Erbguts von insgesamt 101 Individuen, die sich über den fraglichen Zeitraum verteilten, sollte helfen, den fundamentalen Wandel der Lebensweise zu rekonstruieren. «Wir möchten auch eure Individuen aus dem Mesolithikum mit einbeziehen», fuhr Haak fort und wies mit dem Kopf zur Wand: «Auch die Dame da.» Alle folgten seinem Blick. Niemand bemerkte, dass die Schamanin auch nur mit der Wimper gezuckt hätte.

Wir waren elektrisiert. Was uns wohl ihr Genom verraten würde? Sicher wie sie aussah. Die Farbe der Haut, der Augen, der Haare. Auch gäbe es Antworten auf Fragen, wie die, ob sie Milch verdauen konnte. Vor allem würden wir erfahren, ob es sich um ihr Kind handelte. Ob es ein Mädchen war oder ein Junge… «Wir haben das Kind nicht für die Studie vorgesehen», dämpfte Johannes Krause die Begeisterung, «für unsere Fragestellung würde es kaum neue Hinweise liefern. Wir haben ja schon die Schamanin, die aus dem gleichen kulturellen Kontext stammt.»

Vor Jahren hatte Haak bereits mit Barbara Bramanti und Joachim Burger an der Universität Mainz versucht, das Verwandtschaftsverhältnis zu klären. Damals war es bei solchen Untersuchungen noch nicht möglich, die Kern-DNA, also das im Zellkern vorliegende Genom, zu verwenden. Stattdessen musste man mit der mitochondrialen DNA vorliebnehmen. Das ist jene, die in den Kraftwerken der Körperzellen, den Mitochondrien, in großen Mengen vorhanden ist, aber viel weniger aussagekräftig ist als das eigentliche Genom.

Damals stellte sich heraus, dass die Frau den Haplogruppen-Typus U4 besaß, was sie zu einem typischen Jäger-Sammler-Individuum machte. «Doch das Kind lieferte keine Ergebnisse. Die Knochenerhaltung war zu schlecht», erzählte Haak, «deshalb konnten wir nicht feststellen, ob die beiden verwandt waren oder nicht.» Als er die allgemeine Enttäuschung registrierte, wechselte er einen Blick mit Krause und nickte: «Wir können uns gerne ansehen, ob es sich nicht doch lohnen könnte, es noch einmal zu versuchen. Die Analysetechniken haben sich in den letzten Jahren unglaublich verbessert.»

Sofort schossen die Spekulationen ins Kraut: Könnte es nicht Spuren an den Beckenknochen der Schamanin geben, die auf eine Geburt hinweisen? Wenn es Mutter und Kind waren: War sie gestorben, weil Schwangerschaft und Stillen ihrem Körper die letzte Kraft geraubt hatten und sie der Entzündung im Kieferbereich nichts mehr entgegenzusetzen hatte? War ihr der Säugling in den Tod gefolgt, weil die Mutter ihn nicht mehr versorgen konnte? Jemand warf ein: Und was wäre, wenn das nicht ihr Kind ist? Ganz neue Fragen drängten sich auf: Woran ist es dann gestorben? Haben wir es mit einem Menschenopfer zu tun? Und überhaupt: Wer war die Hauptperson im Grab? Die Frau oder das Kind? Wer starb zuerst?

«Zu viel Hoffnung solltet ihr euch nicht machen», unterbrach Wolfgang Haak. «Wir haben vom Kind kein *Pars petrosa*, kein Felsenbein.» Das ist ein Schädelknochen, der das Innenohr umschließt. Als härtester Knochen des menschlichen Skeletts sorgt er für eine besonders gute Erhaltung des Erbmaterials. Der Schädel des Kindes aber war zerbrochen; den Ausgräbern werden die beiden Felsenbeine damals entgangen sein. Bei einem so kleinen Kind sind sie schließlich winzig.

Wir waren zumindest verhalten guter Hoffnung, dem Schicksal der beiden auf die Spur zu kommen: Hätte die Schamanin nicht das Zeug, zu einem weiblichen Ötzi zu werden? Die Runde beschloss, alles zu unternehmen, was möglich wäre. Wir versäumten es, noch einmal einen Blick auf das Porträt der Schamanin zu werfen. Ihr geheimnisvolles Lächeln hätte uns Warnung genug sein können.

*

Dann trat ein Glücksfall ein, der in uns den Verdacht keimen ließ, die Dame aus dem Mesolithikum ziehe die Strippen im Hintergrund: Bad Dürrenberg hatte sich für die Austragung der Landesgartenschau (LAGA) in Sachsen-Anhalt beworben und die Zusage erhalten. Die Stadt beschloss, den Kurpark als Herzstück der LAGA neu zu gestalten. Das brachte das Landesamt für Denkmalpflege und Archäologie ins Spiel und eröffnete die Option, nach der im Kurpark gelegenen Fundstelle der Schamanin zu suchen. Schließlich verrieten die Akten, dass das Grab 1934 innerhalb weniger Stunden ans Tageslicht geholt worden war. Wer weiß, was noch alles im Boden steckte? Tatsächlich fehlten den beiden Skeletten eine ganze Reihe Knochen.

Eine archäologische Intervention erschien mehr als gerechtfertigt: Wir haben es mit einem der ältesten bisher gefundenen Gräber in Sachsen-Anhalt zu tun, und die Hinweise auf seinen außergewöhnlichen Rang waren überdeutlich. Nachgrabungen an archäologischen Fundstellen, die im letzten oder vorletzten Jahrhundert entdeckt wurden, sind längst gang und gäbe. Der wissenschaftliche Fortschritt ermöglicht zahlreiche neue Erkenntnisse. Und in diesem Fall war das Unternehmen aufgrund der anstehenden Bauarbeiten mit relativ wenig Aufwand verbunden.

Unter der Leitung Susanne Friederichs nahm im Sommer 2019 der Ausgräber Andreas Siegl mit seinem Team die Arbeit auf. Parallel dazu machten sich der Archäologe Holger Dietl und der Anthropologe Jörg Orschiedt an die wissenschaftlichen Ermittlungen rund um die Schamanin, das Kind und die vielfältigen Grabbeigaben. Orschiedt hatte ja bereits in der Vergangenheit seine Bekanntschaft mit den 9000 Jahre alten Relikten gemacht.

Hatte sie uns gesucht und wir waren ihr nur zu willig gefolgt? In jedem Fall waren es der wissenschaftliche Fortschritt und ein gutes Stück Zufall, denen wir das Glück verdanken, zur richtigen Zeit am richtigen Ort gewesen zu sein, um die Gelegenheit zu ergreifen, dem Rätsel der Schamanin auf die Spur zu kommen. Wir sollten unserer Heldin eine erste Aufwartung machen.

3

BESUCH BEI EINER ALTEN DAME

Seit 2004 beeindruckt sie das Museumspublikum. Gemeinsam mit den fragilen Knochen des Kindes und den Grabbeigaben liegt die mutmaßliche Schamanin in einer schneewittchenhaften Glasvitrine. Ihr Raum wird von einem Bildfries geschmückt, der einen Birkenwald an die Wand zaubert, wie er typisch für die Zeit nach der letzten Eiszeit war. Kinder entdecken die Schamanin sofort zwischen den Stämmen. Ebenso fallen ihnen gleich die Vögel auf, die unter der Vitrine davonfliegen, um die Seelen in die andere Welt zu tragen.

Als entschieden wurde, in Bad Dürrenberg nach noch vorhandenen Resten des Grabes zu suchen, war damit der Entschluss verbunden, auch die Skelette und die zahlreichen Grabbeigaben einer Neuuntersuchung zu unterziehen. Nun wurde aber der Glassarg nicht einfach ins Labor getragen, sondern vier Männer hoben mit Saughebern die gläserne Vitrinenhaube herab. Dann war Juraj Lipták gefragt, der Fotograf des Museums, dem wir viele der wunderbaren Bilder in diesem Buch verdanken. Er sollte ein letztes Foto aufnehmen, wie die Schamanin in der offenen Vitrine lag, inmitten der Beigaben, die knöchernen Fragmente des Kindes an ihrer Seite. Da die Raumhöhe nicht zu großzügig bemessen war, verwendete er von der Leiter herab ein extremes Weitwinkelobjektiv.

Anschließend entnahm der Anthropologe Jörg Orschiedt die einzelnen Stücke, der Archäologe Holger Dietl verpackte sie sorgsam und die Sammlungsmitarbeiterin Johanna Schwehn glich alles mit den Fundlisten ab und protokollierte jeden Schritt. Orschiedt begann mit dem geradezu ikonischen Gehörn eines Rehbocks. Ohne dieses Geweih wäre kaum die Vermutung aufgekommen, dass es sich um eine Schamanin handelte, die es auf dem Kopf getragen haben könnte. Dann ging es Zahn um Zahn weiter, sie stammten von Auerochsen oder Wisent (das lässt sich morphologisch nicht unterscheiden), von Wildschwein und Hirsch. Über fünfzig an der Zahl, viele durchlocht. Werkzeuge aus Stein und Knochen folgten; die winzigen Feuersteinschneiden, sogenannte Mikrolithen, verlangten größtes Fingerspitzengefühl. Sie waren einst in einem Kranichknochen wie in einer Büchse verstaut. Es folgten Reste von Reh und Fragmente von Biber, Igel und Kranich. Vorsicht war geboten bei den Panzerbruchstücken der Sumpfschildkröten und den Flussmuschel-Schalen. Man darf nicht vergessen, alles hatte 9000 Jahre in der Erde gelegen.

Doch das war nichts gegen das Skelett der Schamanin. Knochen um Knochen wurde behutsam entnommen. Die Wirbelsäule bereitete Schwierigkeiten – mit einem Plexiglasstab waren die einzelnen Wirbel fixiert. Zu guter Letzt: die fragilen Knochen des Kindes. «Manche waren kaum dicker als eine Eierschale», erinnert sich Holger Dietl. «Man traute sich kaum, sie anzufassen.»

*

Die drei waren, vermutlich ohne sich dessen bewusst zu sein, Teil eines durchaus schamanischen Rituals. Von den Jakuten, Burjaten und ähnlichen Kulturen Sibiriens wird berichtet, dass die Geister sich über jene hermachen, die sie als künftige Schamanen auserkoren haben. Dabei gehen sie wenig zimperlich vor: Sie töten ihre Favoriten, zerlegen sie in Einzelteile, kochen diese so lange, bis sich alles Fleisch löst. Dann fischen sie die Knochen aus dem Kessel, zählen sie genau, setzten sie wieder zusammen, verstärken manche von ihnen mit Eisen, bekleiden dieses Gerippe mit neuem Fleisch und erwecken es zu einem verwandelten, jetzt schamanischen Leben.

Im Prinzip geschah hier Ähnliches. Die Frau aus dem Dürrenberger Grab wurde in ihre Einzelteile zerlegt, um einer Verwandlung entgegenzugehen. Im Labor sollte jedes Stück auf das Genaueste inspiziert, manches von Spezialisten andernorts begutachtet werden. Doch ist das Ansinnen dieser Metamorphose ein umgekehrtes: Wir möchten sie zu keiner neuen Person zusammensetzen; wir möchten ihr ihre wahre Identität zurückgeben.

Die Annahme, dass Knochen zum Leben erweckt werden können, ist eine Vorstellung, die sich in vielen auf der Jagd basierenden Kulturen findet. Dort werden die Knochen der Beutetiere in der Wildnis ausgelegt, um deren Wiedergeburt zu ermöglichen. Da im animistischen Denken zwischen uns und den Tieren allenfalls ein Unterschied in der äußeren Erscheinung besteht, gilt das auch für Menschen. Sowohl in der Eiszeit wie auch in der Waldzeit des Mesolithikums war es gängige Praxis, die Toten nicht in der Erde zu versenken, sondern auf Plattformen den Vögeln darzubieten, sie dem Wasser zu übergeben, an entlegenen Orten zurückzulassen oder sie in die Bäume zu hängen. So konnten sie in den Kreislauf des Lebens zurückkehren. Gräber wie das von Bad Dürrenberg sind deshalb eine Besonderheit.

Wichtig ist auch, dass es nicht nur die Frau und das Kind birgt, sondern eine Vielzahl von Tieren, selbst wenn diese lediglich in Teilen vorhanden sind. Hier ist ein sozialer Kosmos der Erde übergeben worden – bis alles Fleisch verging. Es ist die Aufgabe der Archäologen, sie alle nicht nur aus der Tiefe der Zeit zu retten, sondern mittels modernster Forschungen wieder mit Fleisch zu versehen und damit zumindest ein Stück weit zum Leben zu erwecken. Aber dieses «Fleisch», der prähistorische Kontext, soll möglichst authentisch sein – und nicht aus der kulturellen Fast-Food-Industrie unserer Tage stammen. Oder schlimmer noch aus der Fabrik ideologischer Phantasmen.

*

Jörg Orschiedt erinnert sich an eine gewisse Ehrfurcht, welche die drei bei ihrer Arbeit erfasst hatte. Sie gingen «fokussiert wie Chirurgen» zu Werk. Da sich einst im Grab große Mengen rot gefärbter Erde fanden, hatten die Gestalter der Dauerausstellung entschieden, die Knochen auch in der Glasvitrine auf Rötel zu betten. Der Leiter der Restaurierungswerkstätten Christian-Heinrich Wunderlich fertigte die Rötelunterlage gemeinsam mit Studierenden der Kunsthochschule Burg Giebichenstein an. Deshalb lautete die Direktive bei der Entnahme: ja nicht das Rötelbett zerkratzen!

Rötel zieht sich als roter Faden durch die Menschheitsgeschichte: Roter Ocker, wie er auch bezeichnet wird, ist eine Mineralfarbe, die aus einem Gemisch aus Tonerde und Hämatit besteht. Letzterer auch als Blutstein, Eisenglanz, Specularit oder Roteisenstein bekannt, ist ein Eisenoxyd-Mineral. Schon vor über 200 000 Jahren verwendeten Neandertaler Rötel. Der *Homo sapiens* färbte damit seit Urzeiten Muscheln, bemalte Körper und Höhlenwände. Selbst medizinisch wird er früh eingesetzt. Esoterische Kreise verehren Hämatit noch heute als Heilstein.

Vor allem aber findet sich roter Ocker in prähistorischen Gräbern. Die Assoziation mit Blut, Leben und Wiedergeburt wird sich damals schon aufgedrängt haben. In gewisser Weise entspringt das einer ähnlichen Logik wie dem schamanischen Wiedererweckungsritual: Symbolisch wird den Toten neues Blut beigegeben, um sie für das Leben in der anderen Welt zu präparieren. Die Schamanin war in ihrem Grab jedoch nicht nur in roten Ocker gebettet, sie hatte auch einen Hämatit mit Abriebspuren dabei und diverse Werkzeuge wiesen Spuren auf, die auf die Verarbeitung von Rötel schließen lassen.

*

Jörg Orschiedt erinnerte sich an seine erste Begegnung mit der Schamanin vor über zwanzig Jahren. «Mir war noch im Sinn, wie auffällig grazil diese Frau gewesen ist. Ihr Schädel dagegen ist durchaus markant.» An den Knochen finden sich im Vergleich zu anderen Jägern und Sammlern des Mesolithikums nur schwach ausgeprägte Muskelansätze. Sie ist also anders als ihre Zeitgenossen keine weiten Entfernungen gelaufen und hat auch keine schweren Lasten getragen. An den Gelenken fehlen die entsprechenden degenerativen Veränderungen. Für ihre Zeit ist das exzeptionell. In Sachen Körpergröße jedoch ist sie Mittelmaß. Mit rund 1,55 Meter liegt sie im Durchschnitt der Frauen des mitteleuropäischen Mesolithikums. Kurios, dass man sie im Nationalsozialismus für einen Mann hielt. «Alle anatomischen Merkmale des Skeletts sind eindeutig weiblich», sagt Orschiedt. Die Genetik hat das bestätigt.

Die C14-Datierung verortete sie in der Zeit um 7000 vor Christus, vielleicht auch einige Jahre jünger. Die Datierung der dem Grab mitgegebenen Rehknochen stimmt damit überein und stellt sicher, dass kein sogenannter Reservoire-Effekt das Ergebnis verfälscht. Hoher Fischkonsum lässt Knochen oft zu alt erscheinen. Damit gehört die Schamanin in die Klimastufe des späten Boreals, am Übergang zum frühen Atlantikum. Es war zwei bis drei Grad wärmer als heute und wohl etwas feuchter. Sie lebte in einer ausgesprochenen Gunstzeit.

«Ich staune immer wieder, wie gut ihr Skelett erhalten ist», sagt Orschiedt. Abgesehen von den Auffälligkeiten an Halswirbeln und Zähnen ist es in einem sehr guten Zustand. «Sie ist mit Anfang, Mitte 30 gestorben. Vielleicht auch etwas später.» Das ist ein durchaus normales Sterbealter für ihre Zeit, selbst wenn einzelne Individuen auch sehr viel älter wurden. Dank der Analyse der in ihren Knochen eingebundenen Stickstoff-Isotopen wissen wir, dass sie bestens ernährt war und viel Fleisch gegessen haben muss. Einige der Knochen fehlen. Auch das ist eine der Hoffnungen für die Nachgrabung, dass die Skelette der beiden zumindest teilweise vervollständigt werden können.

Auf dem leer geräumten, scheinbar unberührten Rötelbett wurde später die lebensgroße Fotografie Juraj Liptáks platziert, um den Besuchern in der Abwesenheit der Schamanin wenigstens einen Eindruck von dem zu geben, was zu Forschungszwecken entnommen war. An der Wand ihres Museumsgemachs prangt noch Karol Schauers Porträt, von hinten illuminiert. Geheimnisvoll ihr Blick unter der Maske aus Knochen und Zähnen, Federn und Gehörn, eine Seelengeleiterin, wie es keine zweite gibt.

4

WILLKOMMEN IM WUNDERLAND

Erinnern wir uns an den antiquierten Begriff, den Mircea Eliade für Schamanen verwandte: «Psychopompos». So merkwürdig er klingen mag, so wichtig ist er, um zu verstehen, worum es in diesem Buch geht und warum alles mit allem verbunden ist. «Psychopompos» ist der Beiname des Gottes Hermes. Der war nicht nur Götterbote, er war der Verbindungsmann zwischen der Welt des Lebens und dem Reich des Todes. Ihm kam es zu, die Seelen der Verstorbenen in den Hades zu führen. Die Idee der Psychopompoi ist weit verbreitet: Jenseitsführer, Seelenbegleiter, Mittler zwischen den Welten gibt es zuhauf. Da ist Beatrice, die Dante in der *Göttlichen Komödie* durch Paradies und himmlische Sphären führt. Da ist Jesus, der die Seelen ins Himmelreich geleitet. Und natürlich das weiße Kaninchen, das Alice den Weg ins Wunderland weist – mittels des berühmtesten Kaninchenlochs der Literaturgeschichte.

Die Idee des Psychopompos beruht auf den Vorstellungen, dass neben der alltäglichen auch eine außeralltägliche Welt existiert und es den Seelen möglich ist, hin und her zu reisen und andere Seelen dabei zu begleiten. Wie Eliade ausführt, sind Schamaninnen (welchen Geschlechts auch immer) Grenzgänger, Mediatoren, Mittler, die zwischen der Welt des Fassbaren und des Unfassbaren pendeln. Die schamanischen Reisen gelingen dank besonderer Gaben und raffinierter Techniken, die es den Seelen erlauben, den Körper zu verlassen und das abenteuerliche Reich der Schatten und Geister zu betreten.

Und hier kommt die Archäologie ins Spiel. Auch wenn wir uns erstens nicht mit Schamanen auf eine Stufe stellen möchten und zweitens uns dazu auch nicht durch stundenlanges Trommeln oder bewusstseinserweiternde Substanzen in Trance versetzen müssen, sind Archäologen dennoch in der Lage, zu abenteuerlichen Reisen der anderen Art aufzubrechen. Auch sie sind Mittler zwischen den Zeiten – und durchaus Spezialisten für die menschliche Seele.

Tatsächlich ist das Ziel unserer Reise eine Welt, die für immer verschwunden ist und dennoch fortdauert – an verborgenen Orten ebenso wie in der Tiefe unseres Selbst. Wir erkunden eine andere Wirklichkeit, die neben der Alltagswelt besteht. Sie bestimmt unser Leben und ist doch nur den Kundigen zugängig. Reisen der Psychopompoi benötigen eine Schnittstelle, an der sich die Welten berühren, eine Schwelle, die den Übergang von der einen Sphäre in die andere ermöglicht. Archäologen halten es da mit Alices Kaninchen: Sie bevorzugen Löcher im Boden.

Unser Tor in die andere Welt liegt auf jenem Berg über der Saale und reicht keine zwei Meter tief in die Erde. Für uns soll die Erkundung eines geheimnisvollen Grabes, so das Versprechen des Buchs, eine Reise zu unseren Anfängen werden. Wir können dort viel lernen – auch über uns selbst.

*

Archäologie als Selbsterkenntnis? Klingen wir da nicht wie irgendwelche Möchtegern-Schamanen, die mit dubiosen Versprechen auf Kundenfang gehen? Doch die Antwort ist einfach: Nur die Archäologie hilft zu verstehen, warum sich das moderne Leben mitunter so seltsam anfühlt. Erst die Kenntnis unserer tiefen Vergangenheit liefert das nötige Wissen, wie wir Wege finden, die uns in eine menschengemäßere Welt führen könnten. Klingt noch immer nach Fantasterei?

Nun, zumindest gibt es einen überaus offensichtlichen Hinweis, dass etwas mit dem menschlichen Dasein nicht stimmt. Nämlich die unvorstellbare Flut an Schriften, die Fragen verhandeln wie «Was ist der

Sinn des Lebens?», «Was ist der Mensch?» und «Wie soll ich leben?» Damit haben wir nicht nur die Ratgeberliteratur unserer Tage im Sinn. Über die mehr als 4000 Jahre hinweg, aus denen Schriftquellen uns menschliches Denken überliefern, ist die Suche nach dem richtigen Leben ein allgegenwärtiges Thema. Bereits in frühen Mythen, religiösen Texten und philosophischen Traktaten wird das durchexerziert. Und trotzdem existiert bis zum heutigen Tage kein allseits anerkanntes Patentrezept, wie ein befriedigendes Leben zu führen ist.

Aus Sicht der Archäologie ist das keine Überraschung. Immer war der gleiche Fehler am Werk. In all den Lebensratgebern gingen Philosophen und Propheten, Politiker und Moralisten bei ihrem Räsonieren über das «gute Leben» im Allgemeinen und den Menschen im Besonderen von der eigenen Erfahrungswelt aus. Sie griffen allein auf die ihnen bekannte Geschichte zurück. Das heißt, sie bezogen sich lediglich auf das Leben in bäuerlichen Gesellschaften oder Staaten und glaubten, dass dies die menschliche Normalität darstelle. Welch ein Irrtum.

Ein prägnantes Beispiel: Warum kennen wir aus der Vergangenheit fast ausschließlich männliche Autoren, die sich über solch existenzielle Fragen den Kopf zerbrachen? Warum geht es in ihren Texten lediglich um den Mann als philosophisches Subjekt, und wieso war eine Frau als «Denkerin» à la Rodin unvorstellbar? Die Antwort ist einfach: weil diese «großen Denker» bereits in patriarchalen Gesellschaften lebten, die nur Männern die Möglichkeit zu solchem Räsonnement boten. Kein Wunder, betonierte männliches Philosophieren, das die jeweilige Erfahrungswelt verabsolutierte, die männliche Dominanz. Umso wichtiger ist es, in jene vorgeschichtlichen Zeiten zu reisen, in denen das bedeutendste Grab einer Frau gehörte. Archäologie hat das Potenzial, unsere Gewissheiten auf den Kopf zu stellen. *Welcome to Wonderland!*

*

Der Archäologie im Verbund mit evolutionärer Anthropologie, Primatologie, Archäogenetik und Ethnografie verdanken wir die immer noch viel zu unbekannte Einsicht, dass unsere angebliche Normalität alles andere als normal ist. Wir leben den Ausnahmezustand. Wenn sich jene, die wir hier der Einfachheit halber weiterhin als «große Denker» apostrophieren, lediglich auf das bezogen, was als Zivilisation gehandelt wird, das sesshafte, meist in Städten organisierte Leben, berücksichtigten sie ein einziges Prozent der Menschheitsgeschichte – und vernachlässigten die 99 Prozent davor. Übertreiben wir es, wenn wir sagen: Sie ignorierten die tatsächliche Geschichte unserer Spezies?

Es ist ja nicht allein eine quantitative Frage. Diese 99 Prozent sind es, die unserer Natur den Stempel aufgedrückt haben. Unsere Psychologie mit ihren Wünschen, Sehnsüchten, Neigungen, ihrem Hang zu Gerechtigkeit, aber auch zu Geheimnis und Rätseln formte sich als evolutionäre Anpassung an das Jahrhunderttausende währende Leben in den Gruppen hochmobiler Jäger und Sammler. Die Zeit dagegen, seit der wir sesshaft und von der Landwirtschaft abhängig sind, ist viel zu kurz gewesen, als dass sie sich nennenswert in unsere Biologie hätte einschreiben können. In den meisten Regionen Europas sind das nicht einmal 8000 Jahre.

Es geht hier nicht um Kulturpessimismus und schon gar nicht um eine Glorifizierung der fernen Vergangenheit. Wir möchten ein Bewusstsein für die Besonderheiten der menschlichen Kultur schaffen: Die Zwänge des sesshaften Daseins setzten eine Dynamik in Gang, die unsere Umwelt so sehr und so rasch verwandelte, dass wir da psychologisch einfach nicht mitkamen. Wir kommen dennoch mit den Gegebenheiten zurecht, keine Frage. Geistige und kulturelle Flexibilität sind die größten Talente des *Homo sapiens*. Trotzdem ist das der Grund, warum uns immer wieder das Gefühl plagt, mit dem Leben könne es doch nicht mit rechten Dingen zugehen. Wir leben in einer Welt, die völlig anders ist als jene, an die wir uns evolutionär angepasst haben. Das wiederum zwang die Menschen zu immer neuen kulturellen Adaptionen. Nicht selten liefen diese ihrer biologischen Natur zuwider, weshalb es religiöser, philosophischer oder gesetzlicher Vorschriften bedurfte, die das Funktionieren der Individuen in einem ihnen eigentlich widerstrebenden Umfeld sicherstellen sollten.

Die Folge? Das Unbehagen in der Kultur. Unsere Reflexe gegen die neuartigen, oft wenig menschenfreundlichen Lebensumstände sind ganz natürlichen Ursprungs. Der große Vorwurf an die meisten «großen Denker» lautet also: Sie schoben den Menschen die Schuld an der Bredouille in die Schuhe. Sie übertrumpften sich darin, Regularien aufzustellen, und klagten uns als sündig oder moralisch verwerflich, auf jeden Fall als bestrafenswert an, sollten wir diese nicht einhalten. Sie begründeten damit die Notwendigkeit einer starken Hand, welche die Menschen unter Kontrolle halten und bei Bedarf auch züchtigen soll. Sie lieferten uns der Herrschaft aus, legitimierten Unterdrückung und beriefen sich dabei mit Vorliebe auf göttliche Vorgaben.

Doch wir sind nicht schuld an der Misere. Bei den Gefühlen des Widerstrebens, der Entfremdung oder der Frage nach dem Sinn handelt es sich um normale Reaktionen. Wir sollten sie ernst nehmen, insbesondere wenn wir die Welt menschengerechter gestalten wollen. Dafür müssen wir uns endlich selbst verstehen und erkennen, wie wir in diese Malaise geraten sind.

*

Viele der «großen Denker» haben die Situation nur verschlimmert. Die meisten nicht einmal absichtlich. Sie wussten es schlicht nicht besser. Ihnen fehlte das Wissen über die unendliche Tiefe der menschlichen Geschichte. Selbst bei den ältesten Texten, die Fragen des richtigen menschlichen Lebens verhandelten, lag der entscheidende Umbruch der Menschheitsgeschichte bereits Jahrtausende zurück. Die Erinnerungen an die Zeiten, als die Menschen noch mobile Jäger und Sammler waren, haben sich schon damals höchstens in nebelhaften Geschichten erhalten.

Erstaunlicherweise aber ahnten nicht wenige, dass es nicht seit Anfang aller Tage so merkwürdig mit dem Dasein gewesen sein konnte. Mythen erzählen von einem längst vergangenen Goldenen Zeitalter, von Zeiten, als die Menschen noch im Einklang mit der Natur lebten und mit den Tieren sprachen. Die Bibel präsentiert ihren Lesern erst den paradiesischen Garten Eden, dann die Welt der Landwirtschaft als Bestrafung und schreibt die Zivilisation den despotischen Nachkommen des Brudermörders Kain zu.

Zwar galt die Bibel bis weit ins 19. Jahrhundert im christlichen Abendland als die alles dominierende Sicht auf Menschwerdung und frühe Geschichte; doch bereits seitdem im 16. Jahrhundert anbrechenden Zeitalter der wissenschaftlichen Revolution, der europäischen Entdeckungen und der bürgerlichen Emanzipation setzte ein Diskurs über einen möglichen «Naturzustand» der Menschen ein, der allen Kulturen vorangegangen sein soll.

Zwei Sichtweisen dominierten: Philosophen wie John Locke (1632–1704) oder Jean-Jacques Rousseau (1712–1778) zeichneten ein optimistisches Menschenbild. Sie deuteten den Urzustand als herrschaftsfreies Paradies und die Zeit danach als säkularen Sündenfall. Sie brauchten diese Geschichte vor der Geschichte, um ein «Naturrecht» herzuleiten, mit dem sie die Willkürherrschaft von Königen und Kirche brechen wollten. Damit prägten sie die Aufklärung und die amerikanische Verfassung genauso wie die Französische Revolution und die Erklärung der Menschenrechte.

Andere Theoretiker propagierten die pessimistische Weltsicht. Mit Thomas Hobbes (1588–1679) nahmen sie an, dass erst der Staat mit seinen Gesetzen und Machtinstrumenten den Menschen eine annehmbare Existenz garantiere: Das Leben sei ursprünglich «einsam, armselig, ekelhaft, tierisch und kurz» gewesen, so das berüchtigte Hobbes-Zitat. Zudem gelte: *Homo homini lupus*, der Mensch sei des Menschen Wolf. Deshalb herrsche ohne staatliche Autorität ein Krieg aller gegen alle, wie er den Naturzustand ausgezeichnet habe, behaupteten Hobbes und die späteren Theoretiker in Diensten der Macht.

Ob Optimisten oder Pessimisten: Sie hatten keine Ahnung, wie es einst gewesen war. Sie alle fabulierten sich jene menschlichen Anfänge zusammen, die sie brauchten, um ihre politischen Interessen im Hier und Jetzt zu legitimieren. Nun müssten wir uns im Kontext unserer vermeintlichen Schamanin mit solchen Positionen nicht allzu sehr beschäftigen, wenn sie nicht zwei Denkfehler in die Welt gesetzt hätten, die bis heute nachwirken. Mit beiden werden wir uns im Verlauf unseres Buchs wiederholt herumplagen. Es handelt sich um Ballast, den wir loswerden müssen, um die Reise zu unseren Anfängen unbeschwert anzutreten.

Der erste Fehler: Diese Denker schufen die Grundlage für den «naturalistischen Fehlschluss». Das ist die Annahme, dem angeblich «Natürlichen» wohne die Qualität eines moralisch «Guten» inne. Hier wirkt die jüdisch-christliche Weltsicht fort, dass ein Gott die Welt erschaffen und alles in ihr mit Sinn und Zweck ausgestattet habe. Mochten sich auch die Philosophen vom konkreten Gott der Bibel emanzipiert haben, suchten sie doch immer noch eine wie auch immer geartete Ordnung in der Natur.

Umso mehr Naturgesetze sie entdeckten, umso überzeugter waren sie, dass alles in der Natur «vernünftig» eingerichtet sei und höhere Zwecke verfolge. «Natürlich» und «ursprünglich» wurden zu normativen Kategorien, die nicht zuletzt dazu dienten, die neuen Ordnungen der bürgerlichen Welt zu stützen. Diese Ideen retteten sich in unsere säkularen Zeiten hinüber. Noch heute gelten «natürlich» und «ursprünglich» als erstrebenswert – dabei gehört es zum Beispiel auch zum «natürlichen» Verhaltensspektrum unserer Vorfahren, andere, die nicht zur eigenen Gruppe gehörten, vorschnell zu verteufeln oder in der Not die eigenen Kinder oder Alten aufzugeben. Natürliches menschliches Verhalten ist längst nicht immer erstrebenswert.

Schließlich ist die Evolution kein Gott, nicht einmal ein Wesen; sie kennt keine Absichten, verfolgt keine Intentionen. Sie ist das Spiel zufälliger Mutationen, die sich in Abhängigkeit der Umweltbedingungen auf diese oder jene Weise durchsetzen oder auch nicht. Aus der Natur lassen sich weder Lebensmaximen herleiten, noch gibt es natürliche Bestimmungen. Nicht einmal die, sich zu vermehren. Selbst wenn die Menschheit ausstürbe – der Evolution ist das egal.

Um also Missverständnissen vorzubeugen: Wenn wir uns im Gefolge der Schamanin von Bad Dürrenberg an eine Archäologie der menschlichen Natur wagen, ist damit nicht der geringste Anspruch verbunden, daraus irgendwelche Vorschriften zu gewinnen. Es geht allein darum, dass wir uns und die Situation, in die wir menschheitsgeschichtlich hineingeraten sind, besser verstehen. Wir sind frei, aus diesem Wissen das Beste zu machen.

Der zweite Denkfehler war die Annahme, dass all jene Kulturen, die man im Zeitalter der europäischen Expansion zu entdecken glaubte, lebende Beispiele dafür seien, wie die Menschheit in grauer Vorzeit existiert hatte. Die Vorstellung in beiden Amerikas, in Afrika, Australien oder – was uns sehr interessieren wird – Sibirien auf «Ur-» oder «Naturvölker» zu stoßen, leugnete deren kulturelle Entwicklungen. Zugleich unterstellte man ihnen, «primitiv», «wild» und «naiv» zu sein, und behauptete, sie seien auf einer niederen Stufe der menschlichen Entwicklung stehen geblieben. Solches «evolutionistische» Denken, das eine ständige Höherentwicklung postulierte, stützte bestens den westlichen Fortschrittsmythos und das Narrativ der europäischen Überlegenheit. Für Kolonialismus und Imperialismus war das die maßgeschneiderte Ideologie, Ausbeutung, Versklavung oder Schlimmeres zu legitimieren.

Für uns entscheidend: Solche Ideen wurden in die Vorgeschichte zurückprojiziert, um das Nichtwissen über die Zustände des Menschen in Zeiten vor aller Schrift zu kompensieren. Damit verankerten sie eine Karikatur wilder Urmenschen, die in Höhlen hausten, wenn sie sich nicht gerade mit Keulen die Köpfe einschlugen, im allgemeinen Bewusstsein. Sie diskriminierten nicht nur die indigenen Kulturen dieser Welt. Sie diskriminierten ihre eigenen Vorfahren.

*

Heute dagegen haben wir erstmals die Möglichkeit zu erkunden, wie es wirklich gewesen ist – und welche Faktoren und Entwicklungen uns zu denen gemacht haben, die wir sind. Wir können erkennen, welchen biologischen Ballast wir mit uns herumschleppen, aber auch die kulturellen Altlasten identifizieren, die oft viel schwerer wiegen.

Die Stunde der prähistorischen Archäologie hat geschlagen, die sich vergangener Kulturen ohne Schrift annimmt. Dass sie so wichtig werden konnte, um endlich Licht ins Dunkel unserer Anfänge zu bringen, verdankt sie der Kooperation mit den Naturwissenschaften. Diese ermöglichen es, wie durch ein Schlüsselloch in die Vorgeschichte zu blicken und die existenziellen Fragen anzugehen: Gab es schon immer Gewalt? Krieg? Wie war es um das Verhältnis von Frauen und Männern bestellt? Wie stand es um Kooperation und Konkurrenz? Wie kam es zu Arm und Reich? Und auch: Sind wir von Natur aus spirituelle Wesen?

Das ist der Rahmen, in dem der Fall der mutmaßlichen Schamanin von Bad Dürrenberg seine volle Bedeutung entfaltet. In ihrem Schicksal verdichten sich entscheidende Entwicklungen wie in einem Brennglas. Die Schamanin taugt damit bestens zur Reiseführerin, der wir nur zu gerne durchs Dürrenberger Kaninchenloch ins Wunderland namens Mesolithikum folgen.

Gerade weil das Doppelgrab solch ein Erklärungspotenzial bietet, müssen wir verhindern, dass wir das Unbekannte mit unseren eigenen Klischees oder Ideologien füllen. Dazu gehört auch, dass wir unsere Vergangenheit von dem Schutt befreien, der über den tatsächlichen Phänomenen und Begebenheiten angehäuft wurde. Deshalb machen wir uns nun an eine Archäologie vor der Archäologie und werden hier erstmals die von uns freigelegte Entdeckungs- und Deutungsgeschichte unserer Heldin durch die Nationalsozialisten vorstellen. Selten wird so deutlich, wie abstrus bis heute herumspukende Mythen in Sachen «nordische Rasse» oder «weiße Überlegenheit» sind.

5

ARIERWAHN

Dass die sterblichen Überreste einer Frau für die eines Mannes gehalten werden, ist leider kein unbekanntes Phänomen in der Geschichte der Archäologie. Abgesehen von wissenschaftlichen Unzulänglichkeiten zeichnet dafür etwas verantwortlich, das man den patriarchalistischen Fehlschluss nennen könnte: Wo immer man auf reiche Gräber stieß, stand für die in der Regel männlichen Ausgräber das Geschlecht außer Frage. Dass eine bedeutende Bestattung einer Frau gehörte – undenkbar! Allenfalls als Gattin oder Tochter eines mächtigen Mannes schien das vorstellbar.

Der Fortschritt in der Archäologie (präzisere Methoden, genetische Geschlechtsbestimmung, mehr Frauen in der Forschung) sorgte dafür, dass sich in den letzten Jahren so mancher waffenstrotzende Wikinger in eine waffenstrotzende Wikingerin verwandelte. Doch im Fall des Bad Dürrenberger Grabes war mehr am Werk; es ist ja nicht so, dass lediglich ein Schamane zu einer Schamanin erklärt werden müsste. Hier hat man sich noch viel fundamentaler geirrt.

Bisher war unbekannt, wie eng das Schicksal unserer Heldin mit dem dunkelsten Kapitel deutscher Geschichte verbunden ist. Wir präsentieren ein eindrückliches Lehrstück, welch ein hanebüchener Unfug die völkische Rassenlehre war und wie bereitwillig sich die Archäologie in den Dienst von Terror und Vernichtung stellte. Und wir können das Glück der Schamanin bestaunen, mit dem es ihr gelang, so gerade eben den Fängen des Reichsführers SS Heinrich Himmler zu entgehen. Der Aufwand lohnt, denn wann hat sich schon einmal ein Traumfund der Nazis als Albtraum *aller* Nazis entpuppt?

Im Bann der Geschichte

Freitagnachmittag, 4. Mai 1934, Kurpark von Bad Dürrenberg. Es musste schnell gehen. Beim Ausheben eines Grabens für die Wasserleitung zum Springbrunnen war der Arbeiter Engel auf Menschenknochen gestoßen. Sofort hatte er den Lehrer Lippold gerufen, der sich ums Heimatmuseum kümmerte. Gemeinsam mit seinen Kollegen Nethe und Mölbitz begutachtete Lippold das angeschnittene Grab, registrierte die auffällig rote Erde und meldete den Fund der Landesanstalt für Vorgeschichte im zwanzig Kilometer entfernten Halle.

Als der Konservator Wilhelm Henning eintraf, hatten die Lehrer bereits erste Funde aus dem Boden geholt: das Gehörn eines Rehbocks, die prächtigen Hauer-Platten von wilden Ebern, Steinklingen, Muschelschalen, alle von der rötelhaltigen Erde eingefärbt. Die Lage des Schädels zeigte: Die verstorbene Person war sitzend in der Grabgrube platziert worden, ihr Blick könnte gen Süden gerichtet gewesen sein. Auffällig viele durchlochte Tierzähne lagen im Kopfbereich, ein geschliffenes Steinbeil fand sich unter ihrem rechten Arm. Die Zeit drängte. Am Samstag sollte der Platz eröffnet werden, bis dahin musste alles wieder eingeebnet sein. So hatte eine Skizze zu genügen, Fotos wurden keine gemacht.

Man muss das verstehen. Dürrenberg boomte, Funde gab es fast im Monatstakt. Seit Jahrhunderten wurde hier Salz in Salinen gewonnen. 1763 war eine mächtige Solequelle in 223 Metern Tiefe angebohrt worden, deren Wasser über zwölf Meter hohe Gradierwerke aus Schwarzdornreisig verrieselt wurde. Die Luft war salzgeschwängert wie am Meer. Bald kamen Menschen zuhauf nach Dürrenberg zur Kur. Auf der hoch über der Saale gelegenen Flussterrasse legte man gleich neben den Gradierwerken den Kurpark an. Dürrenberg

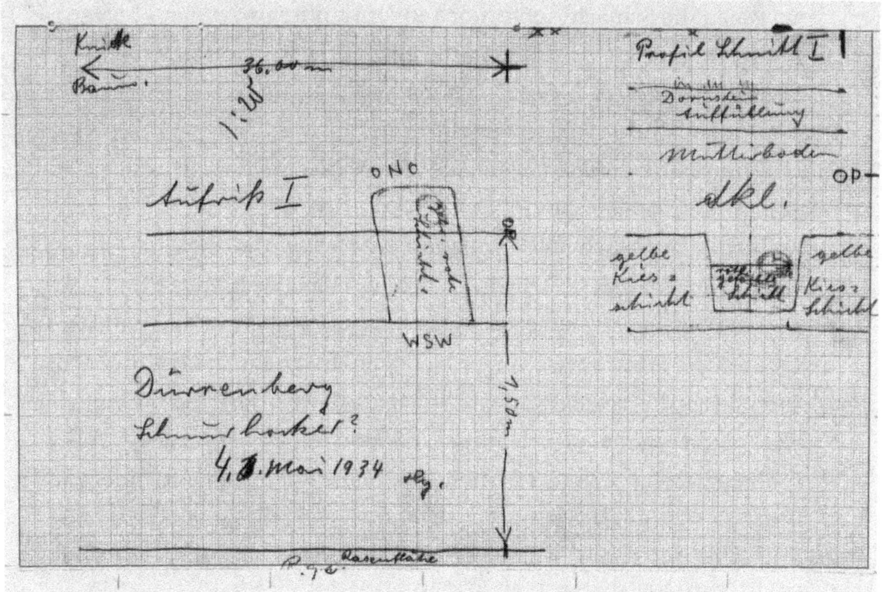

Die Eile war groß: Allein eine flüchtige Skizze dokumentierte die Lage und den Aufbau des am 4. Mai 1934 gefundenen Grabes im Kurpark von Bad Dürrenberg. Sie genügte aber, um das Grab wiederzufinden.

warb fortan mit «hervorragenden Heilerfolgen bei Katarrhen der Atmungsorgane», wie auch bei «Skrofulose, Rachitis, Gicht, chronischen Gelenk- und Muskelrheumatismus, Blutarmut, Nervosität und chronischen Frauenleiden». 1935 gab es offiziell das Prädikat «Bad», im Gebrauch war es bereits zuvor.

Der verlorene Erste Weltkrieg hatte den völkisch-nationalistischen Geist angeheizt. Geister der Vergangenheit spukten in Dürrenberg ohnehin herum. Im Kurpark lag der «Hunnenstein», ein Felsblock, in dem die Hand des Königs Heinrich I. (876–936) zu sehen sein soll. Der habe hier vor der Schlacht von Riade die Worte gesprochen: «So wahr als meine Hand auf diesem Fels sich abdrückt, so gewiss werden wir den Sieg davontragen.» Am 15. März 933 siegte der König des Ostfrankenreichs dann über die Magyaren. Zwar ist seit je umstritten, wo genau die Schlacht tobte, doch in Dürrenberg war man überzeugt genug, am rechten Ort zu sein (und erzählte sich, hier nachts die Geister wilder Reiter zu hören), dass man sich daranmachte, ein Fest für das tausendjährige Schlachtenjubiläum zu planen.

Dann aber kam der 30. Januar 1933. Es brach das an, was sich präpotent «Tausendjähriges Reich» nennen wird: die Herrschaft des Nationalsozialismus. Was als Heimatfest gedacht war, bot die Chance zum nationalen Ereignis – Heinrich I. galt als erster deutscher König. Ein ganzes Wochenende dauerten die Feierlichkeiten, die in den Juni 1933 verschoben worden waren. Der Höhepunkt war ein Festzug, der alles aufbot, was die Lokalgeschichte zu bieten hatte. Am Ende marschierten Kriegervereine und Stahlhelm, SA und SS. Das Fest sei ein voller Erfolg gewesen, berichteten die *Hallischen Nachrichten*, anschließend begaben sich die Besucher «in den herrlichen Kurpark, wo die SA-Kapelle Standarte 26, Weißenfels, konzertierte» – just über dem Grab unserer Heldin.

*

Zehn Monate später, am 20. April 1934, dem «Führergeburtstag», erschien in der *Dürrenberger Zeitung* ein Artikel unter der Überschrift «Die Herkunft der Arier». Ein Friedrich-Karl Bicker von der Landesanstalt für Vorgeschichte in Halle hatte in Dürrenberg einen Vortrag gehalten und behauptet, die Arier kämen nicht, wie viele damals annahmen, aus Indien oder Persien. Sie stammten aus Mitteldeutschland, dem Ostseebecken und Nordwestdeutschland, führte der Archäologe aus. Die Arier, die mit den Indogermanen eins wären, hätten sich «einer völlig bodenständigen Entwicklung in Deutschland» zu verdanken. Und dann wird es interessant: «Die Forschungslücken», so Bicker, «die fehlenden Nachweise, die bezüglich dieser Entwicklung aus den einheimischen eiszeitlichen und nacheiszeitlichen Kulturen noch klaffen, auf mitteldeutschen Boden ganz zu schließen», sei «eine der Hauptaufgaben der nächsten Jahre für die Landesanstalt für Vorgeschichte zu Halle».

«Wir staunten, als wir auf diese Stelle stießen, und haben erst einmal das Datum überprüft», erzählt Andreas Stahl, Historiker an der Abteilung Landesgeschichte im Landesamt für Denkmalpflege und Archäologie in Halle. Gemeinsam mit Jan Kellershohn betrieb er die Archivrecherche, um die unmittelbaren Umstände der Entdeckung der Schamanin in Bad Dürrenberg im Jahr 1934 aufzuklären. Besagter Bicker ist nämlich derjenige, dem seitens der Hallenser Landesanstalt für Volkheitskunde (wie sie bald heißt) die wissenschaftliche Bearbeitung der Schamanin oblag. «Tatsächlich stoßen die Arbeiter knapp zwei Wochen nach diesem Vortrag auf das Grab im Kurpark, und Bicker wird es als angekündigten Beweis seiner Theorie feiern.» Klingt fast so, als hätte er die Funde selbst dort versteckt. «Das war auch unser erster Gedanke», sagt Kellershohn und lacht.

Wer ist Friedrich-Karl Bicker? «Er ist 1908 im nahen Naumburg geboren», berichtet Stahl, «und trat bereits während des Studiums im September 1930 der NSDAP bei.» Also deutlich bevor die Nationalsozialisten an die Macht kamen. Im Jahr 1932 wurde er Mitglied der Fachgruppe für deutsche Vorgeschichte des Kampfbundes für deutsche Kultur, der vom NS-Chefideologen Alfred Rosenberg gegründet worden war. Der Kampfbund, rassistisch und antisemitisch, sollte die besseren Kreise für den Nationalsozialismus gewinnen. Kurzum: Unsere Schamanin geriet in die Hände eines begeisterten Nazis. Eigentlich hätte Bicker die besten Voraussetzungen besessen. Seine Doktorarbeit hatte er über die mittlere Steinzeit, das Mesolithikum, geschrieben, also just jene Zeit, aus der die Schamanin stammt. Aber Bicker hatte eine Mission.

*

Tauchen wir kurz in diese Sphäre ein, um zu verstehen, warum unsere Heldin missbraucht wurde, um eine ebenso krude wie menschenverachtende Ideologie zu stützen. All das führt mitten ins dunkle Herz von Rassismus und nationalsozialistischem Terror, sind Arierwahn und Judenvernichtung doch zwei Seiten einer Medaille.

Die Indogermanenfrage gewann im 19. Jahrhundert an Virulenz, nachdem man erkannt hatte, dass viele europäische Sprachen auf eine Wurzel zurückgeführt werden konnten. Das warf die Frage nach der «Urheimat» der ersten Träger der indogermanischen «Ursprache» auf. Lange vermutete man, sie läge in Zentralasien und stünde in Zusammenhang mit den Ariern: Kulturen, die dem indoiranischen Sprachstamm der indogermanischen Sprachfamilie zugerechnet wurden.

Zwei aufstrebenden Disziplinen werden daraus eine weltanschauliche Frage höchster Toxizität machen: die «Rassenkunde» und die prähistorische Archäologie. Joseph Arthur Comte de Gobineau (1816–1882) hat mit seinem *Versuch über die Ungleichheit der Menschenrassen* eine der kanonischen Schriften des Rassismus verfasst. Die Arier stellten für ihn die «Grundrasse der Weißen» dar, die allen überlegen sei, solange sie der Degeneration durch Vermischung mit anderen Rassen entginge, was in der Vergangenheit immer wieder geschehen sei. Die letzten verbliebenen «arischen Rassenkerne» Europas lokalisierte Gobineau in England und Norddeutschland.

Bald verband sich der Rassismus mit verfälschten Lehren Charles Darwins und fabulierte fortan vom Kampf ums Überleben und dem Recht der Stärksten. Es war ein pseudowissenschaftlicher Versuch, die imperialistische Unterwerfung der Welt durch europäische Kolonialmächte zu legitimieren. Aus diesem Morast stiegen auch Rassenhygiene und Eugenik hervor, welche die sozialdarwinistischen Vorstellungen von Auslese und Menschenzüchtung, vom Schutz des «Volks- und Rassekörpers» durch Verdrängung oder sogar «Ausmerzung» «minderwertigen» und «artfremden» Erbguts in die Tat umsetzen wollten.

Nun hatte die Sache mit den aus Asien stammenden Ariern einen Schönheitsfehler: Sie bescherte den Germanen einen Migrationshintergrund. Noch Gobineau nahm an, dass die germanischen Vorfahren zu Abrahams Zeiten in den Steppen Zentralasiens lebten. Dann aber wären die Germanen einst als Fremde aus der Ferne gekommen und hätten die in Europa vorhandenen «Völkerschaften» verdrängt. Das

Recht des Stärkeren eben. Was aber ließe sich dann gegen Juden sagen? Hatten die es nicht einfach den Germanen gleichgetan und drohten sich nun sogar als die Überlegenen zu erweisen?

Undenkbar. Bereits in völkisch-antisemitischen Kreisen des 19. Jahrhunderts behaupteten Stimmen, es sei umgekehrt gewesen: Die Vorläufer der Germanen mit ihren langen Schädeln, blonden Haaren, blauen Augen und heller Haut kämen aus dem Norden Europas. Über die Kakofonie abstruser Theorien, die eng mit dem Okkultismus verbunden waren und über Wurzelrassen oder Atlantis am Nordpol spintisierten, hüllen wir den Mantel des Schweigens.

Auch die prähistorische Archäologie witterte ihre Chance. Anders als die klassische Archäologie war sie noch keine universitär verankerte Wissenschaft. Es wird ausgerechnet ein Sprachwissenschaftler sein, der 1902 in Berlin die erste Professur für «Deutsche Archäologie» erhielt: Gustaf Kossinna (1858–1931) machte sich daran, die Frage nach der Urheimat der Arier zu beantworten.

Für ihn stand die Antwort einem Dogma gleich bereits fest. Seit der jüngeren Steinzeit, dem Neolithikum, habe es ein germanisches Urvolk gegeben, die nordische Rasse, deren Kulturentwicklung sich bis zu den heutigen Deutschen verfolgen lasse. Man habe es mit einer autochthonen, «bodenständigen» Kulturentwicklung zu tun, «Blut und Boden» seien eine tief in der Vorgeschichte gründende Einheit. Prähistorie in Kossinnas Sinn war Ideologie, nationalistische Weltanschauung. Dass er sich in der völkischen Bewegung der Weimarer Republik engagierte, sollte nicht überraschen. Kurz vor seinem Tod unterzeichnete er einen Wahlaufruf für Adolf Hitler.

Die Nazis werden all das begierig aufnehmen. Als Legitimationswissenschaft boomt die prähistorische Archäologie nach 1933: «Gab es im Jahr 1902 nur einen einzigen außerordentlichen Lehrstuhl … und noch im Jahr 1929 nur drei ordentliche Lehrstühle und einen außerordentlichen, stieg diese Zahl nach der sogenannten Machtergreifung auf insgesamt 25 ordentliche und außerordentliche Lehrkanzeln», berichtet der Historiker Franz-Rutger Hausmann. Und das, obwohl sich im NS-Staat die Zahl der Studierenden halbierte. Die Archäologen werden der Anthropologie und Rassenkunde zugeordnet. Denn: «Die ‹Rassenfrage› wird immer deutlicher der ‹Schlüssel zur Weltgeschichte›.»

*

Das letzte Zitat stammt von einem engen Gefährten Kossinnas, der zugleich Chef Friedrich-Karl Bickers war und – *horribile dictu* – der Amtsvorgänger eines der beiden Autoren dieses Buchs. Hans Hahne (1875–1935) gründete gemeinsam mit Kossinna 1909 die «Gesellschaft für Deutsche Vorgeschichte». 1912 wurde er Direktor des Provinzialmuseums in Halle, das ab 1922 «Landesanstalt für Vorgeschichte» und ab 1934 «Landesanstalt für Volkheitskunde» hieß.

Hahnes Traum war, Vorgeschichte mit Volks- und Rassenkunde zur «Volkheitskunde» zu verschmelzen. «Volkheit» ist für ihn die Kindheit eines Volkes, und das Museum wird damit zur völkischen Erziehungsanstalt: «Es sind ja ewige Werte, die aus der Vorzeitüberlieferung unserer Artung in unsere Gegenwart und Zukunft einfließen wollen.» Als alter Nationalsozialist und offener Antisemit wurde er im November 1933 Rektor der Martin-Luther-Universität Halle. Ein Jahr später erlitt er einen Schlaganfall und starb Anfang 1935.

Werfen wir einen kurzen Blick auf Hahnes ideologisches Gebäude, um zu verstehen, warum seine Schüler den Fund aus Bad Dürrenberg zu dessen Untermauerung missbrauchen werden. Hahne kehrte die These, dass die Indogermanen aus der Mitte Asiens stammen, um: Die dortigen Arier seien indogermanische Auswanderer aus Europa. Der Ausgangspunkt der «nordischen Rasse» sei zwischen «Rhein und Dnjepr, Ostsee und Donau» zu suchen. Hier fänden sich bis heute die «Erbzeichen der Nordrasse»: «groß, blond, hellhäutig, hell- bis blauäugig».

In Hahnes Buch *Das vorgeschichtliche Europa* heißt es unmissverständlich: «Breiter Heimatuntergrund und heimische Hochzucht sind der gezüchtesten ‹edelsten› Völker natürliche ‹zoologische› Grundlage;

Fremdes ist störend auf jeden Fall: Bastardisierung schädigt Menschen und Menschengruppen äußerlich und innerlich. Die oft angepriesene ‹Spannung› und zu Fortschritt und größerer Lebendigkeit angeblich geeignet machende rassische Ungleichartigkeit durch Eindringen von fremdem, womöglich ganz erbfernem Blute bedeutet immer Erkrankung des Volks- und Rassenkörpers durch Aus-dem-Gleichgewicht-Kommen, wie bei Pflanzen und Tieren.»

Das erscheint 1935 im Jahr der Nürnberger Gesetze, insbesondere des «Gesetzes zum Schutze des deutschen Blutes und der deutschen Ehre». Vorgeschichte, wie sie von Hahne und seinen Schülern betrieben wird, verstand sich als «wissenschaftliche» Legitimation der nationalsozialistischen Rassenpolitik. Sie war damit Theorie, die in Praxis umschlägt. Wir haben es, um den Begriff der Historiker Susanne Heim und Götz Aly zu verwenden, mit «Vordenkern der Vernichtung» zu tun. Selbst kommende Kriege erhalten von Hahne Absolution: Das läge im «Sinn» der Germanen und ihrer Nachfahren, der schon «ihre indogermanischen Vorfahren und Stammesverwandten seit der Steinzeit mehr als einmal getrieben hatte, auszuziehen, um die Welt zu erobern».

Erschreckend, mit welcher Nonchalance Hahne eingesteht, dass seine Thesen noch unbewiesen sind: «Die Verwandtschaft der Sprachen wurde zuerst erkannt, der Aufgabe, archäologisch und anthropologisch ihre Urverwandtschaft zu erweisen, gilt die Arbeit der Wissenschaft unserer Tage.» Soll heißen: Archäologie und Anthropologie haben für den rassistisch-völkischen Traum der ewigen Verbindung von «Blut, Boden und Rasse» Beweise herbeizuschaffen.

Zwei Schüler Hahnes machen sich übereifrig daran, den Auftrag ihres Lehrers auszuführen: der uns schon bekannte Archäologe Friedrich-Karl Bicker und der Anthropologe und SS-Professor Gerhard Heberer. Sie sind es, denen die Schamanin in die Hände fällt.

Verleumdet

Starten wir mit Bicker. Er war fieberhaft auf der Suche nach Funden, um die These von der nordisch-germanisch-deutschen Kontinuität zu untermauern. Und die Dürrenberger Bauarbeiter bescherten ihm nun etwas, das er in das völkische Narrativ einzupassen versuchte. Bickers erster Bericht aus dem Jahr 1935 gibt die Richtung vor. Für ihn steht außer Frage, dass es sich um ein männliches Individuum handelt. Das Kind, das im Grab lag, erwähnt er mit keinem Wort. Wenigstens einige Tierbeigaben zählt er auf. Eigentlich aber interessieren ihn nur zwei Objekte: «Die vorgefundene geschliffene Steinhacke beweist eindeutig, dass das Grab der jüngeren Steinzeit angehört.» Und der Kranichknochen, «gefüllt mit 31 ganz kleinen Feuersteininstrumenten, die unter dem Namen ‹Mikrolithen› dem Vorgeschichtler als typisch mittelsteinzeitliche Formen bekannt sind».

Es ist bizarr: Bicker identifiziert die Mikrolithen völlig korrekt als mesolithisch, also der Welt der Jäger und Sammler zugehörend, weist das Grab aber trotzdem der späteren neolithischen Schnurkeramik zu. Ein geschliffenes Steinbeil galt damals als Indikator für jungsteinzeitliche, also schon agrarische Kulturen. Es bedarf für Bicker keiner weiteren Begründung, warum er das Grab der Bauernwelt zuschlug. Und das, obwohl sich nicht die kleinste Keramikscherbe fand und das Spektrum der Tierknochen auf eine jagende und keine agrarische Lebensweise hinweist.

Bicker behauptet schlichtweg, die Schnurkeramik sei «eine der bedeutendsten indogermanischen (arischen) Kulturen der jüngeren Steinzeit». Die Forschung habe belegt, dass sie «weder eingewandert noch von einer anderen Kultur direkt abzuleiten ist», weshalb sie also nur hier «aus der vorher vorhandenen mittleren Steinzeit bodenständig erwachsen sein» könne. Und gerade deshalb seien die Mikrolithen im Grab von Dürrenberg so wichtig: Sie bewiesen, dass die Menschen in Mitteldeutschland noch im Neolithikum mesolithische Traditionen pflegten: «Die Brücke zur mittleren Steinzeit wird durch den

Fund von Dürrenberg geschlagen.» Das mache ihn für die Arierfrage zentral.

In einem zweiten Aufsatz taucht zwar in einem Halbsatz der Kinderschädel auf. Aber wie schon im ersten Artikel (und allen weiteren Publikationen) verliert Bicker keine Zeile darüber, was für Menschen wohl in dem Grab lagen, wozu all die Beigaben, die Tierknochen und Schmuckanhänger gedient haben könnten. Es interessiert ihn absolut nicht. Bicker will allein die Leerstelle seines völkischen Geschichtskonstrukts füllen. Für ihn ist das Grab der langersehnte Beweis der Kontinuität der arischen Kultur bis in die entfernteste Steinzeit. Zudem will er damit einen weiteren Makel der bisherigen Theorien eliminieren: Traditionell sei die Urheimat der nordischen Rasse in den Gefilden rund um die Ostsee gesucht worden. Doch die lagen zu lange unter den Gletschern der letzten Eiszeit, als dass dort die Arier entstanden sein könnten. Nein, Bicker ist sich sicher: Deren Urheimat war im Herzen Deutschlands zu finden.

*

Hatte Bicker den archäologischen Teil des Auftrags seines Lehrers Hahne übernommen, machte sich Gerhard Heberer (1901–1973) an den anthropologischen Part. Ist der Name heute auch fast vergessen, so könnte es doch sein, dass manche ihm zumindest lesend begegnet sind. In der von Golo Mann herausgegebenen *Propyläen Weltgeschichte* hat Heberer das Eingangskapitel über die Menschwerdung geschrieben. Sein Sammelband *Evolution der Organismen* wurde bis in die 1970er aufgelegt. In der 1961 zu Ehren seines 60. Geburtstags erschienenen Festschrift schrieben internationale Größen der Biologie und Paläoanthropologie wie Raymond Dart, Theodosius Dobzhansky oder Ernst Mayr. Was sie wohl über die Vergangenheit des SS-Hauptsturmführers Gerhard Heberer wussten?

«Bei Heberer handelt es sich um einen Grenzgänger zwischen Biologie und Zoologie auf der einen und Anthropologie sowie Ur- und Frühgeschichte auf der anderen Seite», erklärt der Historiker Jan Kellershohn. Während Heberer in Halle Zoologie, Geologie, Philosophie und Deutsche Vorgeschichte studierte, arbeitete er an Hahnes Landesanstalt für Vorgeschichte.

1927 nahm Heberer an der «Sunda-Expedition» nach Indonesien teil, wo er für die «rassenkundliche» Begutachtung der Menschen zuständig war. Nach der Rückkehr ging er an die Universität Tübingen und trat 1933 in die SA ein. Einerseits wird er sich in die Synthetische Evolutionsforschung vertiefen, also die Erweiterung der Lehren Darwins durch die neuen Einsichten der «Erbbiologie», der Genetik. Andererseits nimmt er sich der «Anthropogonie» an, der Abstammung und Evolution des Menschen. Beides Themen, die in den Dreißigern für Rassenkunde und Rassenhygiene von zentraler Bedeutung sind.

«Obwohl Hahne ihn persönlich für eine Zoologie-Professur in Halle empfahl, wurde nichts daraus», erzählt Andreas Stahl. Ebenso scheiterten Heberers Bemühungen um einen Lehrstuhl für Biologie und Rassenforschung in Frankfurt am Main. Er schien in einer Sackgasse zu stecken. Dann aber begegnete er unserer Schamanin. Sie steht am Anfang jener Arbeiten, die ihm die Aufmerksamkeit des Reichsführers SS Heinrich Himmler verschafften.

Es war Friedrich-Karl Bicker, der seinen Freund aus gemeinsamen Tagen an der Landesanstalt bat, das in Dürrenberg gefundene Skelett anthropologisch zu begutachten. Zugleich tauchte die Idee auf, eine der zentralen Ideen Hahnes umzusetzen, der gefordert hatte, dass es analog zur *Rassenkunde des deutschen Volkes* des «Rassepapstes» Hans F. K. Günther auch eine Rassenkunde der Vorgeschichte geben müsste. Heberer witterte seine Chance.

Er nahm sich also das Skelettmaterial aus Bad Dürrenberg vor. Das Kind? Interessierte ihn nicht. Das Skelett? Wurde kaum mehr als eines Blickes gewürdigt, um die Körpergröße zu ermitteln. Er bezifferte sie auf «165,9 cm» – und machte unsere Schamanin damit um erstaunliche zehn Zentimeter zu groß. Ob Heberer bei der Größe schummelte, um die männlichen Urarier nicht zu klein erscheinen zu lassen? Oder ob ihm ein Zahlendreher unterlief? Beides spricht nicht für seine Expertise. Heberer war wie die Anthropologen seiner Zeit völlig fixiert auf die Beschreibung und Vermessung des Schädels, über dessen «ausgezeichnete» Erhaltung er sich freute. Das Gebiss sei «kräftig» und ebenfalls «prachtvoll» erhalten. Und zu welchem Schluss kam Heberer? «Es handelt sich um ein männliches matures Individuum.»

Der Schädel stelle innerhalb der mitteldeutschen Schnurkeramiker einen Grenzfall dar. «Er ist wohl in den meisten seiner Eigenschaften als fälisch anzusprechen.» Das Fälische galt als ein «Schlag» der nordischen Rasse. Heberer beobachtete jedoch bei der «Bildung des Gesichtsskeletts» Einflüsse, «die nicht dem fälisch-nordischen Rassenkreis angehören». In der gleichen Schrift kündigte er an, sich an eine «Rassengeschichte des Indogermanentums» zu machen und mit den «mitteldeutschen Schnurkeramikern» zu beginnen.

«Die Forschungen zu Rassetypus und Herkunft der Indogermanen sind es, die das Interesse der SS wecken», konstatiert der Wissenschaftshistoriker Uwe Hoßfeld, der über Heberer promoviert und eine *Geschichte der biologischen Anthropologie in Deutschland* vorgelegt hat. Es wird Heinrich Himmler höchstpersönlich sein, der sich 1936 beim Wissenschaftsministerium einsetzt, Heberer einen Lehrstuhl zu verschaffen. Doch noch reicht der Einfluss der SS nicht aus. Himmler beruft ihn dafür 1937 als SS-Untersturmführer in das Rasse- und Siedlungshauptamt der SS. Heberer wird in die NSDAP aufgenommen und Mitarbeiter des «Deutschen Ahnenerbes», jener SS-Organisation, mit der Himmler sich die Deutungshoheit über die Vergangenheit sichern wollte und auf Konfrontation zum Amt Rosenberg und dessen Reichsbund für deutsche Vorgeschichte ging.

1938 endlich der Erfolg für Heberer: eine Professur an der Universität Jena. Der Rassenhygieniker und SS-Standartenführer Karl Astel, kurz danach zum Rektor ernannt, freute sich, «unsere rassische Front … auf wissenschaftlichem Gebiet um einen hervorragenden Fachmann und unerschrockenen Kämpfer» verstärkt zu haben und damit dem Ziel einer «rassisch ausgerichteten SS-Universität» einen entscheidenden Schritt näher gekommen zu sein. Welch Geistes Kind

Astel war, verdeutlicht ein Zitat aus dem Jahr 1935, in dem er sich an die «Edelrassigen aller Länder» wandte und sie aufrief, «das unglückliche lebensunwerte Leben, das sich während der Herrschaft der Minderwertigen in ihren Völkern angesammelt hat, gemeinsam wieder (zu) entfernen … zum Heile aller». Das sei «die frohe Botschaft, die der Nationalsozialismus der leidenden und hoffenden Menschheit zu verkünden» habe. Wie geschrieben, wir haben es mit Vordenkern der Vernichtung zu tun.

«Tatsächlich wird Heberer als Vorsteher der Anstalt für Allgemeine Biologie und Anthropogenie Teil der Jenaer Rasse-Quadriga», sagt Hoßfeld, zu der neben Astel besagter «Rassepapst» Günther und der Zoomorphologe Victor Franz gehörten. «Damit wurde Jena zum rassenhygienischen und rassenpolitischen Zentrum der deutschen Universitätslandschaft.» 1938 wird Heberer Obersturmführer und 1942 Hauptsturmführer der SS.

1938 wandte sich der Geschäftsführer des SS-Ahnenerbes, Wolfram Sievers, an ihn: Da kursiere die Theorie, ob die Juden nicht von den Neandertalern abstammten. Um das zu überprüfen, könne man doch auf das «in den Konzentrationslagern vorhandene Menschenmaterial» zurückgreifen. Heberer lehnte das als unwissenschaftlich ab. Aber nur, weil er die angebliche Entwicklung «menschlicher Rassen» für ein Phänomen hielt, das erst mit dem *Homo sapiens* aufgetreten sei. Immerhin aber schreibt er in seiner Antwort: «Wertvoll bleibt natürlich … die Anregung, die in den Lagern versammelten Auslesegruppen einmal zu erfassen.»

Sievers wird 1948 im Nürnberger Ärzteprozess wegen seiner Verflechtung in Menschenversuche in Konzentrationslagern zum Tode verurteilt. In dieser Hinsicht finden sich keine Hinweise auf eine Verstrickung Heberers. Immerhin hielt er im KZ Buchenwald Vorträge vor internierten norwegischen Studenten, in der Hoffnung, sie, so Heberer, «auf unsere Seite – auf die Seite Germaniens zu bekommen».

*

Sein Freund Bicker war nicht zufrieden mit Heberers Schädelbeurteilung der für einen Mann gehaltenen Schamanin: Der «fremde» Einfluss im Gesicht passte nicht in sein Bild. «Der» Dürrenberger durfte, damit die These von der «bodenständigen» Entwicklung der Arier haltbar sein sollte, keine fremden Einflüsse aufweisen. Bicker schreibt in einem Aufsatz: «Ich glaube vielmehr, dass wir hier einen etwas primitiven Nachkommen der seit der letzten Eiszeit nachweisbaren alteuropäischen Langkopfgruppen vor uns haben.» Und schließt mit der Bemerkung: «Ich bitte Heberer, seine Meinung unter diesem Gesichtspunkt noch einmal zu überprüfen.»

Und was macht Heberer? Er passt seine anthropologische Expertise dem ideologischen Bedarf an. In dem 1940 erschienenen fünfbändigen Sammelwerk *Die Grundlagen der Erbbiologie*, einem Opus magnum der Rassenforschung, stellt er die menschliche Entwicklungsgeschichte von den frühesten Anfängen an dar. Er bildet auch den Schädel von Bad Dürrenberg ab und charakterisiert ihn, wie Bicker ihm das diktiert hat, als «primitiv-europide» Bildung. Keine Rede mehr von fremden Einflüssen. Die Ideologie hat gesiegt.

Worum es beiden geht: «Eine völlige Kontinuität zwischen der alteuropäischen Langkopfgruppe und der heutigen nordisch-fälischen Rasse ist … nachweisbar!» Asien scheide damit als Ursprungsgebiet aus. Das ist der Traum aller Nazis: den Stammbaum der Deutschen über die Germanen und Indogermanen bis in die Tiefe der Menschheitsgeschichte zurückzuverfolgen. Sie waren schon immer hier. Und unsere Heldin sollte als Kronzeugin dienen.

Bereits Hans Hahne hatte spekuliert: «Europa im Nordteil der Erde könnte sehr wohl Ausgangsland aller Menschwerdung sein, wenigstens die Heimat des ‹höheren› Entwicklungsganges der Menschheit, die mit dem Paläolithikum beginnt und auf der bereits urzeitlichen Überwindung der harten Natur beruht, mit dem Erfolg der Herausbildung des Lebenswillens und unermüdlicher Bereitschaft zu dauerndem und ausmerzendem Lebenskampfe.» Und, Hahne weiter, «wie eine vergrößerte Welle ältesten Geschehens vollzieht sich die Ausbreitung des Europamenschen, meistens unter Drängen und Führen von Nordeuropäern, über die ganze Erde hin».

«Ausmerzender Lebenskampf» – wir haben es mit der maßgeschneiderten Ideologie des Nationalsozialismus zu tun: Die Wiege der Menschheit, zumindest die der «europäischen Sapiensmenschheit» (Heberer), liegt in Deutschland. Die nordische Rasse herrschte hier vom Anfang aller Tage und hat, ihrer biologisch verankerten Überlegenheit folgend, immer wieder die Welt erobern müssen, quasi als Naturgesetz. Ebenso musste sie sich gegen alles als fremd Identifizierte zur Wehr setzen, um die «Rassereinheit» wiederherzustellen, die «Volksgesundheit» zu bewahren und sich gegen Degeneration und Untergang zu schützen. Archäologie und Anthropologie lieferten im Verbund eine pseudowissenschaftliche Legitimation für den Eroberungs- und Vernichtungskrieg, mit dem die Nazis die Welt überzogen und sich daranmachten, alles zu ermorden, was sie in ihrem Wahn als «Rassenfeinde», «lebensunwertes Leben» und «Untermenschen» definierten.

Falsche Freunde

Die Grundlage einer blendenden Nazi-Karriere? Gemeinsam machten sich Bicker und Heberer an das als großer Wurf geplante Werk *Mitteldeutschland, die Nordische Steinzeit und die Indogermanenfrage*, mit dem sie Mitteldeutschland den verdienten Rang als Hotspot der Menschheitsentwicklung sichern wollten. Auch unsere zum Mann erklärte Schamanin erhält darin einen prominenten Platz. Doch das ging schief. Das nie gedruckte, über 400 Seiten starke Manuskript ruht seit fast achtzig Jahren vergessen im Archiv des Landesamtes in Halle. Es muss 1942/43 fertiggestellt gewesen sein, trägt aber noch handschriftliche Ergänzungen bis 1944. Was war passiert?

Papiermangel infolge des Krieges? Das muss nicht sein. «Heberers Sammelwerk *Evolution der Organismen* ist noch 1943 auf bestem

Papier erschienen», gibt Uwe Hoßfeld zu bedenken. Nimmt man das Buchmanuskript unter die Lupe, fällt auf, dass, von der gemeinsamen Einleitung abgesehen, Heberers Ausführungen fehlen. Erstaunlicherweise aber brachte dieser 1943 ein kleines Buch im renommierten Gustav Fischer Verlag heraus, das den Titel *Rassengeschichtliche Forschungen im indogermanischen Urheimatgebiet* trägt. Darin vertritt er die gemeinsam mit Bicker entwickelte These, dass «Mitteleuropa, der Mittel- und Norddeutsche Raum ein Gebiet von höchster weltgeschichtlicher Bedeutung» sei. Hier befänden sich die «vorgeschichtlichen Wurzeln der europäischen Einheit», die sich gerade vollziehen würde – gemeint ist der deutsche Vernichtungskrieg.

Heberer dankt im Vorwort Bicker auffällig knapp («dem ich manche Anregung verdanke»). Aus unserer Sicht spricht alles dafür, dass es sich bei dieser Publikation um die Kernteile seiner für die gemeinsam mit Bicker geplanten Publikation geschriebenen Passagen handelt. Warum nur hat er sie allein veröffentlicht?

*

Es scheint Heberer als SS-Hauptsturmführer, Mitarbeiter des SS-Ahnenerbes und Professor der SS-Elite-Universität Jena nicht mehr opportun gewesen zu sein, mit Bicker zusammenzuarbeiten. Dass der NS-Staat im Inneren geprägt war von einer teils erbitterten Konkurrenz verschiedener NS-Organisationen, ist genauso bekannt wie die Auseinandersetzungen zwischen den dem Amt Rosenberg zugehörigen Reichsbund für deutsche Vorgeschichte auf der einen Seite und dem SS-Ahnenerbe Heinrich Himmlers auf der anderen. Letzteres erwies sich auf Dauer als die überlegene Institution. Persönliche Fehden zwischen Prähistorikern waren nichts Ungewöhnliches, Denunziation und Verleumdung keine Seltenheit.

Dass Bicker ab 1932 als Mitglied des Reichsbundes auf der Rosenberg-Seite und damit auf der Gegenseite Heberers stand, ist aber nicht das eigentliche Problem gewesen. Bicker hatte sich mit den falschen Personen eingelassen. Seit Jahren schon arbeitete er mit dem Vorgeschichtler Julius Andree (1889–1942) zusammen, einem schwierigen Charakter. Der hatte als Denunziant und wegen falscher Anschuldigungen die Universität Münster verlassen müssen und fand nur durch Beziehungen zu NSDAP und Amt Rosenberg eine Professur an der Universität Halle.

Auf Anregung des völkischen Laienforschers Wilhelm Teudt hatte Andree die fragwürdigen Ausgrabungen an den Externsteinen im Teutoburger Wald geleitet. Teudt hielt diese für eine germanische Kultstätte, mehr noch für ein deutsches Stonehenge. Himmler finanzierte die Ausgrabungen, schließlich war der Reichsführer SS okkulten Vorstellungen nicht abhold. Doch Andree beging einen folgenreichen Fehler. Als Himmler ihm untersagte, zu den Externsteinen zu publizieren, antwortete Andree mit deutlichen Worten: «Ich habe als Universitätsprofessor und politischer Leiter von dem Reichsführer SS keinerlei Befehle entgegenzunehmen.» Es sollte wenig überraschen, dass Andree, als er Jahre später zum SS-Ahnenerbe wechseln wollte, dort kalt abblitzte.

1939 legte Andree das fast 800 Seiten mächtige Werk *Der eiszeitliche Mensch in Deutschland und seine Kulturen* vor. Darin formulierte auch Bicker seine Überzeugung, dass die «Pfahlwurzel» aller wesentlichen Entwicklungen der Menschheitsgeschichte im «mitteldeutschen Boden» zu finden sei. Aus «hier ansässigen, urtümlichen (neandertaloiden) Menschenformen» hätten sich «im Laufe des Eiszeitalters ohne Einwanderung fremder, außereuropäischer Elemente ... die Vorfahren der (indogermanischen) nordisch-fälischen Rasse» entwickelt.

Eigentlich war das nichts anderes als das, was auch Heberer vertrat. Der germanische Stammbaum der Nazis wurde bis zur Menschwerdung verlängert. Entsprechend positiv waren die ersten Rezensionen des Buchs. Doch drei Jahre später, 1942, erschienen gleich drei vernichtende Kritiken. Sie stammten alle von Prähistorikern aus dem Dunstkreis des SS-Ahnenerbes und Gegnern Andrees (Bernhard Rust, Gustav Schwantes, Fritz Wiegers). Alles spricht für eine konzertierte Aktion, um Andree, der mittlerweile in Diensten des Einsatzstabs Rosenberg am Kulturraub in Frankreich beteiligt war, akademisch hinzurichten. Für uns aber ist nur wichtig: Die Angriffe erledigten Bicker.

Die Kritiker brandmarkten das Buch als Beleg für die «Irrtümer» der Steinzeitforschung, sie diffamierten Andree und Bicker als «Lokalforscher von der Saale», die zwanghaft versuchten, «den Geist von Weimar in seinen Anfängen schon in die Altsteinzeit zu verfolgen». Man prangerte die «unwissenschaftliche … absolut aggressive Methode» an, die «grotesken Anschauungen». Das Buch errege, «wenn nicht berechtigte Heiterkeit, so bestenfalls Kopfschütteln».

Bickers nie veröffentlichtes Buchmanuskript bezeugt, wie sehr ihn die Angriffe trafen. Er verwahrt sich darin gegen «schandbare Schmähartikel» und «persönliche Verunglimpfungen». Er sieht sich in «hämischer Weise als Ignorant» dargestellt und realisiert, dass es sich um «vernichtende» Artikel handelte, die dazu führen, dass «meine Arbeiten mit dem größten Misstrauen aufgenommen werden». Die letzten Kriegsjahre korrigierte Bicker immer wieder an dem Manuskript herum. Andree war 1942 an einer Krankheit in Paris gestorben, niemand stand ihm zur Seite. Bicker ahnte: Er war wissenschaftlich am Ende.

*

Und was machte sein Freund Heberer? Offensichtlich hat er Bicker im Stich gelassen. Der SS-Hauptsturmführer hätte seinen Ruf aufs Spiel gesetzt, wenn er gemeinsam mit einem Archäologen, dessen wissenschaftliche Expertise ruiniert schien, ein Buch publizierte. Deshalb brachte er den wichtigsten Teil seiner Passagen separat heraus. Da er wohl Bicker und die Hallenser Landesanstalt nicht zu sehr brüskieren wollte, schob er die Ausrede vor, dass er einem «vielfach geäußerten Wunsche» nachkomme, seine Gedanken endlich zu veröffentlichen. Auch teilte Heberer noch am 11. Januar 1945 der Landesanstalt mit, dass es leider keine Papierfreigabe für das Bicker-Heberer-Manuskript gegeben hätte. «Nun muss es also bis Kriegsende liegen bleiben – und das ist vielleicht gut so!», schreibt Heberer. «Es eröffnet dann die neue Ära der Indogermanenforschung nach dem Kriege!»

Die neue Ära? Gab es nicht. Bicker wurde nach Kriegsende aus dem Museumsdienst entlassen. Während die allermeisten Prähistoriker, mochten sie noch so sehr dem NS-Regime zu Diensten gewesen sein, nach 1945 allenfalls mit kleinen Karrieredellen wieder im Fach arbeiteten, gab es für ihn keine Chance mehr. Sein Ruf war ruiniert, seine Spur verliert sich. Im Adressbuch seiner Geburtsstadt Naumburg von 1949/1950 findet er sich als kaufmännischer Angestellter. 1967 starb Friedrich-Karl Bicker dort, keine sechzig Jahre alt geworden.

Und Heberer? Setzte seine Karriere im Westen fort. Er bekleidete eine Professur in Göttingen und fokussierte sich auf Biologie und Paläoanthropologie, reiste zu den wichtigsten Ausgrabungen in Sachen Menschheitsgeschichte nach Afrika und schrieb populäre Bücher. Er besuchte in Tansania den Paläoanthropologen Louis Leakey, der mit seinen Funden die Theorie, dass die Wurzeln der Menschheit in Afrika liegen, untermauerte. Ob Heberer, wenn man abends in der Olduvai-Schlucht rund ums Lagerfeuer saß, erzählte, dass er keine zwanzig Jahre zuvor beweisen wollte, dass sich die Menschwerdung in *good old Germany* vollzog?

Die Pointen

Nachdem wir so dunkle Gefilde durchwandern mussten, wollen wir uns den bemerkenswerten Pointen dieser Archäologie des Rassenwahns zuwenden. Es sind vier:

Pointe No. 1: Friedrich-Karl Bicker räumte in seinem nie veröffentlichten Buch mit einem für uns entscheidenden Fehlurteil auf: Er korrigierte seine Einschätzung des Fundes von Bad Dürrenberg. Nicht dass er entdeckte, dass es eine Frau war, aber er korrigierte die zeitliche Einordnung. Wie es dazu kam? 1939 hatte er ein mesolithisches Grab ausgegraben: den Mann (wirklich!) von Bottendorf. Den deutete er nun als entscheidendes «missing link» für seine Ahnenreihe der nordischen Rasse. Damit wurde der Dürrenbergfund aus seinem ideologischen Zwangskorsett befreit. Deshalb «verbesserte» Bicker, wie er schreibt, seine «Ansicht»: In Dürrenberg handle es sich um einen «(zeitlich bereits neolithischen) Spätmesolithiker». Er sei sich sicher, «dass das Dürrenberger Grab in jene vorschnurkeramische Zeit gehört, in der die älteren Linearbandkeramiker schon als Ackerbauern die Lössgebiete besiedelten und in den Flussauen, den Wasser führenden Niederungen und den der Jagd günstigen Regionen die Nachfahren der alten Mesolithiker noch als Jäger und Fischer lebten … Die im Dürrenberger Grabe vorhandene Flachhacke mag diese zeitliche Bandkeramik bekräftigen.»

Bemerkenswerterweise ist dieses Urteil nachvollziehbar. In Zeiten, in denen es an direkten Datierungsmöglichkeiten fehlte, handelt es sich um eine akzeptable Deutung. Der Fund wird zutreffend als mesolithisch angesprochen. Und die geschliffene Hacke verwundert tatsächlich in einem mesolithischen Kontext und scheint auf Bauern hinzuweisen, die es aber um 7000 vor Christus hier noch nicht gab. Selbst die Nazis konnten sich also auf Dauer nicht gegen die Wahrheit der Schamanin wehren. Nur blieb das von der Nachwelt unbemerkt.

Pointe No. 2: Aus heutiger Perspektive können wir konstatieren: Wir sollten Bicker und Heberer dankbar sein. Weil sie sich des Fundes annahmen und ihn als Lückenfüller für ihr völkisches Ideologiegebäude missbrauchten, verhinderten sie, dass sich andere für die Schamanin interessierten. Und da es den beiden letztlich nur um den Schädel ging, wurde ihr restliches Skelett nicht in Mitleidenschaft gezogen (das wird sich später leider ändern).

Es hätte auch anders kommen können: Das Dritte Reich war voller Fantasten, die mit ihren teils okkulten, teils abstrusen Theorien große Aufmerksamkeit erhielten. Heinrich Himmler hatte immer ein offenes Ohr dafür. Erinnert sei nur an Karl Maria Willigut, der in der SS den Namen «Weisthor» führte. Er ist auch als «Himmlers Rasputin» bekannt, weil er diesen in esoterischen Angelegenheiten beriet. Immerhin behauptete Willigut, als Mitglied der uralten «Asa-Sippe» mediale

Fähigkeiten zu besitzen, und schlug dem Reichsführer SS die Einführung einer germanischen Urreligion vor. Wer weiß, was Himmler mit unserer Schamanin angestellt hätte, wenn er erfahren hätte, wer sie wirklich war.

Abwegig ist das keinesfalls: Wenig bekannt ist Himmlers «H-Sonderauftrag». H wie Hexen. Forscher durchforsteten in seinem Auftrag in geheimer Mission Archive und Bibliotheken nach Dokumenten frühneuzeitlicher Hexenprozesse. Ziel war es, eine «Hexenkartothek» anzulegen. Himmler glaubte nicht nur, einige seiner eigenen Vorfahrinnen seien auf dem Scheiterhaufen verbrannt worden. Er sah Hexen als die letzten Vertreterinnen der alten germanischen Religion an, die von der katholischen Kirche mithilfe des «Weltjudentums» ausgerottet werden sollte. Eine 9000 Jahre alte, wahrscheinlich zauberkundige Urahnin würde Himmler um den Schlaf gebracht haben.

Und dann war diese Urhexe gerade dort begraben, wo einst König Heinrich I. niederkniete, bevor er in die Schlacht von Riade zog (Hunnenstein!). Heinrich Himmler war ein großer Verehrer des Sachsenkönigs (und soll dem Glauben an Reinkarnation nicht abhold gewesen sein). Er richtete nicht nur alljährliche König-Heinrich-Feiern aus, sondern ließ im Dom von Quedlinburg nach den Gebeinen des Königs graben. Quedlinburg war für ihn deshalb einer der «heiligen Orte» der SS. Bad Dürrenberg hätte Ähnliches widerfahren können, wenn Himmler von der Identität unserer Heldin erfahren hätte.

Und auch ein Hans Hahne wäre begeistert gewesen. Sein Museumstraum lautete: «Ein großer, größter Saal müsste nun das Religiöse des Nordmenschentums seit Urzeiten darstellen: eine herrliche Krönung unserer Arbeit.» Hahne war überzeugt, dass eine für die Gegenwart angemessene Religion auf «Rasse, Blut und Boden» beruhen musste. Die aus der Mitte Deutschlands stammende Schamanin hätte wunderbar ins Zentrum des Saales gepasst – als Hohepriesterin einer urarischen Religion. Ausgerechnet seine übereifrigen Schüler Bicker und Heberer haben ihm das vermasselt.

Unfreiwillig verhalfen sie unserer Heldin zur Tarnidentität «Schnurkeramiker, männlich». Das konnte einen Himmler nun wirklich nicht begeistern, der dann doch lieber darüber sinnierte, ob in Tibet nicht Überlebende des Untergangs von Atlantis existierten. Und da nach dem Zweiten Weltkrieg die Ära der Arierforschung ein für alle Mal beendet war, wurde es still um die Schamanin. Es schien, als wäre sie ein zweites Mal begraben worden. Was uns zum unwahrscheinlichen Glück verhalf, sie heute mit modernsten Mitteln neu ausgraben zu dürfen.

Pointe No. 3: Da wir uns so viel mit dem unsäglichen Rassenwahn auseinandersetzen mussten, sei uns nachgesehen, wenn wir unsere Befriedigung kundtun, dass uns bei unserem Buch mit Uwe Hoßfeld und Johannes Krause zwei der vier Initiatoren der «Jenaer Erklärung» mit ihrer Expertise zur Seite standen. Die Absicht dieser 2019 veröffentlichten Erklärung ist, jeglicher Spekulation, das Konzept «Rasse» könnte in Hinsicht auf den Menschen irgendein wissenschaftliches Fundament haben, den Riegel vorzuschieben. Allerspätestens mit den Erkenntnissen der modernen Genetik ist das unhaltbar geworden. In der «Jenaer Erklärung» heißt es: «Die vorrangig biologische Begründung von Menschengruppen als Rassen – etwa aufgrund der Hautfarbe, Augen- oder Schädelform – hat zur Verfolgung, Versklavung und Ermordung von Abermillionen von Menschen geführt. Auch heute noch wird der Begriff Rasse im Zusammenhang mit menschlichen Gruppen vielfach verwendet. Es gibt hierfür aber keine biologische Begründung und tatsächlich hat es diese auch nie gegeben. Das Konzept der Rasse ist das Ergebnis von Rassismus und nicht dessen Voraussetzung.»

Schließlich Pointe No. 4: Wir hatten es ja durchaus mit «respektablen» Wissenschaftlern zu tun, also keinen Dilettanten, Schwarmgeistern oder Spinnern, denen der Nationalsozialismus auch eine Bühne bot. Ob nun Karrieresucht, ideologische Verblendung oder Opportunismus an ihrem Rassenwahn schuld waren, muss uns nicht interessieren. Wohl aber möchten wir auf die bemerkenswerte Ironie der

Geschichte hinweisen und feststellen, wie fundamental sie sich im Fall der Schamanin getäuscht hatten. Falscher konnte man nicht liegen!

Wir haben es bereits in der Einleitung angedeutet: Plakativ formuliert, hielten die Nazis unsere Heldin für einen alten weißen Mann, den Vertreter eines Volkes mit «Bauernkriegergesittung» (Heberer), dessen Wurzeln bis in die tiefe Vorzeit in Mitteldeutschland in den Boden griffen. Tatsächlich aber handelte es sich um eine charismatische Frau aus einer Zeit, in der Menschen noch jagend und sammelnd so lebten, wie sie es schon immer taten. Überdies ist sie, wie wir sehen werden, ein hervorragendes Beispiel dafür, dass alle Menschen Migrationshintergrund besitzen und unsere Wurzeln bis nach Afrika zurückreichen. Das Beste nämlich – und da müssen wir der Pointe halber ein wenig vorgreifen: Unsere Schamanin ist keine «Weiße»; ihre Hautfarbe war, wie die Genetik verraten wird, dunkel.

Immerhin zwanzig Prozent ihrer DNA stecken noch in der Mehrheit der heutigen Europäer. Die restlichen achtzig Prozent unseres Erbguts speisen sich aus unseren anderen migrantischen Vorfahren – darunter die von Bicker und Heberer oft beschworenen Schnurkeramiker, die auch nicht von hier, sondern, wie wir mittlerweile wissen, ihrerseits aus der eurasischen Steppe zugewandert waren. Wir sagten es bereits: Ein Traumfund der Nazis entpuppt sich als Albtraum aller Nazis. Deshalb ist es an der Zeit, sich der Schamanin mit größtmöglicher wissenschaftlicher Sorgfalt anzunehmen und alles daranzusetzen, ihr und dem Kind ihre Identität wiederzugeben. Starten wir mit einer Ortsbegehung.

6

LOURDES DER STEINZEIT?

Ein wenig Zeitreisen kann jeder. Einfach per Zeitschieberegler auf Google Earth. Vorher den Ort Bad Dürrenberg, Kurpark, eingeben und das Jahr 2000 einstellen – und schon sieht man aus der Vogelschau prächtig dichte Baumkronen nördlich des Springbrunnens. Reist man dann Richtung Gegenwart, lässt sich das Farbenspiel der Bäume im Wandel der Jahreszeiten verfolgen. Doch irgendwann, so gegen 2020, fehlen dort vier Bäume, und am Wegesrand steht ein weißes Grabungszelt. Als wir das Buch fertigstellten, ist das sogar noch auf dem aktuellen Bild von Google Maps zu sehen, obwohl dort längst neue Bäume gepflanzt sind. Unter dem Zelt befindet sich – um im Bilde zu bleiben – jenes Kaninchenloch, das den Archäologen als Tor zur richtigen Zeitreise dient. Google Earth macht als Zeitmaschine leider viel zu früh schlapp.

Für uns bieten sich gleich mehrere Destinationen an: Ziel eins wäre jener Freitagnachmittag des 4. Mai 1934, als der Konservator Henning, sekundiert von drei Lehrern, in aller Eile das Kind und die Schamanin barg. Das macht die aktuelle Grabungskampagne des Hallenser Landesamtes für Archäologie zu einer Ausgrabung einer Ausgrabung.

Destination zwei führte weiter in die Zeit um 7000 vor Christus zurück, als wer auch immer hier das Grab schaufelte und, wie es die Fülle der Grabbeigaben zeigt, zwei hochgeschätzte Tote von einer großen Trauergemeinde bestattet wurden.

Für Destination drei müssen wir die Zeitmaschine auf Warp Speed bringen, um Jahrzehntausende zu durcheilen. Denn die ersten Untersuchungen haben ergeben: Das Grab ist in noch ältere Fundschichten eingetieft. Am Ende des Eiszeitalters vor 12 000, vielleicht auch vor 15 000 Jahren campierten hier Jäger. Kein Wunder, die Aussicht auf die weite, noch baumlose Landschaft war grandios. Herden von Pferden und Rentieren waren auf viele Kilometer hin zu entdecken. Vor ungefähr 130 000 Jahren hielten an diesem Ort sogar Neandertaler nach Großwild Ausschau. Sie haben ihre Werkzeuge vergessen.

Die Zeitreisen belegen: Die Schamanin ist an einem im doppelten Wortsinn herausragenden Ort bestattet worden. Seit Urzeiten suchen ihn Menschen auf. Aus einem, womöglich sogar zwei gleichbleibenden Gründen. Sicher wegen der exponierten Lage. Das kann heute jeder Kurparkbesucher nachvollziehen: Wir befinden uns auf einem bergspornartigen Plateau, das sich nicht ganz zwanzig Meter über die Saale erhebt. Die derzeit von Bäumen beeinträchtigte Aussicht geht teils 20, 30 Kilometer weit über die Ebene Richtung Sonnenuntergang. Auch nach Süden ist die Terrasse wunderbar sonnenexponiert.

Für Jäger aller Zeiten war das der perfekte Ausguck. Der Fluss zu ihren Füßen bot zusätzlich Fische, Wassergetier, Vögel. Schnell war man an der Saale, ohne im Morast biwakieren zu müssen, und vor allem über allen Mücken. Auch verkehrsgünstig war die Lage: Als nach dem Rückzug des Eises die Wälder zurückkehrten, waren Flüsse beliebte Reisewege.

Umgekehrt ist die Terrasse eine weithin sichtbare Landmarke. Wer hier oben bestattet wurde, bleibt den anderen im Blick – und damit im Sinn. Dass die Menschen über die Zeiten hinweg ein Gespür für die Prominenz solcher Orte besaßen, zeigt sich acht Kilometer weiter nördlich. Dort thronen Merseburger Dom und Schloss in exakt der gleichen Situation auf einer Terrasse über der Saale (nur auf der anderen Flussseite). Im Zentrum des Chors liegt der Gegenkönig Rudolf von Schwaben bestattet, dessen abgeschlagene Hand mumifiziert im Dommuseum zu besichtigen ist. Ob Schamanin oder Gegenkönig – beide sind in gleich exponierter Lage begraben, wenn auch zu völlig unterschiedlichen Zeiten.

Noch ein zweiter Faktor macht den Bestattungsplatz der Schamanin außergewöhnlich: Salz. Wegen der heilkräftigen Wirkung der Solequellen pilgern seit mindestens zweihundert Jahren Menschen nach Bad Dürrenberg und werden bald wieder den frisch hergerichteten Kurpark genießen, in dem ein bronzener Solezwerg einen Becher Trinksole offeriert. Viel länger wird hier schon Salz gewonnen. Am Fuß des Bergs treten salzhaltige Quellen aus und – so bestätigen es uns die Experten vom Landesamt für Geologie und Bergwesen Sachsen-Anhalt – taten das schon in prähistorischen Zeiten. Tiere suchten sie seit je als Salzlecken auf. Ebenso mögen Menschen seit grauer Vorzeit Salz zum Konservieren und Würzen ihrer Nahrung genutzt haben.

*

Halten wir fest: Bereits eine flüchtige Inspektion des Ortes liefert erste Hinweise auf die Bedeutung der dort bestatteten Personen. Der prominente Platz korrespondiert bestens mit der besonderen Wertschätzung, die sich in den reichen Grabbeigaben widerspiegelt. Er würde wunderbar zu einer Frau von großer Ausstrahlung passen, die ihre Ruhestätte an einem so weithin sichtbaren Platz fand, dass sie den Menschen im Gedächtnis bleiben konnte.

Eine zweite Verbindung zwischen ihr und dem Ort drängt sich auf. Die vermeintliche Schamanin besaß eine auffällige Krankengeschichte. Wie sehr die Fehlbildungen der Halswirbel ihr Leben beeinträchtigt haben, wird noch Gegenstand von Untersuchungen sein. Allein aber die bis in die Zahnpulpa reichenden Löcher in den Schneidezähnen sind aufschlussreich. Nach Einschätzung des Anthropologen Kurt W. Alt hat sie mehrere Jahre mit wiederkehrenden Entzündungen und Schmerzen gelebt, ansonsten aber ihre Zahnproblematik im Griff gehabt. Bemerkenswerterweise gibt der Zustand ihres Skeletts keinerlei Gründe zur Annahme, dass es ihr gesundheitlich schlecht ging. Sie war erfahren, sich selbst zu verarzten. Sie kannte sich aus mit Schmerzstillung, Wundreinigung und Entzündungsbekämpfung. Vermutlich wird sie mit Heilmitteln experimentiert haben.

Nimmt man nun die Prominenz ihres Grabes hinzu, können wir als erste Arbeitshypothese formulieren: Wir haben es mit einer weithin geschätzten Frau zu tun, die über eine lange und allseits anerkannte Erfahrung als Heilerin verfügte. Sonst wäre sie weder für ihre Zeit so alt geworden noch so hochverehrt gestorben. Und da sollte es Zufall sein, dass sie an einem Ort der Heilung begraben worden ist? An einem Ort, der auch heute noch von Menschen aufgesucht wird, die sich Linderung ihrer Gebrechen erhoffen?

Der Nutzen von Sole bei Hauterkrankungen ist anerkannt; in vielen anderen Kontexten wird sie verwendet (wenngleich ihre Wirksamkeit da medizinisch umstritten ist). Es gibt nicht wenige Zahnärzte, die das Gurgeln mit Salzwasser als bewährtes, nämlich antibakterielles, entzündungshemmendes und schmerzstillendes Hausmittel empfehlen. Es gibt sogar Sole-Zahnpasta.

Wir möchten das nicht überstrapazieren und hauen uns auf die Finger, um nicht vorschnell von einem «Lourdes der Steinzeit» zu orakeln. Aber allzu abwegig ist die Idee nicht, dass die Schildkrötenpanzer und Muscheln, die ihr so reichlich ins Grab mitgegeben waren, als Tiegel und Aufbewahrungsgefäße für Sole-, Kräuter- und Rinden-Pasten gedient haben. Sie wird sich nicht nur selbst verarztet, sondern auch anderen geholfen haben. Salz ist wasserlöslich, sodass wir leider nicht mit direkten archäologischen Hinweisen rechnen können.

*

Bereits vor dem ersten Spatenstich unserer Nachgrabung verstärkt sich der Eindruck: Es ist ein außergewöhnliches Grab! Umso erstaunlicher, dass sich in den ersten gut sechzig Jahren nach der Entdeckung keiner wirklich Gedanken darüber machte, wer hier in diesem überreichen Grab an diesem prominenten Ort ruhen könnte. Niemand ging den Fragen nach: Was für Menschen sind da bestattet worden? Warum sind sie zusammen begraben worden? Wurde doch einmal auf den Befund rekurriert, war nüchtern vom «Rötelgrab von Bad Dürrenberg» die Rede.

Dabei hatte unmittelbar nach dem Zweiten Weltkrieg der kommissarische Leiter des Hallenser Museums Karl-Heinz Otto angesichts der «eigenartigen Beigabenfunde» gemutmaßt, dass es sich um das «Instrumentarium eines Medizinmannes» handeln könnte. Doch Otto war kein Jahr im Amt; seiner Interpretation folgte in der DDR niemand. Im Westen war es einzig der Archäologe Fritz Geschwendt, der im 1972 erschienenen Buch *Der vor- und frühgeschichtliche Mensch und die Heilquellen* schrieb: «Wir dürfen annehmen, dass die Bestattete eine Heilkundige war, die vielleicht auch die Quelle zu ihren medizinischen Maßnahmen benutzte, falls es sich nicht lediglich um einen geheiligten Quellenbezirk handelte, wo die angesehene Tote bestattet werden musste.»

In der DDR hatte sich der Anthropologe Hans Grimm wenigstens des Skeletts angenommen und 1957 das Geschlecht korrekt festgestellt: Die Beckenform und die «Grazilität anderer Skelettelemente» weisen das Individuum als weiblich aus. Grimm war es auch, der die These in die Welt setzte, dass der Frau der Schädel vor der Bestattung abgetrennt worden sei, womöglich um das Gehirn zu entnehmen. Grimm rückte zudem die Option einer «rituellen Tötung» mit anschließender «Zerstückelung» der Leiche in den Bereich des Möglichen.

Enthauptung? Rituelle Tötung mit Zerstückelung der Leiche? Da liegt Kannibalismus-Verdacht nicht fern. Steilvorlagen für eine intensive Beschäftigung mit einem offensichtlich spektakulären Fund – doch niemand stieg darauf ein. Nicht einmal der Umstand, dass das reichste Grab des mitteleuropäischen Mesolithikums einer Frau gehörte, sorgte für Aufmerksamkeit. Solch «individualistische» Fragestellungen waren in der DDR nicht en vogue. Das «Rötelgrab» wurde gemäß der marxistischen Maximen des Historischen Materialismus allein im Kontext gesellschaftlicher Umwälzungen diskutiert.

Da war es jener Zwittercharakter, der schon die NS-Archäologen umgetrieben hatte, der das Grab spannend machte: Einerseits sah man es als mesolithisch an (also der Noch-Jäger-Sammler-Welt zugehörig), andererseits identifizierte man die Hacke als neolithisch (also aus der

Schon-Bauern-Welt stammend). Es konnte also, so die Hypothese, nur aus der Übergangszeit stammen und versprach damit Aufschluss über wichtige Forschungsfragen zu geben: Wann und wie hatte das in Europa mit Sesshaftwerden und Landwirtschaft begonnen? War das die eigene Erfindung der Menschen hier? Handelte es sich um Innovationen, die so erfolgreich waren, dass sie sich aus ihrem Ursprungsgebiet, dem Fruchtbaren Halbmond Vorderasiens, wie ein Flächenbrand ausgebreitet hatten? Oder brachten Menschen aus der Ferne die neue Lebensweise mit? Somit schien die Schamanin Aufklärung zu bieten, wann in Mitteleuropa die sogenannte neolithische Revolution stattgefunden hatte. Deshalb war die Altersdatierung des Dürrenberger Grabes so wichtig.

Wie schon bei der Arier-Frage interessierte die Tote als Individuum nicht. Diesmal ging das massiv auf ihre Kosten. Um das Grab mittels der C14-Methode zu datieren, wurden 1978 der rechte Oberarmknochen, ihr rechter Oberschenkel und das rechte Schienbein entnommen und nach Ostberlin in ein Labor geschickt. Seither sind die drei Langknochen verschollen. Aufmerksame Museumsbesucher erkundigen sich zuweilen, ob die Frau gleich mehrfach amputiert worden sei.

Die Datierungsmethoden waren damals noch nicht so entwickelt, weshalb man heute unvorstellbar erscheinende Mengen an Knochenmaterial benötigte. Trotzdem verwundert es, dass gleich drei große Knochen ins Labor geschickt wurden. Heute werden alle entsprechenden Maßnahmen auf ihre Notwendigkeit hin diskutiert, dann erst erfolgen sie mit geringstem Eingriff und werden anschließend von den Restauratoren wieder sorgsam kaschiert. Für C14-Datierungen reichen mittlerweile Proben im Milligramm-Bereich.

Deshalb haben sich im Rahmen unseres Projekts Holger Dietl und Jörg Orschiedt an die Nachforschungen gemacht, ob nicht vielleicht doch noch der ein oder andere vor über vierzig Jahren nach Berlin geschickte Knochen zu finden ist. Eigentlich sollte selbst damals ein Oberschenkel für die Datierung gereicht haben. Doch die Hoffnungen sind gering, der Schamanin ihre verlorenen Knochen zurückgeben zu können. Sie wird Prothesen erhalten, passgenau mit dem 3-D-Drucker angefertigt.

*

Dank der Erfolge der Archäogenetik in den letzten Jahren wissen wir, dass die agrarische Lebensweise tatsächlich im Gepäck von Menschen nach Europa kam, die aus Anatolien im 6. Jahrtausend vor Christus einwanderten. Die Bauern brachten ihr Vieh mit, das Saatgut, die Keramik und den Hausbau. Das aber macht die Schamanin nur noch aufregender. Denn sie stammt, wie wir heute wissen, aus der Zeit um 7000 vor Christus. Die erste bäuerliche Kultur – die Linearbandkeramik – taucht hier aber erst gut 1500 Jahre später auf. Zu Lebzeiten der Schamanin hatte der Aufbruch der Landwirte aus Anatolien gerade mal den Norden Griechenlands erreicht.

Wie also kam sie an ein solch extraordinäres Beil? War sie vielleicht selbst auf großer Reise gewesen, eine Wanderin zwischen den Welten? Oder war das Beil ein exotisches Importstück, das durch viele Hände zu ihr gelangte? War es die Dankesgabe eines Heilungssuchenden aus der Ferne? Waren wir also doch einem mesolithischen Lourdes auf der Spur? In jedem Fall stärkt auch das Steinbeil die These, dass hier ein außergewöhnlicher Mensch bestattet worden war. Alles deutet vor unserem ersten Spatenstich in dieselbe Richtung: Wir sind auf der Suche nach dem Grab einer für ihre Zeit einzigartigen Frau.

7

NACHGEGRABEN

Als die Stadt Bad Dürrenberg bekannt gab, ihren Kurpark für die Landesgartenschau neu zu gestalten, stand es außer Frage, die Chance zu nutzen nachzusehen, ob nicht noch Reste des Grabes im Boden verblieben waren. Angesichts der ersten Bergung innerhalb weniger Stunden war davon auszugehen, dass die Ausgräber des Jahres 1934 einiges übersehen hatten. Aus dem Bericht des Konservators Henning wissen wir etwa, dass die schönste, beidseitig durchbohrte Hauerplatte eines Wildschweins damals verloren gegangen war. Die könnte jemand als Andenken eingesteckt haben. Sicher aber waren noch fehlende Knochen der Frau zu finden; auch liegt das Kinderskelett nur in Bruchstücken vor. Insbesondere erhofften wir uns genauere Informationen über die Grabgrube selbst und die Bestattungsweise zu gewinnen. Vielleicht gab es sogar noch mehr Gräber.

Für solch einen Spezialfall brauchte es einen besonders versierten Ausgräber. Im August 2019 machte sich Andreas Siegl mit seinem Grabungsteam an die Arbeit. Die Dokumentation aus dem Jahr 1934 war knapp gehalten, doch lieferte sie die nötigen Hinweise auf die Lage des Grabes. Zunächst entfernte ein Bagger behutsam die oberste Schicht. Bald wurde der Graben sichtbar, in dem die Wasserleitung zum Springbrunnen verläuft und der das Grab damals touchierte. «Wir hatten erwartet, dass sich dann die Grabgrube, also der Eingriff von 1934, abzeichnen würde», erzählt Siegl. «Doch wir sahen – nichts.»

Das konnte bedeuten, dass das Grab von der Seite aus, also vom Leitungsgraben her geborgen worden war. Womöglich waren noch die oberen Teile der Grabgrube erhalten, zudem könnte einiges in den Leitungsgraben gerutscht sein. Deshalb wurde zunächst dieser freigelegt. Bald zeigten sich im Oberflächenbereich Rötelspuren, dann fand sich auch ein mesolithisch anmutendes Feuersteinartefakt. Und zwar genau in jenem Bereich, in dem das Grab links und rechts des Grabens vermutet wurde. Man war an der richtigen Stelle. Alles wurde penibel dokumentiert, Messbilder angefertigt.

Tatsächlich entdeckten die Archäologen bald kleine Knochenfragmente, die vom Schädel des Kindes stammten; ebenso Feuersteinklingen, durchbohrte Tierzähne und immer mehr Rötel. Alle Funde wurden exakt eingemessen. Das Sediment verpackte man in Säcke. Über zwanzig Tonnen Bodenmaterial wurden rund ums Grab entnommen, um in der Flotationsanlage des Landesmuseums auf kleinste Funde untersucht zu werden. Dort wird der Aushub in Wasser aufgelöst und durch Siebsysteme gefiltert, sodass kein Samenkorn, keine noch so winzige Schnecke übersehen wird. Wer weiß, was die Trauergemeinde vor 9000 Jahren so alles verloren hat.

An den Profilwänden des Leitungsgrabens entdeckte Siegls Team schließlich auf beiden Seiten Störungen im Bodenaufbau. Die Vermutung erwies sich als korrekt: 1934 hatten die Arbeiter das Grab angeschnitten und die Ausgräber seinen Inhalt vom Leitungsgraben her herausgenommen. Die Entscheidung für das weitere Vorgehen stand damit fest: Das verschwundene Grab sollte im Block geborgen werden, um es in der großen Lagerhalle des Zentraldepots unter geschützten Bedingungen behutsam Schicht um Schicht freizulegen.

Solche Blockbergungen sind nichts Ungewöhnliches, erlauben sie es doch, den ursprünglichen Kontext einer Bestattung zu erhalten und ihn später auch den Museumsbesuchern zu präsentieren. Normalerweise aber sieht man den freigelegten Befund, weshalb ein Block meist nie sonderlich hoch sein muss. In diesem Fall hatte man es mit einer Blackbox zu tun, zumal einer, die ein verschwundenes Grab enthielt, dessen Umrisse sich im Boden nicht abzeichneten. Deshalb war der geborgene Block weit über einen Meter mächtig.

Mitten hindurch: Der Wasserleitungsgraben hatte 1934 das Grab durchschnitten. Deshalb bargen die Ausgräber im Jahr 2019 gleich zwei Erdblöcke, in denen sie noch Reste der Bestattung vermuteten.

Warten auf den Kran: Eine Holzverschalung ermöglichte den sicheren Transport ins Museumsdepot nach Halle, wo die eigentliche archäologische Freilegung des Grabes erfolgte.

Genauer gesagt waren es zwei Blöcke, links und rechts des Grabens der Wasserleitung. Sie maßen je zwei Meter in der Länge; der eine 1,40 Meter breit, der andere 0,60 Meter. Beide wurden sorgsam abgedeckt, an den Seiten bis in die Tiefe freigelegt, mit Holz verschalt und von einer passgenau zusammengeschweißten Stahlkonstruktion eingefasst, damit sie nicht auseinanderbrachen. Dann folgte die größte Herausforderung: Um die bis zu gut sechs Tonnen schweren Blöcke zu bergen, mussten sie mit Stahlröhren und Doppel-T-Trägern unterfangen werden. Die Ausgrabungsfläche wurde noch einmal vergrößert, damit die zwei Meter langen Röhren unter die Blöcke geschoben werden konnten. Mehr als eine Nachtschicht war fällig. Endlich am 12. Dezember 2019 hievte ein Kran die Blöcke auf Lkws, die sie ins Zentraldepot nach Halle fuhren.

*

Doch damit war man im Kurpark von Bad Dürrenberg nicht am Ende. Um herauszufinden, ob nicht noch mehr Gräber aus der Zeit der Schamanin vorhanden waren oder sich weitere mesolithische Relikte fanden, wurden Sondagen durchgeführt. In einem genau festgelegten Koordinatensystem bohrte man Löcher in den Boden, um festzustellen, ob sich dort archäologisch Verheißungsvolles befand. «Wir konnten ja nicht den ganzen Kurpark abbaggern», lacht Andreas Siegl. In der Geröllschicht, die vom Grabschacht durchschnitten war, lagen die bereits erwähnten Steinwerkzeuge der Neandertaler. Im Umfeld stieß man auf Siedlungsgruben aus der Bronze- und der Eisenzeit sowie dem Mittelalter. «Aber aus dem Mesolithikum fanden wir nichts mehr», sagt Siegl. Die einzigen bisher bekannten Lagerplätze der Zeit rund um Bad Dürrenberg befanden sich je 20 bis 30 Kilometer entfernt in Halle-Galgenberg und Mücheln-Möckerling.

Doch eine Ausnahme in Sachen Mesolithikum gab es dann doch. Und die war spektakulär. Bei der Erweiterung der Grabungsfläche entdeckte man westlich des Grabes, und zwar nur gerade einen Meter entfernt, eine weitere Eintiefung: eine flache Grube. Vis-à-vis mit der Schamanin schien ein Hirsch zu liegen. Die Aufregung war groß. Sollte das ihr Schamanentier sein, das Seelen-Double, ihr Krafttier? Ausgerechnet ein Hirsch! War das nicht – *Expecto Patronum* – der Schutzgeist von Harry Potter?

Die Ausgräber, die im August 2019 ihre Arbeit im Kurpark von Bad Dürrenberg aufgenommen hatten, waren dort noch das gesamte Jahr 2020 zugange. Was 1934 an einem einzigen Nachmittag erledigt war, nahm heute mehr als anderthalb Jahre in Anspruch. Dabei hatte die eigentliche Ausgrabung des Grabes noch nicht einmal begonnen.

8
DIE ERFINDUNG DER SCHAMANEN

Eben noch galt sie als Urarier, und jetzt gehen wir dem Verdacht nach, sie könnte eine Schamanin gewesen sein? Und kommen dann auch noch mit Harry Potter? Konstruieren wir uns nicht unseren eigenen, bestens in die Zeit passenden Traumfund? Schamaninnen betören ja nicht nur die Popkultur; ein kurzer Blick auf Instagram oder Youtube führt die außerordentliche Vielfalt vor Augen, in der Schamanismus zelebriert wird. Da ist nichts dabei, was es nicht gäbe. «Aura reinigen», «Schamanische Gebärmutterrituale», «Trommelgeburtstag zur Vollmondin». Schamanismus wird als spirituelle Heilmethode angepriesen, als Urreligion; entsprechende Naturrituale gelten als verlässliche Wege zu Selbsterfahrung und Selbstermächtigung. Schamanen begeistern auch all jene, die von der Lust an Fantasy und Mystery angetrieben sind, an Rollenspiel und fantastischer Verkleidung.

Unsere Recherchen rund um Bergung und Missbrauch der Schamanin durch die Nazis zeigten, wie Wissenschaft dem Zeitgeist verfallen kann. Wir sollten aufpassen, nicht ähnliche Fehler zu begehen und einen mysteriösen Fund in eine allzu zeitgeistige Schublade zu packen. Zumal in eine Schublade, in die so ziemlich alles passt. Fast alle Forschungsarbeiten zum Thema Schamanismus warten mit zwei Klagen auf: Erstens sei die Literatur nicht mehr zu überblicken, und zweitens handle es sich um ein Phänomen, für das keine allgemein anerkannte Definition vorläge – weshalb man in der Regel auf eine solche verzichtet. Doch wie sollen wir nach etwas suchen, von dem nicht einmal klar ist, was es genau ist? Können wir überhaupt sicher sein, dass es existiert?

Was die Angelegenheit brisant macht: Allein die Frage, ob da im Museum nun wirklich eine Schamanin im Glassarg ruhte, könnte uns in Teufels Küche bringen. Wir haben es bereits kurz angesprochen: Zwei Positionen dominieren die Debatte, die im offenen Widerspruch zueinander stehen. Die eine beharrt darauf, dass von Schamanismus allenfalls im Kontext jener Kulturen Sibiriens die Rede sein könnte, in denen die entsprechenden Phänomene erstmals beschrieben wurden. Schamanen seien dort Grenzgänger zum Geisterreich, zu dem sie mittels Trance Zugang finden; die Trommel ist ihr bevorzugtes Hilfsmittel. Folgten wir dieser engen Position, müssten wir uns gar nicht an die Arbeit machen. Dann würde es per definitionem im europäischen Mesolithikum keinen Schamanismus geben können. Case closed.

Die andere, die weite Position sieht im Schamanismus ein universelles Phänomen, das sich nicht nur zwischen Ural und Pazifik, sondern genauso im Dschungel des Amazonas wie in der Savanne Südafrikas findet – und bereits in den Weiten der eiszeitlichen Welt vor über 30 000 Jahren existierte. Dieser Position zufolge zeigt sich darin die älteste Religion der Menschheit.

Hier drohen wir in die Falle zu tappen: Allein dadurch, dass wir die Frage stellen, ob es sich beim 9000 Jahre alten Grab aus Bad Dürrenberg um das einer Schamanin handelt, scheinen wir vorab Position zu beziehen im Sinne des «weiten» Verständnisses, dass Schamanismus ein universales Phänomen ist, welches die Menschheit seit jeher begleitet habe. Das aber ist problematisch.

Ethnologische Beobachtungen auf prähistorische Zustände zu übertragen, ist eine mehr als heikle Angelegenheit. Auch das haben wir bereits gestreift. Sehr oft geht das mit dem einher, was man den kolonialistischen Fehlschluss nennen könnte: die Annahme, dass die schriftlosen Gesellschaften der Gegenwart mehr oder minder noch so lebten wie unsere Vorfahren in der Steinzeit. Es handle sich, so wird im Geiste des 19. Jahrhunderts unterstellt, bei diesen Gesellschaften um «lebende Fossilien», um «primitive Urvölker», die es nicht geschafft hätten, sich über die niedrigste Stufe des Menschseins zu erheben. Das war damals eine Steilvorlage für die Imperialisten und Missionare dieser Welt, die nur zu gerne behaupteten, die «unterentwickelten Wilden» mit den Errungenschaften der Zivilisation beglücken zu müssen. Wehrten sich diese, gab es zwei Optionen: versklaven oder eliminieren.

Nimmt man an, dass bestimmte religiöse Praktiken Sibiriens (oder andernorts) mehr oder minder die gleichen wären wie jene der Menschen vor 9000 oder sogar 30 000 Jahren, spricht man ihnen folglich jede Geschichte und kulturelle Entwicklung ab. Doch natürlich haben auch die traditionellen Gesellschaften Sibiriens Geschichte (es ist ein ebenfalls chauvinistisches Vorurteil des 19. Jahrhunderts, nur Kulturen mit Schrift «Geschichte» zuzubilligen). Und sie haben eine reiche Kulturentwicklung hinter sich.

Ein weiterer Denkfehler: Jene Gesellschaften im Norden Eurasiens, die mit Schamanismus assoziiert werden, zogen meist nomadisch mit ihren Rentierherden umher. Solcher Pastoralismus unterscheidet sich aber grundsätzlich von der Lebensweise prähistorischer Jäger und Sammler. Allein die Möglichkeit, Besitz in Form von Herden anzuhäufen, führt zu radikal anderen sozialen Verhältnissen. Zudem waren die Pastoralisten in den Pelzhandel involviert und standen im Austausch mit agrarischen, teils auch städtischen Gesellschaften.

Auf der Basis des Vergleichs mit sibirischen Schamanen ist übrigens die These in Zweifel gezogen worden, dass es sich in Bad Dürrenberg um das Grab einer Schamanin handeln könnte. Gerade der Reichtum ihrer Grabbeigaben sei ein deutliches Indiz, so wurde eingewendet, dass es sich um keine Schamanin handeln könnte. Armut sei schließlich ein Charakteristikum der Schamanen Sibiriens, und zwar bis ins Grab hinein. Wir werden sehen, was an dieser Behauptung alles nicht stimmt.

*

Bevor wir unsere archäologischen Ermittlungen rund um unsere mögliche Schamanin weiter vorantreiben, kommen wir also nicht umhin, eine begriffliche und historische Archäologie des Schamanismus zu unternehmen. Wieder einmal müssen wir eine Menge Schutt beiseiteräumen. Es existieren zwar hervorragende Arbeiten zum Thema. Doch womöglich war es unsere spezifische Fragestellung und der archäologische Ansatz, die uns ebenso überraschende wie neue Entdeckungen bescherten. Dann wird auch verständlich, warum es bisher solche Schwierigkeiten bereitete zu definieren, was denn eine Schamanin oder ein Schamane überhaupt ist.

Wir haben ja nicht allein eine Verpflichtung unserer Heldin gegenüber. Das Ziel dieses Buchs ist es, mehr über die menschlichen Anfänge zu erfahren und herauszufinden, was die menschliche Natur tatsächlich auszeichnete. Da müssen wir sicher sein, keinen Trugbildern aufzusitzen. Deshalb brechen wir nun zu einer Expedition in die Weiten Sibiriens auf, um der europäischen Entdeckung – besser gesagt Erfindung – des Schamanismus beizuwohnen. Vergessen Sie fürs Erste alles, was Sie glauben über Schamanen zu wissen.

Monster in Sibirien

Wir haben mit einem verbreiteten Problem zu kämpfen: Menschen neigen zur Kulturblindheit. Das heißt, sie verkennen die kulturelle Gewordenheit ihrer Welt, der Institutionen und Begriffe. Stattdessen nehmen sie intuitiv an, Begriffe repräsentierten real existierende Dinge, Entitäten, die im Großen und Ganzen unverändert durch die Geschichte hinweg bestünden. Aber es gibt jede Menge konstruierte Begriffe, die keine Entsprechung in der Realität besitzen oder einen verzerrten Ausschnitt der Wirklichkeit als Normalität ausgeben.

Spätestens seit Edward Saids Buch *Orientalismus* ist auch im westlichen Denken das Bewusstsein erwacht, sich seiner kolonialen Vergangenheit bewusst zu werden, um zu erkennen, wo unser Denken und unsere Begrifflichkeiten kolonial kontaminiert sind und alten eurozentrischen Überlegenheitswahn in sich tragen. Erstaunlicherweise ist der «Schamane» von den aktuellen Diskussionen bisher unberührt geblieben – zumindest hierzulande. Während debattiert wird, ob Kinder sich noch als «Indianerhäuptling» verkleiden dürfen oder das Tragen von Dreadlocks einen Akt der kulturellen Aneignung darstellt, ist die Teilnahme an schamanischen Ritualen bisher kaum in die Kritik geraten.

Nicht dass wir diese Diskussion beginnen wollten. Aber je weiter wir in unserer Recherche vordrangen, umso mehr dämmerte uns: Selbst die «enge» Begriffsverwendung, also die Beschränkung auf den sogenannten sibirischen Schamanismus, ist eine prekäre Angelegenheit. Einiges spricht dafür, dass wir es beim westlichen Schamanismus-Begriff in wesentlichen Teilen mit einem Fantasieprodukt zu tun haben, genauer gesagt, mit einem kolonialen Phantasma, das in eine Reihe mit Unwörtern vom Schlage des «Südseekannibalen», des «Negerkönigs» oder der «Hottentottenvenus» gehören *könnte.*

Warum das bisher nicht gesehen wurde? Weil sich, anders als im Fall des «N-Worts», hierzulande niemand beschwerte. Und weil zwei für uns wichtige Aspekte in den allgemeinen Debatten bisher zu wenig in den Blick kamen: Erstens verdankt der Kolonialismus den Hauptteil seiner Toxizität dem Christentum, namentlich dessen Verteufelung aller «Heiden» und der damit einhergehenden Überlegenheits- und Eliminierungsdoktrin. Zweitens waren auch die Weiten Sibiriens einem gewaltsamen Kolonialisierungsprozess durch das expansive Russland unterworfen. Beide produzieren den «Schamanen» als monströse Gestalt. Erst wenn wir dieses Truggebilde durchschaut haben, können wir erkennen, was sich dahinter verbirgt. Wir wollen schließlich nicht im Damals den Gespenstern unserer eigenen Gegenwart nachjagen.

*

Vergegenwärtigen wir uns den Erwartungshorizont europäischer Reisender, die seit dem ausgehenden Mittelalter, vor allem aber in der Frühen Neuzeit die unvorstellbaren Weiten Asiens erkundeten. Gleich zwei Kontexte sind bestimmend für ihre Wahrnehmung und Beschreibung der für sie fremden Welten. Erstens: «Die Randgebiete des menschlichen Wissens waren immer ein fruchtbares Territorium für Monster», konstatiert der Historiker Christopher Dell. Seit der Antike rätselte Europa darüber, was jenseits seiner Grenzen existierte. Plinius der Ältere (22/23–70 n. Chr.) breitete in der *Naturalis historia* den antiken Kenntnisstand über Fabelvölker aus, deren Existenz in Asien oder Afrika vermutet wurde. Da gab es die kopflosen Blemmyer, bei denen Augen, Nase und Mund auf der Brust prangten; die Skiapoden, die nur ein Bein hatten, mit dem sie aber blitzschnell rennen konnten, und sich den riesigen Fuß bei Bedarf als Sonnenschutz über den Kopf hielten; oder die Kynokephalen. «Ein Menschenschlag mit Hundeköpfen», so Dell, «der sich in Felle wilder Tiere kleidet, statt der Sprache Gebell von sich gibt und, mit Krallen bewehrt, von der Jagd und vom Vogelfang lebt.» Das Buch faszinierte die Menschen über das Mittelalter hinaus und prägte noch die europäischen Entdecker. Sie hielten stets Ausschau nach Fabelwesen jeglicher Natur.

Der zweite Kontext: Für das christliche Abendland war es eine verstörende Erkenntnis zu erfahren, dass rund um den Globus Menschen lebten, die noch nie etwas von Jesus Christus oder der Heiligen Jungfrau Maria gehört hatten – und trotzdem ein glückliches Leben führten. Da man überzeugt war, es gäbe einzig den Gott der Bibel, der die Welt erschaffen habe, musste alles andere Teufelswerk und Götzendienst sein. Überall entdeckte man deshalb Menschen, die «unter dem Gesetz Satans» lebten. Verabscheuungswürdig und zu eliminieren – wenn nicht durch Taufe, dann durchs Schwert. Zur gleichen Zeit wurde in Europa im Zeichen des Hexenwahns ein Krieg gegen Frauen geführt. Bis weit ins 18. Jahrhundert herrschte eine regelrechte Teufelsmanie, die mit einer profunden Dämonologie einherging. So quollen die Berichte westlicher Reisende über von Formulierungen wie «Kinder des Satans», «Teufelsbeschwörer» oder «Götzendiener».

*

Das schlägt sich bereits in jenen frühen Beschreibungen nieder, die aus heutiger Perspektive klingen, als könnten sie schamanisches Geschehen beschreiben: Marco Polo (1254–1324) etwa berichtete von seinen Reisen nach China von Heilern, die sich durch Singen und Tanzen in einen todesähnlichen Zustand versetzten, damit sich der Teufel ihrer bemächtigte. Dem englischen Reisenden Richard Johnson verdanken wir mehr als zwei Jahrhunderte später den ersten ausführlichen Augenzeugenbericht einer schamanischen Zeremonie aus der Zeit, als Sibirien noch nicht unter russischer Herrschaft stand. Auch Johnson benutzt noch nicht die Bezeichnung Schamane, sondern spricht von einem «Priester», der am Neujahrstag des Jahres 1557 «teuflische Riten» ausführte: Sein Gesicht war verdeckt von einem aus Rippen und Zähnen von Fischen und wilden Tieren gebildeten Schleier; er schlug die Trommel und begann zu singen. Es klang so, befand Johnson, wie man in England die Hunde zur Jagd rufe. Das Publikum fiel in den Wechselgesang ein, bis der «Priester» verrückt geworden zu sein schien und wie tot in sich zusammenfiel. Von Ähnlichem berichten auch Lapplandreisende ein Jahrhundert später. Die dazu verbreiteten Illustrationen zeigen Trommel schlagende Samen. Als diese Gestorbenen gleich darniederliegen, bemächtigt sich ihrer ein gehörnter Dämon, der einem der Höllenbilder Hieronymus Boschs entsprungen sein könnte.

Glaubten die das alle? Dass die weite Welt voller Teufel war? Die Historikerin Gloria Flaherty hat darauf hingewiesen, dass viele Reiseautoren sich gezwungen sahen, dem Teufelsnarrativ zu folgen. Ansonsten liefen sie Gefahr, ihre Werke auf dem Index der römischen Inquisition wiederzufinden, wenn sie denn überhaupt gedruckt und die Autoren nicht als Ketzer verurteilt wurden. Wir befinden uns schließlich – und das ist elementar für die Geschichte des Schamanismus – im Zeitalter der brennenden Scheiterhaufen: Angebliche Hexen, Zauberer, Häretiker, aber auch Kräuter- und Heilkundige wurden in Europa für Handlungen gefoltert und ermordet, die jenen, die wir mit Schamanismus assoziieren, nicht gänzlich fremd waren.

Kurz gesagt: Es handelt sich um einen bildgewaltigen Diskurs systematischer Verteufelung und Dämonisierung, der sich mit einer Lust am Exotischen, an ebenso spektakulären wie geheimnisvollen Fabelwesen vermischte. Befeuert wurde das durch die Medienrevolution des Buchdrucks. Flugblätter führten zu einer nie gekannten Bilderflut. Der erste mediale Massenmarkt der Weltgeschichte lechzte nur so nach Sensationen: Im Zeitalter der europäischen Expansion berauschten sich die Menschen an Monstern, Teufeln und Kuriositäten aus allen Winkeln der Welt.

*

Der Begriff des Schamanen taucht in gedruckter Form erstmals in den Memoiren des russischen Priesters Awwakum Petrow im Jahr 1672 auf. Aufgrund seiner Strenggläubigkeit war er nach Sibirien verbannt worden – zu den tungusisch sprechenden Ewenken, die mit ihren Rentierherden nomadisch lebten. Awwakum beschreibt, wie ein «Hexer» von einem russischen Offizier beauftragt wird, den Ausgang einer Schlacht vorherzusagen – und dazu einem Bären den Kopf abschlägt, dann von Dämonen gepeinigt tanzend zusammenbricht. In diesem Zusammenhang verwendet Awwakum das aus dem Tungusischen stammende *šaman* in Verbform. Er selbst wird später wegen angeblicher Zauberei auf dem Scheiterhaufen verbrannt.

Der entscheidende Vermittler, der das europäische Publikum mit Schamanen bekannt machte, war Nicolaas Witsen (1641–1717). Der Bürgermeister und Regent von Amsterdam gehörte zu den Protagonisten der europäischen Expansion und der damit einhergehenden Vermessung der Welt. Witsen war eine für die Zeit so typische Mischung aus Universalgelehrtem, Reisendem und Diplomatem, zudem einer der Organisatoren der wirtschaftlichen Globalisierung, die sich oft nur graduell von einer mit Waffengewalt vorangetriebenen Eroberung der Welt unterschied.

Als Direktor der Niederländischen Ostindien-Kompanie förderte er Entdeckungsreisen Richtung Australien. Den russischen Zar Peter I., genannt der Große, beriet er beim Flottenbau und diskutierte mit ihm Handelsrouten nach Persien und China. Als junger Mann hatte Witsen selbst Russland bereist und später die erste Karte Sibiriens publiziert. Er war bei Oliver Cromwell zu Gast, korrespondierte mit Gottfried Wilhelm Leibniz und pflegte ein Faible für mythische Tiere wie das Einhorn, das er in entlegenen Weltregionen zu entdecken hoffte.

1692 legte er das Werk *Noord en Oost Tartarije* vor, eine Beschreibung Sibiriens und angrenzender Regionen. Anders als in der Forschungsliteratur oft behauptet, taucht erst in der zweiten Auflage, die 1705 in opulenter Form erschien, das auf, was man fortan im Westen unter sibirischen Schamanen verstehen sollte. Fälschlicherweise auch wird Witsen als derjenige bezeichnet, der das Wort «Schamane» in Europa erstmals lancierte. Das trifft nicht zu. Witsen übernahm es aus den Reiseberichten des Deutschen Adam Brand und des Niederländers Eberhard Isbrand Ides, die als Gesandte des Zaren Peter I. 1693 bis 1695 Sibirien durchquerten und nach China reisten. Witsen selbst war nie in Sibirien gewesen und hat auch keine Schamanen mit eigenen Augen gesehen. Trotzdem war er es, der diese dank seiner Prominenz in Europa popularisierte.

Der im holsteinischen Glückstadt geborene Eberhard Isbrand Ides hatte bereits 1696 einen Kurzbericht seiner Sibirienreise auf Deutsch vorgelegt. Dieser erschien in einem Buch Christian Mentzels, der Leibarzt des preußischen Kurfürsten war. Hier finden wir – und das ist bisher übersehen worden – die wohl erste Nennung des Begriffs Schamanen im Westen, und zwar auf Deutsch. Ides berichtet von den Tungusen: «diese Leute tragen Kleider von Vieh-Häuten / das rauche auswarts / des Sommers gehen sie nackend / nur daß sie ihre Scham bedecken; Ihr Glaube ist den Teuffel anzubäten / und haben ihre Schamanen, das seyn Zauberer oder Pfaffen / wann sie begehren zu wissen / bringen sie Geschencke / und bekommen zu wissen was sie verlangen.»

Zwei Jahre später heißt es in der *Beschreibung der dreijährigen chinesischen Reise* von Ides' Reisegefährten, dem Kaufmann und Forschungsreisenden Adam Brand: «Wo fünf Tungusen bey einander wohnen … halten sie einen Schaman, welcher auf ihre Art einen Pfaffen oder Zauberer bedeutet.» Er beschreibt dessen Gewand, das mit «allerhand Teuffels-Larven, Bären, Löwen, Schlangen, Drachen» und anderem mehr geschmückt sei, das Schlagen der Trommel und den Gesang, der dem Heulen von Hunden gleiche. «Grausame Gestalten der Gespenster, Raben und anderer seltsamen Vögel» gesellten sich dazu. Schließlich fällt der Schamane «ohne Verstand danieder, welcher denn alsbald als von ihnen als ein Heiliger geehret und gelobet wird».

Witsen, der Ides und wohl auch Brand persönlich kannte und in die Planung von deren Reise durch Sibirien und China involviert war, ergänzte mit den Berichten der beiden die erweiterte Zweitauflage seines *Noord en Oost Tartarije* von 1705 und ließ dafür Kupferstiche anfertigen. Die Wirkung dieses Prachtwerks war immens. Vor allem präsentierte es dem europäischen Publikum erstmals das im Bild, was seither als sibirischer Schamane gilt. Es wird der am häufigsten reproduzierte Schamane aller Zeiten sein.

*

Witsens Kupferstich zeigt einen monströsen Mann, unbeholfen tanzend wie ein Bär, seine Füße sind krallenbewehrte Tatzen, seine Hände Pranken. Er hat mit dem Arm weit ausgeholt, um mit einem gewaltigen Schlägel die Trommel zu schlagen. Das Gewand ist roh und zerfranst, neben Fratzen zeigt es Schlangen. Der Kopf steckt in einer Pelzkappe mit auffällig abgespreizten Ohren, es wird gekrönt von einem mächtigen Rentiergeweih. Die ganze Anmutung ist animalisch, dämonisch, teuflisch; zwei Hunde bilden das Publikum. Die Bildunterschrift lautet: «Ein Schamane oder Teufelspriester im tungusischen Land».

«Teufelspriester»: Kein Bild prägte die Vorstellungen von Schamanen so sehr wie dieser Kupferstich aus einem Werk Nicolaas Witsens aus dem Jahr 1705. Dabei handelt es sich vor allem um eine monströse Fantasie. Selbst die Schlangen auf seinem Gewand verweisen auf den Satan.

Bemerkenswerterweise wird das Bild bis heute immer wieder ohne jeden weiteren Kommentar als «Darstellung eines sibirischen Schamanen» reproduziert. Ganz so, als ob es sich um ein authentisches ethnografisches Dokument handelte. Nichts könnte falscher sein. Dabei sei doch schon verdächtig, bemerkte bereits die Anthropologin Roberte N. Hamayon, dass der Schamane «einen langen und kräftigen Bart» trage, obwohl man es dort mit «eher bartlosen Völkern» zu tun habe. Betrachten wir es genauer.

In dem Kupferstich verschmelzen zwei Bildtraditionen, die mit den beiden vorgestellten Kontexten der damaligen eurozentrischen Wahrnehmung korrespondieren. Zunächst ist da die christliche Perspektive: Das Bild zeigt tatsächlich, wie die Bildunterschrift besagt, einen «Teufelspriester». Ob nun Geweih oder Hörner: Die Teufelsassoziationen sprangen jedem damaligen Betrachter ins Auge. Und die Ohren: Die Gebildeten mochten sie für Midas-Ohren halten. Der phrygische König war von Gott Apollon mit Eselsohren bestraft worden, wie sie typisch waren für die Satyrn, die dämonischen, ewig-geilen Mischwesen aus dem Gefolge des Dionysos, die in christlichen Zeiten manche Teufelsausgestaltung inspirierten. Dem breiten Volk waren die Eselsohren vertraut, weil sie die Schellenkappen der Narren schmückten. Esel waren im Volksglauben übel beleumundet. Es hieß, bei der Schöpfung hätten sie die langen Ohren des Teufels erhalten. Entsprechend waren Eselsohren Symbole der Ketzerei. Eine Allegorie der Häresie des Antonius Eisenhoit aus dem Jahr 1589 setzt es ins Bild: eine Frauengestalt voll tierischer Attribute und mit prachtvollen Eselsohren.

Witsens Schamane tritt den Betrachtern als Mischwesen entgegen, in dem das Wilde und Primitive mit dem Teuflischen verschmelzen. Wie gesagt, es ist die Zeit des Hexenwahns, in der Frauen als Gespielinnen des Gehörnten gefoltert und ermordet wurden. Witsens Bild bestätigt die im *Hexenhammer* und andernorts getätigten Behauptungen der Existenz animalischer, dem Teufel dienender Dämonen. Kurzum: Wir sehen in einer Zeit, die einen mörderischen Kult um den Leibhaftigen betrieb, der Abertausenden von Menschen das Leben kostete, einen leibhaftigen teuflischen Gesellen.

Als zweite Bildtradition lebt die antike Tradition der Fabelwesen fort. Monströse Kreaturen tummelten sich schon in den Randspalten mittelalterlicher Buchmalereien, bald bevölkern sie die weißen Flecken der Landkarten. Mit der Antikenrezeption der Renaissance und dem Zeitalter der europäischen Expansion erleben sie im 16. und 17. Jahrhundert einen Boom. Das Bestiarium umfasst in den meisten Fällen Schimären, Mischwesen, so getauft nach Chimaira, dem Ungeheuer, das vorne ein Löwe, in der Mitte eine Ziege und hinten ein Drache war. Oft werden sie aus Stereotypen konstruiert. Es existieren Darstellungen einer Harpyie, das ist ein vogelhaftes Monstrum mit Frauenkopf, die in Südamerika gesichtet worden sein soll: Auch sie trägt diesen wilden Bart, Tatzen, Hörner und die markanten Ohren. Offensichtlich bediente sich der Gestalter des Schamanen für Witsens Kupferstich aus dem Vorlagenkatalog des 18. Jahrhunderts für Fabelwesen.

Die Lust der Gelehrten an Fantasiegestalten, Monstern, aber auch an Fehlgeburten und Absonderlichkeiten der Natur war immens. Die Kunst- und Wunderkammern der Zeit waren vollgestopft mit Hörnern des Einhorns oder dem angeblichen Balg der Hydra. Das Wissen war noch begrenzt. Selbst ein Universalgelehrter wie Athanasius Kircher (1602–1680) glaubte an die Existenz von Drachen in den Schweizer Alpen. Noch Jahrzehnte später wird der schottische Philosoph David Hume (1711–1776) schreiben: «Welche gierige Aufnahme finden die Wunderberichte der Reisenden, ihre Beschreibung von See- und Landungeheuern, ihre Erzählungen von erstaunlichen Abenteuern, seltsamen Menschen und ungeschlachten Sitten.»

Im Vergleich zu vielen anderen Beispielen zeichnet sich Witsens Teufelspriester durch eine verhaltene Monstrosität aus. Dennoch: Diesen Kupferstich für das authentische Bild eines Schamanen zu halten, zeugt von jener Kulturblindheit, von der wir eingangs sprachen, vom Ausblenden des kulturellen Kontextes, ohne den auch ein Bild nicht zu verstehen ist.

*

Dabei wusste es bereits Nicolaas Witsen besser. Denn der Kupferstich wurde in der zweiten Auflage von *Noord en Oost Tartarije* von einem Bericht begleitet, der, soweit wir sehen, bisher nicht in der Schamanismusforschung berücksichtigt worden ist. Er trägt zwar auch stereotype und diffamierende Züge, doch zeichnet er ein Bild, das in offenem Widerspruch zu Witsens Kupferstich steht. Witsen lässt einen von ihm nicht genannten «Augenzeugen» berichten. Tatsächlich handelt es sich um eine leicht abgewandelte Passage, die aus Eberhard Isbrand Ides' 1704 erschienenem Reisebericht stammt. Wir zitieren aus der von Carel van Schaik für uns angefertigten Übersetzung aus dem Niederländischen die Passage Witsens, was es mit «den berühmten Schamanen oder Teufelskünstlern» bei den Tungusen auf sich habe:

«Er ist ein großer, alter Mann, hat zwölf Frauen, und hat seine Kunst nicht verborgen gehalten, sondern mir sein Zauberkleid gezeigt, wie auch seine Werkzeuge, die er fürs Zaubern verwendet, wie da sind sein Rock, der aus vielen Eisenstücken zusammengesetzt ist, in vielerlei Formen, von Vögeln und Fischen, wie Raben, Eulen und Vogelkrallen, und dazu Äxte, Sägen, Hämmer, Messer, Säbel, auch einige Tiergestalten, Abbildungen von Teufeln, usw. Diese Dinge, auch wenn hässlich und schlecht gemacht, waren so mit einander verbunden, dass sie sich bewegen ließen; er trug eine Hose mit ähnlichem Eisenwerk bedeckt, über seinen Füßen hingen zwei eiserne Bärenkrallen, wie auch über seinen Händen, wie auch auf seinem Kopf, wo auch zwei Hörner herausragten: wenn er dann zaubern wollte, nahm er eine flache Trommel, in seine rechte Hand, nach seiner Art gemacht, während er in seiner linken Hand ein flaches Holzstück hielt, worüber ein Hermelin-Fell gezogen war, und so aufspringend, schlug er auf die Trommel, während sein Eisenwerk durch seine Sprünge einen Riesenlärm machte: Auch verdrehte er seine Augen und brüllte auf eine Art, die furchterregend war anzuhören.

Wenn er dann auf eine Frage antworten muss, z. B. weil etwas gestohlen war, oder dass diese einfachen Tungusen etwas anderes wissen wollten, so geht er weiter mit seinem Wüten, zu schreien, zu tanzen, und zu springen, bis der schwarze Vogel erscheint (das scheinen diese Vögel gewohnt zu sein), oben auf seinem Zelt und irgendwo herum, wo er dann umfällt, von sich aus außer Bewusstsein gerät, und so liegt er eine Viertelstunde herum, wonach er wieder erwacht, denjenigen, die nach der gestohlenen Ware gefragt haben, antwortet, oder was sie sonst so wissen wollten: Man muss ihn bevor er seine Kunst zeigt, bezahlen; er ist reich an Vieh, welches ihm die Heiden aus der Umgebung bringen.»

Wir hätten uns nicht solche Mühe mit der Bildanalyse gegeben, wenn wir es nicht auf der Ebene des Narrativs mit dem gleichen Phänomen zu tun hätten. Vor allem wird das entscheidend sein für das weitere Schicksal der realen Schamanen: Auch auf der semantischen Ebene schaffen die Europäer ein monströses Mischwesen. Wir wohnen der Fabrikation eines Stereotyps mit durchaus politischen Implikationen bei. Zu den Teufelsaspekten des Schamanen und seiner Darstellung gesellen sich zwei, drei weitere, die in den nächsten Jahrhunderten die Wahrnehmung der Schamanen bestimmen werden: auf der einen Seite jener an Verrücktheit grenzende Aspekt der Besessenheit, auf der anderen, der des Scharlatans und Betrügers, der mit dem Vorwurf der Geschäftemacherei, wenn nicht gar der Ausbeutung einhergeht.

Gerade weil das Stereotyp unterschiedliche Aspekte in sich vereint, wird es zu einem universell einsetzbaren Unterdrückungsinstrument, zu einem Kampfbegriff, der die indigene religiös-spirituelle Welt Sibiriens vernichten soll.

Vernichtung der Vielfalt

Übertrieben? Man könnte einwenden: Ja, solche Entstellungen und denunzierenden Konnotationen sind beklagenswert, aber es gibt doch nun mal einen wahren Kern des Schamanismus. Das würde aber verkennen, was hier wirklich geschieht. Formulieren wir es einmal salopp: Hier wird aus einer Mücke ein Elefant gemacht, der dazu benutzt wird, den realen Elefanten zum Verschwinden zu bringen.

Beginnen wir mit der Verwendung des Wortes *šaman*, das bei den Tungusisch sprechenden Ewenken in Gebrauch war. Trotz jeder Menge Forschungsarbeit ist die eigentliche Herkunft und Bedeutung unklar. Der Begriff könnte «einheimischen Ursprungs» sein, schreibt der Ethnologe Klaus E. Müller, «das heißt aus der Wurzel *sa-*, ‹denken›, ‹wissen›, ‹begreifen›, abgeleitet, ebensogut aber auch entlehnt», also fremder Herkunft sein. Es kursieren durchaus abenteuerliche Theorien (die

Abstammung aus dem buddhistischen Indien inklusive). In jedem Fall war der Terminus für religiöse Spezialisten männlichen wie weiblichen Geschlechts gebräuchlich.

Šaman wäre aber sicher nicht das Wort gewesen, das die große Mehrheit der indigenen Völker Sibiriens in diesem Kontext benutzt hätte, schreibt der Historiker Ronald Hutton: Unter den turksprachigen Völkern sei der entsprechende Terminus *kam* gewesen, unter den Samojedisch sprechenden *tadibei*, unter den Jakuten *oyun*, unter den Burjaten *bö*, unter den Korjaken *enenalan* und so weiter. Und bei allen Völkern unterschieden sich die damit verbundenen Praktiken außerordentlich.

Wieso hat dann ausgerechnet *šaman* Karriere gemacht? Dem Historiker Andrei A. Znamenski zufolge, der mit bedeutenden Arbeiten zur Kulturgeschichte des Schamanismus hervorgetreten ist, «könnte das daran liegen, dass die Ewenken als Rentiernomaden – im Gegensatz zu anderen Gruppen – in weiten Teilen Sibiriens anzutreffen» waren. Mehr noch: «Außerdem fanden die Entdecker Gefallen an der schönen Kleidung und an den Tätowierungen der Ewenken. So wurde deren pittoreske Kultur in den Augen der europäischen Reisenden gewissermaßen zu einem Archetypus für alle Völker Sibiriens.» Nicht zuletzt waren es in erster Linie von den russischen Kaisern ins Land geholte deutsche Forschungsreisende, die einen für europäische Zungen und Ohren leicht gebräuchlichen Begriff schufen. *Enenalan* etwa hätte es bedeutend schwerer gehabt.

Wir möchten einen weiteren, alles andere als unbedeutenden Faktor ins Spiel bringen, dem eine entscheidende Rolle zukam: Auf die Teufelsdimension haben wir hingewiesen, ebenso auf die von Anfang an existierende Gleichsetzung von Schamanen und Teufelspriester. Vermutlich wird das auf der zweiten Silbe betonte *šaman* der Ewenken in christlichen Ohren wie eine Verballhornung des Wortes «Satan» geklungen und damit die eigenen Erwartungen bestätigt haben. So bringt allein der Terminus «Schamane» die Unterstellung auf den Punkt, dass die Menschen Sibiriens dem Satan folgten.

Zugleich wird die Mücke zum Elefanten gemacht: ein regionaler Spezialbegriff wird isoliert (selbst die Ewenken hatten noch drei weitere Begriffe), um dann zum neuen, allumfassenden Kollektivsingular verabsolutiert zu werden. Es handelt sich also für die meisten sibirischen Gesellschaften um eine Fremdbezeichnung. Wirklich fatal wird die Angelegenheit jedoch, weil mit dieser Mücke, dem künstlich aufgeblasenen Begriff, der tatsächlich existierende Elefant zum Verschwinden gebracht wird.

Längst hat es sich eingebürgert, alle traditionellen sibirischen Religionen als «Schamanismus» zu bezeichnen. Umso wichtiger sei es zu erkennen, sagt Ronald Hutton, dass jene spirituellen Spezialisten, die aus westlicher Perspektive als Schamanen identifiziert werden, gar keine dominierenden Gestalten in ihren Gesellschaften waren. Sie standen weder im Zentrum des sozialen noch des religiösen Lebens. Bei den Ewenken waren die Älteren die Entscheidungsträger; vielerorts sind die Schamanen am Rande des sozialen Lebens angesiedelt und mitunter sogar von Opfern oder Festen ausgeschlossen. Die Variationsbreite ist riesig, manche Gesellschaften besitzen bis zu elf verschiedene Kategorien von Schamanen.

Entscheidender noch: Schamanen sind nirgends allein verantwortlich für die spirituellen Belange. Wie die Anthropologin Caroline Humphrey betont, haben alle nordasiatischen Gesellschaften eine Vielzahl weitere magisch-spirituelle Spezialisten. Bei den Jakuten kann man je nach Problem, Krankheit oder Missgeschick wählen, zu wem man geht: zum *alhacci* (Zauberer), zum *manaric* (Hysteriker), zum *körbüöccü* (Prophet), zum *oyun* (ein Mann, der in Trance mit den Geistern arbeitet), zur *udahan* (eine Frau, die in Trance mit Geistern arbeitet), zum *otohut* (Heiler), zur *iicheen* (weise Person). Um gar nicht erst von Experten in Sachen Kräuterkunde oder Jagdzauber-Spezialisten anzufangen. Mancherorts helfen selbst Schmiede mit Magie aus.

«Westliche Gelehrte, die sich mit Schamanismus beschäftigten, haben also nicht nur ein intellektuelles Konstrukt geschaffen», bringt Hutton die Problematik auf den Punkt, «sie haben sich willkürlich aus einer komplexen, reich verwobenen Welt indigener magisch-spiritueller Praktiken solche Praktiker und Aktivitäten herausgesucht, die ihnen am aufregendsten und ungewöhnlichsten erschienen.» Indem sie sich allein auf diese konzentrierten, brachten sie alles andere zum Verschwinden und schufen ein entstelltes und reduziertes Bild einer an sich fantastischen Vielfalt. Sie produzierten auch begrifflich eine Karikatur, so wie bereits der Kupferstich des monströsen Schamanen eine war. Der westliche Blick schuf den Schamanen. Bis heute spukt er in unseren Köpfen herum.

*

Jagen wir also einem Phantom hinterher, wenn wir herausfinden möchten, wer da im Grab in Bad Dürrenberg nun lag? Zumindest können wir das Versprechen unserer Einleitung einlösen, dass wir zugleich an einer Archäologie der modernen Welt arbeiten. Angesichts der Begeisterung, mit der sich heute viele Menschen dem Schamanismus hingeben, ist es mehr als wichtig, das delikate Zustandekommen dieses Begriffs zu kennen. Aber wir sind noch nicht am Ende, die Geschichte erlebt noch ganz erstaunliche Wendungen.

Zudem haben wir es einmal mehr mit einem Fall zu tun, in dem sich Wissenschaft in den Dienst von Unterdrückung stellte. Wir dürfen nämlich nicht glauben, es ginge allein um Begriffsgeschichte. Erinnern wir uns: Wir haben den Arierwahn der Nazis analysiert, der die militärische Expansion des «Dritten Reichs» legitimieren sollte. Hier stoßen wir auf eine ähnliche Ideologieproduktion. Ohne etwas gleichsetzen zu wollen: Auch im Fall Russlands ist es ein expansionistischer Diskurs, der das koloniale Phantasma des Schamanen gebiert – und zwar um die Eroberungspolitik in Sibirien zu rechtfertigen. Mit dem Stereotyp des Schamanen erhielten die russischen Machthaber ein multifunktionales Unterwerfungsinstrument. Der Schamane erfüllt in dieser Perspektive eine ähnliche Funktion wie der Begriff des «Untermenschen» bei den Nazis. *Victim blaming* eben: Imperiale Mächte versuchen zu allen Zeiten, das Unterwerfen, Ausbeuten und Töten religiös, rassistisch oder zivilisatorisch zu legitimieren, indem sie ihren Opfern die Schuld zuschieben.

Die russische Eroberung Sibiriens war zwischen 1580 und 1650 sehr rasch erfolgt. Angetrieben von der Gier nach dem, was zuweilen das «weiche Gold» genannt wurde: Pelze. Der unvorstellbare Reichtum an Tieren versorgte die russischen Herrscher mit einer Exportware, mit der sie alle ausländischen Wettbewerber übertreffen und ihr Großmachtstreben finanzieren konnten. So schnell aber die Russen auch bis zum Pazifik vordrangen, so gewaltig war die Herausforderung, das schier endlose Sibirien wirklich zu durchdringen. Das erfolgte auf doppelte Weise: Zar Peter I. erließ 1706 ein Dekret, das die Konversion zum Christentum befahl – unter Androhung der Todesstrafe. Die russische Eroberung Sibiriens gab sich damit als gottgefällige Befreiung aus den Händen des Bösen aus. Vor allem die «Teufelspriester« galt es zu eliminieren. Auch wenn die Todesstrafe meist nur exekutiert wurde, wenn politische Widerstände hinzukamen, wurde die Christianisierung brutal umgesetzt. Um 1900 waren in Sibirien so gut wie alle Christen, zumindest nominell.

Die zweite Strategie, Sibirien zu unterwerfen: «Das Zarenreich suchte zu Beginn des 18. Jahrhunderts händeringend renommierte oder abenteuerliebende Wissenschaftler zur Erforschung des eigenen Landes», berichtet der Historiker Jörn Happel, sprich: der annektierten Landmassen jenseits des Urals. Niederländer spielten vor allem unter Peter I. eine wichtige Rolle. Peter, der «Zar und Zimmermann», hatte ja auch auf Werften in Zaanstad und Amsterdam hospitiert und war ein Freund Witsens. Ebenso, und zwar bis weit ins 19. Jahrhundert, warb man gezielt deutsche Wissenschaftler an. Wie gesehen, verdanken wir diesen die Rede von den Schamanen.

All jene, die in den unvorstellbaren Weiten jenseits des Urals als Forschungsreisende unterwegs waren, taten das also nicht aus eigenem Antrieb. Sie waren mehr oder minder im Auftrag der Zaren unterwegs, später waren vor allem Verbannte notgedrungen als Ethnografen aktiv. Die indigene Bevölkerung dagegen wird in das koloniale Ausbeutungssystem gezwungen und muss Tribute liefern. Das wird mit blanker Gewalt durchgesetzt, mit Mord, Folter, Plünderung, Gefangennahme und Versklavung jener, die ihre Verpflichtungen nicht erfüllen konnten, so der Historiker Hutton. Was leicht geschah, wurden die begehrtesten Pelztierarten doch innerhalb weniger Jahre an den Rand des Aussterbens gebracht. Immer mehr Europäer drängten nach Sibirien, bald schon gerieten die Indigenen zur Minderheit im eigenen Land.

Im kolonialen Prozess gehen Entdeckung, Ausbeutung, kulturelle und physische Vernichtung oft Hand in Hand. Der deutsche Mediziner und Naturforscher Georg Wilhelm Steller (1709–1746) gehörte der Zweiten Kamtschatka-Expedition an, die vom «Kolumbus des Zaren», Vitus Bering, geleitet wurde, der als erster Europäer nachweisen konnte, dass zwischen Amerika und Asien keine Landverbindung bestand. Steller dokumentierte die «Sitten» der Indigenen, etwa der Italmenen auf Kamtschatka. Aus seinem Bericht spricht die pauschalisierende Wahrnehmung: «Die Italmenen haben Schamanen, wie alle asiatischen Völker; sie sind aber in ihrer Schamannerey von allen Völkern unterschieden. Die Schamanen und Schamaninnen sind in keinem großen Ansehen; ein jeder, so nur will, schamannet. Sie schamannen ohne Zaubertrommel, und machen gar keine Umstände dabey.» Sie tun es, nur um Unbekanntes herauszufinden: «wenn ihnen etwas gestohlen, oder einen Traum und Gesichte auslegen; nicht aber (um) Unglück, Krankheiten oder den Tod abzuwenden». Ihre «ganze Hexerey» bestünde in solch simplen Praktiken.

Steller war übrigens der erste und letzte westliche Wissenschaftler, der die nach ihm benannte Stellersche Seekuh lebend sah. Mit acht Metern Länge und zehn Tonnen Gewicht war sie nicht nur die größte, sie war auch die einzige Seekuhart, die in kalten Gewässern lebte. Damals schon von den Pelzjägern nahezu ausgerottet, wurde die letzte Seekuh zwanzig Jahre später getötet. Das Aussterben der Schamanen wird sich länger hinziehen.

Scharlatane – Verrückte – Ausbeuter

Es gehört zu den Binsenweisheiten postkolonialer Theorien, dass in der Begriffsbildung des Westens (und dazu gehören auch die sich an Westeuropa orientierenden Zaren) das Fremde erst konstruiert wird und dass die damit einhergehende Stereotypisierung und Abwertung den eigenen Machtinteressen dienen. Heute fallen dazu Begriffe wie *Othering* und *Framing*: Das Bild der Fremden wird entworfen, um sich selbst in Abgrenzung dazu als überlegen zu definieren sowie Unterwerfung und Ausbeutung zu legitimieren. Es ist ja nur zu deren eigenem Besten, wenn nicht gar zum Fortschritt der Menschheit.

Die Erfindung des «Schamanen» ist ein besonders eindrückliches Beispiel für diese Prozesse. In diesem Fall auch für das *Framing*, das Setzen eines Wahrnehmungs- und Handlungsrahmens. Schamanismus wird, wie gesehen, zunächst als christlicher Gegenbegriff, als Antonym, konstruiert. Wenn dann diese Mixtur aus Teufelswerk, Scharlatanerie und Irrsinn als *die* Religion ganz Sibiriens beschrieben wird, denunziert das alle Menschen dort als dämonengläubige, wenn nicht teufelshörige, zumindest naive, halb verrückte und primitive Menschen, die entweder vom Bösen selbst oder zumindest von Schwindlern und Betrügern beherrscht werden. Da ist es erste Christenpflicht, sie zu missionieren und mit der Zivilisation zu beglücken.

Wegen seiner Vielschichtigkeit war der Schamanen-Begriff über die Zeiten hinweg einsetzbar. Das Ziel blieb stets die «Europäisierung», die «Modernisierung» Sibiriens, das heißt, die koloniale Erschließung der unendlichen Weiten, um den unvorstellbaren Ressourcenreichtum möglichst effektiv auszubeuten – und gleichzeitig ein immer perfideres Straflagersystem aufzubauen. Bereits die Zaren verbannten politisch Missliebige nach Sibirien.

Stand also am Anfang die christlich motivierte Intention des Bekämpfens angeblich dämonisch-teuflischer Umtriebe im Vordergrund, verlor das an Bedeutung, als die russische Kaiserin Katharina II. (1729–1796), genannt die Große, im Geiste der Aufklärung auf religiöse Toleranz setzte (und der Teufelsglaube in Europa massiv an Boden verlor). Katharina II., übrigens eine deutsche Prinzessin, korrespondierte mit Voltaire; Denis Diderot weilte an ihrem Hof in St. Petersburg. Doch tolerierte man nun den Schamanismus und damit die Vielfalt indigener Praktiken? Nein, Katharina II. trieb weiter die Europäisierung Sibiriens voran und diffamierte die Schamanen – diesmal als Scharlatane. Deren schlichte Existenz war ihr ein Dorn im Auge, sah sie in ihnen doch Repräsentanten der unaufgeklärten Rückständigkeit des russischen Reichs.

Was ihr besonders missfiel: Selbst im Umkreis des Zarenhofes in St. Petersburg fanden Menschen Gefallen an den seltsam erscheinenden Gestalten. Als aufgeklärte Herrscherin war es nicht nur ihre Pflicht, die unendlichen Weiten zu zivilisieren. Als Kaiserin schrieb sie höchstpersönlich ein «Lustspiel wider Schwärmerei und Aberglaube». Es trug den Titel *Der sibirische Schaman*. Damit es auch der Letzte verstand: Schamanismus war jene Barbarei, von der das aufgeklärte Russland endlich befreit werden musste.

Insofern wurden in den nächsten Jahren nicht nur Schreine und Bilder angeblicher Götzen verbrannt, sondern auch schamanische Trachten und Ausrüstungen. Demütigungen standen auf der Tagesordnung. Nimmt es da Wunder, fragt Ronald Hutton, dass europäische Forscher zunehmend davon berichteten, wie ablehnend Schamanen darauf reagierten, ihre Künste vorzuführen – wenn sie diese nicht gleich ganz verleugneten.

Als der Ethnologe Waldemar Jochelson Ende des 19. Jahrhunderts bei den Korjaken weilte, spürte er lediglich noch zwei Schamanen auf. Keiner war angesehen, und nur einer bereit, ein wenig zu schamanisieren. Unter den Yukagiren traf er bei zwei Besuchen auf keine aktiven Schamanen mehr. Nicht überall war die Situation so dramatisch, das hing von den lokalen Autoritäten ab. Auch zogen sich Schamanen, wie ganze Gruppen oder Clans, in die Weiten von Tundra und Taiga zurück, um dem russischen «Zivilisationsdruck» zu entgehen.

Lust auf Exotik: Tanzende Schamaninnen befriedigten die Schaulust des europäischen Publikums. Gemälde aus Gustav Theodore Paulys 1862 erschienenem «Description Ethnographiques des Peuples de la Russie».

Wie so häufig gibt es Ausnahmen, die die Regel bestätigen: etwa den Ethnografen Wilhelm Radloff (1837–1918), der ein Absolvent der Universität Jena war und als Begründer der Turkologie gilt. Radloff schrieb: «Übrigens glaube ich nicht, dass die Schamanen viel schlechter sind als die Priester anderer Religionen.» Die «armen Schamanen» seien «lange nicht so schlecht … wie ihr Ruf. Sie sind die Träger der ethischen Idee ihres Volkes.» Aufschlussreich, dass Radloff aus seiner wertschätzenden Perspektive heraus der Verwendung des Begriffs «Schamanismus» skeptisch gegenüberstand. Angesichts der enormen Diversität der Glaubensvorstellungen sei es nicht möglich, ein verbindliches Bild zu zeichnen: «Da wir bei allen Einzelheiten auf sich stets widersprechende Nachrichten stoßen, die die Einheit des Bildes nur verwirren, wenn nicht vernichten würden.»

*

Im 19. Jahrhundert, einer Zeit, die sich erstmals betont wissenschaftlich gab, machte nach Teufelsdiener und Scharlatan auch der dritte im ursprünglichen Schamanismus-Stereotyp angelegte Aspekt Karriere: Schamanen sind Verrückte, Kranke. Zwar hatten sie im Zuge der Romantik und des Faibles des «edlen Wilden» zuweilen eine positive Resonanz erfahren (manchen galten sie als «eingeborene Genies»), doch in der zweiten Hälfte des Jahrhunderts griff die «Naturalisierung» solcher Phänomene um sich. Im Kontext der Kunst wurde über «Genie und Wahnsinn» spekuliert, in gesellschaftlichem Rahmen über «geborene Verbrecher», Alkoholismus als «Erbschaden» und «Volksgesundheit» gestritten. «Hysterie», «Nervosität», «Nervenleiden» gehörten zum Signum der Zeit.

Durch diese sich wissenschaftlich gebende Brille betrachtet, wurden Schamanen fortan als «nervenkranke Subjekte» pathologisiert. Es gab Forscher, die sie als «nicht ganz richtig im Kopf oder schlichtweg wahnsinnig» beschrieben. Die berühmte «Jesup North Pacific Expedition» trug ihren Teil dazu bei. Sie erforschte in den Jahren von 1897 bis 1902 den nordpazifischen Raum, um herauszufinden, in welchem Zusammenhang die Kulturen Sibiriens, Alaskas und der kanadischen Nordwestküste zueinander standen. Da man allerorten auf ähnliche Phänomene stieß, denen man den Stempel «schamanisch» aufdrückte, glaubte man, diese auf die extremen klimatischen Bedingungen der Arktis und der Subarktis zurückführen zu können. Die langen Polarnächte, die unvorstellbare Kälte, die (unterstellte) Eintönigkeit des entbehrungsreichen Daseins und Nahrungs-, insbesondere Vitaminmangel führten, so die Annahme, zur «arktischen Hysterie», die sich am markantesten in den Schamanen zeige. Auch Neurosen, Epilepsie oder Schizophrenie wurden als mögliche Auslöser für Seelenreisen und Interaktionen mit Geistern angenommen.

In diesem Zusammenhang wird heute auf den schwedischen Autoren, Übersetzer und Religionshistoriker Åke Ohlmarks verwiesen, der die These von der «arktischen Hysterie» 1939 popularisierte. Es handle sich um ein «besonderes Phänomen des Nordens», schrieb Ohlmarks, verantwortlich dafür seien die dort auftretenden «abnormen und psychotischen Individuen». Sie würden von hysterischen Anfällen heimgesucht, die «mit einem kataleptischen Zusammenbruch und manchmal mit Verfolgungswahn und der Halluzination von Geistern» enden. Ohlmarks lieferte damit eine pseudowissenschaftliche Begründung für die angebliche «Primitivität» bestimmter «Rassen», schreibt Neil Price in seiner *Archaeology of Shamanism*. Was wohl niemanden überraschen sollte, aber bisher wenig Beachtung fand: Ohlmarks, der in Schweden mit einer wissenschaftlichen Karriere gescheitert war, arbeitete in der Nazizeit an deutschen Universitäten. Nur selten wird benannt, worum es sich handelte: um eine rassistische Theorie des Schamanismus.

*

Es ist tragisch: Die Forschungsgeschichte der Schamanismus entpuppt sich über die längste Zeit hinweg als Unterdrückungsgeschichte. Jede Zeit arbeitete sich am Schamanen ab, weil sie ihn als Schreckgespenst zur Legitimation der Ausbeutung Sibiriens benötigte. Und jede Zeit benutzte ihn, den Erfordernissen ihrer eigenen Ideologie entsprechend. Die Sowjetunion setzte im 20. Jahrhundert nicht so sehr auf die aktuelle Hypothese, dass es sich bei Schamanen um pathologische Individuen handle. Ihre Ideologen griffen auf jenen Aspekt zurück, dem wir schon bei Nicolaas Witsen und Eberhard Isbrand Ides begegnet sind. Schamanen sind Betrüger, genauer: Ausbeuter.

Auch der atheistische Marxismus basiert auf einem evolutionistischen Geschichtsmodell. In diesem wiesen die Sowjets den Schamanen den Platz als früheste Ausformung jener Priesterschaften zu, die sich selbst bereichernd die Machtinteressen der sich herausbildenden Eliten stützten. Der erste Schamane war aus sowjetischer Perspektive

Feinde der Arbeiterklasse: Die sowjetische Propaganda stellte die Schamanen den reichen Bauern (Kulaken) an die Seite und rief mit Plakaten wie diesem zu deren Vertreibung auf (Plakat von 1931).

für die Vertreibung der Menschheit aus dem Paradies des Urkommunismus verantwortlich.

Schamanen gerieten deshalb nicht nur im Zuge des Feldzugs gegen die Religion ins Visier, sondern auch im Zusammenhang mit der Zwangskollektivierung der Landwirtschaft. Man griff sie als angebliche ideologische Stützen der Kulaken an, der reichen Bauern. Entsprechend vehement ging die Sowjetunion gegen Schamanen vor. Sie wurden als «Agenten der Rückständigkeit, des Aberglaubens, Betrugs und sozialer Ungleichheit und Feinde der Kommunistischen Partei» verfolgt, schreibt Hutton, sie wurden gedemütigt, in den Gulag gesteckt, erschossen. Geraubte Schamanentrommeln avancierten zu Trophäen des sozialistischen Fortschritts.

Letztlich ging es auch hier allein um Ausplünderung: Die Sowjets setzten vehement auf die Industrialisierung und die möglichst intensive Ausbeutung der Öl- und Gasvorkommen sowie der anderen Schätze des so ressourcenreichen Sibiriens. Dazu forcierten sie den Zuzug von Russen und die Urbanisierung, unterbanden traditionelle Lebensformen wie das Herumziehen mit Rentierherden – und eliminierten oder deportierten all jene, die sie als Hindernisse der Sozialisierung ausgemacht hatten.

Immerhin dokumentierten die Sowjets die letzten Reste des Schamanismus. Als angeblich erste Ausbeuter der Weltgeschichte war ihr Verschwinden ein Beleg für die Richtigkeit des Historischen Materialismus, dessen Ziel das ausbeutungsfreie Paradies des Kommunismus war. Doch die anthropologische Forschung war kaum mehr als ein Stochern in kalter Asche. Nach 1950 bestand sie darin, «alte Menschen zu interviewen und sie um die Welt ihrer Jugend zu befragen, soweit diese sich erinnern konnten und überhaupt bereit waren, davon zu erzählen», schreibt Hutton. «Um 1980 galt Schamanismus generell als tot in Sibirien.»

*

Um es auf den Punkt zu bringen: Sowohl die russischen Zaren als auch die Sowjets kolonialisierten Sibirien. Sie folgten westlichen Mustern, war das Ziel doch stets, das weite Land nach europäischen Maßstäben zu modernisieren. Als zentrales Instrument diente ihnen das Narrativ der Schamanen als teuflischen, rückschrittlichen und ausbeuterischen Wesen. Ob nun christliches Zarenreich oder atheistischer Sozialismus, immer standen dieselben Ziele im Vordergrund: die Ausbeutung Sibiriens und die Unterwerfung der indigenen Kulturen. Zugleich war es dieses Narrativ, das den ungeheuren Reichtum spirituell-religiöser Praktiken Sibiriens zum Verschwinden brachte.

Das alles hat massive Konsequenzen für die über den «sibirischen Schamanismus» vorliegenden Quellen. Ronald Hutton spricht von drei Flüchen, die auf dem verfügbaren Material liegen. Fluch eins:

Kein einziger Schamane, der in einer traditionellen sibirischen Gemeinschaft wirkte, hinterließ ein eigenes Zeugnis. Nahezu alles, was überliefert ist, wurde von Fremden aufgezeichnet.

Fluch zwei: Wir besitzen so gut wie keine Daten aus Zeiten, in denen Sibirien noch nicht unter russischer Herrschaft stand. Alle Überlieferungen stammen aus Gesellschaften, in denen bereits ein enormer Verfolgungsdruck auf Schamanen lag und die traditionellen Lebensweisen an den Rand gedrängt wurden. Das bedeutet: Die Ethnografen beobachteten vor allem prekäre schamanische Existenzen, die wenig repräsentativ für vorkoloniale Schamanen sind. Und sie vernachlässigten die einstige Fülle spiritueller Praktiken völlig.

Fluch drei schließlich: «Fast alles Material, das wir besitzen, wurde von Menschen aufgezeichnet, die im besten Fall dem Schamanismus indifferent gegenüberstanden», schreibt Hutton, «viel öfter aber diesem in erbitterter Gegnerschaft verbunden waren – und das gilt für das 20. wie für das 18. Jahrhundert.»

Das ist die bittere Ironie des kolonialen Prozesses: Das Bild des sibirischen Schamanen ist entstanden als eine europäisch-russische Koproduktion, als ein monströses Phantasma, das diverse Aspekte in sich vereinte. Dieses Trugbild gewann durch die Verfolgung Realität: Was als kulturelles Zerrbild, als skurriles Fabelwesen begonnen hatte, wurde zur höchst prekären Existenz des sibirischen Schamanen.

*

Das hat Konsequenzen für unsere Arbeit rund ums Grab von Bad Dürrenberg. Zum einen drängt sich die Frage auf, ob solch ein kolonialer Monsterbegriff überhaupt weiterverwendet werden kann. Zum anderen wächst der Verdacht, dass wir einem Phantom nachjagen könnten, einer modernen Fiktion. Doch bevor wir entscheiden können, wie wir damit umgehen, müssen wir uns noch die weitere Karriere des Schamanismusbegriffs ansehen, macht dieser doch ganz erstaunliche Verwandlungen durch.

Zumindest können wir jetzt auf die am Anfang dieses Kapitels erwähnten Zweifel eingehen, ob es sich bei unserer Schamanin überhaupt um eine solche handeln kann, weil doch der Reichtum ihrer Grabbeigaben dagegen sprechen würde. Es sollte deutlich geworden sein: Bei solch einer Argumentation handelt es sich um einen kolonialistischen Fehlschluss, der den aussterbenden Schamanismus des russifizierten Sibiriens als den Schamanismus an sich deutet.

Die Armut sibirischer Schamanen ist das Produkt kolonialer Repression und Verfolgung. Der von Nicolaas Witsen überlieferte Bericht, der aus einer Zeit stammt, als die russische Unterdrückung noch in den Anfängen steckte, stellte gerade den offensichtlichen Reichtum des Schamanen in den Vordergrund (zwölf Frauen und reich an Vieh). Auch das geschah in denunziatorischer Absicht, ist aber sicher keine reine Fiktion. Der Reichtum des Grabes der Frau und des Kindes in Bad Dürrenberg taugt also nicht als Beleg dafür, dass die dort Bestattete keine Schamanin war.

Mit diesem Wissen erklärt sich auch, warum in der DDR niemand die These vertrat, im Museum Halle könnte es sich um eine Schamanin handeln – und das obwohl 1948 mit «Medizinmann» die mögliche Interpretationslinie vorgegeben worden war. Wer wollte sich schon mit einem Phänomen auseinandersetzen, das beim Großen Bruder, der Sowjetunion, auf der Verfolgungsliste stand? Wäre unsere Heldin dagegen nicht in Bad Dürrenberg im Osten, sondern in Bad Dürrheim im Westen gefunden worden, ihr Schicksal wäre wohl ein völlig anderes gewesen.

Wir müssen uns einen Moment gedulden, bevor wir uns ansehen, warum man sich im Westen so für den Schamanismus begeisterte. Es gibt Neuigkeiten von unserer Heldin. Die Archäogenetiker aus Leipzig haben sich gemeldet. Sie haben das Erbgut entschlüsselt.

9
DECODIERT

Leider sind die Nachrichten, die im Sommer 2019 eintreffen, nicht alle gut. «Wir waren nicht sicher, wie die DNA-Erhaltung in den immerhin 9000 Jahren alten Knochen ist», berichtet Wolfgang Haak vom MPI für Evolutionäre Anthropologie in Leipzig, «deshalb hatten wir mit der Beprobung der Schamanin begonnen.» Würden die Knochen einer Erwachsenen keine Ergebnisse liefern, müsste man sein genetisches Glück bei einem nur wenige Monate alt gewordenen Kind gar nicht erst versuchen.

Und es hatte schlecht angefangen: Eine aus dem Oberschenkelknochen der Frau entnommene Probe lieferte nicht genügend DNA. Das war eine Überraschung. Augenscheinlich waren ihre Langknochen gut erhalten. Also griff man auf eines ihrer Felsenbeine zurück. Ebenjene Knochen mit den besten Erhaltungsbedingungen fürs Erbmaterial. Und das funktionierte.

Doch beim Kind haben wir keines der Felsenbeine. Die wurden nicht gefunden. Vermutlich wurden sie bei der Bergung 1934 übersehen, so winzig, wie sie sind. «Nach dem Fehlschlag mit dem massiven Oberschenkel einer erwachsenen Frau war eine Beprobung der Knöchelchen eines Säuglings nicht zu rechtfertigen», sagt Haak. «Das tut mir leid.»

Enttäuschung macht sich breit. Was hätten wir nicht dafür gegeben zu erfahren, ob die Schamanin die Mutter war oder nicht. Das ist nicht unserer sentimentalen Ader geschuldet, sondern ein für die Beurteilung des Grabbefundes maßgeblicher Faktor. Handelt es sich nicht um

Mutter und Kind, drängt die Frage, warum zwei Personen zum gleichen Zeitpunkt starben, noch stärker in den Vordergrund. Dann rückt auch die Option Menschenopfer in den Bereich des Möglichen. Und überhaupt: Sollten wir nie erfahren, ob es ein Mädchen oder ein Junge war?

Natürlich stimmen wir der Entscheidung des MPI zu. Diese kaum mehr als zwei Handvoll zarter Knochen in Mitleidenschaft zu ziehen mit äußerst zweifelhafter Aussicht auf Erfolg, ist nicht vertretbar. Doch wer weiß, trösten wir uns, vielleicht bringen die weiteren Untersuchungen irgendwelche Hinweise. Allzu lang währt die Enttäuschung nicht, denn die zweite Beprobung der Schamanin hatte sich als voller Erfolg erwiesen. «Das Felsenbein lieferte einen sehr hohen Anteil ihrer DNA», sagt Haak.

*

Die Fortschritte der Archäogenetik in den letzten Jahren sind atemberaubend. Es ist nicht lange her, da hätten so renommierte Magazine wie *Science* oder *Nature* die Decodierung der Schamanin gefeiert. Heute ist die Entzifferung eines prähistorischen Genoms Routine. Da die Techniken, alte Knochen zum Sprechen zu bringen, immer raffinierter, zuverlässiger und vor allem preisgünstiger werden, ist es möglich, für Studien eine große Anzahl von menschlichen Genomen zu untersuchen – und damit umfassende Forschungsfragen anzugehen. Das Max-Planck-Institut für Evolutionäre Anthropologie in Leipzig ist dabei weltweit führend.

«Für unsere aktuelle Studie, in die auch die Daten der Schamanin eingeflossen sind, haben wir das Erbgut von 101 Menschen untersucht, die zwischen 7000 und 3000 vor Christus in Europa lebten», sagt Haak. Mit solchen Datenmengen wird es möglich, endlich Fragen zu beantworten, welche die Archäologie seit Jahrzehnten umtreiben, auch jene, die wir schon gestreift haben: Was passierte, als Kohorten von Ackerbauern aus Anatolien nach Europa kamen – mit einem völlig neuen Lebensstil im Gepäck? Welcher Art war das Aufeinandertreffen mit den hiesigen Jägern und Sammlern?

Zu Lebzeiten der Schamanin muss es im westlichen Teil Anatoliens rumort haben. Was die Gründe dafür waren, dass sich so viele Menschen entschlossen, ihr Glück in unbekannter Ferne zu suchen, ist noch nicht definitiv geklärt. Bevölkerungswachstum und das Knappwerden des für Landwirtschaft nötigen Bodens werden dazu beigetragen haben, eventuell auch Seuchen, die damals von den domestizierten Tieren auf die Menschen übersprangen, möglicherweise Missernten. Das Klima spielte bei der Ausbreitung der Landwirtschaft eine wichtige Rolle.

Jedenfalls sind ab 7000 vor Christus die ersten Siedlungen im Ägäisraum nachzuweisen. Von dort drangen die Siedler auf zwei Hauptrouten nach Europa vor. Die eine führte den Balkan hoch, am Mittelmeer entlang nach Italien und Südfrankreich, von dort Richtung Spanien oder das Rhonetal nehmend nach Norden. Der zweite Siedlertreck folgte der Donau entlang nach Mitteleuropa. Nach anderthalb Jahrtausenden treffen die Nachfahren der bäuerlichen Pioniere im Pariser Becken aufeinander. «Unsere Analysen zeigen deutlich», erklärt die Erstautorin der Studie Maïté Rivollat, «dass es unterwegs allerorten zu Vermischungen zwischen den einwandernden Bauern und lokal lebenden Jägern und Sammlern kam, wobei das in jeweils sehr unterschiedlichen Ausmaßen der Fall war.»

In diesem Kontext verrät das Erbgut der Schamanin: Unter ihren Vorfahren findet sich keine Spur anatolischer Einwanderer. Das war bei ihrer Datierung um 7000 vor Christus auch nicht anders zu erwarten. Die Landwirtschaft war damals noch 2000 Kilometer oder 1500 Jahre entfernt. Wenn es da nur nicht das geschliffene Beil in ihrem Grab gäbe. Das riecht geradezu nach Neolithikum und macht alles noch rätselhafter. Woher kommt es? Und warum war es ins Grab der Schamanin gelangt? War sie vielleicht selbst im Süden gewesen? War vielleicht sogar das Kind das Produkt eines solchen Kontaktes? Angesichts seiner fehlenden DNA ist das nur abenteuerliche Spekulation.

*

«Das genetische Profil der Schamanin zeigt, dass sie eine typische Vertreterin derer ist, die wir ‹Western Hunter-Gatherer› nennen», erklärt Haak, «das sind die Jäger und Sammler, die im Mesolithikum im westlichen Teil Europas leben und sich deutlich von ihren Nachbarn in Osteuropa unterscheiden.» Ihre Vorfahren hatten das Kältemaximum der letzten Eiszeit vor 25 000 bis 20 000 Jahren überlebt, indem sie vor den vorrückenden Gletschern in südliche Refugien geflohen waren. Als das Eis verschwand, brachen sie von dort auf, um die menschenleeren Weiten des Nordens zu erobern. Unsere Heldin stammt von jenen ab, die in Südosteuropa dem fast ewigen Winter getrotzt hatten.

«Ihr Genom weist die charakteristischen Merkmale der Jäger und Sammler ihrer Zeit auf», erzählt Haak. Die Schamanin kann keine Milch verdauen, ist also laktoseintolerant. Heute wird die Milchzucker-Unverträglichkeit oft als Krankheit bezeichnet, dabei stellt sie nur den ursprünglichen Zustand der Menschheit dar. Erst Jahrtausende später, in der Bronze- und Eisenzeit, hat sich in Europa bei einem Teil der agrarisch lebenden Bevölkerung die Fähigkeit durchgesetzt, Milch auch jenseits des Kindesalters zu verdauen. «Die Schamanin ist also gewissermaßen noch der Wildtyp», lacht Haak, «wie ich das auch bin.»

Zu den fehlenden Anpassungen an den späteren getreidelastigen Ernährungsstil gehört auch etwas sehr Augenscheinliches, das uns bereits im Nazi-Kapitel umtrieb: ihre Hautfarbe. Mittlerweile sind diverse Allele, also Varianten, verschiedener Gene identifiziert, die mit einer hellen Färbung der Haut verbunden sind. Keines dieser Allele findet sich bei der Schamanin. Ihre Haut war also, wir haben das schon verraten, dunkel, das heißt, stärker pigmentiert.

Hier zeigt sich besonders eindrücklich, wie vollkommen abstrus das rassistische Denken ist. Nicht allein, weil unsere Heldin dem Nazi-Phantasma von der ursprünglichen «weißen Rasse des Nordens» eine Abfuhr erteilt. Sie verdeutlicht eindrücklich, wie absurd die Idee ist, Menschen aufgrund ihrer Hautfarbe zu klassifizieren. Resümieren wir kurz: Die Menschwerdung vollzog sich die längste Zeit unter der sengenden Sonne Afrikas. Eine möglichst starke Pigmentierung der

Haut schützte unsere Vorfahren vor den schädlichen UV-Strahlen. Als einige von ihnen in andere Regionen der Welt aufbrachen, fiel zwar an sonnenärmeren Orten der adaptive Vorteil weg, doch eine starke Hautpigmentierung war kein Nachteil. Insofern war die Hautfarbe dem normalen Prozess von Mutationen ausgesetzt, ohne dass ein sonderlich starker selektiver Druck in eine bestimmte Richtung wirkte. Deshalb waren die Jäger und Sammler im eiszeitlichen und nacheiszeitlichen Europa noch dunkel pigmentiert: Die ersten Europäer der Spezies *Homo sapiens* waren *People of Colour*.

Wie aber wurde Europa dann «weiß»? Die Antwort zeigt, dass die Geschichte tatsächlich einen zarten Sinn für Ironie besitzt. Die dafür nötigen genetischen Veränderungen sind – so ist die derzeit allgemein akzeptierte Theorie – das Mitbringsel von Einwanderern aus dem Süden. Zum sogenannten neolithischen Paket, das die ersten Bauern aus Anatolien nach Europa mitbrachten, gehörten eben nicht nur Landwirtschaft, Vieh und Keramik, sondern auch eine hellere Färbung der Haut.

Wie es dazu kam? Die Pigmentierung hat einen Einfluss auf die Vitamin-D-Produktion des Körpers, die im Zusammenhang mit der Sonneneinstrahlung steht. Im sonnenreichen Afrika war eine sehr dunkle Hautfarbe kein Problem. Für die Gesundheit der europäischen Jäger und Sammler, die zwar schwächerer Sonneneinstrahlung ausgesetzt waren, stellte das keine Belastung dar. Der hohe Fleisch- und Fischanteil ihrer Ernährung sorgte für ausreichende Vitamin-D-Versorgung.

«Anders war das bei den nahöstlichen Ackerbauern», erklärt Haaks Kollege, der MPI-Direktor Johannes Krause. «Wie wir aus Isotopenanalysen der Knochen wissen, nahmen sie im Gegensatz zu den Jägern und Sammlern kaum Vitamin D über Fisch oder Fleisch zu sich, sondern ernährten sich fast vegetarisch, ergänzt durch Milchprodukte. Die Hautfarbe der frühen Ackerbauern geriet unter Selektionsdruck: Nur mit hellerer Haut konnten sie ausreichend lebenswichtiges Vitamin D produzieren.» Wir haben es also auch im Fall der Hautfarbe mit einer Anpassung an veränderte Umwelt- und Ernährungsbedingungen infolge der Erfindung der Landwirtschaft zu tun. Vielleicht seit fünf- oder sechstausend Jahren ist «Weiß» die zahlenmäßig dominierende Hautfarbe in Europa, die Zeit davor lebten hier Menschen dunklerer Färbung.

Es ist kurios: Die hellere Hautfarbe heutiger Europäer, auf die sich manche Kreise so viel einbilden, ist ein Signal ihres Migrationshintergrundes. Sie ist das Ergebnis des Versuchs, eine Mangelernährung zu kompensieren. Als basierend auf diesen neuen archäogenetischen Erkenntnissen 2018 in Großbritannien eine Rekonstruktion des «Cheddar Mans» gezeigt wurde (als Zeitgenosse der Schamanin gehört er zu den ältesten Menschen Großbritanniens), die eine entsprechend dunkle Haut besaß, kommentierte Peter Nonnenmacher im *Tagesspiegel* ironisch: «Wollten sich britische Traditionalisten auf ihre Ursprünge und ihren ältesten Gen-Pool besinnen, müssten sie möglichst vielen Menschen aus Afrika und Nahost eine Brücke ins Vereinigte Königreich schlagen – also die Zugbrücke nach Calais herablassen.»

Ein eindrückliches Beispiel für den naturalistischen Fehlschluss: für die Neigung, bestimmte historische oder auch prähistorische Zustände als «ursprünglich» oder gar «natürlich» anzusehen und deshalb anzunehmen (oder zu behaupten), sie besäßen eine bindende Relevanz oder höhere Qualität für uns heute. Genauso gut könnte man Menschen nach der Kategorie einteilen, ob sie auf Milchgenuss nun mit Bauchweh und Blähungen reagieren (was nämlich auch der «ursprüngliche» Zustand ist) oder nicht.

Johannes Krause spitzt die Absurdität solchen Denkens noch einmal zu: «Schaut man in der Menschheitsgeschichte noch weiter zurück, stößt man darauf, dass auch die dunkle Haut zunächst eine Anpassung war. Denn unser Cousin, der Schimpanse, hat unter seinem schwarzen Fell eine helle Haut. Als der Mensch sein Fell abwarf, passte sich seine Hautfarbe offenbar an, um den nun unbedeckten Körper vor der Sonne zu schützen.» Krauses Pointe: Hautfarbe als «Begründung irgendwelcher evolutionärer Hierarchien zu verwenden», sei nichts anderes als eine «Dummheit» – es «sei denn, Hellhäutige wollten eine besondere genetische Verbindung zu den Schimpansen für sich reklamieren».

*

Was verrät das genetische Profil noch über das Aussehen der Schamanin? «Die Haare werden dunkelbraun bis schwarz gewesen sein. Glatt und nicht gelockt oder gewellt. Die Augen dagegen blau», erklärt Wolfgang Haak. «Wobei das Blau auch ins Grün spielen kann. In jedem Fall hatte sie eine helle Augenfarbe.» Klingt nach einem aparten Kontrast. Wie es zu den hellen Augen kommen konnte, ist aktuell noch Gegenstand wissenschaftlicher Diskussionen. In Afrika sind sie selten, die dunkle Pigmentierung schützt auch dort vor der Sonne. Weil das weiter im Norden nicht so wichtig war, konnten sich Mutationen leichter durchsetzen, die zu weniger dunklen Pigmentierungen in der Iris führten, selbst wenn diese keinen wesentlichen Vorteil brachten. Dass helle Augen sich dann stärker verbreiteten, als es dem Zufall entspräche, und auch erhalten blieben, als die Landwirte mit ihren eher dunklen Augen aus Anatolien kamen, könnte mit der sexuellen Selektion zusammenhängen: Die Menschen nahmen Trägerinnen und Träger von hellen Augen als besonders attraktiv wahr. Ob die Neue-Deutsche-Welle-Band *Ideal* wusste, welche evolutionären Weisheiten sie verkündete, als sie sang: «So blaue Augen / Wenn du mich so anschaust / Wird mir alles andere egal»?

Wir müssen also Karol Schauer bitten, ein aktualisiertes Bild der Schamanin zu malen. Als er sich 2004 ans Werk machte, waren diese Einsichten noch unbekannt. Jetzt wissen wir: dunkelbraune bis schwarze Haare, statt blonde. Helle blaue oder blau-grüne Augen statt braun-olive. Und die Haut? «Wir wissen nicht, wie dunkelhäutig die Jäger und Sammler nun tatsächlich waren», sagt Johannes Krause. «Ob die frühen Europäer also eher den heutigen Menschen aus Zentralafrika glichen oder vielleicht doch jenen aus dem arabischen Raum, muss offenbleiben.» Fest steht, «dass sie keine uns bekannte Mutation in sich trugen, die für helle Haut sorgt, weswegen sie höchstwahrscheinlich dunklere Haut hatten als heutige Europäer».

Auf Basis der DNA exakte Hautfarben herzuleiten, wird von vielen Genetikern kritisch gesehen. Man kennt ja nur die genetischen Signaturen, den Genotyp, der auf einer jeweils besonderen Kombination von Nukleotiden beruht. «Welche konkrete Farbe aber damit einhergeht, wie das jeweilige Erscheinungsbild, der Phänotyp, aussieht, können wir nicht sagen», betont Wolfgang Haak. Es fehlten heute existierende Jäger-und-Sammler-Referenzpopulationen. Also reale Individuen, an denen sich beobachten ließe, welche ganz konkreten phänotypischen Ausprägungen jenem Genotyp entsprechen, wie er sich aus dem Felsenbein der Schamanin rekonstruieren lässt. «Zudem zeigt sich, dass wir es bei heutigen Völkern in der Tundra und Taiga Sibiriens in Sachen Färbung der Haut mit einer hohen Plastizität, also einem genetischen Potenzial zu tun haben. Im langen Winter ist die Haut recht hell. Scheint dort jedoch einige Tage die Sonne, passt sie sich innerhalb weniger Tage an und kann sehr dunkel werden.» In Sachen Hautfarbe der möglichen Schamanin lautet also unsere Bitte an Karol Schauer schlicht: «Dunkler.» Der Rest ist künstlerische Freiheit.

Mittlerweile hat Schauer auf Basis der neuen Erkenntnisse sein Porträt der Frau aus Bad Dürrenberg als Schamanin farblich anpassen lassen. Es schmückt das Cover unseres Buchs. Wir sind stolz, auch erstmals ihr unverhülltes Antlitz im Farbtafelteil präsentieren zu dürfen, wie es der Künstler auf der Basis ihrer Anatomie und Genetik rekonstruiert – das starke und charismatische Gesicht einer ganz besonderen Frau.

10

EKSTASE IN PSYCHEDELISCHEN ZEITEN

Es ist schon tragisch: Während der Schamanismus im Osten verschwand, machte er im Westen Karriere. Präziser: Während in der Sowjetunion mit der gesellschaftlichen Durchsetzung eines atheistischen Sozialismus die traditionellen religiösen Kulturen beseitigt und vor allem die zu ihren Repräsentanten erklärten Schamaninnen und Schamanen eliminiert wurden, feierte der nach Europa und in die USA verpflanzte Begriff, die Idee des Schamanentums, seine Auferstehung und begeistert seither die Menschen.

Wie war das möglich? Die Antwort ist einfach: Im Westen fehlte (und fehlt noch heute) schlicht das Wissen, mit was für einem kolonialen Konstrukt man es zu tun hat. Man kannte die Unterdrückungsgeschichte nicht. Man hielt den sibirischen Schamanismus für ein authentisches, indigenes Phänomen. Die Kunde kam ja aus einer Weltgegend, die für westliche Beobachter unzugänglich hinter dem Eisernen Vorhang lag. Einmal mehr hielt man Fabelwesen für echt.

Es handelt sich um Kulturtransfer (manche würden eher von kultureller Aneignung sprechen). Die Forschung betont, dass für die Übernahme fremder Elemente in der aneignenden Kultur ein Defizit, ein Bedürfnis entscheidend sei. Es muss also im Westen einen Bedarf, ein Interesse, ein fruchtbares Substrat gegeben haben, auf dem der Schamanismus bestens sprießen konnte. Das war aber nur möglich, weil dem eine Verwandlung und Umwertung vorangegangen war: Es sind ja nicht die realen sibirischen Schamanen des 19. und 20. Jahrhunderts, jene verfolgten und marginalisierten, oft zu einem elenden Dasein gezwungenen Individuen, die im Westen ihre glänzende Auferstehung feierten. Nein, der Schamanismus war zu einem perfekten Stoff für die Befriedigung westlicher Sehnsüchte umgeschmolzen worden.

Wie es zu dieser wundersamen Metamorphose kommen konnte? Es brauchte einen zweiten Nicolaas Witsen. Einen Vermittler, der Schamanen populär machte – indem er ein neues Fabelwesen schuf, besser gesagt, das alte monströse Trugbild in eine ebenso fantastische wie heroische Illusion verwandelte. Sein Name: Mircea Eliade (1907–1986). Spoiler-Warnung: Wie sein niederländischer Vorgänger hat er nie persönlich einen Schamanen gesehen.

*

Sowjetische Forscher publizierten in der Hauptsache auf Russisch, ohnehin boten sie mit ihrem oft tendenziösen Gestus dem allgemeinen Publikum im Westen wenig Inspiration. Deshalb waren es Grenzgänger, Forscher, die an der Schnittstelle zwischen Ost und West beheimatet waren, welche für die Transformation des Schamanismus verantwortlich zeichneten. Einmal agierten finnische Wissenschaftler als Mittler zwischen den Welten. Finnland war lange Teil des russischen Reichs gewesen und entdeckte mit der nationalen Eigenständigkeit die eigenen schamanischen Traditionen wieder. Und es waren Ungarn, von denen nicht wenige nach dem Budapester Aufstand 1956 in den Westen flohen. Ungarn beriefen sich immer gern auf ihre Herkunft aus den Steppen Asiens. Doch die alles entscheidende Transformationsarbeit leistete mit Mircea Eliade ein Religionswissenschaftler aus Rumänien.

Eliade, der in Rumänien in faschistischen Kreisen aktiv gewesen war, kehrte 1945 seiner kommunistisch gewordenen Heimat den Rücken. Er ging zunächst nach Paris, später nach Chicago und avancierte zum führenden Vertreter der vergleichenden Religionswissenschaft. Auf Basis seines geradezu enzyklopädischen Wissens versuchte er, in

Mythen, Ritualen und anderen religiösen Zeugnissen den Umgang der Menschen mit dem «Heiligen» zu ergründen.

Eliades Grundgedanke: Er geht davon aus, dass das Heilige sich ewig manifestiere und alle Religionen das Trachten verbinde, in Kontakt mit diesem zu treten. «Die Manifestation des Heiligen in einem ‹Stein› oder einem ‹Baum› ist nicht weniger geheimnisvoll und würdig als die Manifestation des Heiligen in einem ‹Gott›», lautet eines seiner berühmtesten Zitate. «Der Prozess der Heiligung der Wirklichkeit ist derselbe, nur die *Form*, welche der Prozess der Heiligung im religiösen Bewusstsein des Menschen annimmt, ist verschieden.» Von ihm als «archaisch» apostrophierte Gesellschaften haben für ihn teil an der ursprünglichen Weisheit, die in der modernen Zivilisation verloren gegangen ist. Sie verfügen über Zugänge zum Heiligen, die späteren verwehrt sind. Das ist die Bühne, auf welcher der Schamane seinen großen Auftritt haben wird.

Eliades 1951 erschienenes Buch *Schamanismus und archaische Ekstasetechnik* versammelt umfangreiches, im Westen unbekanntes Material, das Forscher und Reisende über den Schamanismus zusammengetragen hatten. Zwar wurde das Thema auch vorher schon im Westen rezipiert, doch Eliades Resonanz wird unübertroffen sein, es ist das bis heute berühmteste Werk in diesem Feld. Das Buch hat aber auch Kritik geerntet: Es sei fehlerhaft und Eliade, so etwa die Anthropologin Alice Beck Kehoe, ein typischer Stubengelehrter, der sich nur Materials aus zweiter Hand bedient habe. Vermutlich ist das Buch außerhalb der Religionswissenschaft erfolgreicher gewesen als innerhalb. Die Ethnologin Karin Riedl schrieb unlängst ein Buch, wie sehr charismatische Künstler vom Schlage eines Joseph Beuys' oder des Sängers der *Doors*, Jim Morrison, von Eliade inspiriert waren.

*

Eliade nahm erhebliche Verwandlungen und Umdeutungen vor und schuf auf ebenso kreative wie selektive Weise ein neues Konstrukt, das nicht nur bestens in sein eigenes Konzept des Heiligen passte, sondern auch die Babyboomer des Westens betörte. Sehen wir uns die wesentlichen Schritte an.

Zunächst: Eliade rehabilitierte die Schamanen. Erinnern wir uns, sprach die damals aktuelle Forschung über Schamanimus, geschah das vornehmlich in pathologischen Kategorien wie «arktische Hysterie» oder Epilepsie. Für Eliade war es dagegen eminent wichtig zu zeigen, «warum uns die Gleichsetzung des Schamanismus mit irgendeiner Geisteskrankheit unannehmbar erscheint». Stattdessen stellte er dessen Protagonisten als spirituelle Heroen vor, die sich stellvertretend für die Gemeinschaft auf die gefährliche Auseinandersetzung mit den Geistern einlassen.

Ob männlich oder weiblich: Schamanen verfügen über einen direkten Zugang zum Heiligen, der in den institutionellen Religionen verloren gegangen sei. Bei aller berechtigten Kritik an Eliade muss man ihm als Verdienst anrechnen: Er rehabilitierte damit indigene spirituelle Praktiker rund um den Globus, und das in einer Zeit, in der der Mainstream diese noch als «Primitive» ansah, die einem obskuren Aberglauben verfallen waren.

Dann: Seiner Gleichung «Schamanismus = Technik der Ekstase» sind wir bereits begegnet (übrigens, auch das ein Grund für den Erfolg: endlich eine Definition, und dann noch eine so einfache!). Eliade reduzierte die komplexen Phänomene: Ein Schamane war für ihn der «große Meister der Ekstase», der «Spezialist einer Trance, in der seine Seele den Körper zu Himmel- und Unterweltfahrten verlässt». Auf diesen Reisen interagiert er auf vielfältige Weise mit den Geistern und tritt in Kontakt mit dem Unfassbaren.

Das ist aber nicht die einzige Reduktion. Eliade entkleidete den Schamanismus ausdrücklich aller Geschichte und aller Kultur. Von lokalen Traditionen und historischen Einflüssen befreit, lautete seine These, würden immer und überall die ursprünglichen Wurzeln des Schamanismus erkennbar, in dessen Zentrum das «ekstatische Erlebnis» stünde, welches er als ein menschliches «Urphänomen» betrachtet.

Von allem kulturellen Ballast befreit, konnte er den Schamanismus universalisieren. Und zwar gleich doppelt: räumlich wie zeitlich. Der Schamanismus sei zwar *«stricto sensu»* ein «par excellence sibirisches und zentralasiatisches Phänomen», schreibt er, aber das ekstatische Urphänomen, der unmittelbare Zugang zum Heiligen, mache ihn zu einer uralten Stufe der Spiritualität, die grundlegend für die Entwicklung aller Religionen war. Entsprechend weist Eliade Schamanen weltweit nach und identifiziert schamanische Elemente bei den Germanen wie Griechen, in beiden Amerikas, im Hinduismus wie im Buddhismus.

Damit einher geht ein weiterer wichtiger Faktor für den Erfolg im Westen. Zwar betont Eliade, dass die Heilung im Dienst der Gemeinschaft die vornehmste Aufgabe der Schamanen sei. Nur der Schamane «‹sieht› die Geister und weiß, wie man sie austreibt; er allein mag die Flucht der Seele festzustellen und sie in der Ekstase einzuholen und ihrem Körper zurückzugeben». Auch ist es an ihm, das «geistige Gleichgewicht der ganzen Gemeinschaft zu gewährleisten». Trotzdem erfolgt hier eine Verschiebung zum Individuum, eine Akzentuierung der Selbsterfahrung, und zwar durch die Fokussierung auf das ekstatische, übersinnliche Erlebnis. Das Versprechen des Schamanismus à la Eliade lautet: Die spirituellen Erfahrungsmöglichkeiten werden erweitert. Im sich individualisierenden Westen wird das ein Kernelement der spirituellen Bewegung. An die Stelle des Dienstes an der Gemeinschaft tritt die Arbeit am eigenen Ich.

Eliades größte Leistung: Was einst als Teufelswerk oder Aberglauben galt, empfiehlt Eliade als neuen, überlegenen Zugang zum Heiligen und präsentiert dem Westen damit auf dem Silbertablett die Bausteine für ein neues religiöses *New Age.* Vor allem gewährt es einen pluralistischen Zugang zur Spiritualität, wie sie typisch für die Gesellschaft unserer Tage geworden ist. Eliade schreibt, «ein und dasselbe Individuum kann eine Unzahl von religiösen Erlebnissen kennen von den ‹erhabensten› bis zu den abgegriffensten und verirrtesten».

Die Erscheinung des Heiligen in der profanen Welt ist immer möglich, lautet die Botschaft, allein die Geschichte der Zivilisation habe dies verschüttet. Wie das gelingen kann? Eliades Empfehlung: «Unter diesem Gesichtswinkel betrachtet, bedeutet das schamanische Erlebnis eine Restauration dieser uranfänglichen mythischen Zeit, und der Schamane erscheint als ein Privilegierter, der für sich persönlich den glücklichen Zustand des Menschen am Morgen der Zeiten zurückgewinnt.» Wer wollte das nicht?

*

Mircea Eliade präsentierte dem Westen exakt das, wonach dieser lechzte. Etwas Exotisches, Unverbrauchtes, authentisch und geheimnisvoll. Einen Zugang zu Wahrheiten, die in den Menschen selbst schlummerten. Spätestens seit Sigmund Freuds und C. G. Jungs Arbeiten existierte eine enorme Faszination für die unergründlichen Tiefen der menschlichen Psyche. Hier lockten gänzlich neue Erfahrungen.

William James brachte es in seinen 1901/02 gehaltenen Vorlesungen über die Vielfalt religiöser Erfahrungen auf den Punkt: «Es ist der Eindruck, dass unser normales Wachbewusstsein, das rationale Bewusstsein, wie wir es nennen, nur ein besonderer Typ von Bewusstsein ist, während um ihn herum, von ihm durch den dünnsten Schirm getrennt, mögliche Bewusstseinsformen liegen, die ganz andersartig sind. Wir können durchs Leben gehen, ohne etwas von ihrer Existenz zu ahnen; aber man setze sie nur einem entsprechenden Reiz aus, und schlagartig sind sie in ihrer ganzen Vollständigkeit da: genau umrissene Geistesarten, für die es wahrscheinlich auch Anwendungs- und Erprobungsbereiche gibt.» Und dann folgt ein Satz, der zum Glaubenssatz vieler Wahrheitssucher seither geworden ist: «Keine Betrachtung des Universums kann abschließend sein, die diese anderen Bewusstseinsformen ganz außer Betracht lässt.»

Während James' Zeitgenossen noch zu Äther oder, wie der Psychologe selbst, zu Lachgas greifen mussten, um einen flüchtigen Eindruck der anderen Bewusstseinsformen zu gewinnen, war das 20. Jahrhundert von der Suche nach mächtigeren Türöffnern in die psychedelischen Sphären geprägt. Nicht wenige davon stammten aus indigenen Welten.

Es begann mit Meskalin, einer psychoaktiven, also Halluzinationen und veränderte Bewusstseinszustände hervorrufenden Substanz, gewonnen aus dem mexikanischen Peyote-Kaktus. Berühmt wurde Meskalin durch das Selbstexperiment des Schriftstellers Aldous Huxley. 1954 erschien sein Erfahrungsbericht *Die Pforten der Wahrnehmung*, der noch Jim Morrison inspirierte, seine Band *The Doors* zu nennen. Der Chemiker Albert Hofmann hatte zwar bereits 1938 aus Mutterkorn, einem Pilz, der Getreide befällt, LSD synthetisiert, aber es sollte noch gut zwanzig Jahre dauern, bis die Kunde davon in die breite Öffentlichkeit drang.

Dafür setzte schon früh die Medizin, vor allem die Psychiatrie, große Hoffnungen in diese mutmaßlichen Wunderdrogen. Zahlreiche Studien wurden unternommen, um deren Tauglichkeit gegen Alkoholismus und Angststörungen, Depressionen und Schmerzzustände zu erproben. Auch die CIA mischte mit. Das geheime MK-Ultra-Forschungsprogramm suchte nach Wegen der Bewusstseinskontrolle. Ziel war es, ein Wahrheitsserum zu entwickeln, um es sowjetischen Spionen zu verabreichen. LSD wurde aber auch getestet als Mittel der Gehirnwäsche, psychologischen Folter und für den Waffeneinsatz. Die CIA schreckte nicht einmal davor zurück, Menschen ohne deren Wissen LSD zu verabreichen.

*

Die ASC-Forschung (*Altered States of Consciousness*) boomte. Bald drängten psychedelische Substanzen mit ganzer Macht in die Öffentlichkeit. Dafür war nicht zuletzt eine monumentale Bildreportage im *Life*-Magazin verantwortlich, die 1957 unter der Überschrift *Seeking the Magic Mushroom* erschien und über Pilze berichtete, «die seltsame Visionen erzeugen». Wir haben so viel über russischen Kolonialismus

Ikone ihrer Zeit: die Schamanin von Bad Dürrenberg, gemalt von Karol Schauer.

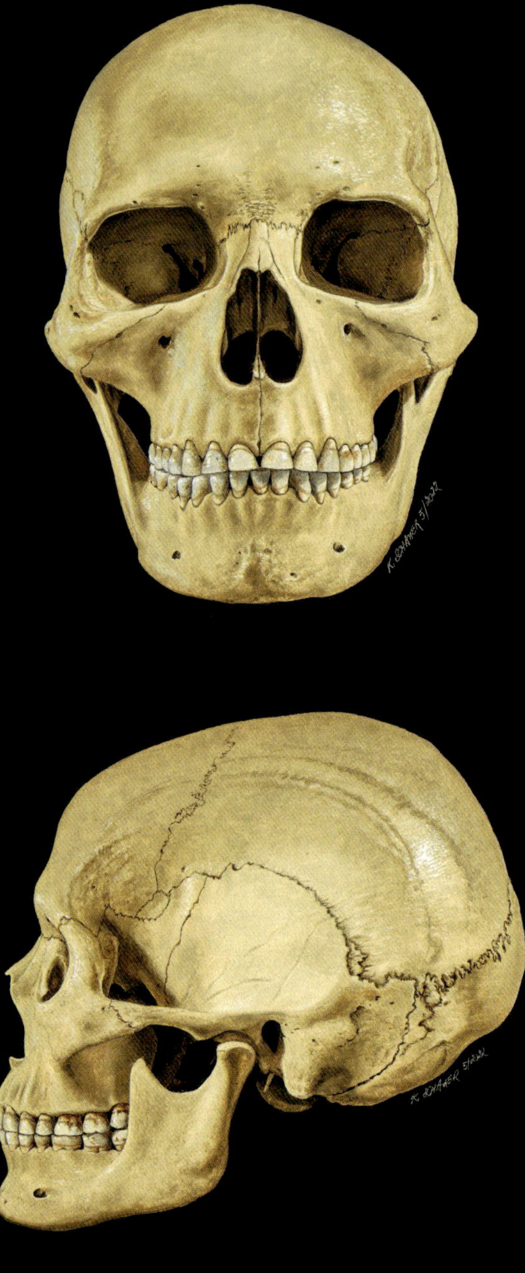

Porträt einer geheimnisvollen Frau: Basierend auf den aktuellen genetischen Erkenntnissen zu Haar-, Augen- und Hautfarbe und anatomischen Schädelstudien schuf Karol Schauer ein neues Bildnis jener Frau, die vor 9000 Jahren in Bad Dürrenberg begraben wurde.

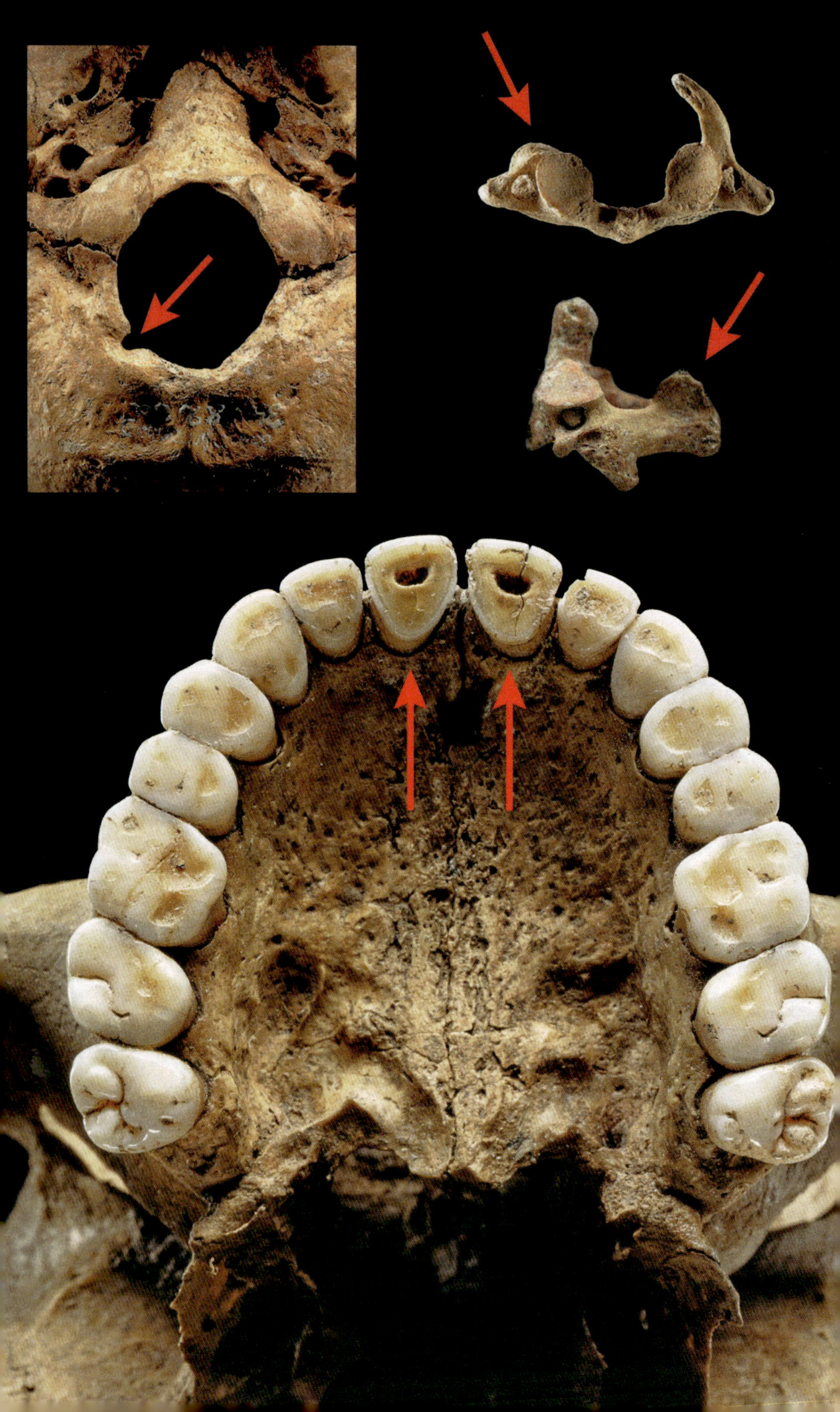

Wandlerin zwischen den Welten: Die Schamanin, das Kind und die Beigaben ruhen in einer Glasvitrine im Landesmuseum für Vorgeschichte in Halle. Ein Wandfries zeigt die Wälder vor 9000 Jahren, die Vögel symbolisieren die schamanische Seelenreise.

Anatomisch ausgezeichnet: Eine Arterie, die den Hirnstamm versorgt, hat sich in den Knochen eingedrückt. Die beiden obersten Halswirbel (Atlas und Axis) weisen korrespondierende Fehlbildungen auf. Die Schneidezähne im Oberkiefer sind bis in die Zahnhöhle (Pulpa) geöffnet.

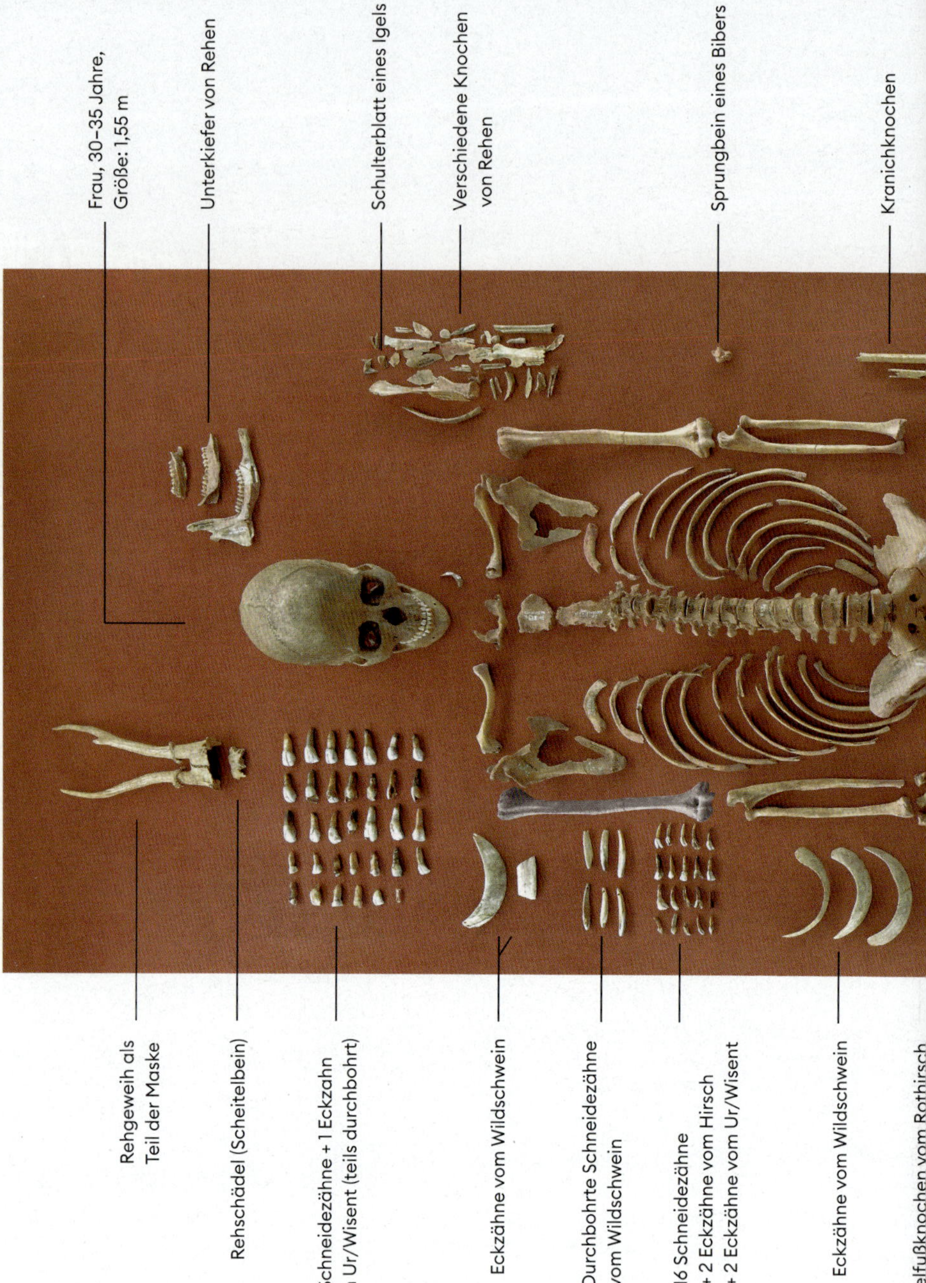

Fundübersicht: Die 1934 im Kurpark von Bad Dürrenberg geborgenen Skelette der Frau und des Kindes sowie die Beigaben sind in der Museumsvitrine auf Rötel gebettet, so wie sie im Grab auch von rot gefärbter Erde bedeckt waren. Ein Oberarm-, ein Oberschenkel- und ein Unterschenkelknochen fehlen seit 1978 (grau hervorgehoben).

Einer wurde damals zur Altersbestimmung verwendet, die anderen beiden sind seither verschollen. Sie werden durch Nachbildungen aus dem 3-D-Drucker ersetzt. Die Grabungskampagne 2019–22 hat für zahlreiche Neufunde gesorgt, die hier noch nicht zu sehen sind.

Röntgenblick in die Unterwelt: Der Künstler Karol Schauer gewährt einen Blick in die Grabkammer, nachdem das Grab bereits zugeschüttet worden war. Frau, Kind und Beigaben wurden in einem rechteckigen Weidengeflecht platziert, das innen rot verputzt war. Viele Jahre später wurden direkt neben dem Grab zwei Hirschgeweihmasken deponiert (unten).

und Ausbeutung gesprochen, hier haben wir eine Episode, die wie in einem Brennglas ähnliche koloniale Praktiken für den Westen zusammenfasst. Wir sollten sie uns nicht entgehen lassen.

Magic Mushrooms, also psilocybinhaltige Pilze, waren in Mittelamerika seit Jahrhunderten im Gebrauch. Die Azteken nannten sie *teonanácatl*, das «Fleisch der Götter». Nach der spanischen Eroberung verfolgte die katholische Kirche den Genuss halluzinogener Pilze aufs Schärfste, handelte es sich doch in ihren Augen um eine – na, was wohl? – teuflische Praxis. Trotzdem existierte diese über die Jahrhunderte hinweg im Geheimen weiter. Auch als die Menschen katholisch wurden, griffen sie zu den «Zauberpilzen», ging es darum, Kranke zu heilen oder Prophezeiungen zu treffen.

Und dann heiratete die in Russland geborene Kinderärztin Valentina Pavlovna Guercken den amerikanischen Bankier Robert Gordon Wasson. Als sie 1927 auf Hochzeitsreise Pilze sammelte, war er entsetzt und weigerte sich, diese zu essen. Aus dem Streit entwickelte sich eine gemeinsame Passion. Die beiden glaubten, die «indogermanischen Völker» in Pilzliebhaber und Pilzverächter einteilen zu können. In Zeiten vor aller Geschichtsschreibung müssten die Menschen einen göttlichen Pilz verehrt haben. Der Kult sei mit einem mächtigen Tabu belegt gewesen, was zu den Extremen in Sachen Pilzkonsum führte. An obskuren Theorien herrschte im 20. Jahrhundert kein Mangel.

Das Ehepaar erklärte sich zu Ethnomykologen und beschloss, nach dem heiligen Pilz zu suchen. 1952 fiel ihnen ein Artikel des Harvard-Botanikers Richard Evans Schultes in die Hände, der den Gebrauch psychoaktiver Pflanzen durch indigene Kulturen erforschte. Dort war vom «Fleisch der Götter», dem heiligen Pilz der Azteken, die Rede. Begeistert brachen die Wassons nach Mexiko auf. Doch niemand wollte sie in das Geheimnis einweisen.

Erst auf der dritten Reise hatten sie in der kleinen Stadt Huautla de Jiménez Erfolg. Und zwar mit einer List, nein, mit einer Lüge. Sie hatten von María Sabina (1894–1985) gehört, einer Mazatekin, die als *curandera* des Dorfs bekannt war, also als eine der traditionellen Heilerinnen Lateinamerikas (später wird man sie oft Schamanin nennen). Gordon Wasson flehte sie an, er mache sich große Sorgen um seinen Sohn, der zu Hause geblieben sei. María Sabina zeigte Mitleid und gestattete ihm, an einer Zeremonie, einer *Velada*, teilzunehmen. Sogar die Anwesenheit eines Fotografen erlaubte sie.

«Wir waren die ersten weißen Männer, die die göttlichen Pilze essen durften», wird Wasson berichten. Seine Frau reiste einen Tag später mit ihrer Tochter an. Auch die beiden kauten Psilocybin-Pilze, wohl Aztekische Kahlköpfe. Sie «schmecken wie ranziges Fett». Valentina Wasson, ganz Ärztin, wollte sehen, ob die Pilze auch ohne die von der *curandera* geleiteten Zeremonie Wirkung zeigten. Das taten sie.

Die Wassons berichteten von intensiven Farbwahrnehmungen, mitunter lösten sich die Wände auf, die Seele schien davonzufliegen. Die Visionen waren hyperreal, aber erstaunlich bildungsbürgerlich: Sie fanden sich in der Steinzeithöhle von Lascaux ebenso wieder wie am französischen Königshof, wo zu Mozart Menuett getanzt wurde. Er sah ein mythologisches Tier, das einen Triumphwagen zog; sie goldene Drachen, die am Boden einer chinesischen Vase krabbelten. Die Tochter glaubte, sie sei ein Huhn.

Die Wassons schlachteten das aus. Pünktlich zum Erscheinen ihres Buchs *Pilze, Russland und Geschichte* lancierten beide in den auflagenstärksten Zeitschriften der USA opulente Bildreportagen. Erst erschien aus der Feder Gordon Wassons der Artikel im *Life*-Magazin. Wenige Tage später berichtete Valentina Wasson über ihre «wundervollen Erfahrungen» in *This Week*: «Ich habe die heiligen Pilze gegessen» verkündete sie auf dem Cover, das sie vor einer steinernen Pilz-Skulptur zeigte.

Zwar ließen die Wassons María Sabina unter falschen Namen auftreten. Im Buch aber verrieten sie ihren realen Namen. 1970 wird Gordon Wasson berichten, er habe eine «grässlich Sturzflut der Vermarktung im schönen Huautla entfesselt». Die kleine Stadt habe sich erst in «ein Beatnik- und dann in ein Hippie-Mekka verwandelt, und die heiligen Pilze, einst ein sorgsam gehütetes Geheimnis, wurden jetzt

Pilzköpfe: Der Legende nach sollen María Sabina und ihre heiligen Pilze die Beatles zu einem ihrer berühmtesten Lieder inspiriert haben: «Mother Mary comes to me / Speaking words of wisdom / Let it be.»

auf offener Straße verkauft», berichtet Michael Pollan in seinem Buch über die psychedelischen Forschungen. «Die Nachbarn gaben Marína Sabina die Schuld an dem, was ihrem Dorf widerfuhr; ihr Haus wurde niedergebrannt, und sie kam kurzzeitig ins Gefängnis. Am Ende ihres Lebens bereute sie zutiefst, Gordon Wasson und damit der ganzen Welt von den göttlichen Pilzen erzählt zu haben.» Der in Diensten des Schweizer Pharma-Unternehmens Sandoz stehende Albert Hofmann isolierte das Psilocybin und machte es der Industrie zugänglich, nicht ohne das künstlich hergestellte Psychedelikum von María Sabina auf Authentizität testen zu lassen.

Nun ist die *curandera* selbst zur Legende geworden. Wer soll nicht alles zu ihr gepilgert sein: Bob Dylan, Janis Joplin, Jim Morrison, die Rolling Stones und natürlich die Beatles, allen voran John Lennon. Wer weiß, ob das alles ohne die CIA geschehen wäre? Die war auf die Jagd der Wassons nach den Wunderpilzen aufmerksam geworden. Man kontaktierte die beiden und bot an, ihre Reisen finanziell zu unterstützen. Die Wassons nahmen das Geld, ohne zu wissen, mit wem sie sich da eingelassen hatten.

So oder so: Die *Sixties* wurden zum psychedelischen Jahrzehnt. *Sex, Drugs & Rock 'n' Roll*: Der visionäre Trip wird zum Initiationsritual der Woodstock-Generation. Wir haben es hier mit der gleichen aneignenden Verwandlung zu tun, die wir schon in Sachen Schamanen beobachtet haben. María Sabina brachte es selbst auf den Punkt: «Vor Wasson hat niemand die Pilze nur deshalb genommen, um Gott zu finden. Es ging immer darum, Kranke zu heilen.» *Curandera* übrigens ist ein Titel, der nicht schlecht auf die Frau aus Bad Dürrenberg zu passen scheint.

*

Mircea Eliade hatte dieser psychedelischen Revolution die menschheitsgeschichtliche Einordnung beschert: Er präsentierte einer Generation von Sinnsuchern den allumfassenden Mythos des Schamanen als neuen Erlöser und Führer in andere Welten und adelte den psychedelischen Rausch. Die Ekstase stelle seit Anfang der Menschheit den privilegierten Weg zum Heiligen in uns selbst dar. Rauschspendende Psychedelika avancierten zu «Entheogenen», zu Mitteln, die das Göttliche im Inneren hervorbringen.

Dass, während der Westen sich für Schamanen begeisterte, die letzten realen Schamanen im Gulag steckten oder sich in der Taiga verbargen, tat deshalb nicht viel zur Sache. Schamanismus konnte man ja jetzt rund um den Globus studieren. Eine neue Generation von Anthropologen, aber auch Aussteigern brach auf, um fremde Kulturen zu studieren und von ihnen zu lernen. Zwei von ihnen sorgen für die nächste Transformation des Schamanismus. Sie machen ihn vollends massentauglich.

Beide gehen in die Lehre bei Schamanen (auch wenn sich später herausstellte, dass es einer von beiden nur behauptet hatte). Der eine in Mexiko und den angrenzenden Grenzgebieten der USA, der andere in Ecuador und Peru. Beide sammelten Erfahrungen mit traditionellen, pflanzlich basierten Wegen der Bewusstseinserweiterung wie Meskalin, Psilocybin oder Ayahuasca. Die Rede ist von Carlos Castaneda

(1925–1998) und Michael Harner (1929–2018). Der eine schrieb mit *Die Lehren des Don Juan* die Bibel der *New Age*-Bewegungen, der andere ist der Gründungsvater des Neo-Schamanismus.

Castaneda behauptete, als Anthropologe bei dem Yaqui-Schamanen Don Juan Matus in die Lehre gegangen zu sein. In seinen Büchern, die sich millionenfach verkauften, berichtete er über seine Erfahrungen mit Peyote, Gemeinem Stechapfel oder psilocybinhaltigen Pilzen. Nicht einmal, dass früh aufgedeckt wurde, dass es sich bei Castanedas Schamanen Don Juan um eine literarische Fiktion handelte, schmälerte den Erfolg.

Harners Feldforschungen dagegen sind authentisch. Er machte in Südamerika den Schritt vom Wissenschaftler zum Schamanen. Er ist es auch, der die Grundannahme Eliades in die Praxis umsetzt, dass in allen Schamanismen der Welt, wenn man sie vom kulturspezifischen Beiwerk befreit, die gleichen universalen Elemente zu finden sind. Harner definiert seine Idee des «Kern-Schamanismus» als Schnittmenge aller Schamanismen weltweit: «Die schamanische Arbeit ist immer und überall gleich; Herz, Hirn und Körper sind gleich – nur die kulturelle Ausformung ist verschieden», schreibt er in *Der Weg des Schamanen*.

Seine Grundannahme beruht auf der These, dass Menschen in Zeiten, in denen es an medizinischer Technologie fehlte, darauf angewiesen waren, die «nicht-technologischen Fähigkeiten des menschlichen Geistes für Gesundheit und Heilung zu entwickeln». Über viele Jahrtausende hinweg gelangten sie durch Versuch und Irrtum in den unterschiedlichsten «ökologischen und kulturellen Situationen … zu denselben Schlüssen hinsichtlich der grundlegenden Prinzipien und Methoden schamanischer Kraft und Heilung». Und diesen Kern an Techniken könnten Menschen auch heute in der modernen Welt erlernen, um andere sowie sich selbst zu heilen.

Während Castaneda für den psychedelischen Weg der Aussteiger stand, machte Harner den Schamanismus alltagstauglich, denn sein Konzept bedurfte keiner bewusstseinserweiternden Substanzen. Mittels rhythmischen Trommelns versetze man sich in einen Bewusstseinszustand, der es der Seele erlaube, in eine andere Welt zu reisen, wo sie auf Schutz- und Hilfsgeister, vor allem auf das eigene Krafttier, und weitere Mächte träfe. Harners *Foundation for Shamanic Studies* avancierte zum Global Player in Sachen Neoschamanismus. Die Stiftung bietet Workshops an, veranstaltet Kongresse und vertreibt schamanisches Trommeln auf Tonträgern aller Art.

*

Längst ist Kritik daran geäußert worden, manches davon haben wir bereits berührt. «Ein einfaches Wort für alle nicht westlichen religiösen Praktiker zu verwenden, bringt uns zurück zur jahrtausendealten Unterscheidung zwischen zivilisiertem Wir und primitiven, weit entfernten Anderen», klagt Alice Beck Kehoe. Ebenso problematisch sei die grundlegende Veränderung: Traditionelle Schamanen standen im Dienst der Gemeinschaft, wenn sie zu spirituellen Reisen aufbrachen. Den «New-Age-Spiritualisten» ginge es dagegen, so die Anthropologin, um ihre persönliche Erleuchtung und ihr inneres Wachstum durch erweiterte Bewusstseinserfahrungen. Eine zutiefst soziale Institution werde zur individuellen Selbstoptimierung umgedeutet. Und die Annahme, Schamanismus sei für jeden mit nicht allzu viel Aufwand lernbar, stelle eine Trivialisierung dar.

Besonders in den indigenen Gesellschaften ist vielfältiger Protest laut geworden: «Wir haben nie den Begriff Schamane benutzt», ist noch die geringste Klage. Es wird «spiritueller Diebstahl» angeprangert und die Ausbeutung und Kommerzialisierung traditioneller Kulturtechniken durch die westlichen Industriestaaten. Vor allem die Selbststilisierung von Menschen aus dem Westen als Schamanen wird kritisiert. Bereits 1978 erschien Geary Hobsons Anklageschrift *The Rise of the White Shaman as a New Version of Cultural Imperialism*. Viel wird seither über *Plastic Shamans* und *Astroturf Sun Dances* gespottet, so die Anthropologin Lisa Aldred, also über Plastikschamanen und Sonnentänze auf Kunstrasen.

Als 1989 der Eiserne Vorhang fiel und die Sowjetunion implodierte, besannen sich viele sibirische Kulturen auf ihre Wurzeln. Das war alles andere als leicht, kaum jemand lebte noch, den man befragen konnte. Oft verstanden die meisten nicht einmal mehr die alten Sprachen. Authentisches Wissen aus erster Hand, wie es vor der erst russischen, dann sowjetischen Verfolgung war, existierte so gut wie keines mehr.

Insofern überrascht es nicht, dass sich die Menschen Inspiration in der Literatur des Westens suchten. Zugleich nutzten viele schamanisch Inspirierte gerade aus den USA die Gunst der Stunde und begaben sich in die angestammten Lande des Schamanentums. Insbesondere Michael Harners Stiftung war dort aktiv und leistete Aufbauarbeit. Nicht selten wurden in den neuen sibirischen Schamanismus Elemente integriert, die im Westen populär sind, aber in Sibirien nie verwurzelt waren: etwa die Lehre vom «Karma» oder zentrale Begriffe der westlichen Esoterik wie «Aura», «Energie» und «Astralkörper». Schamanische Reisen erweisen sich seither als begehrtes touristisches Angebot.

Hat der Westen damit triumphiert? Über Jahrhunderte hat er sich nach eigenen Bedürfnissen ein Bild des Schamanen geschaffen, das nun in einem letzten Schritt dorthin zurückverpflanzt wird, wo dieses Bild einst den Zaren und Sowjets geholfen hatte, den ursprünglichen spirituellen Reichtum Sibiriens zu vernichten. Heute pilgern westliche Sinnsuchende dorthin, um Hilfe zu finden oder spirituell bereichert zu werden – im Glauben, die uralten Quellen der Kraft zu besuchen. Aber die alte religiöse Vielfalt existiert nicht mehr, stattdessen begegnen sie nur allzu oft einem globalisierten Neoschamanismus mit entsprechend lokaler Folklore.

Zugegeben, eine ernüchternde Geschichte. Und wir? Jagen wir nicht einem ähnlichen Fantasieprodukt nach? Ist die Schamanin von Bad Dürrenberg der nächste Meilenstein der Kolonialisierung, die nun auf die Vorgeschichte übergreift? Sollten wir nicht besser den Begriff Schamanismus als koloniales Konstrukt auf den Index setzen, bevor wir ihn jetzt auch noch Jahrtausende zurück in die Vergangenheit projizieren?

11
FAHNDUNGSLISTE

Was wohl unsere Heldin dazu gesagt hätte, dass man sich eine halbe Ewigkeit nach ihrem Tod noch den Kopf zerbricht, wie man das wohl nennen darf, was sie einst gewesen ist? Dass wir uns so lange mit dem Schamanen-Begriff herumplagen und ihn nicht einfach auf dem Müllhaufen der Geschichte entsorgen, hat aber gute Gründe. Ihr Grab und ihre Knochen liefern ja durchaus deutliche Hinweise auf das, was man heute landläufig mit Schamanismus assoziiert: die körperlichen Auffälligkeiten, die in Richtung Trance deuten, das Rehgeweih mit seinen Bearbeitungsspuren, die Vielzahl der Tiere, die Hilfsgeister repräsentieren könnten. Außerdem ist der Schamane im Westen aus einem Grund begrüßt worden, der von der Intention her nicht negativ zu bewerten ist.

Die längste Zeit seiner Geschichte hatte das Christentum eine alles andere als konstruktiv zu nennende Beschäftigung mit den religiös-spirituellen Praktiken traditioneller Gesellschaften gepflegt. Das damit einhergehende Überlegenheitsnarrativ (wir die Guten, die anderen die Bösen), setzte sich in der Aufklärung fort (hier die Vernunft, dort der Aberglaube). In der Konsequenz bildete der Westen keine adäquaten Beschreibungen anderer Glaubenswelten aus. Das Vokabular für indigene Spezialisten ist abwertend und kontaminiert: Medizinmann/-frau, Magier, Zauberer, Hexen, Hexendoktor. Weil «Schamane» indigenen Ursprungs schien und für authentisch gehalten wurde, empfahlen viele Anthropologen ihn erfreut als neue, unbelastete Universalbezeichnung, um die kolonial verseuchten Termini zu ersetzen.

Fortan war Schamanismus überall zu finden. Und er wurde auch in die Tiefen der menschlichen Vergangenheit zurückprojiziert: In den Sechzigern betrieb das mit großem Erfolg der Ethnologe Andreas Lommel. In den 1980er-Jahren entfalteten die Thesen des Archäologen David Lewis-Williams ein vielfältiges Echo. Es fehlte schlicht an Wissen, dass der Terminus «Schamane» nicht unbelastet war, sondern selbst zutiefst kontaminiert war.

Dass es durchaus kurios ist, die unvorstellbar vielgestaltigen religiös-magisch-spirituellen Kulturphänomene der Welt ins Korsett eines einzigen Begriffs ewenkischen Ursprungs zu zwängen, bedarf keiner weiteren Ausführungen. Trotzdem sei festgehalten: Seine immense Popularität im Westen verdankt der Begriff Schamane durchaus auch einem antikolonialistischen Reflex.

*

Wir sind natürlich nicht die Ersten, die mit der Frage kämpfen, ob Schamanismus als wissenschaftliche Kategorie taugt. Die Anthropologin Caroline Humphrey, die viele Jahre Feldforschung in Zentralasien betrieben hat, plante Anfang der 1990er-Jahre gemeinsam mit dem mongolischen Intellektuellen Urgunge Onon ein Buch: «Urgunge und ich haben uns widerwillig dafür entschieden, dass wir das Wort ‹Schamanismus› benutzen müssen, auch wenn es sich bei Schamanismus überhaupt um kein ‹es› handeln könnte», schreibt Humphrey in der Einleitung. «Unter Praktikern gab es keinen Namen für die mannigfaltigen Aktivitäten, die Außenstehende ‹Schamanismus› genannt haben, und diese Praktiken wurden nicht einmal als alle einer Sache zugehörig angesehen.» Der Titel ihres Buchs? *Shamans and Elders: Experience, Knowledge, and Power among the Daur Mongols.*

Auch Wissenschaftler wie Alice Beck Kehoe oder Ronald Hutton, welche die Terminologie sehr kritisch beurteilen, sprechen weiterhin von Schamanen. Und die Anthropologin Barbara Tedlock, die als Enkelin einer Heilerin und Hebamme der Objibwe nördlich der Großen Seen Nordamerikas selbst indigene Wurzeln hat, verwendet ihn ganz selbstverständlich und ist stolz darauf, sich im Hochland von Guatemala zur Schamanin initiiert haben zu lassen.

Es sei ja nicht so, als ob andere anthropologische Kategorien Muster definitorischer Klarheit darstellten, wirft Neil Price ein, der bereits vor zwanzig Jahren eine *Archaeology of Shamanism* vorgelegt hat. Begriffe wie «Religion» oder «Ritual», das «Heilige» oder «Magie» seien ebenfalls problematisch und Gegenstand jahrzehntelanger Debatten. Price plädiert für die Weiterverwendung, solange man sich der Begrenztheiten und Schwierigkeiten des Begriffs bewusst sei.

Tatsächlich spricht einiges dafür, das S-Wort, wenn auch notgedrungen, weiter zu verwenden, um das beim Namen zu nennen, was die 9000 Jahre alte Frau aus Bad Dürrenberg gewesen sein könnte. Was wäre die Alternative? Auch von einer «Priesterin» könnten wir erst dort sprechen, wo wir eine voll institutionalisierte Religion vorfinden. Ansonsten blieben uns nur allgemeine Begriffe wie Heilkundige oder spirituelle Spezialistin. Die genügen uns aber in diesem Fall nicht. Denn es ist ja das Fantastische an unserem Grab, dass der Verdacht nicht von der Hand zu weisen ist, wir könnten einer Urschamanin auf der Spur sein, der ersten, die sicher nachzuweisen ist.

Resümieren wir zunächst: Zumindest heute existiert ein Ensemble, das sich als «Schamanismus» titulieren lässt und auf spirituelle Praktiker rund um den Globus anwendbar ist. Doch dabei handelt es sich um ein kulturelles Produkt, dessen Entstehung kaum vierhundert Jahre alt und erst seit rund fünfzig Jahren komplettiert ist. Es ist doppelt hybridisiert. Erst durch die europäisch inspirierte Kolonialisierung Sibiriens im russischen, später sowjetischen Imperium, dann, nach der Verpflanzung in den Westen, durch Eliade und seine psychedelischen Exegeten. Zwar mag es ältere Kerne beinhalten. Aber aus all dem folgt eben: Es verbietet sich, schlicht zu behaupten, Schamanismus habe schon immer existiert – und damit auch in den Tiefen der Vorgeschichte.

Was tun wir jetzt? Wir brauchen doch handfeste Kriterien, um entscheiden zu können, ob sich der Verdacht erhärten lässt, dass unsere

Buchheldin eine Schamanin ist oder nicht. Ein Profil, um zu wissen, wonach wir Ausschau halten müssen. Zum Glück erinnerten wir uns an einen alten Lehrer.

*

Der Ethnologe László Vajda (1923–2010) war nach dem ungarischen Volksaufstand 1956 aus Budapest in die BRD geflohen. Einer von uns, Harald Meller, hat bei ihm in den Achtzigern studiert. Nicht nur Vajdas Bibliothek in einer großbürgerlichen Münchener Wohnung war legendär, vor allem sein Zettelkasten, in dem er seine Lesefrüchte verschlagwortete, war intellektuell atemberaubend. Vajda gilt als einer der besten Kenner des Schamanismus.

Bereits 1959 schimpfte er, der «unvoreingenommene Beobachter» werde mit einem «verschwommenen, konfusen Bild» konfrontiert, was es unmöglich mache zu entscheiden, «was eigentlich Schamanismus sei». Vergleichende Arbeiten würden dadurch undurchführbar. Ein «mangelhaft definiertes Phänomen aus der Kultur des Volkes ‹A›» lasse sich nicht «auf wissenschaftlich befriedigende Weise mit einem ebenso mangelhaft beschriebenen Kulturgut des Volkes ‹B›» vergleichen.

Da helfe nur Pragmatismus, lautet Vajdas Empfehlung. Man müsse sich der Angelegenheit phänomenologisch annehmen und den Schamanismus als Komplex verstehen, der aus einem Set einzelner Phänomene besteht. Der Komplex an sich sei jünger als diese Komponenten, die unterschiedlichen Alters und unterschiedlicher Herkunft sein können.

Schamanismus ist also kein einzelnes Element einer Kultur, so Vajda, «sondern ein Komplex von Erscheinungen, die in charakteristischer und sinnvoller Verbindung miteinander auftreten». Keine der einzelnen Komponenten reiche allein hin, um den ganzen Komplex zu determinieren; auch die Ekstase nicht, denn jede der einzelnen Komponenten existiere auch außerhalb des Schamanismus in ganz unterschiedlichen Kontexten. Erst das «typische Zusammenauftreten dieser aufeinander abgestimmten Züge ergibt das komplexe Phänomen, das wir Schamanismus nennen».

Die Idee hat Charme: Betrachtet man die einzelnen Komponenten, erhält man eine Fahndungsliste, anhand derer wir bei der archäologischen Detektivarbeit das Grab aus Bad Dürrenberg überprüfen können, um zu beurteilen, ob sich der Schamanismus-Verdacht erhärten lässt. Eine solche Liste könne allein auf Basis der einschlägigen Kulturen des nördlichen Zentralasiens gewonnen werden: «Waren es doch Kulturphänomene gerade dieser Völker, für die man zuerst den Terminus ‹Schamanismus› geprägt hat», schreibt Vajda, «und dient doch bis heute der sibirische Komplex als Vergleichsbasis für jede Untersuchung.»

*

Werfen wir also einen Blick auf jene Komponenten, die für Vajda den Komplex Schamanismus ausmachen. Seine Liste ist nicht abschließend, umfasst aber die zentralen Elemente. Wir erweisen uns als brave Schüler und stellen seine Punkte so vor, als würden wir sie für unseren leider nicht existenten Zettelkasten notieren. Alle Zitate stammen vom Meister persönlich:

Komponente 1 ist die «rituelle Ekstase». Dabei geht es nicht um das, was traditionell als «Besessenheit» gilt, also dass ein Geist Besitz über einen Menschen nimmt (was ja auch das Christentum kennt: in Zungen reden, Exorzismus etc.), sondern um das Heraustreten der eigenen Seele aus dem Körper. Dabei sinken die «Lebensfunktionen auf ein anormales Minimum herab: Der Atem verflacht, Herz- und Pulsschlag verlangsamen sich, die Wärme schwindet, die Glieder erstarren, die Sinne versagen den Dienst, werden unempfindlich gegen Schmerz, Licht und Schall». Der «Mensch scheint entleert, er gleicht einem Schlafenden, Erschöpften, Sterbenden». Der Kern des sibirischen Schamanismus sei die «Gabe, die eigene Seele fortschicken zu können». Trotzdem reicht das nicht aus, um ihn zu definieren, da ähnliche Phänomene in den verschiedensten Religionen auftreten.

Man dürfe die Ekstase keinesfalls pathologisieren: «Es steht zwar wohl fest, dass ein guter Teil der von den Feldforschern beobachteten Schamanen epileptisch, seelisch instabil, sexuell gehemmt oder krankhaft veranlagt oder Ähnliches war.» Trotzdem handelt es sich beim Schamanismus um eine Kulturerscheinung (und nach unseren Ausführungen sollte klar sein, dass die genannten Phänomene vor allem Resultate jahrhundertelanger Verfolgung und Marginalisierung sind), die ebenso von gesunden Menschen ausgeführt werden. Entscheidend sei, dass die «ekstatischen Szenen» eingebettet sind «in den nach mehr oder weniger strengen Regeln ablaufenden Ritus und bezogen auf den jeweils gültigen, das Weltbild prägenden Mythos».

Komponente 2 sind theriomorphe – tiergestaltige – Hilfsgeister. Schamanen verfügen nicht nur über unmittelbare Beziehungen zur Geisterwelt, sondern sie stehen in einer dauerhaften Beziehung zu bestimmten Geistern. «Ihr Vorhandensein ist eine Sine-qua-non des schamanischen Komplexes», sagt Vajda, «ohne *Hilfsgeisterglaube* kann nicht über Schamanismus geredet werden.» Wichtig sei, dass die meisten der Hilfsgeister Tiergestalt besitzen, also «in Bären-, Wolfs-, Hirsch-, Hasen- und in verschiedener Vogelgestalt» auftreten.

Komponente 3 ist die Berufung. Geister, wenn auch eher selten tiergestaltig, sind es, die den Schamanen auserwählen. «Diese *Berufung* geschieht fast immer gegen den Willen des zukünftigen Schamanen, er wehrt sich gegen die ihn auffordernden Mächte, wird aber schließlich doch gezwungen, sich ihren Wünschen zu fügen.» In zahlreichen Gesellschaften äußert sich die Initiation durch eine schwere Krankheit; erst die Annahme des Rufs führt zur Heilung: «Die zur Berufung führende und von Halluzinationen, Visionen, Ohnmachtsanfällen begleitete Krankheit tritt häufig in der Pubertätszeit auf.»

Aber es gibt auch andere Formen der Berufung: Manche werden als Schamane geboren. Entweder weil die Gabe in mütterlicher oder väterlicher Linie vererbt wird oder weil «gewisse körperliche Anomalien das Neugeborene als zukünftigen Schamanen ausweisen (das Kind kommt mit Zähnen, überzähligen Fingern und dergleichen auf die Welt)». Eine weitere Erwählungsoption stellen Unfälle oder beeindruckende Erlebnisse dar.

Komponente 4 ist die Schamaneninitiation. Der eigentliche Übergang zum Schamanen geht mit einer grundlegenden Veränderung einher: «Geistiges Kernstück ist der mystische Tod und die Wiederbelebung des Kandidaten.» Oft erlebt dieser dabei, wie die Geister seinen Körper zerstückeln, die Gebeine reinigen und wieder zusammensetzen, das Skelett mit neuem Fleisch versehen und erneut zum Leben erwecken. Davor oder danach erfolgt die Schulung, das Schamanentraining, und schließlich die öffentliche Weihe des Schamanen.

Komponente 5 nennt Vajda die Jenseitsreise. Ohne dem alten Lehrer zu nahe treten zu wollen: Wir vermeiden den Begriff des Jenseits, weil er stark mit der strikten Trennung zum Diesseits in christlicher Tradition zusammenhängt. Die andere Welt der Geister aber ist nie so entschieden von der eigentlichen Realität separiert. In die bricht der Schamane auf, wenn es gilt, die Seele eines Verstorbenen ins Totenreich zu geleiten, eine flüchtige oder entführte Seele aufzuspüren und zurückzuführen oder um die Geister zu befragen.

Komponente 6 stellt eine typische Kosmologie dar. Schauplatz der schamanischen Reise ist die dreifach gegliederte Welt von Erde, Himmel und Unterwelt. Mancherorts dominieren auch Vorstellung von sieben bis neun Himmeln. Diese Sphären sind in der Regel durch eine Achse verbunden, den Weltenbaum; auch ein Berg kann das sein. Schnittstellen zwischen den Welten sind viele denkbar, etwa das Rauchloch in einer Jurte.

Komponente 7 ist der Schamanenkampf. Zuweilen muss sich ein Schamane mit einem anderen duellieren. Zum Kampf wird er aber nie in seiner menschlichen Gestalt antreten, sondern er schickt sein tierisches Alter Ego, den «Seelenträger» des Schamanen, meist Hirsch oder Stier. Vom Ausgang des Duells hängt das Wohl des Stammes ab.

Komponente 8 ist die Schamanenausrüstung. Schamanen besitzen vielfältiges Kultgerät. Vor allem die Tracht verleiht Kraft, sie besteht in der Hauptsache aus einem Mantel und einer Kopftracht (eine Maske ist laut Vajda eher selten). Dabei soll die Tracht oft einen Vogel wie Uhu oder Adler evozieren oder ein hirschartiges Tier (etwa das Rentier), seltener auch einen Bären. Oft wird durch Platten aus Metall oder anderem Material die Anmutung eines Skeletts simuliert. «Ob die klar zutage tretende Symbolik des Schamanenkostüms a) den Schamanen in ein Tier verwandelt, b) die tiergestaltigen Hilfsgeister repräsentiert, c) den ebenso theriomorphen Haupthilfsgeist darstellt, d) den mystischen Zustand der Schamaneninitiation heraufbeschwört, e) den ekstatischen Flug ins ‹Jenseits› manifestiert oder die bösen Dämonen abschreckt – (diese Ansichten sind alle schon einmal vertreten worden) –, wird wahrscheinlich nie mit Sicherheit gesagt werden können.»

Ebenso zur Tracht gehören die Trommel und der Trommelschlägel. Der monotone Trommelschlag stelle das Mittel der Wahl zur Erreichung des ekstatischen Zustandes dar. Trotzdem scheint die Trommel «kein uraltes Element zu sein, und mehrere Angaben sind bekannt, nach denen das Schamanisieren ohne Trommel stattzufinden pflegt; andere Mitteilungen berichten darüber, dass die Trommel kein ausschließliches Attribut des Schamanen war».

*

Entscheidend sei nun, so Vajda, dass die einzelnen Komponenten verschiedenen Alters und Ursprungs sind: Die «rituelle Ekstase» dürfe als «praktisch zeitlos» angesehen werden. Auch tiergestaltige Geistervorstellungen finden sich in fast allen Kulturen und sind bis in früheste Zeiten zurückzuverfolgen. Entsprechendes könnte für Teile der Schamanenausrüstung wie die Tierverkleidungen gelten, die bis in die jungpaläolithische Kunst zurückzuverfolgen sind – auch wenn offenbleiben müsse, welche Bedeutung ihnen damals zukam. Die Vorstellung eines Schamanenkampfes dagegen sei, so Vajda, in späteren zeitlichen Horizonten zu lokalisieren, frühestens etwa im kompetitiven Kontext antiker Kulturen.

In dieser Perspektive erscheint der Komplex Schamanismus als typisches Produkt dessen, was man heute kumulative kulturelle Evolution nennt. Diese zeichnet sich durch eine Offenheit gegenüber Innovationen aus; in einem Anreicherungsprozess entstehen vielgestaltige Gebilde. Was sich auf Dauer als untauglich erweist, wird wieder aufgegeben, es sei denn, es hat sich anderweitig mit symbolischer Bedeutung aufgeladen. Mitunter gehen Komponenten auch schlicht verloren oder geraten in Vergessenheit, etwa durch die Unterbrechung einer Tradition oder radikale Veränderung der Umweltbedingungen. Die kulturelle Evolution ist – und das unterscheidet sie vom «Evolutionismus» des 19. Jahrhunderts – keine Einbahnstraße Richtung Fortschritt.

Ein Vorteil dieses phänomenologischen Ansatzes: Er macht es nicht notwendig, das Entstehen des Schamanismus in einem bestimmten Zeitalter zu verorten: «Ein Teil dieser Elemente entstammt zweifellos agrarisch-hochkulturlichen Bereichen, kann also *frühestens* in der neolithischen Kulturphase entstanden sein», so Vajda. «Ein anderer Teil schamanischer Einzelphänomene wurzelt bestimmt in Jägerkulturen und lässt sich bis in das Jungpaläolithikum verfolgen.» Während einige Elemente Zehntausende von Jahren alt sein können, reicht der Gesamtkomplex Schamanismus «möglicherweise nicht weiter als höchstens in die Bronzezeit zurück», wäre also maximal 5000 Jahre alt.

Die Frage sei aber, ab wann genügend Komponenten zusammenkommen, damit man von Schamanismus sprechen kann. Der Entscheidung wird immer ein gewisses Maß an Willkür zukommen. Zumindest aber liefert uns Vajda eine Checkliste, mit der wir uns unserer Dame von der Saaleterrasse zuwenden können. Zugleicht taugt das Grab als Prüfstein herauszufinden, wie weit einzelne Komponenten und eventuell sogar der gesamte Komplex in die Vergangenheit zurückreichen.

*

Nicht zuletzt demonstrieren die Ausführungen des Vajda-Ansatzes, worin der typische Fehler besteht, wenn es darum geht, Schamanismus in vorgeschichtlichen Zeiten nachzuweisen: Bereits die Existenz *einer* Komponente wird oft als Beweis für die Existenz des *gesamten* Komplexes Schamanismus gewertet. So wird nicht selten die Existenz von Tier-Mensch-Gestalten wie dem 35 000 bis 41 000 Jahre alten Löwenmenschen, einer Elfenbeinfigur aus der Höhle Hohlenstein-Stadel im Lonetal, schon als Beleg für Schamanismus gewertet. Die Schwäche solcher Schlüsse wird zu kompensieren versucht, indem solch einem Exempel andere Beobachtungen an die Seite gestellt werden, wie etwa die Existenz einiger schamanisch deutbarer Szenen in Höhlenmalereien – obwohl viele Jahrtausende dazwischenliegen und Tausende von Kilometern.

Höchste Zeit also, dass wir unsere Vorgeschichte in Augenschein nehmen und die Welt der potenziellen Schamanin inspizieren. Doch zunächst gibt es neue Erkenntnisse rund um ihr Grab, und die haben es in sich.

Schamanismusverdacht:
Der Löwenmensch aus der Höhle Hohlenstein-Stadel auf der Schwäbischen Alb gehört mit einem Alter von 35 000 bis 41 000 Jahren zu den ältesten Kunstwerken der Menschheit.

12

HIRSCH – ZAHN – KIND

Die Ausgräber um Andreas Siegl hatten sich an die neu entdeckte Grube gemacht, die nur einen Meter entfernt gegenüber der mutmaßlichen Schamanin lag. Bald stellten sie fest: Es handelte sich um keinen kompletten Rothirsch, sondern allein um dessen Geweih mit dem Schädelansatz. Ganz ähnlich wie das bei dem Rehgeweih der Fall war, das die Schamanin ins Grab begleitet hatte. Schnittspuren zeigten, dass Menschen das Fleisch vom Knochen entfernt hatten, auch schien das Geweih absichtlich an den Enden eingekürzt.

Der Erhaltungszustand war deutlich schlechter als der des eigentlichen Grabes – «keksartig» wird es der Konservator Heiko Breuer auf den Punkt bringen. Das lag daran, dass das Geweih nicht so tief bestattet war. Es befand sich nur knapp unter dem Pflughorizont, jenem Bereich, der durch die Landwirtschaft gestört wird. Tatsächlich schien das Geweih in mehrere Teile zerbrochen zu sein. Die Archäozoologin Carola Oelschlägel bestätigte bei einer Begutachtung der noch nicht völlig freigelegten Fragmente, dass es sich um einen Rothirsch gehandelt hatte, den sie auf ein Alter von 12 bis 16 Jahren schätzte – ein kapitaler Hirsch.

Die erste C14-Altersdatierung lieferte leider keine Ergebnisse. Da das Geweih noch im Sediment ruhte, konnte nur an der oben liegenden Schädelplatte eine Probe genommen werden, diese aber enthielt kein Kollagen mehr. Bei dem Erhaltungszustand war das keine große Überraschung. Doch allein der direkte Lagebezug überzeugte selbst Skeptiker. Hirsch und Schamanin blickten sich geradezu in die Au-

Schwer identifizierbar: Gleich neben dem Grab der Schamanin stießen die Archäologen auf das bearbeitete und absichtlich gekürzte Geweih eines Rothirschs.

gen. Das konnte kein Zufall sein. Handelte es sich, um László Vajda anzuführen, um ihr tierisches Alter Ego, den «Seelenträger» der Schamanin?

In der Tat sprach ein zweiter Umstand für eine Beziehung zwischen unserer Heldin und dem Hirsch. Das Geweih ähnelte sehr jenen Funden, die als Hirschmasken interpretiert werden. Sie stammen alle aus dem Mesolithikum, waren aber meist ein, zwei Jahrtausende älter als unser Fund. Am berühmtesten sind die aus dem an der englischen Ostküste gelegenen Star Carr. Die zwischen 1949 und 1951 vom Archäologen Grahame Clark unternommenen Ausgrabungen revolutionierten das damalige Bild des Mesolithikums. Sein Zeitgenosse Gordon Childe hatte dieses noch als einen «Zustand hilfloser Barbarei» charakterisiert; das veränderten die Ausgrabungen Clarks.

Sieben Kilometer südlich von Scarborough grub er einen ehemals an einem See gelegenen Platz aus, der über 300 Jahre immer wieder von Jägern und Sammlern aufgesucht und zum Teil auch dauerhaft besiedelt wurde. Man rechnet sie der in Nordeuropa verbreiteten Mag-

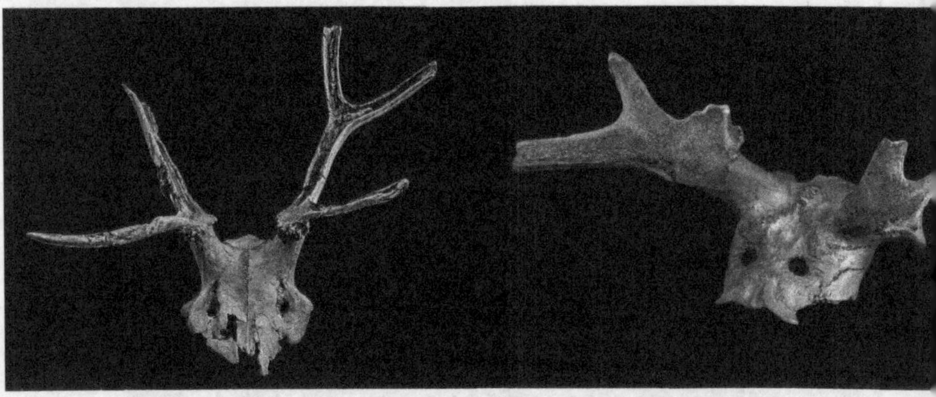

Masken der Vorzeit: Zahlreiche Geweihfunde aus dem britischen Star Carr werden als Masken gedeutet. Ob sie für die Jagd oder den Kult dienten, ist eine große Frage der Forschung.

lemose-Kultur zu. Da der verlandende See eine gute Feuchtbodenerhaltung bot, fand sich organisches Material im Überfluss. Holzplattformen, die in den See reichten, Paddel, Harpunen, verschiedenste Werkzeuge und Geräte in Hülle und Fülle zeigten, hier lebten Menschen bestens angepasst an eine sehr reiche Umwelt. Neben Knochen von Auerochsen, Elchen und Wildschweinen fielen zahlreiche Reh- und Rotwildknochen auf. Darunter entdeckte Clark 21 Schädel mit Hirschgeweih oder deren Fragmente, die er als Geweihmasken interpretierte. Spätere Ausgrabungen förderten in Star Carr weitere Exemplare zutage. Auch an Orten wie Berlin-Biesdorf, Bedburg-Königshoven oder Hohen Viecheln machten Archäologen Rothirsch-Funde, die sie als aus dem frühen Mesolithikum stammende Masken oder Kappen identifizieren zu können glaubten.

Clark sah zwei Deutungsoptionen: Die bearbeiteten Geweihe könnten ins Arsenal damaliger Jäger gehören. Diese nutzten sie, um sich zu tarnen, wenn sie auf die Pirsch gingen. Oder sie entstammten dem rituell-religiösen Kontext. Dass Geweihe im Kult, etwa für rituelle Tänze, eingesetzt werden, kennt man aus vielen Kulturen rund um den Globus. Nicht wenige dieser *Deer Dances* werden noch heute, wenn auch meist folkloristisch, praktiziert: etwa bei manchen Native Americans oder in Großbritannien, wie der *Abbots Bromley Horn Dance* in Staffordshire in England zeigt. Mit der Zeit kam eine dritte Deutung hinzu: Die Geweihe könnten als Trophäen oder auf Holzpfählen platziert als Standarte oder Kultpfahl fungiert haben.

*

Markus Wild vom Archäologischen Forschungszentrum Monrepos hat sich der Geweihe angenommen, die als menschlicher Kopfschmuck gedeutet werden, und darauf hingewiesen, dass prinzipiell auch eine sehr profane Option im Raum steht: Zumindest bei einigen Exemplaren handelte es sich schlicht um Schlachtabfälle oder Reste der Werkzeugproduktion. Hirschgeweihe lieferten das Material für vielerlei Gerät. Zwar stellt Wild eine Liste typischer Merkmale für Masken auf (die Geweihstangen sind gekürzt, wenn nicht gar halbiert; Teile des Gesichtsschädels sind vorhanden; es finden sich Lochungen etc.), weist aber darauf hin, dass diese Typologie angesichts des oft nicht allzu guten Erhaltungszustands keineswegs absolut gültig sein kann, zumal Variationen immer möglich sind. Der Nachbau der Hirschmaske von Berlin-Biesdorf belegt, dass in einem solchen Stück gut fünfzig Stunden Arbeit stecken.

Die ukrainische Archäologin Nataliia Mykhailova nimmt für das Mesolithikum sogar einen Hirschkult an, der auch Elch, Ren und Reh umfasste. Abgeworfene, also nicht bearbeitete Geweihe finden sich mitunter in Gräbern. Sie lassen sich als Symbole für ständige Erneuerung und damit Wiedergeburt deuten, wächst doch den männlichen Tieren jedes Jahr ein neuer, noch prächtigerer Kopfschmuck.

Populär und für uns höchst interessant ist die Deutung, die in den Bereich der zweiten These, des kultischen Kontextes, gehört: Die Geweihkappen könnten als Masken oder Kopfschmuck von Schamanen gedient haben, wie es ja auch für das Rehgehörn der Schamanin angenommen wird. Nach unseren Ausführungen zum Schamanismus sollte aber Vorsicht geboten sein: Es droht die Gefahr des Zirkelschlusses.

Um seine These vom Geweih als Kopfschmuck zu untermauern, hatte Grahame Clark 1954 seinem Publikum jenes Bild präsentiert, das uns schon sehr beschäftigt hat: den tungusischen Schamanen aus Nicolaas Witsens Werk. Clark nahm diesen «Teufelspriester» als ethnografischen Beleg und speiste ihn damit in den archäologischen Diskurs ein. Kaum eine Studie über mesolithische Masken verzichtet seither auf dieses angebliche Beweisbild, ohne sich dessen Problematik überhaupt bewusst zu sein. Noch 2016 erschien eine technologische Analyse der Funde von Star Carr als «weltweit ältestes Schamanenkostüm» im renommierten Fachmagazin *PLOS one*, die einmal mehr Schamanismus als «früheste Form religiöser Praktik» vorstellte und Witsens Bild als Beleg brachte, dass in Sibirien Schamanen Geweihkappen à la Star Carr getragen haben.

Aber wir haben gesehen: Witsen war nicht in Sibirien, er hat nie einen Schamanen mit eigenen Augen gesehen. Es ist unklar, woher der Kupferstecher seine Inspiration für das riesige und komplette Geweih hatte, das er seinem Schamanen verpasste. Denkbar, dass er in der Tradition der Fabelwesen Bekanntes kombinierte – so wie Witsens Freund Leibniz glaubte, aus verschiedenen Fossilien und einem Narwalhorn ein Einhorn rekonstruieren zu können. Vorstellbar auch, dass der Kupferstecher die ihm mitgeteilten Attribute schlicht der Wirkung halber übertrieb. Sibirische Schamanen trugen, wenn überhaupt, eher kleine oder angedeutete Geweihe. Womöglich hat sich der Kupferstecher auch aus anderen Kontexten bedient: So haben die Kelten ihren Gott Cernunnos (wohl «der Gehörnte») mit einem Hirschgeweih dargestellt. Die spätbronzezeitlichen Helme aus dem dänischen Veksø, die Hörner eines Auerochsen besitzen (nebst einem Raubvogelschnabel und einem zweiten Augenpaar), belegen die weite Verbreitung solcher Ideen.

Allein aus der Existenz von Geweihen, die menschliche Bearbeitungsspuren zeigen, auf Schamanismus im Mesolithikum zu schließen, ist also durchaus mutig. Es ist einmal mehr ein Beispiel für jene Form der Projektion, in der Unbekanntes in der Vorgeschichte schlicht

Gehörnter Gott: Der über 2000 Jahre alte Silberkessel aus dem dänischen Gundestrup zeigt den von den Kelten verehrten Gott Cernunnos. Es wird spekuliert, dass er christliche Teufelsdarstellungen inspiriert habe.

mit Bekanntem aus unserer Welt ersetzt wird. Keine der möglichen Masken aus Star Carr oder anderswo ist in einem Kontext gefunden worden, der eine schamanische Verwendung nahelegen würde. Einzig das bearbeitete Rehgehörn unserer Heldin stammt aus einem Grab.

Gerade das ist der Grund, warum die Entdeckung einer potenziellen Hirschmaske im Kurpark von Bad Dürrenberg gleich neben einem möglichen Schamaninnengrab fasziniert, besitzt dieses Stück damit doch das Potenzial zum Schlüsselfund zu werden, der die bisherigen Theorien bestätigt. Erstmals liegt ein deutlich von Menschenhand bearbeitetes Hirschgeweih mit Schädelansatz aus dem Mesolithikum *face to face* mit einer besonderen Frau; ganz so, als sei es ihre Maske, ihr Schutzgeist oder das Seelentier.

Auch der Block, in dem das Hirschgeweih lag, wurde komplett geborgen und ins Zentraldepot nach Halle gebracht, wo die eigentliche Freilegung stattfinden sollte. Allein seinetwegen hatte sich die Nachgrabung gelohnt. Aber das war noch längst nicht alles. Wir aber nutzen zunächst die Gelegenheit für ein Treffen mit dem Anthropologen Kurt W. Alt, der die Schamanin schon früh ausführlich begutachtet hatte.

*

Manchmal findet Wissenschaft an überraschend alltäglichen Orten statt, etwa an einem Samstagvormittag auf der Autobahnraststätte Kemptthal zwischen Zürich und Winterthur. Alt ist gerade auf dem Weg nach Österreich, wo er Professor an der auch auf Zahnmedizin spezialisierten Danube Private University in Krems ist. Bei Kaffee und Gipfeli wird über die Zähne der Schamanin diskutiert, während wir auf einer erhöhten Terrasse auf mit Fellen überworfenen Stühlen sitzen und unseren Blick schweifen lassen über die Autos, die hier zur Tränke, pardon, zum Tanken kommen.

Wir erinnern uns: Die beiden Vorderzähne der Schamanin sind an der Gaumenseite so stark abgeschliffen, dass die Zahnpulpa mit Nerven und Gefäßen geöffnet war. Nach Alts Ansicht passierte das bereits im Jugendalter. Die Weite des Pulpakanals deute darauf hin, dass das sehr früh geschehen sein muss. Die Pulpa wird nämlich mit zunehmendem Alter immer enger. «Heute entsteht so etwas kaum noch, weil wir unsere Zähne in der Regel ausschließlich zum Abbeißen benutzen», erklärt Alt. «Wenn doch, gehst du damit zum Zahnarzt, der säubert die Löcher und verschließt sie mit einer Wurzelfüllung – und schon hast du Ruhe.» Unsere Heldin aber musste mit den offenen Pulpakanälen leben. Und litt wiederholt unter Entzündungen und Schmerzen. Sicher zehn, vielleicht auch zwanzig Jahre lang.

Wenn sie die Wurzelkanäle mit einem Zahnstocher regelmäßig sorgsam reinigt, hat sie das gut im Griff, erklärt der Anthropologe. Vielleicht hat sie die Löcher auch temporär mit Bienenwachs oder einer ähnlichen Substanz verschlossen. «Bei körperlichen Stresssituationen wie Krankheiten, Mangelerscheinungen oder Schwangerschaft konnte es jedoch an den betroffenen Zähnen zu Entzündungen kommen», erklärt Alt. Wenn sich ein Abszess Richtung Nasenraum und damit auch zum Gehirn ausbreitete, konnte das im schlimmsten Fall ihr Todesurteil sein. Die Hinweise auf gelegentliche Abszesse im Oberkiefer sind vorhanden.

Wie kam es überhaupt zu den Löchern? Durch Weichkauen von Leder oder Fell? «Nein, das sieht anders aus», schüttelt Alt den Kopf. «Vor allem hinterlässt das auch an den Zähnen des Unterkiefers Spuren.» Die unteren Schneidezähne der Schamanin sind aber unauffällig. Zudem muss es in ihrem Fall sehr schnell geschehen sein. Normalerweise reagieren Zähne bei entsprechenden Beanspruchungen mit der Bildung von Sekundärdentin, das eine Öffnung der Pulpa verhindert. Davon ist aber nichts zu sehen.

Warum haben sich ihre Zähne mit den abgestorbenen Pulpen nicht schwarz verfärbt? «Vermutlich, weil das Blut schnell abfloss», erklärt Alt. Bei rituellen Zahnmanipulationen werde durch das Feilen manchmal zu viel Wärme erzeugt, sodass die Pulpa abstirbt, ohne dass das Blut entweichen kann, weshalb sich der Zahn dunkel verfärbt.

Könnten die Zähne bewusst manipuliert worden sein? Rund um den Globus finden sich Ethnien, in denen Zähne zu einem spitzen Jaguar- oder Haifischgebiss geschliffen oder auch gebrochen werden. Andernorts werden die Frontzähne eingekürzt, Eckzähne inklusive, oder Einkerbungen mit dem Ziehen von Zähnen kombiniert. Oft geschieht das in der Pubertät. «Ich bin da im Fall der Schamanin skeptisch. Alles, was wir bei Mutilationen im Gesichtsbereich kennen, ist sichtbar. Da soll den Betrachtern demonstriert werden: Ich bin ein Raubtier. Oder ich gehöre diesem Stamm oder jener Ethnie an.» *Ethnic Marker* nennen Kulturanthropologen das.

Oder handelt es sich um das, was Anthropologen *Costly Signal* nennen, also um ein teures, weil aufwendiges, gefährliches oder schmerzhaftes Ritual, wie es typisch für *Rites de Passage* ist? Mit solch einem teuren Zeichen wird unter Beweis gestellt, dass die entsprechenden Personen es ernst meinen und es sich bei ihnen nicht um Scharlatane handelt. Könnte es nicht ein Schmerzritual im Rahmen ihrer Initiation, ihrer Anerkennung als Schamanin gewesen sein? Mit dem sie unter Beweis stellt, dass sie selbst vor größtem Schmerz nicht zurückschreckt. Das wäre auch für die Gruppe enorm eindrucksvoll: Die Menschen sehen das Blut aus den Zähnen fließen. «Ausschließen können wir das natürlich nicht», sagt Alt. «Aber wie sollten wir das belegen können? Und es geschieht an der Gaumenseite. Man sieht es nicht, mit der Zeit gerät das in Vergessenheit.» Andere Initiationsrituale hinterlassen imposante Narben oder verstümmelte Finger und taugen als ständige Glaubwürdigkeitsbeweise.

«Das ist ja kein unbekanntes Phänomen», erklärt Alt. Zumindest was die Abnutzung der oberen Schneidezähne angeht. «Man spricht von LSAMAT, *Lingual Surface Attrition of the Maxillary Anterior Teeth.*» Lange glaubte man, es habe mit der Vorbereitung von Nahrung bei Indigenen in Südamerika zu tun: vor allem mit dem Schälen von Maniok-Knollen. Aber Alt kennt das auch aus Europa «Auf dem von mir untersuchten frühmittelalterlichen Gräberfeld von Kirchheim-Ries zeigten von 338 Individuen sechs ähnliche Phänomene.» Die könnten eine Tätigkeit ausgeführt haben, die bisher nicht identifiziert werden konnte. Und es betrifft Frauen wie Männer. Auch bei den noch lebenden Hadza in Ostafrika ist es beobachtet worden: Die Vorderzähne werden dort zum Schälen von Knollen benutzt sowie zur Bearbeitung von Pfeilen und Bogensehnen.

Ungewöhnlich im Vergleich mit anderen LSAMAT-Fällen ist bei der Schamanin allein, dass dabei die Zahninnenhöhlen geöffnet wurden. Alt ist der Ansicht, dass es bei der Benutzung ihrer Frontzähne als dritte Hand zufällig zur Öffnung der Pulpa gekommen ist und sie dann mit diesem Handicap leben musste.

Wie aber ging die Schamanin mit den Defekten um? War sie eine Meisterin der Selbstheilung? «Das können viele in der Vergangenheit. Wir sehen sehr früh in der Menschheitsgeschichte das Auftreten von Zahnproblemen. Schließlich haben die Menschen ihre Zähne noch stark benutzt.» Richtig schlimm wird es erst mit den Bauern im Neolithikum, die besonders unter der stärkedominierten Ernährung leiden.

«Die Neolithiker haben oft vier, fünf, manchmal sogar mehr defekte Zähne im Mund. Für sie war das Teil des Lebens.» Entsprechend groß muss das Wissen um schmerzstillende, medizinisch nutzbare Pflanzen gewesen sein.

Aufregend sind die erst seit wenigen Jahren möglichen Untersuchungen des Zahnsteins. Sie geben Auskunft über das Mikrobiom der Mundhöhle und damit über Ernährung und auftretende Krankheiten. Schon bei den Neandertalern existieren Hinweise auf den antibiotischen Einsatz von Pflanzen. «In einer Studie von 2017 untersuchte man Zahnstein aus einem Bereich der Mundhöhle, wo sich als Folge von Karies ein Abszess gebildet hatte, und fand dort *Penicillium rubens*, einen Pilz, dessen antibiotische Wirkung möglicherweise bekannt war.» Natürlich ist nicht auszuschließen, dass das Zufall war. Doch ein gezielter Einsatz erscheint vorstellbar.

Der Schädel unserer Heldin ist in früheren Museumszeiten leider zu gut gesäubert worden. Man hatte im 20. Jahrhundert keine Ahnung, was einmal möglich sein wird. «Wirklich schade, dass da kein Zahnstein mehr vorhanden ist», sagt Alt. Wir zahlen und gehen zu unseren Autos. Gipfeli und Kaffee werden vermutlich an unseren Zähnen keine Spuren für die Ewigkeit hinterlassen. Für die Anthropologen der Zukunft sind Zahnbürsten ein Fluch.

*

Und dann traf aus Bad Dürrenberg eine Meldung ein, die alle elektrisierte. Bereits während der Ausgrabungen, insbesondere jener im Bereich des Grabens, in dem die Wasserleitung lag, hatten die Archäologen zahlreiche Funde gemacht. Objekte, die den Ausgräbern des Jahres 1934 entgangen oder entfallen waren, sodass sie wieder verschüttet wurden. Darunter waren Tierzähne, Feuersteinartefakte, aber auch Reste von Schildkrötenpanzern und immer wieder menschliche Knochenfragmente. Der Grabungstechniker Fred Timm war es, der dann einen winzigen, merkwürdig geformten Knochen freilegte. Dieser erinnerte ihn an jenes Foto, das der Anthropologe Jörg Orschiedt den Ausgräbern gezeigt hatte mit der Bitte, darauf besonders zu achten: ein *Pars petrosa*. Jener Knochen, der das menschliche Erbgut am dauerhaftesten konserviert.

Und tatsächlich, Timms Augen hatten nicht getrogen: Er hatte eines der Felsenbeine des Kindes entdeckt. Alle Beteiligten konnten es kaum fassen. Eröffnete sich nun doch die Chance, die DNA des Kindes zu entschlüsseln? Sollten wir endlich seine Identität erfahren? Waren hier Mutter und Kind gemeinsam bestattet worden? Oder war der Frau ein fremder Säugling beigegeben – oder dem Kind eine fremde Frau? Die Begeisterung war umso größer, weil alle schon die Hoffnung aufgegeben hatten, auch dieses 9000 Jahre alte Rätsel jemals zu lösen. Der winzige Knochen wurde von der Genetikerin Sandra Penske in einer Kühltasche ans Max-Planck-Institut für evolutionäre Anthropologie nach Leipzig gebracht, wo alles darangesetzt werden sollte, das Geheimnis des Kindes zu lüften.

13
FANTASTISCHE ZEITEN

Es ist ja nicht so, als ob es Adam Brockbank an fantastischem Stoff gemangelt hätte. Alle acht *Harry-Potter*-Filme, *Lara Croft* mit Angelina Jolie, *Troja* mit Brad Pitt, *X-Men*, die letzten *Star Wars*-Episoden … Die Liste der Filme, an denen der Konzept- und Storyboardkünstler beteiligt war, ist kaum zu übertreffen. Er durfte fabelhafte Kreaturen und umwerfende Szenerien entwerfen. Trotzdem war Brockbank sofort Feuer und Flamme, als ihm der Storyteller Ben Haggarty vorschlug, eine Graphic Novel übers Mesolithikum zu schreiben, jene Zeit, als die ersten Menschen vom Typ *Homo sapiens* in England lebten. Mittlerweile gibt es zwei preisgekrönte Bände von *Mezolith*, die auf ganz wunderbare Weise von den Abenteuern in der Mittleren Steinzeit erzählen.

Zugegeben, ein wenig beneiden wir die beiden. Zwar haben sie Bücher über Bücher gewälzt, mit Wissenschaftlern gesprochen, aber sie setzen ihre Geschichten rund um den jugendlichen Helden Poika vor zehntausend Jahren mit etwas um, das uns nicht zur Verfügung steht: mit kreativer Fabulierlust. Auf märchenhafte Weise lassen sie die Verwobenheit der damaligen Welt bildlich Gestalt annehmen. Ihre Arbeit beginnt dort, wo die der Archäologen endet.

Schauen wir uns ein Beispiel an: In einem gut 6000 Jahre alten Grab auf dem mesolithischen Friedhof im dänischen Vedbæk entdeckten Archäologen eine junge Frau, sie trug eine Halskette aus Zähnen von Hirsch, Wildschwein und Schneckengehäusen. Neben ihr lag ein neugeborenes Kind; es war auf einen Schwanenflügel gebettet. Während die Archäologen sich mit den blanken Knochen begnügen müssen, geben sich Brockbank und Haggerty ganz der poetischen Dimension des Grabes hin. Sie malen sich die Geschichte eines Jägers aus, der sich in eine Schwanenfrau verliebt, Abenteuer auf sich nimmt, um beim Herrn der Schwäne um ihre Hand anzuhalten. Aus Liebe gibt sie ihr Schwanensein auf und wechselt in die Menschensphäre. Doch sie stirbt bei der Geburt des Kindes. Gebettet auf ihr Schwanenkleid, werden die beiden ins Grab gelegt. Keine Frage, da stand den Comicautoren Hans Christian Andersens kleine Meerjungfrau Pate.

Welche Geschichte das Künstlerduo wohl aus unserem Grab zaubern würde? Eine Schamanin haben auch sie im Repertoire. Die ist es, die das Leben des schwer erkrankten Poika rettet. Ihr Name: Korrpi Velho. Bei der Geburt für tot gehalten und in eine Baumhöhle gelegt, kümmerten sich die Tiere um sie. Gemeinsam mit Raben wohnt sie hoch oben auf einer Bergklippe. «Jeder fürchtete sie, aber keiner fügte ihr Leid zu. Alle spürten ihre Macht», erzählt man sich in der fiktionalen Welt von *Mezolith*. Wann immer der Clan in Not ist, kommt Korrpi Velho. Sie tanzt zum Klang der Trommel, begleitet vom Rasseln der Muschelketten an ihren Knöcheln, dem Klatschen und Gesang der anderen. So lange, bis sie in Trance gerät und wie tot auf die Erde stürzt. Dann fliegt ihre Seele auf dem Rücken eines Raben fort, um Rettung zu finden. In Korrpi Velhos Fall ließen sich Brockbank und Haggerty nicht vom Märchenerzähler Hans Christian Andersen inspirieren, sondern vom Mythomanen Mircea Eliade und seinen Ausführungen zum Schamanismus als «archaischer Ekstasetechnik».

Dass sich zwei Künstler dem Mesolithikum widmen, denen ansonsten die größten Fantasy-Stoffe zur Verfügung stehen, zeigt, welch fantastisches Potenzial diese Zeit bietet. Uns aber ist das verwehrt, was die Comicautoren praktizieren, nämlich unsere eigenen Bilderwelten zurückzuprojizieren. Wir würden nur das Fremde mit Altvertrautem, mit Klischees und Vorurteilen füllen.

Uns bleibt allein der Weg, unsere Heldin in ihre Zeit einzubetten. In eine Zeit, aus der wir weder Namen, Mythen noch Geschichten kennen. Nur so können wir Neues erfahren. Dafür müssen wir den umgekehrten Weg wählen: Wir dürfen uns dem Unbekannten nicht vom Heute aus nähern, sondern müssen aus der Tiefe der Zeit, aus der Kälte des Eiszeitalters, zu ihr vordringen.

*

Menschheitsgeschichte ist Klimageschichte. Mit dem Erdzeitalter des Pleistozäns vor 2,6 Millionen Jahren setzt auch die Menschheitsepoche der Steinzeit ein. Erste Vertreter der Gattung *Homo* produzierten in Afrika Steingeräte. Als Eiszeitalter ist das Pleistozän geprägt durch den beständigen Wechsel langer Kalt- und kürzerer Warmzeiten. Letztere, die Interglaziale, währen durchschnittlich zwischen 9000 und 15 000 Jahre. Auch heute leben wir in solch einem Interglazial, dem Holozän. Es dauert nun schon bald 12 000 Jahren. Zwar wird es gerne als «Nacheiszeitalter» bezeichnet, doch ist das, der aktuellen Klimaerwärmung zum Trotz, zumindest auf lange Sicht hin eine zu optimistische Formulierung. Irgendwann kehrt das Eis zurück.

Erst langsam entsteht ein Bewusstsein, dass die aus den Klimaschwankungen resultierende Krisenhaftigkeit der Lebensumstände ein zentraler Motor unserer Evolution war. Das Klima definiert jene Regionen der Welt, die überhaupt von Menschen bewohnt werden können. Nachdem der *Homo sapiens* zum *Out of Africa* aufgebrochen war, gelang es ihm, vom Klima begünstigt, vor rund 45 000 Jahren, dauerhaft in Europa Fuß zu fassen. Deshalb lässt die Wissenschaft hier den jüngeren Abschnitt der Altsteinzeit, das Jungpaläolithikum, beginnen.

Winter is coming – bald schob sich eine gewaltige Wand aus Eis aus dem Norden heran. Im letzten eiszeitlichen Maximum vor 25 000 bis 20 000 Jahren war Berlin von Hunderten von Metern Eis bedeckt, während der Meeresspiegel sagenhafte 130 Meter tiefer lag als heute. Aber auch diesseits der Gletscher herrschten arktische oder zumindest subarktische Bedingungen mit Dauerfrost. Tundrenartige, offene Landschaften dominierten, die aus krautreichem Grasland bestanden, in denen sich nur Zwergsträucher hielten. Allenfalls an Flüssen fanden sich mancherorts Galeriewälder. Das Klima war zudem trocken und extrem windig. Unmengen feinen, durch Frostverwitterung entstandenen Staubs häufte der Wind zu meterhohen Lössschichten auf.

Geht es um das Jungpaläolithikum, haben wir alle die grandiosen Bilderwelten vor Augen, die in kathedralhaften Höhlen in Spanien oder Südfrankreich die Zeiten überdauerten. An den Wänden verewigten die Menschen das Eiszeitpanorama: eine Welt voller Mammuts, Wollnashörner, Wisente, Auerochsen, Rot- und Riesenhirsche und immer wieder Pferde, Rentiere, aber auch Bären und Höhlenlöwen. Doch so wie die Kathedralen des Mittelalters auch nicht die Alltagswelt repräsentierten, fand im Jungpaläolithikum das normale Leben eher in Zelten statt. In kleinen Gruppen zogen die Menschen durch die Weiten Europas, das damals nur von wenigen Tausend Menschen bewohnt war.

Sie produzierten keine Lebensmittel. Sie lebten von dem, was ihnen die Natur zu bieten hatte. Das jahreszeitliche Angebot an Pflanzen und Tieren sowie die Verfügbarkeit von Ressourcen wie Wasser, Holz und Feuerstein bestimmten ihr Leben. Herumwandernde Herden von Rentieren, Pferden und Mammuts gaben den Takt des Lebens vor und waren entscheidend für die Lagerwechsel der Jäger und Sammler.

*

Begeben wir uns auf einer kurzen Stippvisite an drei Orte, die nur je rund 30 Kilometer von Bad Dürrenberg entfernt liegen. Sie entstammen einer subarktischen, rund 15 000 bis 16 000 Jahre alten Phase des Magdaléniens, sind also gut 6000 bis 7000 Jahre älter als unser Schamaninnengrab. Die jährliche Durchschnittstemperatur betrug damals bibbernde 2 °C minus.

Nördlich der kleinen Stadt Nebra ragt ein Bergsporn in das Flusstal der Unstrut. Die etwa 35 Meter hohe Felsterrasse gewährt einen hervorragenden Ausblick. Nach Norden öffnet sich eine weite Senke, nach Süden verengt sich die Flussaue auf weniger als 300 Meter. An diesem

Nadelöhr war die Jagd auf Pferde und Rentiere bestens zu organisieren. An Tränke und Furt waren die Tiere leicht zu erlegen, die Beute musste nicht weit geschleppt werden, und am Fluss konnten Felle und Werkzeuge gereinigt werden.

Der Archäologe Dietrich Mania identifizierte auf dieser Klippe einen Wohnplatz von Jägern. Zwar waren Teile durch eine spätere Burganlage zerstört, doch existierten noch genügend Befunde eines Zeltgrundrisses mit einem Durchmesser von fast 7 Metern. Das Zelt hatte in einer windgeschützten Mulde gestanden. Es fanden sich mehr als 12 000 Steinartefakte und über 5000 Knochenreste. Der Platz war viele Monate bewohnt und wurde wiederholt aufgesucht. Steine pflasterten den Boden, darunter verbargen sich Vorratsgruben. Die hohe Anzahl von Schneehuhn-Knochen, aber auch von Schneehasen und Eisfüchsen, spricht für ein Herbst- und Winterquartier. Gerade Letztere wurden wegen des Fells gejagt, das in der kalten Jahreszeit besonders dicht war. Mammuts und Wollnashörner trotteten zwar noch durch die Region, gehörten aber wohl nur in Ausnahmefällen ins Beutespektrum der Jäger von Nebra. Wurde es wärmer, brachen die Jäger auf und verbargen Werkzeuge bis zur Wiederkehr in den Gruben unter den Steinen.

Das Zelt bot etwa zehn Personen Platz. Ein in einer Grube deponierter Milchzahn zeigt: Kinder waren dabei. Auch Hinweise auf Hunde gibt es. Im Zeltinneren befanden sich Feuerstellen, eine große Sandsteinplatte diente als Grill. Übrigens: Wo die Jäger schon vor über 15 000 Jahren zelteten, liegt heute eine Jugendherberge, deren Gäste den Ausblick genießen. Abends wird hier die Grillkohle angefacht. Menschen sind eine erstaunlich konservative Spezies.

Nicht weit entfernt von Nebra thronen an einer Flussschleife die Burgen Saaleck und Rudelsburg – auch das ein überaus romantischer Ort. In der sich gegenüber monumental erhebenden Muschelkalkwand nennt das Restaurant «Himmelreich» eine Terrasse sein Eigen, die sich schon bei Eiszeitmenschen großer Beliebtheit erfreut hätte. In der Schleife der Saale zeugen Unmengen an Steinartefakten und Kno-

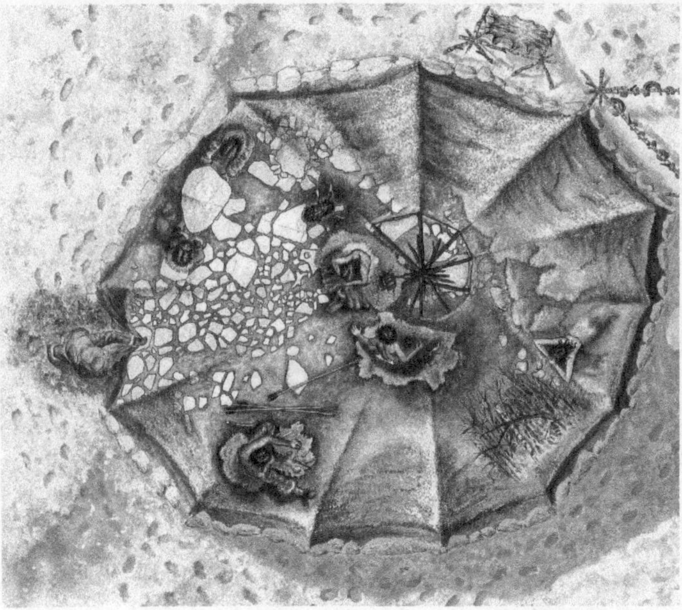

Homeoffice vor 15000 Jahren: Wohnen und Arbeiten waren eins für die Jäger und Sammler in Nebra. Zusätzlichen Stauraum im Zelt boten Gruben unter den Steinplatten.

chen, dass hier zusammengetriebene Pferde erlegt wurden. Während der Lachswanderungen gab es Fisch im Überfluss.

Keine 300 Meter Luftlinie entfernt, jedoch eine Etage höher, graben Archäologen der Universität Köln in Kooperation mit dem Landesamt in Halle die Freilandstation von Bad Kösen-Lengefeld aus, einen saisonal genutzten Lagerplatz. Auch sie befindet sich auf einer ideal gelegenen Terrasse: Ganztägig von der Sonne beschienen, windgeschützt in einer Mulde, genossen die Jäger beste Fernsicht und kurze Wege. Die Ausgrabungen förderten steinerne Öfen zutage, in denen das Fleisch geräuchert wurde. In einer Grube stießen die Archäologen auf Pferdeschädel.

*

Zelte hinterlassen nur geringe Spuren; im freien Gelände überdauern sie kaum je die Zeiten. Deshalb sind die seltenen Funde von Freilandstationen so wichtig. Sie bezeugen den damaligen Alltag. Höhlen, aber auch andere prominente Orte, spielten vor allem eine Rolle als zentrale Treffpunkte und Versammlungsstätten. Alle paar Jahre trafen sich dort mehrere Gruppen, um gemeinsam zu feiern, Partner zu finden, aber auch um Informationen auszutauschen oder Treibjagden zu organisieren. «Trotz der geringen Bevölkerungsdichten bestanden während des Jungpaläolithikums räumlich weitreichende und teilweise über Jahrtausende stabile Informationsnetzwerke», schreibt der Urgeschichtler Thorsten Uthmeier. «Eine wichtige Grundlage dieser Netzwerke war die hohe Mobilität der damaligen Jäger-und-Sammler-Gruppen mit entsprechend häufigen Kontakten auch zu peripheren oder zuvor nicht integrierten, fremden Gruppen.» Denn allein konnte keine Gruppe – und wir reden hier von 15–25 Menschen – auf Dauer überleben.

Dank dieser Flexibilität war es den Jägern und Sammlern der Eiszeit möglich, auf saisonale Überschüsse an Nahrung zu reagieren, aber auch sozialen Konflikten aus dem Weg zu gehen. Zentral war, dass bei den Zusammenkünften verschiedener Gruppen die Beziehungen und Allianzen aktualisiert wurden. Denn diese Netzwerke bildeten ein unverzichtbares System gegenseitiger Rückversicherungen. Andere Hilfe gab es nicht.

Um die sozialen Beziehungen in Zeiten ohne Schrift und ohne jegliche institutionellen Strukturen über Generationen hinweg aufrechtzuerhalten, war ein gemeinsamer Kosmos an Geschichten, Mythen und Symbolen unabdingbar. Tatsächlich fanden sich sowohl an den Plätzen der Eiszeitjäger an der Unstrut wie an der Saale Objekte, in denen sich diese manifestierten. Zwar ist es kaum, wenn nicht unmöglich, ihre konkrete Bedeutungen zu erfassen, zumindest aber repräsentieren sie jene urmenschlichen Solidaritäten, ohne die das Überleben unmöglich gewesen wäre.

In Nebra lag in einigen Vorratsgruben je eine kaum fingerlange Frauenstatuette. Aus Elfenbein oder Knochen gefertigt, waren sie dort absichtlich deponiert. Ihre silhouettenhafte Gestalt war von hoher Abstraktion, als hätte ein Künstler der klassischen Moderne sie erschaffen. In den Jahrtausenden davor fanden sich die sogenannten

Venusstatuetten. Auch das ein heikler Begriff, der aber zu verbreitet ist, als dass er in absehbarer Zeit verschwände. Von der berühmten Venus von Willendorf bis zu jener Venus vom Hohle Fels, bei der es sich um die bisher älteste Darstellung eines Menschen handelt, finden sie sich in dem riesigen Gebiet zwischen den Pyrenäen und dem Ural. Es gibt sie in den unterschiedlichsten Ausgestaltungen. Längst nicht alle zeigen wohlbeleibte Frauengestalten, welche aber fast die gesamte Aufmerksamkeit auf sich zogen. Die Frauenfigürchen von Nebra dagegen stellen in ihrer zeichenhaft reduzierten Form einen ganz neuen Typus dar. Die Frage, in welchem Zusammenhang sie mit den älteren Figuren stehen, muss offenbleiben.

So divers und umstritten die Interpretationen des breiten Spektrums an Frauendarstellungen im Jungpaläolithikum sind und so sicher, wie sie in unterschiedlichen Kontexten und über die Zeiten hinweg veränderte Bedeutungen und Funktionen besaßen, stehen sie zumindest für eins: für Menschen in Europa verbindende Ideen, die in unterschiedlichen Ausgestaltungen über Hunderte von Generationen ihre Macht entfalteten – und deren ideale Verkörperungen oft weiblich waren.

In den Fundstellen von Saaleck und Lengefeld wiederum bargen die Ausgräber Schiefer- und Sandsteinplatten, in die mit großem künstlerischen Talent Tiere hineingeritzt waren. Da fanden sich Pferdeköpfe, aber auch ein Wollnashorn. Und es gab stilisierte Darstellungen von nackten Frauengestalten, die auffällig jenen Nebra-Figurinen ähneln. Solche Platten kennt man von den berühmten, ebenfalls aus dem Magdalénien stammenden Fundplätzen von Andernach und Gönnersdorf bei Neuwied am Mittelrhein.

Dort trafen vor 15 800 Jahren Gruppen von Jägern und Sammlern zusammen. Unter Tausenden Schieferplatten bargen die Archäologen allein in Gönnersdorf über 450 gravierte Platten, die einen ganzen Steinzeit-Zoo abbilden: Pferde, Mammuts, Hirsche, Wisente, aber auch einen Bären, einen Frosch und eine Schildkröte. In der künstlerischen Qualität stehen die Kleinformate jenen der Höhlenbilder kaum nach. Am erstaunlichsten sind Darstellungen von Robben, die

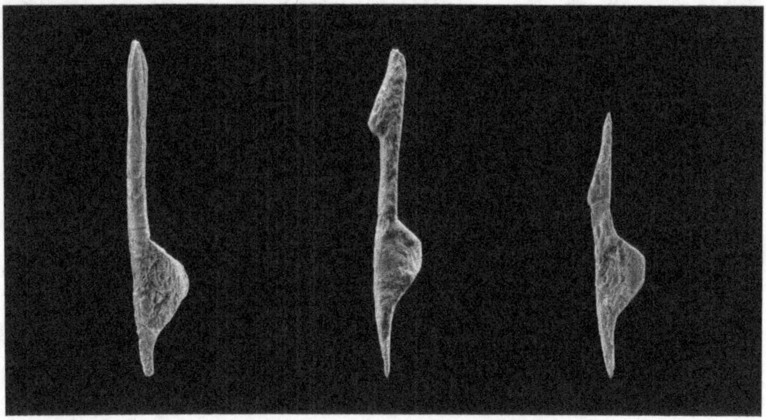

Große Kunst: Die aus Elfenbein oder Knochen gefertigten Frauenstatuetten von Nebra sind kaum fingerlang und faszinieren in ihrer geradezu abstrakten Schönheit.

so naturalistisch sind, dass der Künstler die Tiere mit eigenen Augen an der viele Hunderte Kilometer entfernten Küste gesehen haben muss, die damals wegen des niedrigeren Meeresspiegels noch weiter entfernt lag als heute. Ebenso fanden sich Hunderte der stark schematisierten Frauendarstellungen, dargestellt im Profil, ohne Kopf und fast immer ohne Füße, mit Betonung des Gesäßes und mitunter mit Armen und Brüsten. Oft in Gruppen dargestellt, evozieren sie Tanzszenen. Jene aus Nebra könnten sich zwanglos in den Reigen einreihen.

Wir können solche transportable Kunst als materielle Zeugnisse der Verbindungen deuten, die sich einst als ein ansonsten unsichtbares Netzwerk über ganz Europa erstreckten. Damit dieses selbst unter den klimatischen Extremen des Eiszeitalters nicht kollabierte, mussten die Menschen sich ihrer Verbindungen bewusst bleiben. Das ging mit einem regelhaften Wechsel der Lagerplätze über weite Entfernungen einher, der zu Treffen wie in Gönnersdorf oder den französischen Höhlen führte, wo die sozialen Beziehungen erneuert wurden.

*

«Wir kennen leider die Geschichten nicht, die dahinterstehen», sagt Olaf Jöris vom Archäologischen Forschungszentrum Monrepos in Neuwied, in dessen Ausstellung auch die Funde von Gönnersdorf zu sehen sind. «Ethnografische Vergleiche aus späteren Zeiten können uns aber zumindest eine Ahnung vermitteln, welche wunderbaren mythologischen Erzählungen sich um diese existenziell notwendigen Rückversicherungssysteme herumgewoben haben.» Im Norden Alaskas etwa waren die Nunamiut, das sind Karibujäger im Inland, und die Tareumiut, die an der Küste Jagd auf Wale und Robben machten, auf das Engste mythologisch verwoben.

Einst gehörten sie vermutlich der gleichen Population an, hatten sich dann aber spezialisiert und die unmittelbare Verbindung im Alltagsleben verloren. Die ethnoarchäologischen Daten zeigen über die letzten 1500 Jahre ein wiederkehrendes Muster: Wenn es den Menschen im Inland schlecht erging, ging es denen an der Küste gut – und umgekehrt. «Das hat folgenden Grund», erklärt Jöris. «Gibt es einen harten Winter, kommt nur wenig Rentier-Nachwuchs im Inland durch, und die Menschen leiden Hunger. An der Küste dagegen sorgt ein knackiger Winter für stabiles Packeis, und die Tareumiut können auf Walfang gehen – ohne Gefahr zu laufen, dass ihre Boote von Eisschollen zerdrückt werden.»

Der klimatische Zusammenhang schlug sich in einer spiegelbildlichen Mythologie nieder: «Die Menschen beider Gruppen erzählen sich, dass jedes Lebewesen, das an Land stirbt, als Meereslebewesen wiedergeboren wird. Und vice versa.» Und dieses Wissen birgt die Versicherung für Notzeiten. In extremen Jahren suchen die Not leidenden Nunamiut nämlich bei den Tareumiut Hilfe oder umgekehrt. Damit das nicht vergessen wird, zelebrieren sie das im Alltag: Töten die einen ein Landtier, wird die Jagdwaffe mit Salzwasser gereinigt. Und an der Küste säubern die Jäger ihre Harpune mit Süßwasser, weil das Tier auf dem Land wiedergeboren wird. «Solche Sicherungssysteme muss es, in welcher Form auch immer, überall gegeben haben», sagt Jöris. «Für uns meist nicht mehr greifbare Regelwerke erlaubten es den Menschen, die größten Herausforderungen zu meistern.» Das gelang ihnen 30 000 Jahre lang, dann wandelte sich die Welt.

*

Bevor es wärmer wird und sich die letzte Eiszeit ihrem Ende nähert, spielt erst einmal das Klima verrückt. «Vor ca. 15 000 Jahren begann eine etwa 3500 Jahre währende Phase von Klimaschwankungen, die durch wiederholte dramatische Wechsel von milden und kalten Abschnitten geprägt war», erklärt Thomas Terberger. Der Archäologe ist intimer Kenner dieser Übergangszeit. «Die Ursachen hierfür lagen in einem Zusammenspiel von langfristigen Veränderungen der Sonneneinstrahlung und regionalen Ereignissen wie dem Ausbruch riesiger Eisstauseen in Nordamerika.» Das Schmelzen der gigantischen Eispanzer lässt die Meeresspiegel ansteigen – teils um drei Meter in hundert Jahren. Tsunamis verwüsten die Küsten. Zugleich hebt sich Skandinavien, von den unvorstellbaren Eislasten befreit, langsam in die Höhe.

Fauna und Flora wandeln sich radikal. Die letzten Mammuts und Wollnashörner Europas sterben aus, die Rentierherden ziehen gen Norden. Die Menschen bleiben ihrem Lebensstil treu und folgen ihnen in die vom Eis befreiten Regionen. Wälder breiten sich aus. Noch ist die Ostsee ein immer größer werdender Süßwassersee, der von Gletscherwasser gespeist wird. Nachdem sich der riesige Agassiz-Schmelzsee in Nordamerika vor 12 800 Jahren in den Atlantik entleert und den Golfstrom gestoppt hatte, kam es zu einer letzten Abkühlung, und die Durchschnittstemperaturen sanken in Mitteleuropa wieder auf 0 °C.

Endlich, mit dem Anbruch des Holozäns vor gut 11 600 Jahren, wird es dauerhaft warm. Das klimatische Optimum ist vor 9000 Jahren just zu Lebzeiten unserer Schamanin erreicht, es war gut zwei bis drei Grad wärmer als heute. Das schmelzende Eis ließ die Meere ansteigen. Doggerland, jenes riesige Gebiet, das es ermöglichte, trockenen Fußes vom europäischen Festland nach Großbritannien zu gelangen, versinkt langsam im Meer und wird zu dem, was wir heute Nordsee nennen. Europa wird für lange Zeit in einen Kontinent des Wassers verwandelt, überall Flüsse, Auen und Bäche, Seen, Sümpfe und Moore.

Wo früher schier endlose Weite herrschte, wird die neue Welt des Mesolithikums kleinräumig und begrenzt; umso mehr, weil an die Stelle der offenen Landschaft ein immer dichterer Wald tritt. Erst Birken, Kiefern, an feuchten Standorten Weiden, Pappeln und die Hasel, bald auch wärmeliebende Arten wie Eichen, Erlen, Eschen und Ulmen. Sie bilden einen Urwald, wie es ihn danach in Mitteleuropa nie mehr geben sollte. Umstritten ist in der Forschung, wie es im niederschlagsarmen Mittelelbe-Saale-Gebiet aussah. Vieles deutet darauf hin, dass mancherorts steppenartige Flächen erhalten blieben. Ohnehin spricht die weite Verbreitung der Haselnuss, ein typisches Gehölz der Waldränder, dafür, dass es noch offene Landschaften gab. Mitunter halfen die Menschen mit Brandrodungen nach; nicht zuletzt, um für Pflanzenfresser attraktive Bedingungen zu schaffen, die dort leichter zu erlegen waren.

Der Wald bringt eine neue Tierwelt mit sich. Die großen Herden verschwinden, ebenso die Höhlenlöwen der Eiszeit. Das Pferd findet kaum mehr seinen Platz. Manchen Arten wie Wisenten gelingt es, sich anzupassen. Vor allem aber wird das Mesolithikum zum Zeitalter der Rothirsche, Rehe, Auerochsen und Wildschweine, der Braunbären und Elche, von Biber, Dachs und Rotfuchs, Wolf und Luchs.

All das zwingt die Menschen zu dramatischen Anpassungen. Sie können nun nicht mehr dem Wild in großen Herden durch die offene Landschaft folgen. Sie müssen sich mit Waldbewohnern arrangieren, die in kleineren Gruppen relativ standorttreu leben. Das verändert die Waffentechnik: In den Jahrtausenden der offenen eiszeitlichen Steppen war die Speerschleuder die Waffe der Wahl. Nun bricht die Zeit von Pfeil und Bogen an. Im Wald ist eine gerade Flugbahn gefragt, damit der Pfeil nicht im Geäst hängen bleibt oder Blätterrascheln die Tiere aufschreckt. Um die Präzision zu gewährleisten, kommt es darauf an, möglichst gleichartige Pfeile in Gewicht und Design herzustellen. Die Pfeilspitzen werden immer kleiner und feiner. Mikrolithen, winzige

Feuersteinmesser, mit denen Pfeile bewehrt wurden, sind eine typische Innovation des Mesolithikums. Wir sind ihnen bereits im Grab der Schamanin begegnet.

Das standorttreue Wild lässt auch die Menschen standorttreuer werden. Das Streifgebiet wird kleiner, aber intensiver genutzt. Konnte das der Eiszeitjäger in unseren Breiten rund 50000 Quadratkilometer groß sein, beschränken sich die mesolithischen Gruppen auf circa 1000 Quadratkilometer. Dafür wechseln sie nun öfter in ihrem Territorium das Lager, um das Wild weder dauerhaft zu verschrecken noch zu überjagen.

Zugleich greift man zu den Schätzen des Waldes: zu Haselnüssen vor allem, aber auch zu Früchten und Beeren. Zudem beginnt man, die aquatischen Ressourcen effektiver auszubeuten. Neue Harpunentypen entstehen, Angelhaken in unterschiedlichsten Größen, Aalstecher. Auch Fischernetze, Fischzäune und Reusen kommen zum Einsatz. Ein Aufwand, den Menschen zuvor kaum je betrieben. Ebenso wie diese sich früher lediglich im Ausnahmefall auf den Bootsbau einließen. Einbäume, pelzbespannte Kajaks und auch Flöße avancierten hingegen im Mesolithikum zu bevorzugten Verkehrsmitteln. An besonders Biomasse-reichen Orten, insbesondere an den Küsten mit ihrem Reichtum an *Sea Food* – neben Fischen, vor allem Muscheln, Krabben, aber auch Robben, Wale und Seevögel –, fingen die Menschen an, längerfristig an einzelnen Orten zu leben. Mitunter weckt das Begehrlichkeiten, Gewalt nimmt zu. Auch im menschlichen Miteinander dämmert ein neues Zeitalter herauf.

Nun wollen wir zum Forschungszentrum Monrepos aufbrechen, wo einzelne Stücke der Maske der Schamanin untersucht werden sollen, weil sie die Ehre haben, nach London zu reisen, um im British Museum gezeigt zu werden. Wir möchten die Gelegenheit nutzen, die erstaunlich modern anmutenden sozialen Konsequenzen des neuen Daseins zu diskutieren – und Hinweise auf die Persönlichkeit unserer Heldin zu erhalten.

14

UND DANN SPRICHT DER PILZ

Grandiose Aussichten entwickeln sich zum Running Gag unserer Ermittlungen rund um die Schamanin. Diesmal finden wir sie im «Palais der Prinzessinnen», der Villa «Waldheim», die einst für die Witwe des Fürsten zu Wied und deren Töchter gebaut wurde. Sie thront am Waldrand hoch über Neuwied und bietet einen fantastischen Ausblick über das Koblenz-Neuwieder Becken.

Einmal mehr verdanken wir das wunderbare Panorama unseren Vorfahren. In der Nähe liegt der Fundplatz Neuwied-Gönnersdorf, dessen Eiszeitjägern wir bereits begegneten. Sie sind der Grund, warum heute im «Schloss Monrepos» eine Außenstelle des Römisch-Germanischen Zentralmuseums Mainz residiert: «Monrepos. Archäologisches Forschungszentrum und Museum für menschliche Verhaltensevolution». Als Mitglied der Leibniz-Gemeinschaft hat man sich der Spitzenforschung verschrieben, insbesondere was die Untersuchung archäologischer Objekte auf Spuren ihrer einstigen Verwendung hin angeht.

Augenblicklich sind einige Teile der mutmaßlichen Tracht unserer mutmaßlichen Schamanin für eine erste Inspektion hier. Es sind Objekte, die nach London gehen. Als die Kuratoren der Ausstellung *The World of Stonehenge* in Halle waren, um die Regularitäten für die Ausleihe der Himmelsscheibe von Nebra zu klären, waren sie so verzaubert von der Schamanin, dass sie baten, wenigstens Teile ihres Kopfschmucks ausleihen zu dürfen. Zwar stand zur Zeit der Schamanin in Stonehenge noch kein einziger der monumentalen Steine, doch bereits die Jäger und Sammler des Mesolithikums hatten den Ort im Südwesten Englands besucht. Sie hatten mindestens drei dicke Kiefernstämme im Boden versenkt. Warum? Womöglich auch wegen der Aussicht. Vermutlich nicht einmal so sehr wegen der auf die heute noch bei Neo-Schamanen und Neo-Druiden beliebten Sonnenwenden (die sogenannte Horizontastronomie wird erst unter sesshaften Bauern populär). Sondern weil sich ein guter Blick auf im Jahresrhythmus vorbeiziehende Auerochsen bot.

*

Lisa Schunk führt durch das Monrepos-Spurenlabor, zeigt Mikroskope jeglicher Art, Hochleistungskameras, aber auch feinste Steinsägen. Ein Industrieroboter wiederholt prähistorische Arbeiten mit immer exakt den gleichen Bewegungen, um herauszufinden, welche spezifischen Schnitt- oder Schlagspuren ein Werkzeug hinterlässt und welche Gebrauchsspuren es selbst davonträgt. Traditionell hängt nämlich die Einschätzung, ob ein Stein- oder Bronzebeil nun als Kriegsgerät oder zum Holzfällen diente, oft von der individuellen Expertise des untersuchenden Archäologen ab. «In großen Serien von Experimenten versuchen wir, zu objektiven Beurteilungen zu kommen.»

Gemeinsam mit João Marreiros hat Lisa Schunk die Stücke aus dem Hallenser Landesmuseum einer ersten Inspektion unterzogen. Es geht nicht zuletzt darum herauszufinden, in welchem Rahmen weitere Untersuchungen sinnvoll sind. Dafür wäre es nämlich notwendig, die Stücke von jenem glänzenden Überzug, dem sogenanntem Geiseltal-Lack, zu befreien, mit dem es im vergangenen Jahrhundert leider üblich war, archäologische Objekte zu konservieren. Er macht die Mikrountersuchung der Oberflächen fast unmöglich.

Lisa Schunk präsentiert die ersten Untersuchungsergebnisse: Die halbmondförmigen Wildschweinhauer sind offensichtlich als Werkzeuge benutzt und erst dann zu Schmuck umgearbeitet worden. Insbesondere die nach innen gewölbten Seiten weisen diffuse Schnittspuren und Schraffuren auf. Ganz so, als hätten sie als Schaber gedient, womöglich für die Fellbearbeitung oder das Glätten von Holz oder Polieren von Stein. «Die Löcher sind später angefertigt worden, zeigen aber deutliche Tragespuren.» Dafür spricht auch, so Schunk, dass ein ausgebrochenes Loch repariert wurde, um den Hauer weiter tragen zu können.

Andere Anhänger scheinen hingegen extra fürs Begräbnis angefertigt. Manche Zähne, die von Auerochsen oder Wisent stammen, lassen deutlich erkennen, dass sie aus dem Gebiss gehebelt wurden. Doch zeigen die Durchlochungen keinerlei Tragespuren. «Das war also nicht unbedingt ihr persönlicher Besitz», erklärt Lisa Schunk, «vermutlich haben die Hinterbliebenen ihr das für die letzte Reise mitgegeben.»

Und das Rehgehörn? «Wir haben mit einem ähnlichen Stück versucht, es so auf dem Kopf zu befestigen, wie das die Illustration von Karol Schauer zeigt», erzählt Schunk, «es erwies sich als schwierig, das Rehgeweih vorm Herunterfallen zu schützen. Womöglich ist es ihr speziell fürs Grab auf den Kopf gesetzt worden.» Die Spitzen des Geweihs scheinen auf natürliche Weise abgebrochen, dafür sind auf dem Schädelfragment die Schnitte zu erkennen, mit denen das Fleisch entfernt wurde. «Auffällig ist, dass die Stangen unten an der Vorderseite einen polierten Eindruck machen, die Furchungen des Horns sind hier fast verschwunden. Besonders merkwürdig ist das hier.» Lisa Schunk zeigt auf die Stellen auf halber Höhe direkt unterhalb der nur noch rudimentär vorhandenen Vordersprossen. An beiden Hörnern sind Einkerbungen zu erkennen. «Die sind alt. Da war aber kein Fleisch, das entfernt werden musste. Eigentlich machen Einkerbungen an dieser Stelle keinen Sinn. Es sei denn, um eine Schnur zu fixieren.» Wozu? «Vielleicht war zwischen den Hörnern etwas gespannt oder befestigt. Federn vielleicht.» Eine Art Traumfänger? «Das Geweih könnte auch aufgehängt gewesen sein.»

Mittlerweile ist Olaf Jöris dazugekommen: «Spannt man zwischen beiden Hörnern einen Faden, hat man eine Laute.» War unsere Heldin also keine Schamanin, sondern eine Bardin? «Es wird ja auch diskutiert, ob die Schildkrötenpanzer nicht als Rasseln gedient haben oder bespannt als Perkussionsinstrumente benutzt wurden», sagt Jöris. Dann wären das Vorläufer späterer Schamanentrommeln.

Spekulationen gehören zwingend zur Archäologie. Thesen müssen aufgestellt werden, um sie zu überprüfen. Es ist auch schon vermutet worden, dass viele Beigaben gar nicht der Frau, sondern dem Kind gehören. Sie könnten von einer aufwendig gestalteten Babytrage stammen. Bei ethnografischen Beispielen verschrecken dicht an dicht hängende Zähne mit ihrem Geklimper böse Geister. «Allein eine Entsprechung über die Weiten von Zeit und Raum zu behaupten, genügt aber nicht», sagt Jöris. «Das ist die Gefahr bei der Fülle ethnografischer Beispiele: Wenn man nur lange genug sucht, findet man an irgendeinem Ort der Welt schon ein Vergleichsobjekt.» Für die Hypothesenbildung ist der Blick in die Ethnografie wichtig; diese darf nur nicht als Selbstbedienungsladen fungieren.

Die nächste Versuchung, die ewig lockt: die Überinterpretation. «Natürlich ist es verführerisch anzunehmen, dieses Rehgeweih habe vor 9000 Jahren einst das Haupt einer Schamanin geziert. Aber können wir wirklich ausschließen, dass das Geweih der Frau nicht einfach so mitgegeben worden ist?», fragt Jöris. Schließlich finden wir in anderen mesolithischen Gräbern auch Geweihe von Hirschen. Wobei es dann Abwurfstangen sind. «In unserem Fall» – Jöris betrachtet noch einmal das Gehörn, als sei es Yoricks Schädel in Hamlets Hand – «ist schon besonders, dass es sich um einen von Menschenhand bearbeiteten Rehschädel handelt. Und jetzt kommt ja noch das gekürzte Hirschgeweih dazu.»

Spätestens nach der Rückkehr aus dem British Museum wird entschieden, wie es mit der Gebrauchsspuren-Analyse weitergeht und ob die Entfernung des aufgetragenen Lacks ohne Gefährdung der Objekte erfolgen kann. Beim Aufbruch aus dem Spurenlabor gibt Jöris zu bedenken: «Es ist die Trauergemeinde, die für das Grab verantwortlich ist. Im Fall dieser Frau steht außer Frage, dass die Menschen damals alles in ihrer Macht Stehende taten, um der Besonderheit dieses Individuums Ausdruck zu verleihen.» Deshalb liegt der Schlüssel für das Rätsel der Schamanin darin, die Menschen und ihre Zeit zu verstehen.

*

Mit Olaf Jöris und der Leiterin von Monrepos, der Archäologieprofessorin Sabine Gaudzinski-Windheuser, geht es in die dem Institut angeschlossene Museumsausstellung. Deren Herzstück sind die Funde aus Gönnersdorf, wo vor 15 800 Jahren verschiedene Gruppen von Eiszeitjägern zusammenkamen. Eingebettet sind sie in eine Folge eindrücklich gestalteter Räume, die «Wunderkinder», «Rudelmenschen» oder «Machtwesen» betitelt sind und wesentliche Kapitel der menschlichen Verhaltensevolution nachzeichnen. Der Saal, der dem Mesolithikum gewidmet ist, trägt den Namen «Platzhirsche».

Auf den ersten Blick ist dem in viel Holz gehaltenen Raum nicht anzusehen, dass er für die Ausstellungsinitiatoren zwar eine faszinierende Epoche thematisiert, diese ihnen aber als nichts weniger als der erste Schritt aus dem Paradies erscheint. «Wir haben es mit der Abkehr von all dem zu tun, was das Leben der Menschen im Eiszeitalter zuvor prägte», sagt Sabine Gaudzinski-Windheuser. «Die große, ganz Europa umfassende Idee geht verloren. An die Stelle tritt der Rückzug in die eigene kleine Welt. Die Kollateralschäden davon spüren wir noch heute.»

An der Vertreibung aus dem Paradies ist keine Schlange schuld und auch kein Griff zu einer verbotenen Frucht – es sei denn der zur Haselnuss. Es war das Paradies selbst, das nach dem Rückzug der Gletscher radikal seine Gestalt und damit die Spielregeln veränderte. Die unvorstellbaren Wassermassen des schmelzenden Eises, die Bäche, Sümpfe und Flüsse frakturierten die unendliche Weite der Steppe in einen Flickenteppich kleiner Lebensräume; Wälder breiteten sich aus. «Zwar sind die Menschen sehr konservativ und versuchen lange, weiterhin so zu tun, als ob sie noch in der Mammutsteppe mit den großen Sozialverbänden lebten und den weiten Netzwerken, welche die Welt des Jungpaläolithikums bestimmten», erklärt Gaudzinski-Windheuser.

«Irgendwann aber mussten sie sich dem Schicksal fügen. Die Gruppen vereinzelten sich, wurden territorialer – um nicht zu sagen sesshafter. Ihre Welt wird isolierter: Ich kenne noch meine Nachbarn, aber die Nachbarn meiner Nachbarn, die kenne ich kaum noch.»

Die neuen Umweltbedingungen, allen voran das standorttreue Wild, zwingen die Mesolithiker, sich auf kleine Areale zu konzentrieren, deren Nutzung sie intensivieren. Sie erweitern das Spektrum der Ressourcen und versuchen, diese möglichst nachhaltig zu bewirtschaften. Auch greifen sie nun in einem solchen Maße auf den neuen Reichtum aus Flüssen, Seen und Bächen zurück, dass man eigentlich von Jägern, Sammlern und Fischern sprechen müsste.

«Wir sehen das im Fundmaterial», erzählt Sabine Gaudzinski-Windheuser, «die perfektionieren ihren Werkzeugkasten. Es gibt jetzt Tools für jede erdenkliche Aktivitäten. Die haben Angelhaken für kleine, große und mittlere Fische, spezielle Pfeile für verschiedene Tierarten. Und wenn sie auf Jagd gehen, sind stets mehrere Waffen dabei. Das kennen wir aus den Zeiten davor nicht. Jetzt fängt die Zeit der Spezialisierung an.» Da man vor allem in Holz macht, haben wir heute kaum mehr eine Ahnung von der mesolithischen Vielfalt. Allein dort, wo die Erhaltungsbedingungen günstig waren, wie im Moorfundplatz im brandenburgischen Friesack oder im britischen Star Carr, können wir eine ungefähre Vorstellung davon gewinnen, was uns ansonsten alles entgeht: die Rinde, der Bast, das Holz, viele, viele Pflanzen, die Pelze, die Federn, das Leder.

«Es kommt jetzt zu einer breiten Diversifikation. Die Menschen tüfteln daran, die lokalen Ressourcen noch effizienter zu nutzen», sekundiert Olaf Jöris. Eine große Wegscheide: «Die ersten Berufe der Menschheitsgeschichte entstehen.» Die Holzverarbeitung wird zu einer eigenen Wissenschaft. Jöris zieht aus einer Vitrine eine Tafel hervor, die auflistet, welche Baumarten für welche Aufgaben genutzt werden. Knapp zwanzig Arten sind verzeichnet. Allein Bogenbau (aus Kiefer, Ulme oder Eibe) erfordert komplexe Materialkenntnisse, und die Pfeilproduktion grenzt an serielle Fertigung; es kann ja nicht sein, dass jeder Pfeil eine andere Aerodynamik aufweist. Weil das Beutespektrum viel breiter geworden ist, nimmt der für die Jagd nötige Erfahrungsschatz zu. Ebenso das Wissen über den neuen Reichtum an Kräutern, Früchten, Rinden und die Unterscheidung von essbaren und giftigen oder halluzinogenen Pflanzen. Die Eiszeitsteppe bestach in Sachen nutzbarer Pflanzen eher mit kühler Kargheit.

«In dieser Phase der Menschheit sehen wir erstmals: Die Menschen leben zwar noch in Gruppen, aber es gibt keine Nahrungsbeschaffungsgleichheit mehr für alle», sagt Jöris. «Die Isotopenuntersuchungen an den Knochen zeigen: Der eine isst dies, der andere isst das. Die teilen auch noch Dinge untereinander. Aber die Fischer essen am meisten Fisch.» Und die Kinder von Fischern werden meist selbst welche. «Das sind gewissermaßen die ersten Betriebe: Die Kinder treten in die Fußstapfen der Eltern.» Selbstverständlich gibt es auch weiterhin Gemeinschaftsaufgaben: Es finden sich Fischzäune, die auf mehreren Hundert Metern erhalten sind. Das baut niemand allein.

*

Um keinen falschen Eindruck zu erwecken: Tatsächlich erweist sich die Welt jenseits von Eden durchaus noch als Schlaraffenland – es ist ja nur ein erster Schritt heraus aus dem Paradies; da ist noch nicht alles schlecht. Die Flüsse waren voller Hechte, Lachse, Störe und vieler anderer Fischarten. Der Wald bot Früchte im Überfluss. Vermutlich war die Ernährung nie ausgewogener als im Mesolithikum. An günstigen Standorten legen die Menschen Haselnusshaine an. «Sie lernen erstmals, langfristig zu wirtschaften», sagt Gaudzinski-Windheuser, «auch die Kinder und Kindeskinder sollen davon profitieren. Hier beginnt ökonomisches Denken im heutigen Sinn.»

Haselhaine müssen gepflegt und beschnitten werden. Erst nach 15 bis 20 Jahren bringen sie vollen Ertrag. Archäologen entdeckten Röstplätze, an denen Nüsse zu Hunderttausenden haltbar gemacht wurden. Sie sind über Generationen hinweg betrieben worden. Damit das möglichst effizient gelang, mussten in der Nähe viele ertragreiche

Haselbüsche stehen. «Ähnliches beobachten wir an den Küsten», sagt Jöris. «Dort lernen die Menschen, dass Muschelbänke eine verlässlich nachwachsende Ressource darstellen, solange man sie nicht übernutzt.» An günstigen Orten lebten die Menschen über viele Generationen in Siedlungen am Meer. Die *Køkkenmøddinger* («Küchenhaufen»), die zehn Meter mächtig werden konnten, bestanden vor allem aus Muschelschalen. Deren Analyse zeigt: Die Schalen sind alle mehr oder minder gleich groß. Höchstens in Notzeiten griff man auf junge Muscheln zurück, wohl wissend, dass man sich damit um zukünftige Ernten brachte.

Aus diesen Gründen tauge es auch nicht, sind die beiden Archäologen überzeugt, so zu tun, als fange erst mit dem Neolithikum eine radikal neue Form der Nahrungsproduktion an. Domestikation und Speicherwirtschaft sind keine Erfindungen der Bauern. «Schon seit dem Mesolithikum werden verschiedene Rassen von Hunden für ganz verschiedene Zwecke gezüchtet», sagt Gaudzinski-Windheuser. Besonders fleischreiche auch, um gegessen zu werden. «Andere Domestikationsversuche dagegen sind gescheitert.» Sie zeigt auf den Unterkiefer eines jungen Bären. Deutlich zu erkennen ist, dass er an einer Trense gelaufen ist. Das Mesolithikum ist eine Zeit der Experimente.

Archäologen sprechen in diesen Fällen von «Delayed Return»-Strategien, die anstelle der mehr oder minder unmittelbaren Entnahme von Nahrung aus der Natur auf die Investition in spätere Erträge setzen. Das hatte enorme soziale Konsequenzen. Die alten auf gegenseitiger Unterstützung basierenden Rückversicherungssysteme lösen sich auf. «In Notzeiten half man schon noch den Nachbarn», sagt Jöris. «Aber das funktioniert nicht mehr so gut. Die Ressourcennutzung würde überstrapaziert. Die Gefahr ist groß, dass das kollabiert.»

Mit der Zeit waren alle Territorien besetzt, es gab keine Ausweichareale mehr. Das ist ein Grund, warum unter diesen Bedingungen Konflikte neuer Art auftreten. «Das überrascht ja auch nicht: Wenn ich selbst nachhaltig plane und mich in der Ausbeute einer Ressource zurücknehme und jemand von außen durchkreuzt meine Pläne, bedroht das meine Existenz – wie soll ich dann reagieren?» Was hier zum ersten Mal geschieht: «Der Mensch wird sich selbst zur Konkurrenz.»

Jeder guckt vorrangig auf sich: «Man ist nur noch in seinem kleinen Reich zugange und versucht, das Beste für sich und die Seinen daraus zu machen. Wer sich nähert, wird argwöhnisch beäugt», sagt Sabine Gaudzinski-Windheuser. «Die Menschen werden zu Platzhirschen und verlieren die große Perspektive aus den Augen.» Klingt vertraut?

*

Orte, die besonders viel Nahrung bieten, wecken Begehrlichkeiten. Auch Vorräte müssen geschützt und bei Bedarf verteidigt werden. Die Konsequenz: Gewalt grassiert. «Das zeigen die Gräber: Da sind viele erschossen», sagt Gaudzinski-Windheuser. Aus Schweden und dem Baltikum sind Skalpierungen bekannt. Dienten die im schwedischen Kanaljorden gefundenen, auf Holzpfähle gespießten Köpfe der Abschreckung? Im brandenburgischen Groß Fredenwalde wurde ein Mann entdeckt, der aufrecht stehend begraben worden war. Er steckte nur bis etwa über die Knie in der Erde. Der Rest seines Körpers verweste sichtbar, bestialisch stinkend. Bissspuren an den Knochen zeigen, dass sich Tiere über seine Leiche hermachten. Wahrscheinlich sei er tot begraben worden, schreibt das Forscherteam um den Archäologen Thomas Terberger und die Anthropologin Bettina Jungklaus. Wahrscheinlich? Und was wenn nicht?

Jörg Orschiedt hatte in den 1990ern nicht nur die Schamanin als potenzielles Gewaltopfer begutachtet, sondern auch die Funde aus der Großen Ofnet-Höhle und vom Hohlenstein-Stadel. In Letzterer fanden sich drei Schädel, die dort Jahrhunderte nach dem Tod der Schamanin sorgsam deponiert worden waren. Sie stammten von einer Frau, einem Mann und einem nicht einmal zweijährigen Kind mit Hydrocephalus («Wasserkopf»). Stumpfe Schläge hatten mindestens zum

Tod der Erwachsenen geführt. Schnittmarken zeigen, dass die Schädel vom Körper abgetrennt worden waren. In der Großen Ofnet-Höhle waren Ausgräber schon 1907 auf zwei «Schädelnester» gestoßen. In Gruben fanden sich einmal 28 und einmal 6 Schädel, die dort als noch komplette Köpfe, also nicht entfleischt oder verwest, niedergelegt worden waren. Insgesamt handelt es sich um die Häupter von 9 Frauen, 5 Männern und 20 Kindern. Alles spricht für ein Massaker. Viele Schädel weisen massive Gewaltspuren auf, vermutlich waren Stein- oder Geweihäxte die Tatwaffen.

Wo reiche, ortsfeste Ressourcen im Überfluss bereitstanden, vor allem in Küstengebieten mit Lagunen, leben die Menschen zuweilen dauerhaft in Siedlungen. Man spricht in solchen Fällen gerne von «komplexen» Jägern und Sammlern. Es gibt erste Anzeichen auf neu entstehende soziale Hierarchien, die an die Stelle der alten auf Gleichheit setzenden Beziehungen traten. Kontrolle über Ressourcen und Vorräte gewährte Macht. Zugleich zeigen sich ausgeprägtere Formen der Territorialität. Die ersten Friedhöfe Europas entstehen. Sie schaffen Identifikation mit einem Ort und legitimieren die neuen Besitzansprüche: «Hier ruhen unsere Toten! Das ist unser Land!» Heimat, im Sinne von Geografie ist menschheitsgeschichtlich betrachtet ein spätes Phänomen.

Die aus der neuen Besitzlogik resultierenden gesellschaftlichen Konsequenzen schlagen auch auf die Geschlechterbeziehungen durch, betonen Gaudzinski-Windheuser und Jöris. Wo Besitz verteidigt werden muss, sind starke Männerallianzen gefragt. Da sind jene Gruppen im Vorteil, die ihre Söhne vor Ort behalten – die sind stark und loyal. Dann müssen aber die Frauen von woanders herkommen. Tatsächlich lässt sich das mancherorts bereits zu mesolithischen Zeiten nachweisen – etwa auf den reichen Friedhöfen der Inseln Téviec und Hoëdic in der Bretagne. Die Isotopen-Untersuchungen enthüllen, dass sich die Männer in viel stärkerem Maße von marinen Ressourcen ernährten als die Frauen, vor allem als junge Frauen. Das bedeutet, dass die Männer von den Inseln stammen, die Frauen aber aus dem Inland dorthin gekommen waren. In der Tendenz verschlechtert das die Position der Frauen, verlieren diese durch den Wegzug ihre vertrauten Verwandtschafts- und Freundschaftsnetzwerke und müssen in fremden Gruppen leben.

«Doch erst im Neolithikum mit der Landwirtschaft sehen wir an den Skeletten, dass Frauen besonders hart arbeiten müssen», schränkt Olaf Jöris ein. «Im Mesolithikum erkennen wir noch keine institutionelle Trennung zwischen den Geschlechtern.» Ohne Frage hat mal eine Frau etwas anderes gemacht als ein Mann. «Aber das ist eine Frage von Individuen und keine strukturelle soziale Ungleichheit.»

«Eure Heldin hat doch auch Mikrolithen dabei», ergänzt Sabine Gaudzinski-Windheuser. «Sie wird also Pfeile und einen Bogen besessen haben. Da aus Holz, haben die sich nicht erhalten. Das ist Jagdbewaffnung.» Ähnliches kennt man aus anderen mesolithischen Gräbern: Die «Frau von Bäckaskog» aus dem südschwedischen Schonen, auch sie eine Zeitgenossin der Schamanin, hatte eine Jagdausrüstung im Grab, weshalb man sie ebenfalls lange für einen Mann hielt. «Trotzdem haben wir Indizien, dass im Mesolithikum die Geschlechterbeziehungen in Bewegung geraten sind.» Wie war das denn vorher im Jungpaläolithikum? Bei den Eiszeitjägern? «Wir haben archäologisch keine Indizien dafür, dass Gender eine Rolle spielte», sagt Gaudzinski-Windheuser. In den kleinen Gruppen herrschte ein hohes Maß an Flexibilität, das war das Überlebensgeheimnis. Und es existieren zahlreiche Belege für die starke Rolle von Frauen. «Ungerechte Machtbeziehungen zwischen den Geschlechtern waren kein Thema.»

Aber unter den sich ändernden Lebensbedingungen wandelt sich auch das. Im ausgehenden Eiszeitalter, im Übergangshorizont zum Mesolithikum haben wir um 12 200 vor Christus in Oberkassel vermutlich das erste Grab einer Frau und eines Mannes in jener Konstellation, die wir heute als «klassische Paarbeziehung» bezeichnen. «Da ist der Mann deutlich älter als die Frau – und einen Hund haben sie auch dabei», sagt Gaudzinski-Windheuser. «Vorher finden sich in Gemeinschaftsgräbern die verschiedensten Kombinationen. Sobald es mit dem wirtschaftlichen Denken anfängt, tauchen solche Konstrukte vermehrt auf.» Der Anfang vom Ende des Paradieses.

*

Eine Welt, die komplexer wird, in der das Umweltwissen wächst, sich die Menschen spezialisieren und Berufe entstehen: «Da braucht es neue Regelwerke», sagt Jöris, «die definieren, was erlaubt und was tabu ist. Die erklären, warum man kleine Fische zurück ins Wasser setzt und keine Jagd auf eine Hirschkuh macht.» Die Menschen müssen gar nicht einmal die dahinterstehenden biologischen Zusammenhänge kennen; aber es entstehen Geschichten oder Mythen, die schildern, was jenen Jägern Schreckliches zustößt, die eine trächtige Hirschkuh schießen. «Ganz so, wie wir das im Fall der Nunamiut und Tareumiut gesehen haben.» Das schlägt sich auch in Jagdritualen nieder, die dafür sorgen, dass das allen im Gedächtnis bleibt und eine Übernutzung der Tierbestände verhindert wird. Die Regelwerke werden mit der Zeit strikter und stärker – und es braucht Instanzen, die über deren Einhaltung wachen und Verstöße sanktionieren. «Das kann die ganze Gruppe sein, die Ältesten, die weise Frau.»

Das dehnt sich auf alle Bereiche aus. Auf die Welt des Heilens ebenso wie auf den Kontakt mit den Geistern. «Früher konnte das mehr oder weniger jeder selbst», sagt Gaudzinski-Windheuser. «Jetzt braucht es jemanden, der das für dich macht, weil die Welt komplizierter geworden ist und du das nicht mehr so gut selbst kannst.» Das ist die historische Situation, in der regelhaft spirituelle Spezialisten entstehen, erste Formen religiöser Experten. Im prähistorischen Kontext taucht unsere Schamanin, wenn sie denn eine ist, also genau im richtigen Moment auf? «Ja, in der Tat», sagt Olaf Jöris. «Der weithin sichtbare Ort, an dem sie bestattet wurde, und die für die Zeit unvorstellbare Vielfalt an Beigaben legen nahe, dass sie nicht nur für eine Gruppe, sondern gleich für eine ganze Region tätig war.»

Hier wird es spannend: Wenn also «Schamanin» als eine Instanz und erste Profession, ein erster Beruf entsteht, geht damit bald auch ein Set an berufstypischen Praktiken, Symbolen und Erkennungsmerkmalen einher. Zunächst in Ansätzen, trotzdem greift automatisch das, was Soziologen als Kanonisierung und Institutionalisierung beschreiben: Es entsteht eine gesellschaftliche Vorstellung von dem, was eine Schamanin, ein Schamane ist und wie sie oder er auszusehen hat. Dazu gehören typische Ausstattung, typische Kleidung, typische Erkennungszeichen. Es spricht viel dafür, dass wir es im Fall der im mesolithischen Europa an vielen Orten auftauchenden mutmaßlichen Geweihmasken mit den ersten Insignien einer neuen Profession zu tun haben. Der Profession jener, die die Befähigung haben, die Grenzen zwischen Tier und Mensch zu überschreiten und ins Reich der Geister vorzudringen.

Solch eine Spezialistin kann, wenn sie ihrer Profession als Vollzeitjob nachgeht, nicht allein von einer einzelnen Gruppe versorgt werden, da sie nichts zum Lebensunterhalt der Gruppe beiträgt. Sie braucht eine größere Basis. «War sie erfolgreich in ihrem Tun, hat sich das schnell herumgesprochen», sagt Olaf Jöris, «dann war sie berühmt in der Region als die Heilerin, als die Weise vom Berg, als die, die mit den Geistern tanzt.»

*

Nach einem langen Tag in Monrepos geht es zum Abschied abends zum Italiener. Bei einem Glas Prosecco sollte ein wenig Herumfantasieren über das Wesen der Schamanin erlaubt sein. Wenn wir die Macher von *Mezolith* bitten würden, eine Graphic Novel über das Schicksal unserer Heldin zu zeichnen: Wie sollten sie die Schamanin gestalten? «Für mich ist die zentrale Frage: Konnte sie sich mit ihrer Krankheitsgeschichte selbst versorgen?», eröffnet Olaf Jöris die Runde. «Womöglich musste sie von der Gruppe gepflegt werden. In der Fülle der Beigaben spiegeln sich das Engagement, die Solidarität der Hinterbliebenen wider, deren Mitgefühl und Trauer. Mit der Anomalie der Halswirbel können auch neurologische Auffälligkeiten verbunden sein. Wer weiß, vielleicht konnte sie sich nicht einmal richtig artikulieren.» Und dann? «Dann fungierte ihr Stammeln vielleicht als eine Art Orakel. Die Menschen pilgerten zu ihr, weil sie glaubten, die Geister sprächen durch sie.»

«Nein, ihr könnt sie doch nicht zu einer leidenden Person machen», winkt Sabine Gaudzinski-Windheuser ab. Als ob starke Frauen in der Vorgeschichte ein Ding der Unmöglichkeit wären. «Es spricht so viel Verehrung aus diesem Grab. Bewunderung! Anteilnahme! Seht euch die Beigaben an: Wer hat denn damals eine Schatulle voller Pfeilspitzen aus einem Kranichknochen dabei? Im Mesolithikum ist das total *fancy*!» Also kein stammelndes Wesen? «Das mögliche Spektrum, in dem sie zu verorten ist, ist riesig: Das reicht von Feenkönigin bis Waldschrat; das spielt irgendwo zwischen Auenland und dreimal schwarzer Kater.»

Geht es etwas konkreter? «Ich stelle sie mir als eine exaltierte, kapriziöse Figur vor. *Sparkling*, funkelnd», so die Archäologie-Professorin. Wie Cate Blanchet als Galadriel in der Verfilmung von *Der Herr der Ringe*? Immerhin hat die Elbenkönigin mit der Schamanin einiges gemein: Hochverehrt und die Letzten ihrer Art, lebten beide in Wäldern, wie es sie danach nie mehr geben sollte, kurz bevor sich die Welt wandelte. «Nein, zu unterkühlt.» Wie Melisandre, die Rote Zauberin aus *Game of Thrones*? «Auf keinen Fall.» Wie wer denn dann? «Vielleicht Aslaug, die zweite Frau von Ragnar Lothbrock in *Vikings*?» Aber die ist doch blond und blass. Da kommt die Pizza. Wäre dann nicht Leonor Varela, die im Hollywood-Epos *Alpha* schon in Karol Schauers Outfit der Schamanin auftrat, eine gute Wahl? «Vom Typ ja, bloß ist ihr Auftritt sehr düster.»

Näher betrachtet, stoßen wir auf das gleiche Problem wie bei der Frage, welche Hautfarbe nun mit dem Genom unserer Heldin korrespondiert. Uns fehlen die modernen Entsprechungen. All die Frauengestalten, die uns beim Italiener einfallen, sind mehr oder minder männliche Imaginationen der Popkultur. Auch sonst: Das, was uns heute beim Stichwort «starke Frau» in den Sinn kommt, sind in der Regel leider nur jene, die eine Funktion im patriarchalen System erfüllen:

Allein als Frau, Mutter oder Tochter eines wichtigen Mannes erhalten sie ihre Bedeutung. Wir haben kaum konkrete Vorstellungen, wie es damals wirklich war. Wir können allenfalls erahnen, wie Frauen sich gaben in Zeiten vor allem Patriarchat. In Zeiten, als noch niemand auf die Idee kam, sie könnten das schwache Geschlecht gewesen sein.

Vielleicht finden wir also eher bei männlichen Rollenvorbildern Inspiration? Oder sollten wir uns damit abfinden, dass wir nie eine Vorstellung haben werden, wie unsere 9000 Jahre alte Schamanin tatsächlich war? Was wir nicht vergessen dürfen, wirft Olaf Jöris ein: «Spiritualität war damals der Normalzustand. So ein Wald ist ja etwas Ungeheures. Überall Geräusche, Blätter in Bewegung, Stimmen, ein ständiges Wispern – und dann spricht der Pilz. Die leben inmitten eines Kosmos voller Geister. Wie man sich das heute noch in Skandinavien ausmalt: ein Reich voller Trolle, Elfen, Waldgeister. Eine allseits beseelte Welt. Sie glaubt ja selbst, Geister zu sehen und mit ihnen Kontakt aufnehmen zu können.»

Klingt wie ein weiblicher Radagast. Vielleicht wäre das eine Option: Radagast der Braune ist einer der Zauberer bei Tolkien: ein etwas wunderlicher Freund der Vögel und der Tiere des Waldes – zumindest der friedlichen. Die sind ja auch unserer Heldin beigegeben: Biber, Igel, Kranich, Reh, Hirsch und Schildkröte. Sie hat weder Fuchs, Luchs noch Marder dabei, geschweige denn Wolf oder Bär. Und ein Virtuose der Kräuterkunde ist Radagast auch. Und trotzdem mutig! Zumindest in Peter Jacksons *Hobbit*-Verfilmung stellt er sich heldenhaft den dämonischen Mächten der Dunkelheit entgegen. Und einen von Kaninchen gezogenen Schlitten hat er auch. Der weiß genau, wo das nächste Loch für die Reise in andere Welten zu finden ist.

Abschließend lässt sich nicht mehr klären, wer es auf den Punkt brachte: Eine Art Radagast, gespielt von Leonor Varela, statt der Kaninchen einen Hirsch à la Harry Potters Patronus-Zauber dabei – und schon waren wir unserer rätselhaften Schamanin so nah wie nie zuvor.

15

DAS VERSCHWUNDENE GRAB

In Halle rauchten derweil die Köpfe. Wie gräbt man etwas aus, das verschwunden ist? Die im Kurpark von Bad Dürrenberg geborgenen Erdblöcke enthielten ein bereits geborgenes Grab, ein wieder verfülltes Nichts. Es ging also um eine Ausgrabung der Ausgrabung, um Archäologie im Quadrat.

Immerhin vollzog sich das unter äußerlich angenehmen Bedingungen. Die Blöcke waren ins Zentraldepot transportiert worden, wo in einer wohltemperierten Industriehalle die archäologische Feinarbeit begann – ganz ohne Regen, Kälte oder sengende Sonne. Trotzdem geriet das Ausgrabungsteam unter der Leitung Andreas Siegls ordentlich ins Schwitzen.

Der archäologische Normalfall ist trivial gesprochen: Man hat etwas, das man zumindest ansatzweise sehen kann. Ob durch Zufall gefunden oder gezielt danach gesucht: Im Boden liegt ein Grab, ein Waffenhort oder eine Jagdstation. Das lässt sich dann in der Regel von oben nach unten Schicht um Schicht freilegen. Im Fall des Dürrenberger Grabes hatte man aber nichts mehr. Es war schon 1934 entdeckt, ausgegraben und anschließend wieder verfüllt worden. Der eine Teil, jener, durch den die Wasserleitung des Springbrunnens lief, war gar nicht mehr existent, der andere Teil nie von oben geöffnet worden, weil das Grab von der Seite her aus dem Leitungskanal geborgen worden war.

Um sicherzustellen, dass sich nicht vielleicht doch durch Bodenverfärbungen ein Hinweis auf die Grabgrube fände, trug die Archäolo-

Spurensuche:
Im vertikalen Querschnitt des Grabes zeigt sich deutlich der seitliche Eingriff der Ausgräber vom Leitungsgraben im Jahr 1934 (helle Ausbuchtung links). Mittels einer Farbspektralmessung (unten) wird versucht, Unterschiede in der Bodenstruktur sichtbar zu machen, die mit bloßem Auge nicht zu erkennen sind.

gin Merle Scheunchen vorsichtig noch einmal 2,5 Zentimeter von der obersten Schicht ab. Doch zu erkennen war immer noch nichts. Wie und was soll man da graben?

*

Natürlich hält die Archäologie für solche Fälle Methoden bereit. So werden die Digitalbilder der Oberfläche durch verschiedene Filter künstlich verfremdet, etwa durch die Verschiebung der Farbsättigung, um dem Auge nicht erkenntliche Strukturen zu entdecken. Doch in diesem Fall reichten die Ergebnisse nicht. Deshalb tüftelte man an weiteren Wegen, um das Unsichtbare sichtbar zu machen. So versuchte das Team um Andreas Siegl, sich den Umstand zunutze zu machen, dass die Toten nach der Bestattung offensichtlich mit Rötel, also Hämatit, bedeckt worden waren. Da es sich bei Hämatit um Eisenoxyd handelt, wurde die Oberfläche geomagnetisch untersucht, um zu kartieren, ob sich rötel- von nicht rötelhaltigen Bereichen unterscheiden lassen. Dann führte man in einem genau definierten Raster Salzsäuretests durch. Schließlich war in dem Grab das Unterste zuoberst gekehrt und kräftig durchmischt worden. Im oberen Bodenbereich kam es nämlich zu Kalkauswaschungen, während sich Kalk im unteren Bereich des Grabes anreicherte, was ein Grund für die außerordentlich gute Knochenerhaltung war. Die Hoffnung war also, dass sich im obersten Planum, in welches das verschwundene Grab eingetieft war, entsprechende Unterschiede im Kalkgehalt detektieren ließen. Auch kam eine Farbspektralmesspistole zum Einsatz, Mikromorphologieproben wurden genommen und eine Fußbodenheizung montiert.

Eine Fußbodenheizung? «Nun ja», lacht Andreas Siegl, «verschiedene Sedimentarten reagieren unterschiedlich beim Erwärmen oder Abkühlen. Deshalb beschlossen wir, die Oberfläche der Grabungsblöcke erst aufzuheizen und während des anschließenden Abkühlens eine kontrollierte Serie von Thermografie-Aufnahmen zu machen.» Doch wie heizt man einen 2 mal 1,4 Meter großen Block auf? Versuche mit einem Infrarotheizstrahler lieferten nicht das gewünschte Ergebnis. «Dann wählten wir die Fußbodenheizung», erzählt Siegl. Über dem Block wurden Heizmatten verlegt, wie sie ansonsten unters Laminat kommen. Der Block erhielt einen Deckel und wurde komplett gedämmt, um ein gleichmäßiges Erwärmen sicherzustellen. Nach sechs Stunden hatte die oberste Schicht eine Temperatur von 38 °C erreicht. Anschließend wurde der Deckel abgenommen und im Minutenabstand wurden Aufnahmen mit einer fest installierten Wärmebildkamera gemacht, um zu sehen, ob sich die Grabgrube durch ein spezifisches Abkühlverhalten verrät.

*

Die Verfahren lieferten mal stärkere, mal schwächere Ergebnisse, die übereinstimmend halfen, eine Anomalie auf der Blockoberfläche zu identifizieren, die auf den Aushub der Grube vor 9000 Jahren zurückzuführen ist. Damit hatte man endlich den fürs Ausgraben nötigen Anhalt und trug in 5-Zentimeter-Schichten den Block ab. Doch erst als die Grabgrube in der Tiefe eine Geröllage durchschnitt, war sie deutlich zu erkennen. Für die mesolithischen Totengräber muss das eine elendige Plackerei gewesen sein, sich durch die fest verbackene Kiesschicht mit Hacken aus Geweih zu buddeln.

Jeder Schritt wurde akribisch dokumentiert, jeder Fund eingemessen, allerorten wurden Proben genommen, um sie auf Pollen oder sogenannte Boden-DNA zu untersuchen. Mittlerweile kann die Archäogenetik sogar unter bestimmten Bedingungen Reste menschlichen oder tierischen Erbguts in Sedimenten nachweisen. Alles wurde fotografiert, sodass am Rechner parallel ein virtuelles dreidimensionales Modell erwuchs, das die Trichterform der Grube enthüllte. Das Grab bestand aus einer flachen, ovalen Wanne, in die ein enger Schacht eingetieft war – dort ruhten die Frau und das Kind. Im Mesolithikum wird das Grab etwa 1,10 bis 1,30 Meter tief gewesen sein.

Die Furcht, 1934 sei die gesamte Grabgrube ausgeräumt worden und kaum noch Reste vorhanden, erwies sich als unbegründet. Zur

Freude aller stellte sich heraus, dass deutlich mehr von den Randbereichen erhalten war als erwartet – und diese auch noch Funde bargen. «Bereits im Kurpark hatten wir einiges im Wasserleitungsgraben entdeckt», erzählt der Archäologe Holger Dietl, der für die Koordination des Projektes mitverantwortlich ist. «Mit den jetzt neu entdeckten Objekten aus dem Grab haben wir aktuell über 2000 neue Einträge in der Funddatenbank. Dazu zählen natürlich auch kleine Fragmente wie Knochensplitter. Das ist aber bei Weitem noch nicht alles.» Noch gibt es säckeweise Sedimente aus dem Umfeld des Grabes, die geschlämmt und ausgelesen werden müssen.

Es fanden sich bisher mehr als fünfzig neue Tierzähne vor allem von Hirsch und Auerochse oder Wisent, etwa 15 durchbohrt. Die Zahl der Feuersteinklingen und -abschläge vervierfachte sich sogar auf bald fünfzig Stück. «Wir haben auch eine komplett neue Fundgattung: *Gyraulus*-Schnecken.» Dietl zeigt die winzigen Schalen, nur wenige Millimeter im Durchmesser. Keine Überraschung, dass die den ersten Ausgräbern entgangen sind. Vielleicht waren sie für das Kind bestimmt, so filigran wie sie sind. «Es sind fossile Stücke, die absichtlich beigegeben wurden.» Mittlerweile haben die Ausgräber

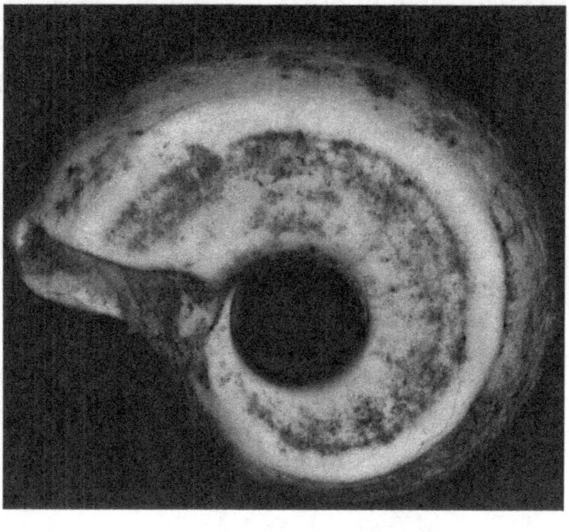

Schmuckstück: Von den Nazis übersehen, finden sich immer mehr fossile «Gyraulus»-Schnecken, die in der Mitte durchbohrt waren. Sie könnten von einer dem Säugling beigegebenen Kette stammen.

zwanzig in der Mitte durchbohrte Schnecken gefunden. Sie können also zu einer Kette aufgefädelt, ins Haar geflochten oder auf der Kleidung aufgenäht gewesen sein. «Wir kennen sie auch von anderen mesolithischen Fundplätzen, wo sie als Schmuckschnecken interpretiert werden.»

Ansonsten fanden sich zahllose Fragmente von Tierknochen und Muscheln. Und jede Menge neue Schildkrötenbruchstücke. Bisher konnte kein Stück eines Brustpanzers identifiziert werden, auch andere Skelettteile fehlen. «Kratz- und Schnittspuren zeigen, dass anhaftende Weichteile entfernt wurden», erklärt Dietl, «ebenso wie die Rückenwirbel, die mit der Panzerinnenseite verwachsen sind.» Es handelt sich also um keine Nahrungsbeigaben, eher um Schalen.

Auch menschliche Überreste fanden sich immer wieder. Dem wichtigsten Stück sind wir bereits begegnet: einem der beiden Felsenbeine des Säuglings, das uns hoffentlich dessen Identität verraten wird. Doch auch Knochen der Schamanin barg das verschwundene Grab: «Hier lagen gleich zwei ihrer Halswirbel.» Andreas Siegl zeigt auf eine gangartige Struktur, die aus dem Grab hinausläuft. «Dort haben wir zwei Feuersteinklingen und zwei durchbohrte Tierzähne entdeckt.» Einer steckt noch im Sediment. Verschleppt von Bodenwühlern wie Hamster oder Maulwurf.

An der tiefsten Stelle des Grabes machte Andreas Siegl eine erstaunliche Entdeckung: Im Negativ hatte sich eine Struktur erhalten, die sich vom Boden in einem rechten Winkel hochzog. Die Eindrücke scheinen von Ruten zu stammen, aller Wahrscheinlichkeit von Weiden. «In das Grab könnte ein Einbau aus einem korbartigen Geflecht eingelassen worden sein.» Zudem dienten die Ruten als Trägerstruktur für einen wohl rot eingefärbten Lehmverputz.

Zwischen dem Geflecht und der Grabgrubenwand befand sich weißer Lehm, vermutlich zur Stabilisierung. Die beiden Toten waren also nicht einfach in die Erde gesetzt worden, sondern in einer sorgsam ausgekleideten Grabgrube, wenn nicht gar Grabkammer in die Anderswelt entsandt worden. «Wir konnten sogar erkennen, wo der

Schädel der Schamanin gelegen hat», erzählt Siegl. Er war etwas zur östlichen Wand verkippt.

*

Die Nachgrabung belegt auch, wie schnell die Ausgräber 1934 gearbeitet hatten. Sie näherten sich vom westlich gelegenen Leitungsgraben und trafen die Schamanin auf ihrer rechten Seite. «Wir haben Fragmente von der Gelenkkugel des rechten Oberarms gefunden, da gibt es eine Einschlagsstelle von einer modernen Hacke», berichtet Jörg Orschiedt. «Ebenso haben wir Bruchstücke des rechten Unterschenkels entdeckt.» Das sind die einzigen Stücke der beiden Langknochen, die noch vorhanden sind. Der Rest ist bei der C14-Altersdatierung zu DDR-Zeiten verschollen gegangen. Der Anthropologe ist sich sicher, dass man diese Knochen für die Beprobung ausgewählt hatte, weil sie durch die Ausgrabung beschädigt worden waren. «Auch die Rippen waren auf ihrer rechten Seite stärker fragmentiert als links.»

Dank der Nachgrabung lässt sich ihr Skelett immer mehr vervollständigen, insbesondere was Hals- und Lendenwirbel angeht. Orschiedt konnte den Axis-Wirbel identifizieren, der direkt unter den fehlgebildeten Atlas-Knochen gehört. Tatsächlich weist auch dieser eine Anomalie auf, sodass die beiden bestens ineinanderpassen. Insofern hilft das Forschungsprojekt, zumindest partiell die körperliche Integrität der Schamanin wiederherzustellen. Selbst kleine Endgelenke von Fingern und Zehen, die kaum je in Gräbern gefunden werden, tauchen auf.

«Wir besitzen jetzt auch Zähne des Kindes, zumindest die Zahnkronen», sagt Orschiedt. Die sind so winzig, als wären sie der Zahnfee aus der Tasche gefallen. Sie waren noch gar nicht durch den Kiefer gebrochen. Immerhin bestätigen sie die bisherige Altersschätzung: Es war ein Säugling von sechs bis acht Monaten. Die ersten Ausgräber glaubten, dass das Kind wohl im Schoß der Frau ruhte. Dafür sprach aber nur ein Schädelstück, das zwischen den Beinen der Frau lag. «Wir vermuten eher, dass das Kind der Frau auf die Brust oder in die Arme ge-

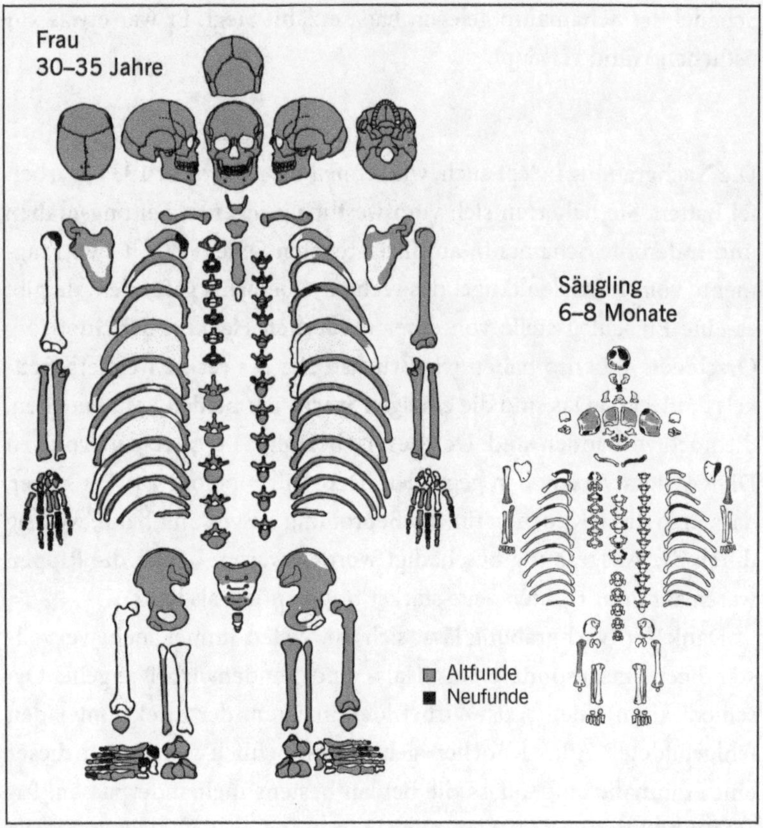

Fundglück: Die Ausgräber entdeckten noch winzigste Knochenreste, die der vermeintlichen Schamanin und dem Kind gehören.

legt worden war. Vor allem ihre Köpfe lagen nah beieinander», erklärt Orschiedt. Dafür spräche die unregelmäßige Verteilung des Ockers auf beiden Schädeln. Überdies fanden sich die meisten kindlichen Schädelreste im oberen Bereich der Grabgrube.

Kann man am Skelett erkennen, ob sie überhaupt ein Kind zur Welt gebracht hat? Orschiedt schüttelt den Kopf. «Es kann sein, dass Geburten Spuren am Becken hinterlassen. Sie tun das aber nicht in jedem Fall. Wenn man also bei einer Frau keine Spuren sieht, bedeutet das noch lange nicht, dass sie nicht geboren hat.» Und bei ihr? «Sieht man keine Spuren.»

Noch harren viele meist kaum Zentimeter große menschliche Knochenfragmente ihrer Identifizierung. Merkwürdig ist, dass noch kein einziges Stück der Unterschenkel des Kindes dabei war, während die grazileren Wadenbeine erhalten sind. Überhaupt fanden sich deutlich weniger Knochen als im Fall der Frau. «Womöglich ist 1934 einiges vom Aushub nicht wieder in das geleerte Grab zurückgeschüttet, sondern an anderer Stelle verwendet worden», sagt Orschiedt. «Auch das zweite Felsenbein des Kindes haben wir bisher nicht gefunden.»

*

In der Restaurierungswerkstatt übt sich derweil der Konservator Heiko Breuer im Geduldsspiel. Er beugt sich über das Hirschgeweih, das in einer separaten Grube nur einen Meter westlich von der Schamanin niedergelegt wurde. «Nicht sehr erfreulich» sei der Zustand des Geweihs. «Und wenn es feucht wird, wird es matschig», klagt Breuer, was das Reinigen mit Wasser verbiete. Stattdessen hilft der behutsame Einsatz von Alkohol und Aceton.

Das offenbar in zwei Teile zerbrochene Geweih ist in separate Gipsfassungen fixiert. Breuer legt gerade das größere Geweihfragment von hinten frei, nummeriert die Einzelteile und versucht, sie nach der Säuberung zusammenzupuzzeln. «Bei den winzigen Stücken hält sich der Spaß in Grenzen», sagt Breuer. «Man kann sie kaum anfassen. Es gibt keine klaren Bruchkanten wie bei Glasscherben, die sich passgenau zusammenfügen ließen.» Es ist, als müsse man einen zerbröselten Keks wieder zu einem Ganzen zusammensetzen.

Von der Unterseite der Maske wird nun auch eine neue Probe für die Altersdatierung genommen, die erste von der Oberseite war ja ohne Ergebnis geblieben. «Wir können die ersten Eindrücke der Archäologen bestätigen», sagt auch Christian-Heinrich Wunderlich, der Leiter der Restaurierungswerkstatt. «Das Geweih weist deutliche Bearbeitungsspuren auf, besonders am Schädelansatz, wo die festsitzende

Haut entfernt werden musste, sieht man tiefe Schnittspuren.» Ebenso unzweifelhaft ist, dass es sich um kein abgeworfenes Geweih handelt. Teile des Schädelansatzes sind noch da, während die Geweihstangen gezielt eingekürzt wurden. «Wären die ursprünglich noch vorhanden gewesen und hätten sich erst im Laufe der Jahrtausende zersetzt, würden wir das im Befund erkennen.»

Die Ähnlichkeit zu den bereits vorgestellten Masken aus dem britischen Star Carr ist frappierend; die bestehen auch nur aus dem oberen Schädelteil und den Geweihansätzen. Der Verdacht erhärtet sich, dass wir es erstmals mit dem Nachweis einer Hirschgeweihmaske im Zusammenhang mit einer mutmaßlichen Schamanin zu tun haben – was auch den Geweihfund zu einer archäologischen Sensation macht. Das Grab von Bad Dürrenberg könnte sich als *Smoking Gun*, als TÜV-Plakette für alle Theorien in Sachen mesolithischer Schamanen entpuppen.

Da die separate für das Geweih angefertigte Grabgrube mit einem Durchmesser von 1,20 Meter überraschend groß war, drängt sich die Vermutung auf, dass das Geweih in ein Fell, eine Kappe oder sogar einen Umhang eingearbeitet war und auf diese Weise auf dem Kopf getragen werden konnte, um seine Trägerin mit dem Hirschgeist verschmelzen zu lassen. Lag einst in dieser Grube eine ganze Schamanentracht? Deren aus organischem Material bestehende Partien hätten die Zeiten nicht überdauert. Was es aber mit den beiden Feuerstein- und Quarzklingen und der handtellergroßen Sandsteinplatte auf sich hatte, die zudem in der Grube lagen, bleibt einmal mehr rätselhaft.

Denkbar auch, dass das Hirschgewand für spezielle Zeremonien reserviert war. Unsere vermeintliche Schamanin scheint ja bereits in ihrem Ornat bestattet zu sein. Womöglich war ihre Rehmaske dem alltäglichen Einsatz vorbehalten, während sie zum Hirschgeweih griff, sobald eine große Notlage einen besonders mächtigen Schutzgeist erforderte.

16

WAS WIR GLAUBEN

Damit wären wir einen entscheidenden Schritt weiter: Unsere Heldin könnte tatsächlich so etwas wie eine religiöse Spezialistin gewesen sein. Doch das wirft die nächste Frage auf: Was um Himmels willen haben wir uns unter einer religiösen Spezialistin vor 9000 Jahren vorzustellen? Gab es damals schon Religion und, wenn ja, wie sah die aus? Wir können es nicht à la *Mezolith* machen und uns eine Heldin zusammenfantasieren, die auf ihrem Berg über der Saale herumkobolzt, bis sie in Ekstase fällt und ihre Seele auf einem Raben davonfliegen lässt.

Die Archäologie ist uns in diesem Fall zunächst keine große Hilfe. Weil es an konkret interpretierbaren Funden mangelt, die Aufschluss über vorgeschichtliche Glaubenswelten geben, wurde die Auseinandersetzung mit Fragen der Religion gemieden, konstatierte noch vor einigen Jahren Marek Zvelebil, einer der besten Kenner des Mesolithikums. Die Archäologin Penny Spikins sprach sogar von der Frage nach der mesolithischen Religion als einer «Büchse der Pandora», vor deren Öffnung die Forschung bisher zurückgeschreckt sei.

Dabei waren zumindest die fantastischen Bilderwelten der letzten Eiszeit immer Projektionsflächen für populäre Theorien, wie die einer allseits verehrten Großen Göttin oder bewusstseinserweiterter Schamanen, die ganze Höhlen mit ihren Visionen vollpinselten. Bloß war die Beweislage so vage, dass solche Theorien zwar großes Echo entfalteten, ihnen aber die allgemeine Anerkennung versagt blieb. Widmeten sich Archäologen doch einmal der Geschichte der Religion, konzentrierten sie sich deshalb auf die ersten Gräber. Zumindest hatten sie da etwas Handfestes.

In den Bestattungen manifestierten sich Jenseitsvorstellungen, lautete die Annahme, und da schon die Neandertaler ihre Toten begruben, erscheint der *Homo sapiens* nicht die einzig religiöse Spezies auf diesem Planeten gewesen zu sein. Doch diese Fixierung auf Tod und Jenseits ist sehr dem modernen, christlich geprägten Verständnis von Religion geschuldet, das in die Tiefen der Zeit zurückprojiziert wird. In unserem Fall hilft das nicht wirklich weiter.

Zu allem Überfluss finden wir uns einmal mehr mit einem schwer definierbaren Phänomen konfrontiert, was unsere Ermittlungen nicht einfacher macht. Studierende der Religionswissenschaften hören es im ersten Semester: Bereits vor über hundert Jahren listete der Religionspsychologe James H. Leuba gut fünfzig verschiedene Definitionen von Religion auf. Heute ist die Zahl um ein Vielfaches höher. Bemerkenswerterweise existiert in vielen Kulturen und Epochen kein entsprechender Begriff; gerade viele heutige Jäger und Sammler kennen keine Vorstellung von Religion. Entsprechend gibt es Stimmen, die vorschlagen, ganz auf eine Definition zu verzichten. Dass zudem der Begriff «Spiritualität» mit Macht in die Debatten drängt, verwirrt die Lage noch mehr, ist das ein kaum weniger schillernder Terminus, der zudem stark polarisiert. Was also tun? Wie sollen wir die Eigenheiten unserer Heldin erkunden, die eine Expertin in etwas war, das sich gar nicht genau beschreiben lässt?

Wir werden uns deshalb aus verschiedenen Perspektiven jenen Phänomenen zuwenden, die landläufig als Religion bezeichnet werden: zunächst aus der Perspektive der evolutionären Anthropologie, dann aus jener der Ethnografie, um mit diesem Wissen in die Archäologie einzutauchen. Wir hoffen, unserer spirituellen Virtuosin, die sie zu sein scheint, ein ganzes Stück näher zu kommen.

*

Graben wir also zunächst nach den evolutionären Wurzeln der Religion. Wir wählen dafür einen Zugang, der bestens mit jenem harmoniert, für den wir uns bereits in Sachen Schamanismus entschieden haben: Wir begreifen Religion, so mannigfaltig sie sich heute auch darstellen mag, nicht als etwas, das über die Zeiten hinweg als klar definiertes Segment menschlicher Existenz fassbar wäre. Zu behaupten, «Religion» wäre vor 40 000 oder 9000 Jahren genauso identifizierbar wie heute, ist ein typischer Fall von Kulturblindheit. Wir verstehen sie vielmehr als Komplex verschiedener Komponenten unterschiedlichsten Alters und Herkunft, als ein typisches Produkt der kumulativen, sich anreichernden kulturellen Evolution.

Das Besondere des evolutionären Ansatzes: Er identifiziert das Substrat, aus dem sich die schier unbeschreibliche Fülle religiöser Erscheinungen unserer Tage entwickelt hat – die menschliche Natur. Diese ist das Produkt biologischer Adaptionsprozesse, mittels derer sich unsere Vorfahren im Laufe der Jahrmillionen an die Umwelt angepasst haben. «Unsere Evolutionsgeschichte hat unsere Erkenntnissysteme als Reaktion auf Probleme ausgebildet, die unter den Lebensbedingungen unserer Vorfahren immer wiederkehrten», bringt es der Psychologe Pascal Boyer auf den Punkt.

Das gilt für alle Tiere. Ob Wühlmaus oder Orang-Utan: Sie alle besitzen eine artspezifische Natur. Bei Menschen kommt die kulturelle Evolution hinzu; sie unterscheidet uns von den anderen Affen. Denn auch diese haben Kultur – sie erfinden zum Beispiel Werkzeuge –, aber geben sie nicht aktiv weiter, was es so gut wie unmöglich macht, dass kulturelle Erfindungen über Generationen hinweg weiterentwickelt und komplexer werden. Das ist bei Menschen dank Sprache, gemeinsamen Großziehens des Nachwuchses und enormer Kooperationsfähigkeit anders.

Die kulturelle Evolution stellt einen Innovationsbeschleuniger dar, sie ist das Geheimnis unseres Erfolgs. Dank neuer Erfindungen, ihrer Weitergabe und Fortentwicklungen haben wir uns von der langsamen, weil mit zufälligen genetischen Mutationen operierenden biologischen

Evolution emanzipiert und können schnell und zielgerichtet auf veränderte Umweltbedingungen reagieren. Wir haben das am Beispiel der radikalen Umweltveränderungen zum Mesolithikum gesehen. Dank technischer Innovationen, von denen Pfeil und Bogen zu den wichtigsten gehörten, konnten sich die Menschen an den neuen Wald anpassen. Jene Tierarten dagegen, denen wie Mammuts oder Wollnashörnern die Option der kulturellen Anpassung nicht zur Verfügung stand, mussten abwandern oder starben aus.

Einmal gemachte Erfindungen – dazu zählen auch Rituale, Zeremonien und Feste, Geschichten und Mythen – entwickeln sich weiter, differenzieren sich, werden komplexer, verschmelzen miteinander, entfalten Eigendynamiken, verselbstständigen sich, können auch den Funktions- und Bedeutungskontext wechseln. Pfeil und Bogen, um bei diesem Beispiel zu bleiben, dienen heute dem Sport, der Meditation oder allegorisch noch dem Gott Amor als Waffen der Liebe. Nicht weniges gerät auch in Vergessenheit oder geht verloren. Zufall ist ein nicht zu unterschätzender Faktor.

Wollen wir Menschen verstehen, müssen wir beides einbeziehen – unsere Natur und unsere Kultur sowie deren jeweilige Interaktion. Wir sind nicht, wie es früher mitunter behauptet wurde, biologisch determiniert. Trotzdem prägt unsere evolutionär erworbene psychologische Grundausstattung unsere Intuitionen, unser Bauchgefühl, überhaupt die Art und Weise, wie wir die Welt wahrnehmen und interpretieren. Selbstverständlich gibt es individuelle Unterschiede und verschiedene kulturelle Manifestationen. Und meist ist der Einfluss der Kultur bedeutend zwingender.

Die Religion ist das beste Beispiel. Wir sehen heute weltweit ein riesiges Spektrum: von totalen Atheisten hin zu den obskursten Glaubensvorstellungen, von den kodifizierten Weltreligionen bis zum gänzlich unverbindlichen, höchst individuellen Potpourri moderner Spiritualität. Trotzdem teilen alle Menschen ein Substrat dafür, so wie sie auch alle ein Substrat für andere irrationale Dinge wie Musik oder Tanz besitzen. Es sind die kulturellen Rahmenbedingungen und sozialen Prägungen, die individuellen Talente, aber auch Schicksalsschläge, von denen es abhängt, wie dieses Substrat zur Ausprägung kommt oder auch nicht. Mitunter sucht es auf gänzlich rationale Weise Befriedigung in nicht religiösen Betätigungsfeldern wie etwa der Archäologie, die auch nach verborgenen Reichen und letzten Geheimnissen forscht.

*

Nun haben Evolutionsbiologie, Primatologie und kognitive Religionswissenschaften, aber auch die kulturelle Anthropologie und eine evolutionär inspirierte Psychologie in den letzten Jahren jene Charakteristika unserer Natur identifiziert, die am Ausgangspunkt jenes Komplexes stehen, den man irgendwann «Religion» nennen kann. Sie haben dabei festgestellt, dass dazu auch sogenannte *Cognitive Bias* gehören. Im Deutschen spricht man oft von «kognitiven Verzerrungen», zahlreiche Experimente haben ihre Existenz bestätigt. Ein bekanntes Beispiel ist der Bestätigungsfehler (*Confirmation Bias*): Menschen neigen dazu, allein jene Informationen aus der Umwelt aufzunehmen, die ihre eigene Sichtweise bestätigen, und die anderen zu vernachlässigen.

Anfangs zeigte sich die Forschung über solche Absonderlichkeiten verwundert; sie passten so gar nicht zu unserem rationalen Selbstverständnis. Mittlerweile wissen wir: Es waren einst sinnvolle Anpassungen an jene Lebensbedingungen, unter denen sich unsere Evolution vollzogen hat. Die Evolution selektiert auf den Überlebens-, nicht auf den Wahrheitswert hin. In der wissenschaftlich dominierten Welt von heute, in der die tatsächliche Erkenntnis der Realität oberste Priorität hat, erweist sich dieses Jäger-und-Sammler-Erbe in unseren Köpfen als oft hinderlich und irreführend.

In Sachen Religion sind zwei *Cognitive Bias* entscheidend. Zunächst dieser: Menschen sind intuitive Dualisten. Körper und Seele stellen für sie keine Einheit dar, intuitiv handelt es sich für sie um verschiedene Dinge. In Traum oder Trance verlässt der Geist den Körper und geht auf Reisen. Stirbt ein Mensch, bedeutet das nicht das Ende der Seele, sie lässt nur ihre Hülle zurück. Selbst in unseren aufgeklärten Zeiten sprechen wir mit den Toten. Entsprechend ist der Glaube an das Weiterleben der Seelen als körperlose Geister oder ihre Wiedergeburt in anderen Wesen in so gut wie allen Kulturen der Welt nachweisbar.

Die Seele ist jene lebenstragende Kraft, die unsere Absichten und unseren Willen hervorbringt. Als typisches Phänomen der kulturellen Evolution haben sich die schillerndsten Seelenvorstellungen entwickelt. Während viele westliche Kulturen allenfalls zwischen Seele und Geist unterscheiden, kennen die Dogon in Westafrika acht verschiedene Seelen, die Tzeltal in Mexiko sogar 17.

Die zweite für uns relevante Eigenart: Wir sind Animisten (auch das ein heikler Begriff). Wir schreiben nicht nur anderen Menschen Absichten zu, sondern auch allen Lebewesen und selbst natürlichen Objekten wie Steinen, Flüssen oder dem Wetter. Intuitiv neigen wir dazu, alles um uns herum als animiert, weil beseelt, zu betrachten. Spontan wittern wir überall Akteure am Werk, die Intentionen verfolgen, selbst dort, wo schlicht elementare Prozesse ablaufen. Und geschieht etwas Merkwürdiges, nehmen wir stets zunächst an, dass jemand dort seine Finger im Spiel hat. Unsere intuitive Logik ist eine soziale, keine physikalische.

«Wir alle sind Animisten auf die eine oder andere Weise», sagt der Religionswissenschaftler Graham Harvey. Ob wir nun die Dinge um uns herum personalisieren, unseren Computer beschimpfen, uns von einem Talisman beschützen lassen, unserem Auto einen Namen geben, Tiere als Mitglieder der Familie begreifen. «Wir sehen Gesichter in den Wolken und menschliche Gestalten in Bäumen und Felsen», erklärt Pascal Boyer, der mit Stewart Guthrie und Justin Barrett maßgeblich an der Beschreibung dessen beteiligt war, was die kognitive Religionswissenschaft als *Hyperactive Agency Detection Device* (HADD) bezeichnet.

«Evolutionsgeschichtlich sind wir Organismen, die sich sowohl gegen Raubtiere behaupten als auch ihrerseits Beute machen müssen», erklärt Boyer den evolutionären Zusammenhang. «In beiden Fällen ist es weit vorteilhafter, in unserer Umwelt zu viel Aktivität zu erkennen als zu wenig.» Deshalb sind wir hyperaktiv darin, überall Akteure am Werk zu vermuten. «Better safe than sorry», bringt es Stewart Guthrie auf den Punkt. «Wandert man durch den Wald, ist es besser, einen Stock für eine Schlange oder einen Felsen für einen Bären zu halten – als umgekehrt.» Irren wir uns, verlieren wir wenig. Haben wir recht, gewinnen wir viel – nämlich unser Leben.

*

Doch dieser Animismus rettete unseren Vorfahren nicht nur das Leben. Er war in Zeiten, in denen es an hinreichenden Einsichten in die realen Wirkzusammenhänge der Welt fehlte, eine große Hilfe. Er ermöglichte, bei auffälligen Geschehen Theorien über die potenziellen Verursacher aufzustellen und sich entsprechend zu verhalten. Es handelte sich also mitnichten um primitiven Aberglauben, sondern um durchaus funktionierende Heuristiken, denen wir einst unser Überleben verdanken.

Wir dürfen nicht vergessen, dass wir gut 99,99 Prozent der Menschheitsgeschichte ohne das Wissen um Bakterien und Viren, klimatische oder physikalische Zusammenhänge auskommen mussten. Also schlicht nicht wussten, was tatsächlich eine Krankheit oder eine Katastrophe auslöste. Trotzdem kamen wir relativ gut klar, und zwar indem uns unsere Psychologie bei jeder Krankheit oder jedem Unheil soufflierte: Da steckt jemand dahinter. Wenn es nicht andere Menschen waren (etwa mittels Magie oder bösem Blick), waren es Geister, Ahnen, Dämonen, später dann Götter.

Also begann man, sich Gedanken über die Eigenarten der nicht sichtbaren Akteure zu machen. Man versuchte herauszufinden, was sie in Zorn versetzte, um diese Handlungen in Zukunft zu vermeiden. Man trachtete danach, mit ihnen zu kommunizieren, wollte auf sie einwirken und für sich gewogen machen – oder wenigstens davon abhalten, Böses zu tun.

Das harmonierte bestens mit anderen Charakteristika unserer Natur. Wir sind eine hypersoziale, hyperkooperative Art. Unsere ganze

Psychologie ist auf das Leben in Gemeinschaft ausgelegt. So haben wir ein sehr empfindliches Sensorium, das immer überprüft, ob unsere Beziehungen zu unseren Mitmenschen ausgeglichen sind. Das Wohlwollen der anderen, die Reziprozität aller Handlungen waren nun mal überlebensnotwendig.

Und es ist genau diese Psychologie, mit der wir auch den Kosmos der Geister wahrnehmen. Die sind prinzipiell Wesen wie wir. Oft verwandeln wir uns selbst nach dem Tod in welche. Was ist ein Geist anderes als ein körperloser Mensch? Deshalb besitzen sie auch die gleiche Psychologie. Und natürlich taten sie, wie es Menschen auch tun, nichts ohne Grund. Insofern war es das Bestreben der Menschen zu allen Zeiten, dafür zu sorgen, dass sie nur von guten Geistern umgeben waren. Sie unternahmen alles, ihre Beziehungen zu den unsichtbaren Akteuren im Lot zu halten und sie zu spirituellen Verbündeten zu machen, die Geburten gelingen ließen oder zu Erfolg bei der Jagd verhalfen.

Das Leben in einer Welt voller Geister und Kräfte, von denen wir die allerwenigsten je zu sehen bekamen, war die längste Zeit Normalität. Diese Sphäre lag auch nie jenseits unserer Welt, sie war alltäglich. Die nicht materiellen Wesen lebten unter uns, und wir lebten mit ihnen. Wir befanden uns also auch spirituell in bester Gesellschaft. Der Philosoph Friedrich Schelling (1775–1854) sprach davon, dass dieses Denken «nicht allegorisch» sei, sondern «tautegorisch»: Man hat es mit «wirklich existierenden Wesen» zu tun, «die nichts anderes sind, etwas anderes bedeuten, sondern nur das bedeuten, was sie sind». Es war also nichts, was die Menschen glauben mussten – sie wussten es intuitiv. Insofern gibt es gute Gründe, in der Vorgeschichte nicht von Religion zu sprechen und diese erst dort beginnen zu lassen, wo sie von den Alltagserfahrungen abrückt und Menschen durch Experten von Glaubensinhalten überzeugt werden müssen.

*

So wie im Jungpaläolithikum die Beziehungen untereinander egalitär waren, war auch die Kommunikation mit nicht menschlichen Personen etwas Alltägliches. Jede Frau, jeder Mann, jedes Kind war eingebunden in diesen sozialen Kosmos. Alle standen in Kontakt mit den anderen Sphären. Sie lebten in einer durch und durch beseelten Welt, alles redete, wisperte, schrie mitunter. Nur das wenigste davon war für menschliche Ohren verständlich. Natürlich gab es je nach Alter und Reputation oder Geschlecht und Erfahrung Unterschiede. Und immer waren manche Menschen besonders talentiert im Umgang mit der anderen Welt oder schienen aus diesem oder jenem Grund dazu prädestiniert, mit den Geistern zu kommunizieren.

In bestimmten Situationen gelang der Austausch besonders gut: in Traum, Rausch oder Trance, aber auch im Rahmen kollektiver Aktivitäten wie Musik oder Tanz. Und in Grenzsituationen, die höchste Konzentration erforderten: Geburt, Tod, schwere Krankheit, Lebensgefahr. Und es gab immer Orte, die für die Interaktion besonders geeignet waren: Schnittstellen zwischen dieser und der anderen Welt. «Interfaces» nannten wir das in unserem Himmelsscheibenbuch und griffen damit einen Begriff des Ägyptologen Jan Assmann auf. Sie ermöglichen den Übergang von der sichtbaren in die unsichtbare Welt. Höhlen, Berge, Bäume, Quellen, Inseln eigneten sich als Schwellenorte. Auch Objekte spielten dabei eine wichtige Rolle und sicher das Feuer.

Doch die längste Zeit waren die Gruppen zu klein, als dass sich ein Individuum darauf spezialisieren konnte, ausschließlich als spiritueller Virtuose zu fungieren. Bei den für steinzeitliche Jäger und Sammler typischen Gruppengrößen von 15–25 Personen war es schlicht nicht drin, den Lebensunterhalt eines Vollzeitspezialisten zu tragen. Auch gab es gar nicht genug Kundschaft. Da die Gruppen mobil waren, stand ein Spezialist für andere Gruppen allenfalls bei den seltenen Gruppentreffen zur Verfügung. *Full Time*-Spezialisten existierten also während des Paläolithikums eher keine oder nur in Ausnahmefällen.

*

2016 erschien eine überaus aufschlussreiche Studie der Anthropologen Hervey Peoples, Pavel Duda und Frank Marlowe, die unseren Ansatz der kulturellen Evolution eindrücklich durch die Untersuchung heute lebender Jäger-und-Sammler-Gesellschaften bestätigt. Die Anthropologen analysierten ein Sample von 33 Kulturen, die über den gesamten Globus verteilt sind, auf die jeweils vorhandenen spirituellen und religiösen Elemente, um so deren Verwurzelung in der Tiefe der evolutionären Vergangenheit zu rekonstruieren. Die Anthropologen stützten sich dafür auf phylogenetische Methoden, wie sie in der Linguistik und der Genetik verwendet werden, um Entwicklungsstammbäume zu rekonstruieren.

Die Analyse zeigt, dass sich animistische Vorstellungen in 100 Prozent der untersuchten heute noch existierenden Jäger-und-Sammler-Gesellschaften finden. Der Glaube an Götter dagegen lässt sich nur bei 39 Prozent nachweisen. Götter, die aktiv in das menschliche Leben eingreifen, sind sogar nur bei 15 Prozent bekannt. Dass die Ahnenverehrung sich auch nur bei 45 Prozent findet, wird uns noch interessieren. Schamanismus immerhin kennen 79 Prozent der untersuchten heutigen Jäger und Sammler. Das heißt aber: längst nicht alle. Das empirisch abgestützte Fazit von Peoples, Duda und Marlowe lautet: «Animismus ist keine Religion oder Philosophie, sondern ein Grundzug menschlichen Denkens.» Sie gehen davon aus, dass er älter als die menschliche Sprache und deshalb universal bei allen Menschen verbreitet ist.

Wichtig für uns: Die Studienautoren verwenden einen sehr weiten Schamanismusbegriff. Für sie ist ein Schamane, gleich ob weiblich oder männlich, ein sozial anerkannter Heiler und Problemlöser, einer, der rituelle Fürbitten ausführt, der sich dazu zuweilen auch auf erweiterte Bewusstseinszustände stützt und zwischen der Welt der Geister und der der Menschen vermittelt, den Zusammenhalt stärkt und für das physische und mentale Wohlergehen sorgt. So haben im heutigen Afrika die !Kung und Gwi Schamanen, die Hadza, Aka und Mbuti aber haben keine.

Das, was Peoples, Duda und Marlowe als Schamanismus definieren, unterscheidet sich also von jenen Evolutionsforschern, welche die Trance ins Zentrum stellen. Die Anthropologen gehen von einem bedeutend weiter gefassten Set an rituellen Techniken aus, von denen Trance ein Element sein *kann*. Viele Schamanen, was hier eigentlich indigene spirituelle Experten meint, kommen ohne aus. People und Co. sehen diesen weiten Schamanismus als ersten Schritt animistischer Spezialisierung an. Das Entstehen eines solchen Teilzeit-Expertentums verorten sie zeitlich schon im letzten Eiszeitalter; gerade auch dort, wo Klimaveränderungen oder das Leben in neuen Umwelten die Menschen vor große Herausforderungen stellten. Deshalb findet es sich heute in diversen Formen bei rund achtzig Prozent der untersuchten Jäger und Sammler. Es ist also eine Erfindung, keine Universalie – nichts also, was die menschliche Natur zwingend hervorbringen würde.

Noch viel später erst taucht unter bestimmten Voraussetzungen der Glaube an Ahnen, an die Macht der Geister der Verstorbenen auf. Auch heute ist er nicht einmal bei der Hälfte der Jäger und Sammler zu finden. Noch bedeutend jünger ist der Glaube an Götter, also überirdisches Personal von großer Macht. Diese sind demzufolge auch nicht in unserer Natur verwurzelt, sondern eine späte Innovation. Sie erscheinen als eine Widerspiegelung sozialer und politischer, in jedem Fall irdischer Strukturen. Götter tauchen erst dort auf, wo unter den Menschen soziale Hierarchien beträchtlichen Ausmaßes auftraten, wie sie für die längste Zeit der menschlichen Evolution nicht existierten.

Auch das hängt mit dem zusammen, was Stewart Guthrie «Anthropomorphisierung» nannte: Mächtige Götter, die sich wie Herrscher gebärden, können sich Menschen erst dann vorstellen, wenn sie mächtige Menschen kennen, die sich zu Herrschern aufschwingen – und das geschieht erst dort, wo intensive Landwirtschaft es einzelnen Menschen ermöglichte, große Reichtümer anzuhäufen. Gerade weil moralisierende Götter erst so spät in der Menschheitsgeschichte auftauchen und sie nicht in unserer an sich egalitären Natur verwurzelt sind, brauchen sie so viele Priester, überwältigende Tempel und gewaltige Zeremonien, heilige Schriften und Theologen, die sie glaubhaft machen. Sie verstehen sich nämlich intuitiv nicht von selbst. Sie haben nur das zu bieten, was der Religionspsychologe William James als Religion aus zweiter Hand bezeichnete.

Passender *Fun Fact* zu der Beobachtung, dass der Glaube an Geister in den Menschen viel tiefer verwurzelt ist als der an einen Gott: Die Sowjetunion war mit ihrem Atheismus-Feldzug im Kampf gegen das Christentum und seinen allmächtigen Gott viel erfolgreicher als in Sachen Animismus. «Religiöser Glaube und schamanische Vorstellungen wurden trotz des Verschwindens der einstigen Schamanen und sogar des Alltagsschamanismus bis zum heutigen Tage in erstaunlicher Weise weitergegeben», berichtet Valentina Charitonova von der Russischen Akademie der Wissenschaften. «Im Zuge der Atheismus-Kampagnen erwies es sich offenbar als leichter, die Menschen vom monotheistischen Glauben zu befreien als vom schamanistischen ‹Aberglauben›.» Ähnliches erleben wir heute bei uns: Der Glauben an den christlichen Gott erodiert gerade ganz gewaltig, dafür floriert das Geschäft mit Geistern und Naturkräften aller Art. Die alte menschliche Natur verlangt nach ihrem Recht.

*

Die empirischen Untersuchungen von Peoples und Co. untermauern es: Animistische Vorstellungen, die Annahme vieler nicht sinnlich fassbarer Akteure, stehen am Anfang und stellen das religiöse, besser gesagt das spirituelle Substrat in allen Menschen dar. Wir können also in Erinnerung an László Vajda konstatieren, dass einzelne schamanische Komponenten bis tief in die Anfänge der menschlichen Evolution zurückreichen. Schamanismus als solcher ist jedoch keine Universalie, also kein Grundphänomen menschlicher Natur, sondern das Produkt ebenso spezifischer wie vielfältiger kultureller Vorgänge.

Es wird auch schon im Eiszeitalter immer mal wieder unter besonderen Bedingungen Schamanen gegeben haben. Regelhaft aber können wir sie uns erst im Mesolithikum, dem Zeitalter der ersten Professionen, vorstellen. Da formt sich Schamanismus als kultureller Komplex, der in den Zeiten danach immer vielfältigere Ausformungen und Spezialisierungen erleben wird. Weil die animistischen Grundlagen der menschlichen Natur, wie einzelne Prinzipien der kulturellen Evolution, überall gleich sind, entstanden an vielen verschiedenen Orten unabhängig voneinander solche schamanischen Komplexe in großer Vielfalt. Sie überlebten insbesondere dort, wo sich keine Staaten ausbildeten, denn diese setzen auf eine götterbasierte Herrschaftsreligion als zentrale Säule der Macht und neigen dazu, Konkurrenz zu eliminieren.

Wir haben nun die für uns wesentlichen Prinzipien jener evolutionären Grundausstattung skizziert, die alle Menschen teilen, und werden das in den nächsten Kapiteln mit Leben füllen, um dem näher zu kommen, was jene Dame aus Bad Dürrenberg einst ausgezeichnet haben mag.

17
DAS MYSTERIUM

Doch erst einmal wird es mysteriös. Und zwar gleich doppelt, wenn nicht dreifach. Zunächst meldet sich Heiko Breuer, der mit der Freilegung der in einer separaten Grube deponierten mutmaßlichen Hirschmaske beschäftigt ist: Es handelt sich nicht um eine Maske, es sind zwei! Der für eine verlagerte Geweihsprosse gehaltene Teil besitzt nämlich einen eigenen Schädelansatz.

Wir haben es mit zwei gleich gestalteten Geweihmasken zu tun. Bei beiden waren die Stangen stark gekürzt, beide trugen auffällige Schnittspuren; bei der besser erhaltenen könnte es sogar sein, dass sie Durchbohrungen zur Befestigung aufweist. Angesichts des keksartigen Erhaltungszustands ist das aber bisher nicht definitiv zu entscheiden. Die Masken lagen so hintereinander, dass ihre Schädelbasen zur Schamanin wiesen.

Das bringt die Arbeitshypothese ins Wanken, dass es sich um die Hirschmaske der Schamanin handeln könnte. War die zweite für das Kind gedacht? Kaum vorstellbar. Kinderbeigaben sind in der Regel kleiner dimensioniert. Es spricht einiges dafür, dass die beiden zu einem späteren Zeitpunkt gesondert niedergelegt worden sind. Die separate Grube ist deutlich flacher in den Boden eingetieft und enthielt anders als das Hauptgrab nicht die geringste Spur von Rötel.

Mittlerweile sind auch die neuen Ergebnisse der zweiten C14-Datierung eingetroffen. Diesmal war die Probe an der Unterseite des Geweihs genommen worden. Trotzdem sind auch dort nur 0,3 Prozent Kollagen erhalten. Um zu wirklich belastbaren Aussagen zu kommen, braucht es mindestens 0,5 Prozent. Deshalb ist dem Ergebnis nicht zu trauen: Die Probe lieferte ein Datum um 6200 vor Christus.

Das mag auch keiner der Beteiligten glauben, würde es doch bedeuten, dass die Masken mehr als sieben oder acht Jahrhunderte nach der Schamanin bestattet worden wären. Das ist kaum vorstellbar. Denn als die Masken mit direktem Bezug zum Grab deponiert wurden, musste erstens noch bekannt gewesen sein, dass hier eine Schamanin lag, und zweitens, wo sich das Grab genau befand. Dass solch konkretes Wissen sich in einer schriftlosen Welt über einen so langen Zeitraum erhalten hatte, erscheint unwahrscheinlich. Deshalb wird beschlossen, eine dritte Probe zu nehmen, diesmal von der Unterseite des Schädelstücks.

Wenigstens in der Tendenz bestätigte die Probe die archäologische Vermutung, dass die Hirschgeweihe aus dem Mesolithikum stammen. Immerhin gibt es Hinweise, das mesolithische Gräber mittels eines Holzpfahls sichtbar gemacht waren. Insofern ist es nicht abwegig anzunehmen, dass die beiden Masken später dort abgelegt wurden (wenn auch nicht ganze 800 Jahre). Tatsächlich hat der Ausgräber Andreas Siegl eine Handbreit neben dem Grab ein Pfostenloch nachweisen können. Vielleicht ragte hier ein verzierter Pfahl empor und markierte das Grab. Haben spätere Schamanen an diesem exponierten Ort über der Saale ihre Masken deponiert? Um ihre Ahnin zu ehren? Dann wäre das Grab zu einem Erinnerungs-, einem Kraftort geworden, den die Menschen wiederholt aufsuchten, um Hilfe zu finden.

*

Dann ist es Andreas Siegl gelungen, die Details in Sachen Grabgrube zu einem Gesamtbild zusammenzusetzen. Zwar sei noch Vorsicht geboten, doch spräche alles dafür, dass die Frau und das Kind in einem korbartigen Behältnis bestattet worden seien, und zwar in einem rechteckigen, das wahrscheinlich aus Weidenruten geflochten war.

Nun war dieses Flechtwerk sorgsam in die eigentliche Grabgrube eingepasst worden, sodass eine eigene Grabkammer entstand. An der einen Ecke der Grube musste nachgebessert werden, damit alles passte. «Dann wurde der Raum zwischen der Grubenwand und dem Flechtwerk mit weißem Lehm verfüllt», erklärt Siegl. Die Innenseite des Einbaus war rot verputzt. Inmitten der weißen Umrandung leuchtete die rote Grabkammer umso mehr. Vermutlich ist die so entstandene Kammer mit Hölzern abgedeckt worden, nachdem die beiden Toten und die Beigaben in ihr platziert und mit Rötel bestreut worden waren. Darüber könnte dann der Aushub aus dem Grab aufgeschüttet worden sein.

Die beiden in einem verputzten Weidenkorb – das klingt nach dem kleinen Mose, der in einem Korb aus mit Erdharz und Pech abgedichteten Schilfrohr dem Nil übergeben wurde. Erahnen wir hier eine frühe Jenseitsvorstellung? Reisten die beiden in ihrer Weidenbarke den Todesfluss hinunter? Die neuen Erkenntnisse eröffnen nun eine weitere Option der Bestattung: Das Kind könnte nachträglich an die Seite der Schamanin gelegt worden sein. Die besondere Grabkonstruktion ermöglicht es nämlich, das Grab mit wenig Aufwand wieder zu öffnen.

Schon früh war aufgefallen, wie hervorragend die Wände des unteren Teils der Grabgrube gearbeitet waren; ganz so, als wären Spaten im Einsatz gewesen und nicht nur Geweihhacken. Deutlich waren gerade Segmente zu erkennen. Eine geometrische Figur zeichnete sich ab. Seine Form ließ sich jetzt endlich rekonstruieren. Ein Rechteck, wie der korbartige Einbau? «Nein», sagt Andreas Siegl. «Alles spricht für ein Achteck.» Achteckig? Ein Oktogon? «Ja, und zwar ein erstaunlich regelmäßiges.» Für die Vorgeschichte, mindestens für das Paläolithikum und das Mesolithikum, ist das wohl einzigartig.

Für solch eine aufwendige Grabkonstruktion gibt es fast keine Vergleichsbeispiele. Das liegt nicht zuletzt daran, dass kaum ein prähistorisches Grab so sorgfältig ausgegraben wurde. «Gerade bei alten Grabungen ist das undokumentiert geblieben», sagt der Archäologe Holger Dietl, «zumal das Hauptaugenmerk meist auf dem Grabinhalt lag.» Aus den französischen Hoëdic und Téviec sind Gräber bekannt, die eine Feuerstelle enthielten. Auf dem Friedhof im schwedischen

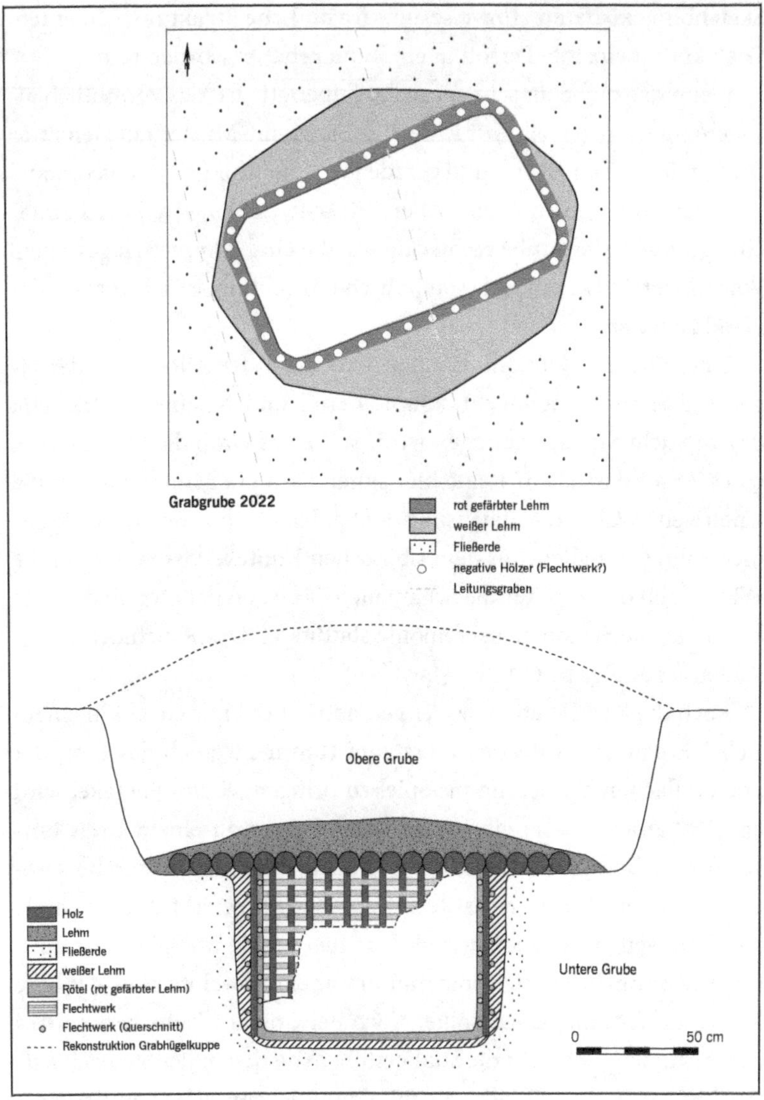

Aufwendige Architektur: In dem achteckigen unteren Teil der Grabgrube wurde eine innen rot verputzte Grabkammer aus einem rechteckigen Weidengeflecht platziert. Der Querschnitt des Grabes (unten) zeigt, wie die Kammer in eine größere Grabgrube eingetieft wurde und vermutlich mit Hölzern abgedeckt war.

Skateholm existieren Hinweise auf sargähnliche Strukturen. In einem Grab könnte die tote Person in ein Kanu gebettet worden sein.

Wenn das nicht ein sehr spezieller Superlativ ist: das vermutlich älteste Achteck der Weltgeschichte. Geometrische Muster tauchen zwar früh in der Felskunst auf, und gerade im Mesolithikum sind geometrische Verzierungen en vogue. Aber ein Achteck? Es wäre ja viel einfacher gewesen, die Grube rechteckig wie die Grabkammer zu gestalten. Warum der Aufwand? Eine symbolische Bedeutung ist schwer von der Hand zu weisen.

Eine mögliche Option, dass ein Achteck in der Alltagswelt der Jäger und Sammler auftaucht, könnte der Grundriss eines Zeltes sein, das von acht Stangen getragen wird. Sollte das Grab die Negativform eines Zeltes darstellen? Ragte hier symbolisch ein Miniaturzelt in die Unterwelt? War es die Behausung der beiden für die Welt, die da kommen sollte? Vor allem aus dem sibirischen Kontext wissen wir um die Wichtigkeit der Jurte für die Schamanen. Sie ist oft der Ort, an dem die *kamlanie*, die Schamanenzeremonie stattfindet. Das Rauchloch ist die Schleuse zur Geisterwelt.

Auch die Kombination zweier geometrischer Figuren, ein in einem Achteck platziertes Rechteck, erstaunt (um nicht noch das Oval der oberen flachen Vertiefung ins Spiel zu bringen). Beim Pentakel wird ein Pentagramm, also ein fünfzackiger Stern, von einem Kreis umschlossen. Das ist ein klassisches Amulett-Motiv für magische Zwecke. In diesem Fall war das Rechteck noch rot gefärbt und leuchtete aus dem weißen Achteck hervor. War hier Magie im Spiel? Das auch als Drudenfuß bekannte Pentagramm war ein Abwehrzauber, der böse Kräfte auf Distanz halten sollte. Noch bei Goethes Faust verwehrt es Mephisto den Eintritt in die Studierstube. Von den in der Steinzeit auftauchenden Zickzacklinien, die mit dem Rückenmuster von Kreuzottern in Verbindung gebracht werden, wird vermutet, dass sie der magischen Abschreckung dienten. Fungierte die Grabform als Schutzschild gegen böse Geister? Aber hier öffnen sich der Spekulation einmal mehr Tür und Tor.

Tatsächlich gehört das Oktogon in späteren Zeiten zu den ehrwürdigsten und heiligsten Grundformen der Architekturgeschichte. Da ist der Turm der Winde in Athen, der Felsendom in Jerusalem, die Pfalzkapelle Karls des Großen in Aachen und das vom Stauferkaiser Friedrich II. in Auftrag gegebene Castel del Monte. Auch die Reichskrone der Könige und Kaiser des Heiligen Römischen Reichs Deutscher Nation ist achteckig, und viele christliche Baptisterien und Taufbecken sind es auch.

Seit antiken Zeiten ist die Acht ein Symbol der Vollkommenheit und göttlichen Perfektion. Doch das sind Ideen, die dem Mesolithikum fremd sind. Und ob man damals schon wie die athenischen Seefahrer vier Haupt- und vier Nebenwinde unterschied, erscheint fraglich. Nun wird das Achteck auch auf einen achtflammigen Stern zurückgeführt. In Mesopotamien symbolisierte dieser die Sonne, aber auch die Venus. Diese, als achtzackiger Stern dargestellt, war das Symbol einer der schillerndsten Göttinnen des Altertums: Inanna, wie sie auf Sumerisch hieß, oder Akkadisch: Ischtar. Sie war die Göttin der Liebe und des Krieges.

Zugegeben, es ist eine traumhafte Vorstellung, dass auch die achteckige Grabgrube aus Bad Dürrenberg einen Stern symbolisieren soll. Waren also Frau und Kind in den abgedichteten Weidenkorb wie in ein Boot gesetzt, um zu den Sternen zu reisen? Doch, wir fürchten, das ist eher zweifelhafte Poesie als Archäologie. Das Grab ist ein Mysterium.

18

MENSCHEN UND NICHTMENSCHEN

Die Ethnografie hat sich lange Zeit in Sachen Animismus schwergetan. Doch nun drängt sie unter dem Banner des *New Animism* in die Debatte und hilft uns, das mit Leben zu füllen, was wir im vorletzten Kapitel aus evolutionärer Perspektive rekonstruiert haben: das spirituelle Substrat, das sich bei allen Menschen findet, unabhängig davon, ob es sich nun entfaltet oder nicht. Vor allem lässt die Ethnografie uns die Logiken des animistischen Denkens verstehen. Die bleiben über die Zeiten und Kulturen hinweg konstant, weil es dieselben mentalen Logiken sind, die auch für unseren Kontakt zu Menschen gelten. Denn das ist die animistische Grundannahme: Zwischen uns und den anderen Wesen besteht nur ein gradueller Unterschied. Das bringt uns dem, was Schamanen umtreibt, so nah wie nie zuvor.

Den alten Animismus verdanken wir dem britischen Anthropologen Edward B. Tylor (1832–1917). Er hatte ihn als «Glauben an geistige Wesen» beschrieben. Gerne hätte er den Terminus «Spiritualismus» verwendet, doch der war bereits vergeben. Der Animismus stellte für Tylor eine fehlerhafte Theorie, einen vorwissenschaftlichen Versuch der Welterklärung dar, der vom Fortschreiten des Wissens zum Verschwinden gebracht würde. Wo die Menschen noch nicht die wahren Ursachen kannten, vermuteten sie Geister als Urheber. Die kannten sie schließlich aus ihren Träumen.

Für Tylor repräsentierte der Animismus die älteste Form von Religion. Dem evolutionistischen Grundverständnis des viktorianischen Zeitalters zufolge handelte es sich dabei um die Kindheitsstufe der menschlichen Entwicklungsgeschichte. Über die weiteren Stufen Fetischismus, Polytheismus und Monotheismus erfolgte der Aufstieg zu wissenschaftlicher Rationalität, wie sie im Europa seiner Zeit Triumphe feierte und sich daranmachte, die Völker der Welt zu beglücken – mochten sich diese auch mit Händen und Füßen dagegen wehren. Hier zeigt sich einmal mehr das eurozentrische Überlegenheitsdenken, das sich im 18. und 19. Jahrhundert auch in die Wissenschaften einschrieb. Wegen der evolutionistischen Implikationen, die die mentalen Kompetenzen «primitiver» Animisten mit denen von Kindern verglichen, setzte die Ethnologie des 20. Jahrhunderts das Konzept «Animismus» auf den Index.

Was macht den neuen Animismus aus? Er ist erstens seines evolutionistischen Gehalts bereinigt worden. Zweitens wird Animismus nicht mehr als ursprüngliche Religion verstanden. Sondern als eine andere Art, die Welt wahrzunehmen und zu interpretieren, die auch heute noch in einer Fülle von Kulturen rund um den Globus existiert. Drittens gilt Animismus als Weltsicht, welche die Dominanz westlichen Denkens radikal infrage stellt. Schauen wir uns das kurz an, um besser zu verstehen, was unsere Schamanin ausgezeichnet haben könnte. Schließlich hegen wir den Verdacht, es mit einer animistischen Virtuosin sondergleichen zu tun zu haben.

*

Im christlich-abendländischen Denken wird traditionell eine klare Trennlinie zwischen Natur im Sinne von Wildnis auf der einen und von Kultur im Sinne von Zivilisation auf der anderen Seite gezogen. Ebenso wird ein essenzieller Unterschied zwischen Menschen und Tieren und erst recht zwischen Menschen und Dingen gemacht. Noch in säkularisierten Zeiten lebt der darin gründende christliche Herrschaftsanspruch des «Macht Euch die Erde untertan» fort.

Es sei eine «große List» der modernen westlichen Weltsicht, so zu tun, als sei sie die «natürliche», schreibt der französische Anthropologieprofessor Philippe Descola. Sein Buch *Jenseits von Natur und Kul-*

tur stellt eine der Initialzündungen in Sachen *New Animism* dar. Doch die westliche Deutung der Welt, Descola nennt sie «Naturalismus», sei erst im Gefolge der wissenschaftlichen Revolution des 17. Jahrhunderts aufgekommen, die auf der Annahme einer mechanischen, nach Gesetzen operierenden Natur basierte. Das Ergebnis: «Die Natur als autonomer ontologischer Bereich, als wissenschaftliches Forschungs- und Experimentierfeld, als auszubeutender und zu gestaltender Gegenstand, diese Natur gelangt zu einer Existenz, an der zu zweifeln nur wenigen in den Sinn kommt.»

Es sei an der Zeit, dass sich der Westen seiner eigenen Exotik bewusst werde, fordert Descola. Im globalen Maßstab sei diese Sicht eher die Ausnahme: «In zahlreichen Gegenden des Planeten werden Menschen und Nichtmenschen nicht als Wesen aufgefasst, die sich in unvereinbaren Welten und nach getrennten Prinzipien entwickeln.» Es werde keine scharfe «ontologische», also seinsmäßige «Unterscheidung zwischen den Menschen einerseits und einer Vielzahl von Tier- und Pflanzenarten andererseits» getroffen. Sie leben alle in einem großen Kontinuum, einer allbeseelten Welt, die von einheitlichen Prinzipien durchwirkt ist. Die «Beziehungen zwischen Menschen und Nichtmenschen» erscheinen als «Beziehungen von Gemeinschaft zu Gemeinschaft».

Viele Gesellschaften zögern nicht, «zum Konzert ihres sozialen Lebens noch die bescheidensten Pflanzen, die unbedeutendsten Tiere einzuladen» und damit die «gesamte Gemeinschaft der Existierenden» einzubeziehen. Mitunter werden selbst Berge, Flüsse und Ozeane als Wesen verstanden, die über «Intentionalität, Subjektivität, Affekte, bei bestimmten Gelegenheiten sogar Sprache» verfügen. Es handelt sich auch bei ihnen, so Descola, um «Personen», «mit denen die Menschen Tag für Tag soziale Beziehungen knüpfen». Die Welt ist damit Schauplatz einer «subtilen Geselligkeit, bei der man Tag für Tag Wesen umschmeichelt, die sich in Wahrheit allein durch die Mannigfaltigkeit der äußeren Erscheinung und die fehlende Sprache von den Menschen unterscheiden». Die Hülle mag anders sein, der Kern ist gleich. Ein weiterer Protagonist des *New Animism*, Graham Harvey, bringt es so auf den Punkt: «Animisten verstehen, dass die Welt voller Personen ist, von denen nur einige menschlich sind, und dass das Leben immer in Beziehung zu allen anderen gelebt wird.»

Nun lässt sich aus westlicher Sicht auf die technologische Überlegenheit und auf die Annehmlichkeiten des Fortschritts verweisen, die keiner von uns missen mag. Wir verdanken das dem naturalistischen Verständnis unserer Weltsicht. Zumindest in der Vergangenheit aber sind dessen immense Kosten ausgeblendet worden – was die indigenen Kulturen betrifft, was alle weiteren Organismen der Erde, ja, was das Schicksal des Planeten angeht. Und uns selbst hat das nicht einmal glücklich gemacht.

*

Descola bringt das Beispiel der Achuar, einer im Grenzgebiet von Ecuador und Peru lebenden Gruppe von Jívaro sprechender Indigener. Für diese besitzen die meisten Pflanzen und Tiere eine Seele (*wakan*), weshalb auch sie als Personen gelten, die im Dialog mit ihresgleichen, aber auch mit anderen Arten stehen. «Diese außersprachliche Kommunikation verdankt sich der dem *wakan* zuerkannten Fähigkeit, ohne akustische Vermittlung Gedanken und Wünsche zur Seele eines Adressaten zu befördern und damit, zuweilen ohne dessen Wissen, seinen Geisteszustand und sein Verhalten zu verändern.»

Auch die Achuar treffen Unterscheidungen zwischen verschiedenen Gruppen von Wesen, aber nicht nach der Kategorie menschlich oder nichtmenschlich, sondern nach den Möglichkeiten des Informationsaustausches. Oft läuft die Kommunikation verzögert ab oder ist nur auf verschlungenen Wegen möglich. Das gilt auch für das Gespräch mit den Geistern. Die hören zwar allem zu, was zu ihnen gesprochen wird. Aber da sie, so Descola, «gewöhnlich in ihrer ursprünglichen Gestalt unsichtbar» sind, lassen sie sich «in all ihrer Fülle nur in Träumen und durch Halluzinogene hervorgerufenen Trancezuständen erfassen».

Weil kein grundlegender Unterschied zwischen Menschen und Nichtmenschen besteht, gilt für alle das Gebot der Reziprozität. Auch die Beziehungen zu den nichtmenschlichen Wesen müssen im Lot sein. Jeder Verstoß dagegen zieht negative Konsequenzen nach sich. Das Leben in einem solch überkomplexen sozialen Netz «erlegt allen Wesen ethische Verantwortung auf», das «Gleichgewicht dieses fragilen Systems nicht zu stören».

Der *New Animism* liefert also überzeugende Hinweise, dass die Wahrnehmung der Welt als ein vielgestaltig beseelter Kosmos, in dem verschiedenste Akteure wirken, mit denen wir mal besser, mal schlechter kommunizieren können, etwas ist, das unserer evolutionär geformten Natur bestens entspricht. Im Laufe der kulturellen Evolution hat sich daraus eine unvorstellbare Vielzahl der Weltsichten entwickelt. Darunter auch die des Westens, die den Status «Person» allein noch dem *Homo sapiens* zubilligt. Auch wenn sich das langsam ändert, wie die Diskussionen um Tierrechte und die Ausdehnung von Menschenrechten auf Menschenaffen zeigen.

Animistisch orientiertes Leben ist ganz anders: Während sich das westliche Leben um Materielles, Funktionelles und Abstraktes organisiert, so formuliert es die Ethnologin Nurit Bird-David, dreht sich indigenes Dasein um die Existenz von Personen, also Menschen und anderen Wesen. Während Descartes mit seinem «Ich denke, also bin ich» das Ich zum Zentrum des Weltempfindens machte und es zugleich isolierte (und alles andere zur bloßen Materie herabwürdigte), definiert sich das indigene Ich über seine Relationen zu anderen. Die Beziehungen untereinander sind entscheidend, es herrscht ein Primat des Sozialen.

*

Was fangen wir damit an? Dass der Terminus «religiöse» Spezialistin für unsere Heldin nicht recht taugt, sollte einmal mehr deutlich geworden sein. Es handelt sich nicht um einen separaten Bereich der Wirklichkeit; es ist die Wirklichkeit. Animistische oder spirituelle Spezialistin mag deshalb präziser sein, geht es doch um die Beziehungen zu den *Spirits*, zu Geistern aller Art.

Eine solche Expertin ist in manchen Bereichen mehr gefordert als in anderen. Ein animistisches Weltverständnis führt schließlich dazu, dass bestimmte Lebenssituationen besondere Aufmerksamkeit und Vorsicht erfordern. Dort sind Individuen gefragt, die über große Erfahrung und Reputation verfügen, aber auch das nötige Talent besitzen, um die Schwierigkeiten zu meistern. Dass vor allem die Geburt, aber auch der Tod zu diesen Situationen gehören, steht außer Frage. Da geht es um den Übergang, die Passage und den Gestaltwandel der Seelen, der gelingen muss, um das Gleichgewicht zu erhalten und keine bösen Geister zu schaffen. Wir wollen uns hier auf zwei weitere Bereiche konzentrieren, die für uns heute weniger offensichtlich sind. Sie stellen Konfliktfelder zwischen den Menschen und Nichtmenschen dar.

Das Erste ist dieses: Wenn alle Wesen die gleiche Natur teilen und sich nur durch das Äußere unterscheiden, wenn also Tiere mitunter sogar als verkleidete Menschen gelten, wenn diese alle einer großen Gemeinschaft angehören und die guten Beziehungen maßgebend für das Wohlbefinden aller sind, dann ist es doch ein Skandal, wenn die einen die anderen jagen, töten und aufessen. Dieser Verrat kann nur Rache und Unheil nach sich ziehen, das ist die Konsequenz der reziproken Logik. «Quasimitmenschen zu töten und sich von ihnen zu ernähren, ruft eine metaphysische Unruhe hervor», schreibt Philippe Descola und zitiert den Inuit-Schamanen Ivaluardjuk: «Die größte Gefahr des Daseins rührt daher, dass die Nahrung der Menschen ganz und gar aus Seelen besteht.»

Es braucht gehörigen intellektuellen Aufwand, um den Konflikt zu vermitteln oder zu verschleiern. Verschiedene Strategien zeichnen sich ab, die oft miteinander kombiniert werden. Dass das Fressen und Gefressenwerden zu den Fakten des Lebens gehört und jedes Wesen ein Glied in der Nahrungskette ist, war den Menschen immer einsichtig. Die Idee eines Kreislaufs, eines ständigen Austauschs, der das Leben

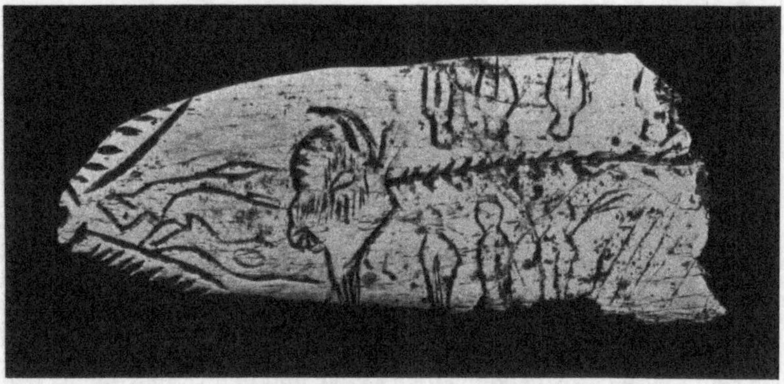

Letztes Geleit: Eine Gruppe Jäger steht um einen erlegten Bison, die Wirbelsäule ist bereits skelettiert. Fast scheint es, als ginge das Tier einem neuen Leben entgegen. Zwischen 14 000 und 20 000 Jahre alte Knochengravur aus dem Abri von Raymonden in der französischen Dordogne.

überhaupt ermöglichte, drängte sich da von selbst auf. Es ist die reziproke Logik, die die Lösung souffliert: Wenn Fleisch der Welt entnommen wird, muss auch Fleisch zurückgegeben werden.

Über entsprechende Austauschbeziehungen berichtet etwa die Anthropologin Roberte N. Hamayon, die Feldforschungen in Sibirien und der Mongolei betrieben hat: «So wie Menschen sich ernähren, indem sie Wild essen, konsumieren die Geister der wilden Arten die Lebenskräfte des Menschen. Es ist die Ordnung der Dinge, dass Menschen ihre Vitalität mit den Jahren verlieren und sterben.» Kehrt ein Mensch aus dem Wald nicht zurück oder ertrinkt im Fluss, gilt das als Preis dafür, dass Wild gejagt oder Fische gefangen werden. Es wird auch Fleisch zurückgegeben, indem die toten Körper der Menschen in den Wald gelegt oder in die Bäume gehängt werden. So können sich die Tiere ihrerseits von den Menschen ernähren. Hamayon spricht von einer «Ideologie der symmetrischen Reziprozität». Das Wie-du-mir-so-ich-Dir ist die Grundlogik menschlichen Handelns.

«Wie soll ich mich des Lebens eines anderen bemächtigen, der mit denselben Attributen ausgestattet ist wie ich, ohne dass diese zerstörerische Tat die Bande des Einverständnisses gefährdet, die ich mit der Gemeinschaft seiner Artgenossen herstellen konnte?», bringt Descola das Dilemma auf den Punkt. Das führt zu einer weiteren Rechtfertigungsstrategie, die behauptet, wenn man den Tieren mit Achtung und Respekt begegnet, würden diese einwilligen, gejagt zu werden. Das Wild lieferte sich demzufolge freiwillig aus. Lassen die Jäger es indes an Respekt fehlen, bleibt das Wild aus, oder die Geister schicken Krankheit und Tod, um sich zu rächen.

Da auch Jägern zuweilen bewusst ist, dass diese apologetische Sichtweise etwas arg beschönigend ist und vermutlich von den Tieren nicht ganz geteilt wird, entwickelte sich eine dritte Strategie: Man verleugnet das eigentliche Faktum der Jagd. Wenn man aufbricht, heißt es etwa, man mache nur mal einen Gang durch den Wald, berichtet der Anthropologe Rane Willerslev. «Die Jäger sagen nicht: ‹Lasst uns Elche jagen›, sie nutzen kodierte Phrasen wie ‹Lass uns einen Blick auf den Großen werfen›.» Oft suchen Jäger ihre Identität zu verbergen. Sie hüllen sich in Felle oder tragen Masken. Haben sie ein Tier getötet, beklagen sie laut dessen Tod und klagen fremde Jäger an, das verschuldet zu haben, um die rachsüchtige Seele des getöteten Tieres zu täuschen. Jäger der sibirischen Jukagiren fertigen hölzerne Figuren an, die sie mit dem Blut der Beute beschmieren und über dem Kadaver aufhängen. Die wütenden Geister attackieren die Figur, weil sie glauben, es handle sich um den Mörder.

*

Das zweite Konfliktfeld zwischen Menschen und Nichtmenschen wird nicht selten als Konsequenz aus dem Geschilderten angesehen: Krankheiten, Schmerz, aber auch schwere Geburt, Tod oder Unheil wie ausbleibendes Wild oder ein schwerer Winter sind in der animistischen Vorstellungswelt stets das Werk von Akteuren. Die Vorstellung, dass es die durch eine nicht respektable Jagd zornig gestimmten Seelen der nichtmenschlichen Personen sind, die sich mit Krankheiten oder anderem Leid rächen, leuchtet intuitiv ein.

Insofern erfordert Heilung die Kommunikation und Interaktion mit anderen Wesen. Sie geht mit der nötigen Informationsbeschaffung einher, was die Misere heraufbeschworen hat, mit dem Identifizieren der dahinterstehenden Motive und Kränkungen, der Feststellung der Schuld, dem Besänftigen und Verhandeln der Wiedergutmachung. Dazu befragen entsprechende Experten alle Naturwesen, derer sie habhaft werden können, wo sie Hilfe finden und welche Möglichkeiten es gibt, die krankmachenden, also rachsüchtigen Geister zu beschwichtigen. Da die Interaktionsmöglichkeiten sehr verschieden sind – Bäume oder Pflanzen artikulieren sich selten allzu verständlich –, braucht es große Kreativität.

In den Konfliktfeldern zwischen Menschen und Nichtmenschen, von denen das Überleben aller abhing, bündelt sich eine Vielzahl Aktivitäten. Es bilden sich Instanzen und Praktiken aus, die mit entsprechend begabten Spezialisten einhergehen. Höchste soziale Kompetenz ist gefragt, auch in den Verhandlungen mit den anderen Wesen. Wenn die alle das gleiche Innere, die gleiche «Interiorität» teilen und sich nur durch das Äußere, die «Exteriorität» unterscheiden (so Descolas Animismus-Definition), stellt der Gestaltwechsel, die äußere Metamorphose, den naheliegendsten Kommunikationsweg dar. Der Körper ist in animistischer Perspektive eben nur die Hülle, er kann wie ein Kleid abgelegt und ein anderes übergestreift werden. «Der Übergang vom Tier zum Menschen und vom Menschen zum Tier ist eine Konstante der animistischen Ontologien», sagt Descola. Die Mythen sind voll entsprechender Geschichten von Frosch- oder Schweinemenschen, von Menschen, die Bären oder Vögel werden. Auch hier: Einzelne Individuen sind besonders virtuose Gestaltwandler. Der «Bequemlichkeit halber», so Descola, könnte man diese Schamanen nennen.

19

DAS GEHEIMNIS DER TRANCE

Wenden wir uns mit diesem Wissen der Trance zu. Eine der Fragen, die wie der berühmte Elefant im Raum steht, lautet ja: Ist unsere Heldin eine Meisterin der Trance gewesen? Konnte sie ihre Seele in andere Sphären reisen lassen, um mit allen Wesen welcher Natur auch immer in Kontakt zu treten? Musste sie das nicht sogar, weil ja die Trance im Verdacht steht, das Herzstück des Schamanismus zu sein? Können wir dazu überhaupt Aussagen treffen?

Gerade in den letzten Jahren haben eine Reihe evolutionär argumentierender Anthropologen und Archäologen wie Michael Winkelman, Mike Williams oder Homayun Sidky Bücher vorgelegt, in denen sie Schamanismus zu einer «gemeinmenschlichen, universalen Kategorie» erklären. Menschen verfügten nun mal über kognitive Strukturen, die sie zu allen Zeiten für Trancezustände empfänglich machten, lautet die Grundannahme. Deshalb hätten schon vor Jahrzehntausenden Schamanen existiert, die sich psychoaktiver Pflanzen bedienten. Der Schamanismus habe Zusammenhalt gestiftet und so das Überleben in Krisenzeiten ermöglicht.

«Es war die Trance, die uns menschlich machte», spitzt es der Archäologe Mike Williams in *Prehistoric Belief: Shamans, Trance and the Afterlife* zu. Sie habe die Weltsicht erweitert und geholfen, unseren Verstand so weit zu schärfen, dass unsere Vorfahren Herausforderungen bestehen konnten, an denen die Neandertaler scheiterten. Das erinnert an die *Stoned Ape*-Theorie Terence McKennas: Der Konsum psilocybinhaltiger Pilze habe berauschten Affen zu Sprache und

Selbstreflexion verholfen. Der Pilz sei der eigentliche Baum der Erkenntnis, so die These, ihm verdankten wir unser Menschsein.

Es existiert eine bemerkenswerte Fixierung auf die Trance, die den Blick auf die eigentlichen Gegebenheiten verstellt. Sie speist sich aus zwei Quellen. Die erste: Überdeutlich inspirierten Mircea Eliade und die psychedelischen *Sixties* die Wissenschaft. Das ist nicht ungefährlich. Meist wird übersehen, wie ideologisch kontaminiert das alles ist. Die Annahme, der Kontakt mit den höheren Sphären, dem «Heiligen», sei schon immer die Angelegenheit einzelner besonders begabter Spezialisten gewesen, ist bedenklich. Eliade stand bis 1945 der faschistischen «Eisernen Garde» in Rumänien nahe und pflegte ein ebenso elitäres wie autoritäres Weltverständnis. Letztlich suggeriert er, dass Menschen seit eh und je auf «große Einzelne», auf Genies und charismatische Führergestalten angewiesen wären und normale Menschen also «der Natur nach Führung» bedürften und in existenziellen Bereichen nicht ohne Experten auskämen. Auch die Hippiebewegung besaß einen fatalen Hang zu spirituellen wie politischen Führern. Doch diese Fixierung ist, wie gezeigt, bloße Fiktion.

Die zweite Quelle: Trance und Co. gehören schon lange zu den Fetischen des westlichen Denkens. Da die katholische Kirche seit jeher alles untersagte, was es den Individuen erlaubte, religiöse Erfahrungen aus erster Hand, also ohne kirchliche Vermittlung zu machen, erschienen ekstatische und rauschhafte Manifestationen in anderen Kulturen als Sensationen. Klassischer Fall von Angstlust: verboten und wahnsinnig spannend zugleich! Wie sehr sich die Konstruktion des Schamanen diesen Zusammenhängen verdankt, haben wir ausgeführt. Überdies ist damit ein großes Missverständnis verbunden: Aus unserer entzauberten, rationalen Perspektive nehmen wir an, mit der Geisterwelt lasse sich nur in einem Zustand kommunizieren: zugedröhnt. Das aber ist nicht der Fall. Alle erdenklichen anderen Wege des spirituellen Austauschs sind möglich und ethnografisch belegt.

Um es deutlich zu sagen: Trance ist nicht der unverzichtbare Kern des Schamanismus. Schon im Eiszeitalter haben Menschen Erfahrungen mit ihr, mit Ekstase und Rausch gemacht. Doch das stand allen offen – und es handelte sich dabei nicht um den exklusiven Zugang zu den Geistern und womöglich nicht einmal um den zentralen. Wir möchten die Relevanz veränderter Bewusstseinszustände keinesfalls herunterspielen, wir wollen sie nur vom psychedelischen und kolonialen Ballast befreien.

Einmal mehr ein Fall von Kulturblindheit, das Verkennen der Gewordenheit kultureller Phänomene. Durch die Annahme, Meister der Ekstase habe es schon immer gegeben, bleibt völlig unklar, warum das, was wir der Bequemlichkeit halber Schamanismus nennen, weltweit so erfolgreich werden konnte und selbst heute noch Menschen, die in völlig anderen Kontexten leben, in den Bann schlägt. Wir dagegen sollten mittlerweile das Rüstzeug besitzen, um Einblicke in das tatsächliche Erfolgsgeheimnis der Schamanen zu gewinnen und mehr als eine Ahnung zu erhalten, was das für unsere Heldin bedeutete.

*

Was hat es aus unserer Sicht mit der Trance auf sich? Zunächst einmal haben Menschen immer schon gänzlich unabsichtlich tranceartige Zustände erlebt. Es sind ja nicht nur psychoaktive Pflanzen oder Trommelschlag, welche die «Pforten der Wahrnehmung» öffnen. Auch Hungern, Schlafentzug, spezielle Körperpositionen, Einsamkeit, Fieber, extremer Schmerz, Musik, Gesang oder Tanz können das Bewusstsein massiv verändern. Solche Erfahrungen wurden als das wahrgenommen, was die Trance von ihrer Wortbedeutung her ist: ein Übergang in andere Sphären des Erlebens. Das liegt nicht einmal so sehr an der Eindringlichkeit der außergewöhnlichen Erfahrungen. Es liegt schlicht in der skizzierten Logik des animistischen Weltverständnisses, dass der Körper wie ein Kleid abgelegt werden kann. Die Trance ist das Medium des Gestaltwandels schlechthin. Sie ist Transition.

Es steht außer Frage, dass die geschilderten Phänomene schon im Jungpaläolithikum zu vermuten sind. Auch entsprechende Virtuosen in Sachen Trance und Gestaltwandel wird es gegeben haben – auch hier gibt es mal mehr, mal weniger talentierte Menschen –, ohne dass diese sich ausschließlich dem Geisterdienst hingaben. Mit dem Mesolithikum gewinnt das eine neue Dynamik. Im Zuge der Spezialisierung kommt es zur Professionalisierung, nun wird es zu einer Art Beruf, den begnadeten Umgang mit den Geistern und Seelen der nichtmenschlichen Personen zu pflegen. Wer erfolgreich ist, wird bald von vielen Menschen aus der Ferne besucht.

Damit ist auch in dieser Sphäre das anzunehmen, was für die anderen Berufe gilt: Es entstehen immer differenziertere Techniken und Praktiken, es setzen sich besondere Kennzeichen durch, auch typische Instrumente und Hilfsmittel. Sie haben nicht nur symbolischen Wert, sie werden zu Zeichen, die für Erkennbarkeit sorgen. Zudem greift verstärkt die kulturelle Evolution, die einige durchaus vorhersagbare Dynamiken besitzt. Sie tut das in diesem Fall mit besonderer Kraft, schließlich müssen Spezialisten in spirituellen Sphären deutlich mehr investieren als in anderen Professionen.

Das Problem liegt auf der Hand: Während das Können eines Jägers oder eines Handwerkers leicht an seiner Beute oder seinen Produkten für jeden erkennbar war, ist das im Umgang mit den nichtmenschlichen Wesen keinesfalls so. Die leben in einer den Sinnen erst einmal verborgenen Welt. Spezialisten in diesem Feld müssen also die anderen von ihrem Können im Umgang mit dem Unsichtbaren überzeugen. Es braucht Glaubwürdigkeitsstrategien.

Joseph Henrich, einer der wichtigsten Theoretiker in Sachen kulturelle Evolution, hat das Konzept der *CREDs* entwickelt: *Credibility Enhancing Displays*. Weil sich mit Worten viel behaupten lässt, braucht es Handlungen oder nichtfälschbare Zeichen, die signalisieren, dass hier kein Dilettant, Scharlatan oder Betrüger am Werk ist, sondern jemand, der sein Handwerk versteht, mag es sich auch in nicht einsehbaren, mithin nicht überprüfbaren Regionen vollziehen. *CREDs* sollen zudem als Überwältigungstechniken das Publikum überzeugen. Auch das ist eine evolutionär zutiefst in unserer Psyche verankerte Gewissheit: Taten sagen mehr als Worte.

Der Evolutionsbiologe Manvir Singh geht so weit, Schamanismus als einen Komplex von Traditionen zu erklären, die in erster Linie dazu dienten, das Publikum zu überzeugen, dass Schamanen über einen besonderen Draht zur Anderswelt verfügen. Sie setzen auf jene Strategien, die ihr Wirken am glaubwürdigsten erscheinen lassen. Dazu gehören seltsam anmutende Praktiken der Ekstase, die kein «vernünftiger» Mensch aufführen würde und die deshalb bewiesen, dass der oder die Ausübende tatsächlich im Besitz anomaler Kräfte ist. Das erkläre die fast skandalöse Seltsamkeit, wie sie für viele Trance-Inszenierungen typisch sei.

Singh ist kritisiert worden, dass er aus einer modernen Perspektive heraus argumentiere, die das schamanische Schauspiel als eine Art Aberglauben beschreibe, von dem die anderen erst überzeugt werden müssten. Wie wir aber zeigten: Es ist für Menschen ganz *natürlich*, daran zu glauben, das geschieht intuitiv. Zweifellos richtig liegt Singh jedoch mit der Betonung dessen, dass es eine Tendenz hin zu Theatralik und dramatischen Auftritten gibt. Und dass diese mit Institutionalisierung und Konkurrenz wächst. Wo es mehrere spirituelle Spezialisten gibt, treten die unweigerlich in einen Wettbewerb zueinander und werden in *CREDs* investieren. Das fördert die Imposanz ihrer Auftritte und Kostüme sowie die überwältigende Performance, aus der Trance wird die Ekstase. Eine schamanische Séance ist also immer auch Show. Aus diesem Grund drängt die Trance so in den Vordergrund. Was ist beeindruckender als Menschen, die außer sich geraten?

*

Auf der Grundlage unserer animistischen Natur haben wir zwei Bereiche identifiziert, die von früh an schamanische Interaktionen nötig machten. Da ist zunächst der Kontext der Jagd. Dabei handelt es sich um einen Bereich, in dem ein Erfolg entsprechender Interventionen schwer zu belegen ist. Diese mögen das Gewissen der Jäger erleichtert und ihre Ängste beseitigt haben, doch kein einziges Tier wird sich deshalb freiwillig den Jägern gestellt haben. Auch wenn Regeln, die eine respektvolle Jagd forcieren, nachhaltigen Nutzen entfaltet haben mögen, indem sie auf Dauer den Jagderfolg erhöhten, ist ein unmittelbarer Erfolg schamanischen Einsatzes kaum ersichtlich.

Deshalb ist der eigentliche Motor, der den Schamanismus zu einer solch erfolgreichen Kulturtechnik machte, im zweiten Bereich zu lokalisieren: dem der Heilung. Sicher waren schamanische Praktiker sehr versiert in den medizinischen und pharmazeutischen Optionen ihrer Zeit. Ebenso wichtig sind aber jene Personen, die der Heilung bedürfen. Denn Heilung ist keine Einbahnstraße. Da kommt unsere Natur ins Spiel: Wir stehen auf das große Theater. Wir lieben das, was Pascal Boyer «Tamtam für die Sinne» nennt. Je größer der Aufwand, der betrieben wird, uns zu heilen, desto größer im Allgemeinen der Erfolg. Es geht um das Gefühl, das alles unternommen wird, was menschenmöglich ist, um die größtmögliche Unterstützung zu mobilisieren.

Da im Fall einer Krankheit oder Verletzung die Selbstheilungsprozesse sehr energieaufwendig sind, registriert unser Körper sehr genau, ob ihm genügend Ressourcen zur Verfügung stehen, namentlich, ob genügend Unterstützung in Form externer Hilfe vorhanden ist. Wir sagten es bereits: Die Mitmenschen waren die einzige Lebensversicherung, die wir hatten. Insofern ist es keine Überraschung, dass wir in dieser Hinsicht über ein uraltes, sehr aufmerksames Sensorium verfügen, sagt der Psychologe Nicholas Humphrey vom Darwin College in Cambridge. Dieses treffe, ohne dass uns das bewusst sei, eine ökonomische Entscheidung: Sollen die Energiereserven des Körpers ganz in das Finden von Hilfe investiert werden, oder können diese für die Selbstheilungsprozesse genutzt werden?

Oft reicht schon das Nahen von Hilfe, und die Symptome bessern sich. Wir kennen das alle: Kaum sitzen wir im Wartezimmer der Arztpraxis, verschwinden die Schmerzen. Und umso offensichtlicher die Unterstützung, umso wirkungsvoller ist sie: In Experimenten zeigt sich, dass Spritzen, die demonstrativ vor den Augen der Patienten injiziert werden, effektiver sind als Spritzen, die verdeckt gegeben werden. Wortlos verabreichte Medikamente wirken schlechter als solche mit empathischen, aufmunternden Worten. Und große Tabletten wirken bei gleicher Wirkstoffmenge besser als kleine.

Dieses Sensorium ist nämlich erstaunlich «leichtgläubig», sagt Humphrey. Deshalb fallen wir auch in vielen Fällen auf Placebos herein, die ja nichts als ein «leeres Versprechen» der Hilfe sind. Trotzdem aktivieren selbst sie die eigenen Selbstheilungskräfte. Placebos schlagen sogar an, wenn Patienten wissen, dass sie ein Placebo erhalten. Es reicht das Signal: «Hilfe ist da! Du bist nicht allein!» Schon werden die entsprechenden Energiereserven für die körpereigenen Heilungskräfte freigegeben. Ist das Gegenteil der Fall und die Lage unsicher, versucht der Körper, so Humphrey, die letzten Kräfte zu mobilisieren, um zu fliehen oder in einer kritischen Lage nicht den Eindruck zu vermitteln, die Lage sei ohnehin hoffnungslos, man könne den Kranken zurücklassen.

Entsprechendes gilt für schamanische Heilungsrituale. «Wenn Patienten einem Schamanen übernatürliche Kräfte zuschreiben, um eine Krankheit zu vertreiben, dann ermächtigen sie letztlich den Schamanen, ihre eigenen Kapazitäten zur Selbstheilung zu aktivieren», erklärt Humphrey. Weil dieser den Patienten erfolgreich den Eindruck vermittelt, alle erdenkliche Unterstützung zu erhalten, startet deren Körper die Selbstheilung. Und zur Unterstützung gehören nun mal die Geister, die für die Menschen ja real sind.

Ein sich selbst verstärkendes System: Je größer das schamanische «Tamtam für die Sinne», desto häufiger der Erfolg, umso mehr wird wieder ins Tamtam investiert. Auch die kulturelle Selektion setzt nicht auf Wahrheit, sondern vor allem auf das, was dem Überleben nützt. Die Psychologie hat zudem gezeigt: Das Tamtam ist umso effektiver, je mehr alle Beteiligten, das heißt auch die Schamanen selbst, an dessen Wahrhaftigkeit glauben.

Michael Harner, der Gründungsvater des Neo-Schamanismus, hat also nicht unrecht, wenn er auf die Frage, warum Schamanismus so weit verbreitet sei, antwortet: «weil Schamanismus funktioniert». Jene spirituellen Experten, deren Werden wir zu rekonstruieren versuchen, gehören zu den ersten Psychologen und Medizinern der Menschheitsgeschichte.

*

Tatsächlich trifft das auch für den Schamanismus zu, wie er für Sibirien beschrieben wird. Er ist voll theatralischer, Glaubwürdigkeit stiftender *CREDs*: Das Wichtigste ist die Trance, das theatralische Dahinsinken im Halbdunkel des Zeltes, das Spiel von Licht und Schatten, untermalt vom Klang der Trommeln, vom Geschrei der Geister. Wir haben die Séancen beschrieben: ein Gesamtkunstwerk, in dem alles auf Wirkung ausgelegt ist. Oft dauern Heilungsrituale viele Stunden, ja manchmal Tage. Der Schamane ist nonstop im Einsatz. Der Patient spürt mit allen Sinnen, es wird ihm geholfen, und zwar bis in den Schlaf hinein. Und selbst wenn er nur kurz erwacht, weiß er: Da kämpft jemand mit einer ganzen Geisterarmee darum, ihn wieder gesund zu machen. Und wenn dann noch Publikum anwesend ist, das totale Anteilnahme zeigt, gibt dieses Gefühl der umfassenden Unterstützung dem Körper das Signal: Selbstheilungskräfte, volle Kraft voraus!

Ein Beispiel, das sich in vielen Berichten über Schamanen findet: das Aussaugen von Krankheit. Es endet damit, dass der Schamane dem Patienten einen Stein oder anderen Gegenstand präsentiert. Dieser sei von einem übelwollenden Geist im Körper platziert worden und habe die Schmerzen verursacht. Wer über solche Praktiken die Stirn runzelt, schlage die Bibel auf und lese nach, wie Jesus von Nazareth die Menschen heilte: Da werden Dämonen gleich im Dutzend ausgetrieben. Mitunter lässt er sie in eine Schweineherde einfahren, die sich in den See Genezareth stürzt und ertrinkt. Es ist dasselbe Prinzip: Wir müssen das eliminierte Böse sehen. Behaupten lässt sich ja viel.

CREDs können aber auch subtilerer Natur sein: Zum typischen Inventar europäischer Reiseberichte über sibirische Schamanen gehört der Hinweis, dass diese halluzinogene Pflanzen konsumieren, allen voran Fliegenpilze. Das soll das Zustandekommen der Trance erklären. Es entspringt indes auch den Fixierungen des christlichen Denkens, das Fliegenpilze immer schon mit Hexen und Teufelswerk in Verbin-

Großer Auftritt: Es ist nichts weniger als ein Drama der Seelen, das Schamanen aufführen. Je eindringlicher ihre Hingabe und das theatralische Zusammenspiel mit dem Publikum, desto größer der Erfolg.

dung brachte. Tatsächlich, so berichtet die Ethnobiologin Lisa Strecker, wurde die psychoaktive Wirkung des Fliegenpilzes vielerorts in Sibirien eingesetzt: «sowohl im profanen Bereich als Berauschungsmittel als auch zu sakralen bzw. magischen Anlässen», also zum «Heilen, Wahrsagen, Hellsehen, zum Kommunizieren mit Geistern und den Seelen Verstorbener, zur Traumdeutung, zur Namensgebung von Kindern usw.». Je nach Aufgabenverteilung in einer Gruppe fielen manche dieser Aufgaben in den Bereich von Schamanen. Bemerkenswerterweise griffen diese aber oft gerade nicht zu Fliegenpilzen. Das galt nämlich als Zeichen von Schwäche. Das kann ja jeder. In Sibirien darf ein Schamane, der als glaubwürdig erscheinen möchte, gerade kein psychoaktives Doping betreiben.

*

Ein letzter Punkt: In den letzten Jahren hat die Forschung rund um psychoaktive Substanzen eine Renaissance erlebt. Insbesondere der Einsatz von Psilocybin als Hilfe etwa bei Depressionen wird untersucht. In solchen Kontexten berichten Probanden oft von mystischen Erfahrungen, die sie als lebensverändernd beschreiben. Hier wird Trance als individuelles Mittel der Heilung eingesetzt, wie auch vor allem im lateinamerikanischen Schamanismus – während sibirische Schamanen die Trance eher selbst nutzen, um ihrer Gemeinschaft zu helfen. Einmal mehr sehen wir, wie groß die kulturelle Bandbreite ist.

Doch wir möchten in diesem Kontext auf einen interessanten Punkt hinweisen, der unsere Argumentation stützt. Unabhängig von der Art und Weise, wie eine Trance oder mystische Erfahrung erreicht wird, zeichnen sich die meisten modernen Berichte dadurch aus, dass sie von einer Erfahrung sprechen, in der sich die Grenzen des eigenen Ichs auflösen und das Selbst mit der Umwelt, der Natur, dem Universum verschmilzt. Das lässt sich mit dem Psychologen William James als ein «kosmisches Bewusstsein» beschreiben, als ein «höherer Zustand der Existenz».

Solche Phänomene lassen sich weit in die Geschichte religiöser Erfahrungen zurückverfolgen. «Die Überwindung aller gewöhnlichen Barrieren zwischen dem Einzelnen und dem Absoluten ist das große Anliegen der Mystik. In mystischen Zuständen werden wir eins mit dem Absoluten und uns zugleich dieser Einheit bewusst», schreibt James. «Dies ist die immerwährende Siegesbotschaft der Mystik, die von regionalen oder glaubensbedingten Differenzen beinah unberührt ist.» Der Vater des LSD, der Chemiker Albert Hofmann, wird es mehr als hundert Jahre nach William James so formulieren: «Das Gefühl der Mitgeschöpflichkeit mit allen Lebewesen sollte stärker in unser Bewusstsein dringen, damit wir zu den Rosen, den Blumen, der Natur, der wir angehören, zurückkehren können.»

Auch wenn das sentimental, wenn nicht kitschig klingt, haben wir doch ein Déjà-vu: Die Menschen erleben in der Trance eine animistische Unio mystica. Da werden uralte Saiten zum Klingen gebracht.

Die Trance verspricht eine allverbundene Welt, die eine Gemeinschaft birgt, die mehr als nur Menschen umfasst. Wir werten das als Beleg für die animistischen Sehnsüchte unserer Natur. Schamanen gelang es jahrtausendelang vorzüglich, dieses Sehnen nach größtmöglicher Unterstützung zu befriedigen. Solch eine Kompetenz ist auch für die Schamanin von Bad Dürrenberg anzunehmen, weisen doch zahlreiche Indizien sie als erfolgreiche Heilerin aus.

*

Halten wir als Ergebnis der letzten Kapitel fest: Nimmt man die evolutionäre Perspektive und jene von Ethnografie und kultureller Anthropologie, ergibt sich ein erstaunlich stimmiges Gesamtbild. Der Vorteil dieses Ansatzes: Wir müssen nicht etwas aus heutigen indigenen Gesellschaften zurückprojizieren. Wir können Besonderheiten der menschlichen Psychologie rekonstruieren, die wir mit den Menschen damals teilen. Wir erkennen, wie sich aufgrund der Wahrnehmung der Welt und unseres unbewussten Hangs, überall Akteure am Werk zu sehen, einzelne Aufgabenbereiche herauskristallisierten, in denen bestimmte Individuen Reputation gewannen und besondere Aufgaben im Dienst der Gruppen übernahmen.

Solch animistische Experten sind auf den Gestaltwandel und das Kommunizieren mit tierischen Verbündeten und Geistern spezialisiert gewesen. Mit der Zeit werden sie kanonische Hilfsmittel besessen haben, die dazu dienten, die Metamorphose von der einen in die andere Gestalt zu vollziehen. Und sie mögen verschiedene Formen der Trance kultivieren, die ihnen als überwältigende Mittel dienten, ihre Seele auf Reisen zu schicken und zugleich die Seelen ihrer Patienten und des Publikums zu verzaubern. Indem sie ihre Gemeinschaft der Unterstützung der guten Geister versicherten, stärkten sie die Resilienz aller. Mit diesem Wissen im Gepäck, könnten wir nun in die fantastischen Bilderwelten der Vorgeschichte aufbrechen. Doch da kam ein Anruf aus Leipzig

20

ES IST EIN …

Von Halle nach Leipzig ist es nicht weit; trotzdem erscheint uns die Fahrt im November 2021 endlos. Ein Besuch am Max-Planck-Institut für evolutionäre Anthropologie steht an. Diverse Kooperationen sind zu besprechen, es soll auch um Bad Dürrenberg gehen – da brennt uns natürlich die Frage unter den Nägeln, ob es Neuigkeiten hinsichtlich der Identität des mutmaßlichen Schamanenkindes gibt.

Ein wenig ist es wie die Fahrt zur Geburtsklinik. Erfahren wir endlich, ob es ein Mädchen oder ein Junge war? Was aber, wenn es schiefgegangen ist und selbst das Felsenbein nicht genügend verwertbare DNA lieferte? Bei den Knochen eines halbjährigen Kindes, die 9000 Jahre in der Erde ruhten, keine Undenkbarkeit. Ein Gedanke, den wir zu verdrängen suchen. Das wäre zu frustrierend: Erst hatten wir uns schweren Herzens abgefunden, nie herauszufinden, wer das Kind war. Dann kam der Fund seines Felsenbeins – und die Hoffnung loderte auf. Doch nicht, um endgültig erstickt zu werden? Auch Archäologen haben Gefühle.

Noch mehr treibt uns die Frage um, ob es sich um das Kind der Schamanin handelt. Mutter und Kind in einem Grab – das klingt nach der naheliegendsten Option. Zumal dann auch die Erklärung für den fast zeitgleichen Tod der beiden auf der Hand läge. Wie sagte der Anthropologe Kurt W. Alt? Ein schlechter Winter, eine längere Phase des Hungerns könnte unsere Heldin mit ihrer Infektionsgeschichte im Oberkiefer in Gefahr bringen. Was wird da erst eine Schwangerschaft mit ihr gemacht haben? Und trotzdem hat sie das Kind zur Welt gebracht. Und es noch über Monate versorgt. Raubte das Stillen ihrem Körper die letzte Kraft? Der Tod der Mutter könnte den Tod des Kindes nach sich gezogen haben.

Oder war sie bei der Geburt gestorben, und hatten ihre Leute versucht, den Säugling zu retten? Der aber war kränklich und starb Monate später, woraufhin man das Grab öffnete und ihn zu seiner Mutter legte, um die beiden für alle Ewigkeit zu vereinen. Und: Wenn es ihr Kind war – was war dann mit dem Vater des Kindes? Hatte er versucht, es großzuziehen? Und das Grab geschaufelt? War er es, der dem Baby die Kette mit den winzigen *Gyraulus*-Schnecken um den Hals legte? Gab er den beiden seine Kranichdose voller Pfeilspitzen mit, damit sie auch in der Geistersphäre geschützt waren und auf Jagd gehen konnten? Welch ein Schicksal barg das Grab? Und wenn es nicht ihr Kind ist? Wir sehen uns an. Dann fängt das Rätsel erst richtig an.

*

Wolfgang Haak und Sandra Penske empfangen uns im Institutsneubau des MPI am Deutschen Platz in Leipzig. Im sich über mehrere Stockwerke nach oben öffnenden Foyer zieht sich eine Kletterwand in schwindelerregende Höhe, schließlich wird hier auch Primatenforschung betrieben. «Es gibt Kolleginnen und Kollegen, die da in der Pause trainieren», erzählt Wolfgang Haak. Wir nehmen den Fahrstuhl.

«Starten wir mit einer guten Nachricht», fährt Haak fort, als wir im Besprechungsraum zusammensitzen. «Es scheint mit dem Kind zu funktionieren. Die Probe aus dem Felsenbein lieferte 24 Prozent endogener DNA.» Also Erbmaterial, das vom Kind selbst stammt. Das ist zwar lange nicht so viel wie bei der Schamanin – dort waren es über 60 Prozent. Aber damit können die Archäogenetiker arbeiten. Die Erleichterung ist groß.

Sandra Penske, Doktorandin der Archäogenetik, hatte das Felsenbein des Kindes in Halle abgeholt. In einem Reinstraumlabor, wo Schutzanzüge, Schleusentüren und erhöhter Luftdruck dafür sorgen, dass keine Kontaminationen hereingetragen werden, wurde das Felsenbein gesäubert und mittels UV-Licht sterilisiert. Dann wurde ein winziges Loch in den Knochen gebohrt. Penske zeigt ein Foto auf dem Laptop. «Früher mussten wir das Felsenbein aufschneiden, heute reicht ein minimalinvasiver Eingriff», erklärt sie. «Das kann leicht retuschiert werden, etwa um es wieder auszustellen.» Nachhaltigkeit ist ein wichtiger Faktor. Man weiß ja nicht, was in Zukunft alles möglich sein wird.

Es werden lediglich fünfzig Milligramm Knochenmehl benötigt. Für die DNA-Extraktion reichen eigentlich dreißig; aber so hat man noch eine Reserveprobe. In einer wässrigen Lösung werden auf biochemischem Weg die Knochenmatrix und, insofern noch vorhanden, die Zellmembranen aufgelöst, sodass die DNA herausgeschwemmt wird und angereichert werden kann.

«Nach so langer Zeit liegen keine kompletten DNA-Molekülketten mehr vor, sondern nur Bruchstücke», erklärt Wolfgang Haak. Diese können theoretisch alle amplifiziert werden, das heißt, die Moleküle werden vervielfältigt. «Bewahrt man das Ergebnis bei minus 80 °C auf, hält das ewig und steht für weitere Forschungen zur Verfügung», ergänzt Sandra Penske, «die vorhandene DNA ist damit in gewisser Weise immortalisiert, also unsterblich gemacht.»

«Wir nennen das die DNA-Bibliothek», sagt Haak, «sie enthält alles, was an Erbgut in der Probe war, also auch die Umwelt-DNA, die von Bakterien und anderen Organismen stammt.» Um herauszufinden, ob menschliche DNA überhaupt in genügender Menge vorhanden ist, wird zunächst das *Shotgun*-Verfahren (Schrotschuss) angewendet. Es wird ein kleiner Teil der vorhandenen Erbinformationen – 5 Millionen Moleküle – sequenziert, also in den aus Nukleotidpaaren geschriebenen genetischen Code übersetzt. Dieser wird dann mit einem vollständig vorhandenen menschlichen Referenzgenom abgeglichen.

Haak erklärt es anschaulich: «Dazu nimmt man eines der DNA-Bruchstücke und wandert das menschliche Referenzgenom ab und stellt irgendwann fest: Hier auf Chromosom 6, kurzer Arm, Position xy passt es. Und das macht man dann immer und immer wieder.» Natürlich geschieht das computergestützt. Was nicht passt, sind DNA-Bruchstücke, die etwa von Bodenorganismen stammen. «Das haben wir jetzt beim Kind hinter uns», sagt Haak, «nun können wir uns an die eigentliche Arbeit machen.»

*

Von der Schamanin ist das komplette Genom entschlüsselt worden. «Die wesentlichen Ergebnisse haben wir ja bereits diskutiert», sagt Haak. Was ließe sich jetzt noch unternehmen? «Theoretisch könnten wir die nicht menschlichen Anteile der DNA-Bibliothek auf Pathogene wie das Erbgut der Tuberkulose-Erreger oder das HPV-Virus untersuchen.» Nur ist das Felsenbein, das das Innenohr umschließt, kein guter Ort dafür, weil dort kaum Krankheitserreger zu finden sind. «Man müsste also einen Backenzahn opfern. Ihn der Schamanin ziehen, aufschneiden und die Zahnpulpa ausbohren.» Danach ließe sich der Eingriff restauratorisch kaschieren und der Zahn wieder in den Kiefer einsetzen. «Aber will man das?»

In solchen Situationen ist abzuwägen, wie schwer das Forschungsinteresse wiegt. Die Schamanin hat im letzten Jahrhundert genügend massive Eingriffe ertragen müssen. Die Frage ist auch, mit welchen Pathogenen im Mesolithikum zu rechnen ist. Die Pest etwa kommt erst gut 4000 Jahre später nach Europa. Überhaupt handelt es sich bei vielen Infektionskrankheiten um Zoonosen, also um Krankheiten, die von Erregern ausgelöst werden, die von Tieren auf Menschen übergesprungen sind (Covid-19 lässt grüßen). Deren Zahl explodierte mit der Landwirtschaft, als Menschen in großer Zahl dicht an dicht mit Haustieren lebten. Das geschieht in Mitteleuropa erst 1500 Jahre nach der Schamanin. Allein aus Neugier nachzuschauen, welche Krankheiten sie eventuell gehabt haben könnte, erscheint nicht vertretbar. Da sind sich alle einig.

Auf den ersten Blick mag es verlockend erscheinen, in ihrem bereits vorliegenden Genom nach jenen Stellen zu fahnden, die für Krankheiten verantwortlich sein könnten, die traditionell im Zusammenhang mit Schamanismus diskutiert werden – Schizophrenie etwa. Immerhin wird seit vielen Jahren versucht, die genetischen Wurzeln für Schizophrenie zu ergründen. Anfangs war die Hoffnung groß, ein Schizophrenie-Gen zu finden. «Aber Gene sind keine An- und Ausschalter, die man umlegt, und etwas funktioniert oder nicht», erklärt Haak. «Einzelne Gene abzufragen, ist eine sehr mechanistische Vorstellung.»

Erst das noch sehr undurchschaubare Zusammenspiel der verschiedensten genetischen Bereiche ist entscheidend. 2022 erschien unter der Leitung der Berliner Charité eine große Studie, die allein 287 verschiedene Regionen des Genoms identifiziert hatte, die mit Schizophrenie «assoziiert» werden – was heißt, dass eine gewisse statistische Korrelation zwischen ihnen und einem entsprechenden Krankheitsrisiko besteht. Und dann kommen noch die mannigfaltigen Einflüsse von Umweltfaktoren, wie Lebensstil, Familie, soziale Verhältnisse oder Ernährung, hinzu.

«Wir arbeiten vor allem populationsgenetisch», erklärt Haak, «und sehen uns eher selten so explizit die DNA eines einzelnen Individuums an.» Medizinische Auffälligkeiten interessieren allenfalls dann, wenn sie mit der Evolution und Verbreitung bestimmter Krankheiten zu tun haben. Oder wenn sie etwa im Zusammenhang mit Inzucht stehen, liefern sie dann doch Hinweise auf die Größen und Austauschnetzwerke regionaler Populationen.

Doch da jetzt das komplette Genom der Schamanin sequenziert vorliegt, steht es bereit für alle Optionen, die der in diesem Feld rasante wissenschaftliche Fortschritt in Zukunft mit sich bringen wird, um alle an es herangetragene Fragen zu beantworten. Insofern wird beschlossen, zumindest potenziell verdächtige Regionen ihres Erbguts dahin gehend zu untersuchen, ob sie auf mentale Auffälligkeiten hindeuten könnten.

*

«Übrigens, eine Überraschung haben wir noch», sagt Wolfgang Haak. «Wir haben nämlich ein wenig in das Genom geschaut.» In das der Schamanin? «Nein, des Kindes.»

Alle verstummen.

«Vorweg, die Aussagen sind aufgrund der schmalen Datenbasis des *Shotgun*-Verfahrens noch mit einem Unsicherheitsfaktor behaftet. Aber einiges können wir schon sagen», erklärt Haak. «Zunächst einmal, das Genom des Kindes passt sehr gut in den Kontext: Es trägt wie die Schamanin die Charakteristika der westlichen Jäger und Sammler des Mesolithikums.» Es handelt sich also um kein Kind aus einer anderen Region Europas oder einer anderen Zeit. Die beiden passen zusammen. Das Kind hatte ebenfalls eine dunkle Haut, dunkle Haare und helle, wohl blaue Augen.

«Auch eine Geschlechtsbestimmung konnten wir bereits durchführen», erklärt Haak. «Wir haben uns angesehen, wie sich die vorhandenen DNA-Fragmente auf die Geschlechtschromosomen, auf das X- und das Y-Chromosom verteilen. Wenn keines davon auf das Y-Chromosom passen würde, haben wir ein Mädchen. Na, was glaubt ihr?»

Ein Mädchen?

«Nein, das Kind ist männlich», lacht Haak, «Glückwunsch, es ist ein Junge!»

Die Freude ist groß. Nicht wegen des Jungen. Endlich haben wir etwas wirklich Neues über den Säugling erfahren. Wir hatten die Hoffnung schon aufgegeben, wenigstens ein Stück seiner Identität aufklären zu können. «Ein Junge», scherzen wir. «Da können wir uns gleich ans Nachfolgebuch machen: *Der Sohn der Schamanin.*»

«Langsam», sagt Wolfgang Haak, «wir haben auch eine erste Verwandtschaftsanalyse laufen lassen. Da wir das komplette Genom der Schamanin besitzen, müsste das des Jungen tendenziell zur Hälfte mit dem ihren übereinstimmen.»

Und?

«Das tut es nicht.»

Das heißt?
«Der Junge ist nicht ihr Sohn.»

*

Einen Moment sind alle still. Verblüfft. Hier liegt also eine Frau im Grab, und ein fremder Junge ist ihr beigelegt worden. Irgendwie hatten wir die ganze Zeit angenommen, es werde sich wohl um Mutter und Kind handeln. Ein wenig fühlen wir uns ertappt, unbewusst ein modernes Klischee in die Vorgeschichte projiziert zu haben. Dabei hätten wir es besser wissen können. Viele anthropologische Arbeiten – von denen die Sarah Blaffer Hrdys und Carel van Schaiks die prominentesten sind – haben gezeigt, dass *Cooperative Breeding*, das gemeinsame Aufziehen der Kinder, das Erfolgsrezept unserer Spezies ist.

Im Gegensatz etwa zu unseren nächsten Verwandten, den Schimpansen, wo die Mutter allein mehr oder minder 100 Prozent der Care-Arbeit leistet, ist es unseren Vorfahrinnen gelungen, Hilfe zu akquirieren: Bei Menschen helfen Großmütter, Geschwister, andere Frauen, aber auch Väter dabei, die Kinder großzuziehen. *It takes a village to raise a child*: Die alte Ethnologen-Weisheit gilt auch für die Vorgeschichte. Entsprechend zog bei Jägern und Sammlern der Tod der Mutter nicht automatisch den des Kindes nach sich. Das Ideal der exklusiven Vollzeit-Mama ist eine Erfindung des bürgerlichen Zeitalters und mithin kaum zweihundert Jahre alt.

Leider fehlt es bei prähistorischen Gräbern in den meisten Fällen an genetischen Verwandtschaftsanalysen. Aber aus der späteren Salzmünder Kultur (3400–3000 v. Chr.) kennen wir zum Beispiel ein Grab, in dem zwei Kinder liegen, die Geschwister sind. Im Arm gehalten werden sie aber von zwei Frauen, die nicht die Mütter sind. Insofern hätten wir das auch bei unseren beiden vermuten können.

Warum aber sind die beiden Toten aus dem Kurpark in Bad Dürrenberg dann zusammen gestorben? Oder sind sie das gar nicht? Hatte die Frau das mumifizierte Kind mit sich herumgetragen? War es ein Menschenopfer?

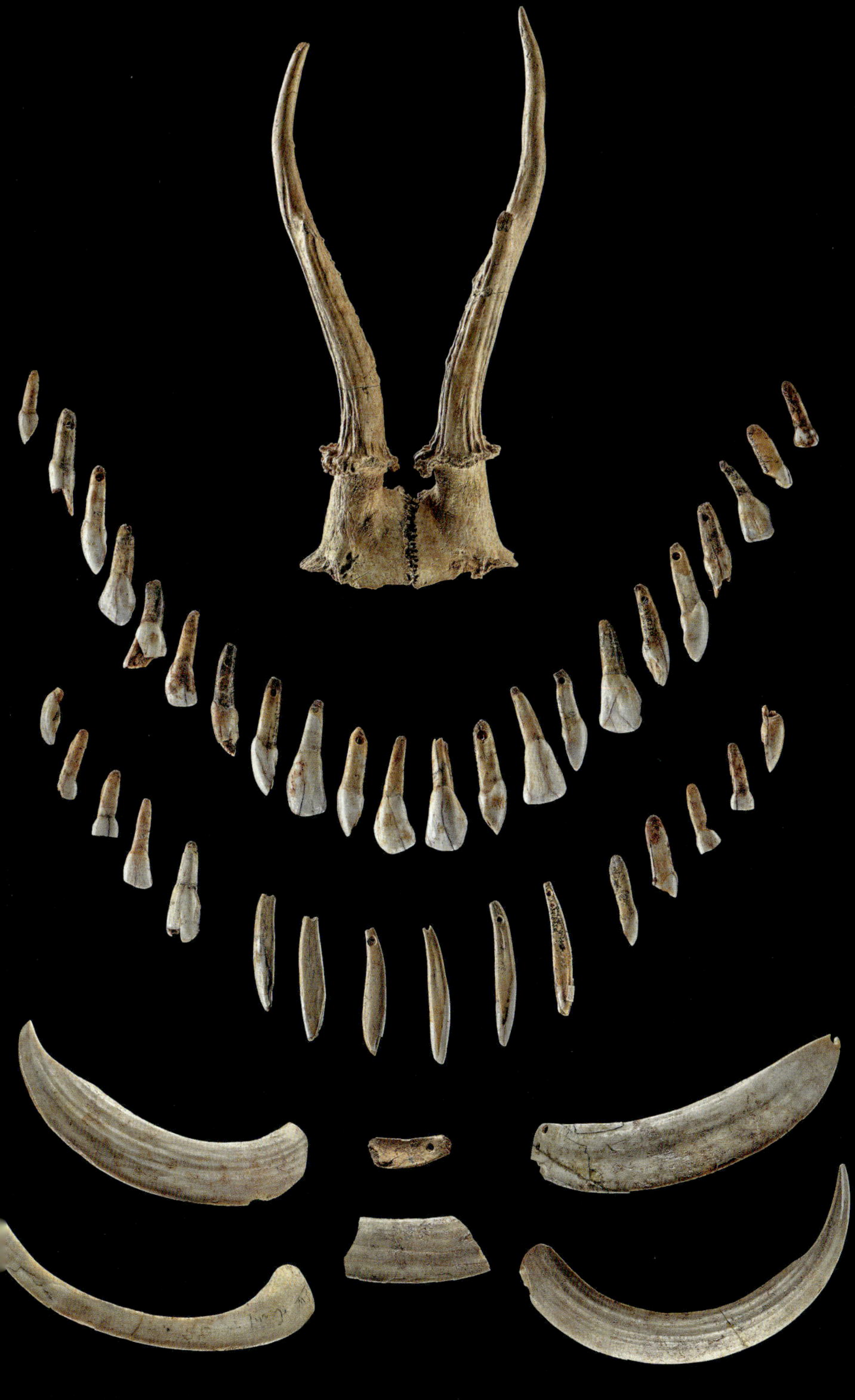

Zeichen großer Kraft: der Ornat der Schamanin von Bad Dürrenberg.

Selbst ist die Frau: Die Tote war für alle Situationen in der anderen Welt bestens ausgerüstet. Ihre postmortale Werkzeugkiste enthielt Schleifstein (1), Retuscheur (2), Schlag- und Polierstein (3), geschliffenes Steinbeil (4), Geweihhacke (5), einen Kranich-

nochen (6), der als Behälter für die Feuerstein-Mikrolithen diente (7), fünf Knochenpfrieme
der längste weist Bissspuren von Hundezähnen auf) (8), den Spatel aus Rothirschknochen
nit Farbresten an der Spitze (9) und eine Rötelknolle mit Abriebspuren (10).

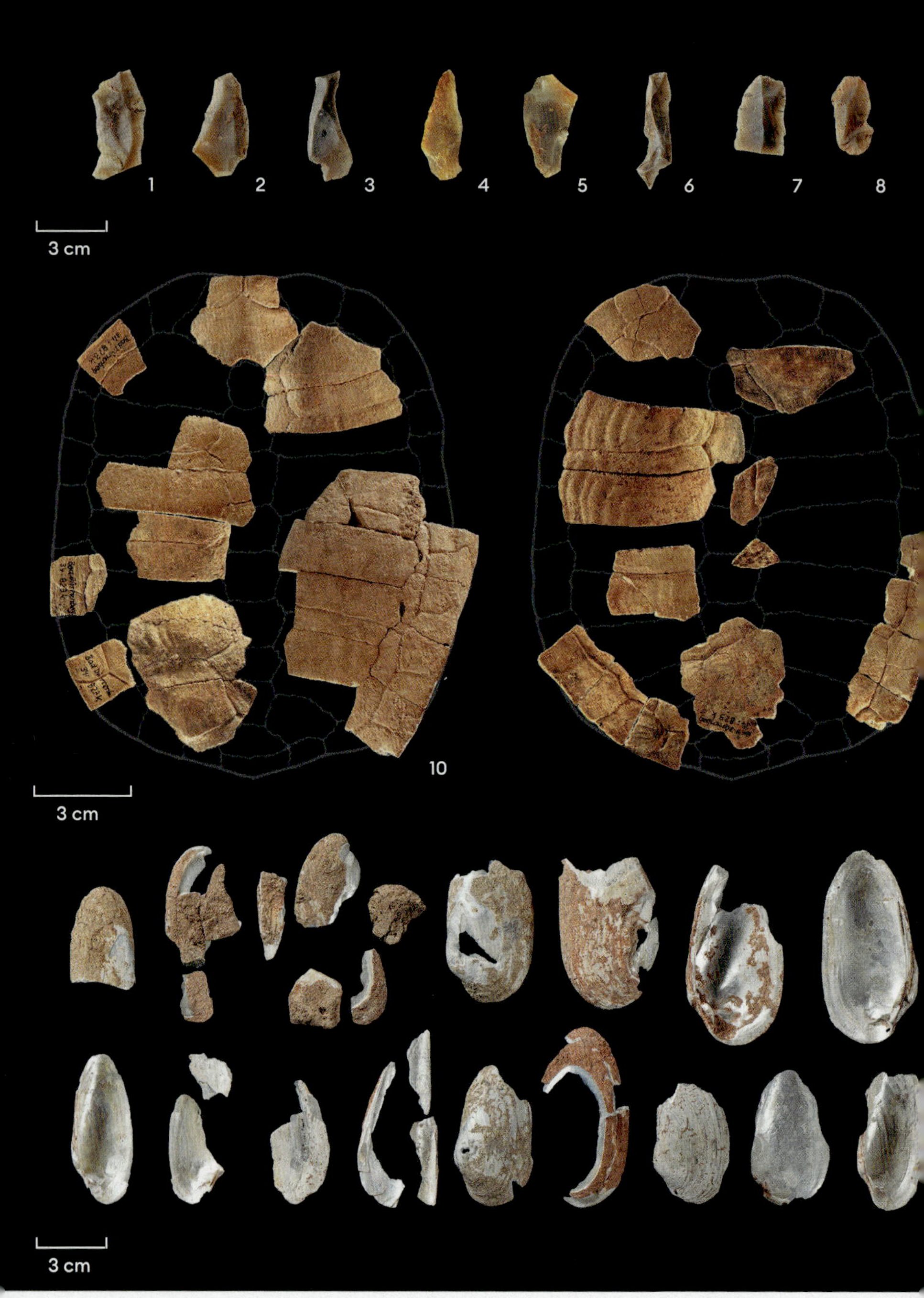

Messer und Schalen: Feuersteinklingen (1–9), Bruchstücke vom Rückenpanzer von Sumpfschildkröten (10–11) und Muschelschalen von vier verschiedenen Arten (12). Durch die Nachgrabung hat sich die Zahl dieser Objekte sehr erhöht. Während die Steinklingen Hinweise auf die Trauergemeinde geben, ist zu vermuten, dass die Schildkrötenpanzer als Schüsseln für heilende oder berauschende Substanzen dienten.

Hilfsgeister und Totenspeise: Knochen vor allem vom Reh, bei denen teils das Knochenmark entnommen ist (1–8); es könnte sich um Speisereste handeln. Bei anderen Knochen wie denen von Rothirsch (9 und 11), Kranich (10), dem Sprungbein eines Bibers (12) oder dem Schulterblatt eines Igels (13) ist vor allem eine symbolische Bedeutung wahrscheinlich, wie auch beim durchbohrten Zungenbein eines Wildschweins (14), das womöglich als Anhänger getragen wurde.

Zeitenwandel: Die Welt der Eiszeit zeichnete sich nicht nur durch Kälte und Trockenheit aus, sondern auch durch ihre schier unendliche Weite der Landschaft (oben). Vor 15 000 Jahren lauerten Jäger bei Nebra einer Rentierherde auf. Mit der Speerschleuder erzielten sie große Durchschlagskraft. Zur Zeit der Schamanin,

)00 Jahre später, dominierten dichte Wälder und Wasserlandschaften (unten). s war sogar noch zwei, drei Grad wärmer als heute. Pfeil und Bogen avancierten u idealen Waffen. Das Mesolithikum bot auch dank eines sehr breiten Nahrungs- pektrums geradezu paradiesische Lebensbedingungen.

Schamanenzauber: Die Archäologen stießen bei den neuen Ausgrabungen direkt neben dem Grab in einer separaten Grube auf zwei Masken aus Hirschgeweih. In mühevoller Puzzlearbeit wurden sie restauriert. Sie zeigen deutliche Bearbeitungsspuren etwa am Schädelrest, die Geweihsprossen sind bewusst eingekürzt. Erstmals ist damit der Nachweis von mesolithischen Geweihmasken in einem schamanischen Kontext gelungen.

«Die Daten sehen aber auch nicht so aus, als seien die zwei gar nicht verwandt», holt Haak uns aus unseren Spekulationen zurück. «Noch haben wir zu wenig sequenziert. Es kann sein, dass sie dritten oder vierten Grades miteinander verwandt sind. Mit ein wenig Glück werden wir das noch erfahren. Doch was jetzt schon feststeht: Es sind in keinem Fall Mutter und Kind.»

Wie geht es weiter? «Beim *Shotgun*-Verfahren hatten wir aus der ursprünglichen DNA-Bibliothek ganz zufällig DNA-Bruchstücke herausgefischt», erklärt Haak. «Jetzt werden wir uns gezielt jene Stellen des menschlichen Genoms ansehen, die von Mensch zu Mensch unterschiedlich sein können», sagt Haak. Die große Masse des Erbguts ist ja bei allen dieselbe. «Und dann werden wir diese Teile anreichern und wiederum sequenzieren.» Das ist der nächste Schritt. Danach werden wir hoffentlich Genaueres über das mögliche Verwandtschaftsverhältnis der beiden sagen können. «Und wer weiß», sagt Sandra Penske zum Abschied, «vielleicht könnt ihr dann das Nachfolgebuch *Der Neffe der Schamanin* nennen.»

21

HÖHLEN, GRÄBER UND GEBEINE

Zurück zu unseren Ermittlungen rund um die Urgründe der menschlichen Seele. Nachdem wir unseren Indizienbeweis in Sachen Animismus und Schamanismus auf Basis evolutionärer und ethnografischer Befunde vorangetrieben haben, nehmen wir nun die archäologische Beweisführung auf. Wieder nähern wir uns nicht aus dem Heute, sondern aus der Tiefe der Zeit. Wir werden zunächst einige für uns ebenso elementare wie mysteriöse Stationen des Paläo- und Mesolithikums besuchen, um ein möglichst anschauliches Panorama zu erhalten, vor dessen Hintergrund wir uns guten Gewissens an das Rätsel der Schamanin wagen können.

*

Was ist nicht schon alles über die Höhlenkunst geschrieben worden. Die atemberaubenden Bilderhöhlen von Lascaux, Chauvet oder Altamira. Wie sehr ist aber auch darüber gestritten worden, warum die Menschen hier ganze Herden von Mammuts und Wisenten, Pferden und Rentieren an die Wände gebannt haben. Lange galten die Malereien als eine europäische Erfindung, die ältesten stammen aus der Cueva de El Castillo im spanischen Kantabrien und sind 40 000 Jahre alt. Doch seit vor wenigen Jahren die ebenso eindrücklichen Malereien aus den Höhlen aus dem Maros-Pangkep-Karst im indonesischen Sulawesi auf ein Alter von etwa 45 000 Jahren datiert worden sind, wissen wir, dass die Anfänge deutlich weiter zurückreichen und vermutlich schon in Afrika zu suchen sind.

Malereien, aber auch in den Stein gepickte, geritzte oder geschliffene Bilder, finden sich nicht nur im Inneren der Höhlen, sondern auch im Freien auf Felsen und vermutlich noch anderen Materialien, nur waren sie dort weniger vor Witterungseinflüssen geschützt und haben meistens die Zeiten nicht überstanden. Die Menschen der Eiszeit stellten vor allem Tiere dar, insbesondere die großen Pflanzenfresser: Mammuts, Wollnashörner, Hirsche, Pferde, Rentiere, Steinböcke, Wisente und Auerochsen. Lange glaubte man, Beutegreifer seien kaum gemalt worden, bis man in der 1994 entdeckten Höhle von Chauvet auf Höhlenlöwen stieß, nebst Hyänen und Bären. Die aber erschienen nur in Ausnahmefällen bedrohlich oder aggressiv. Menschen sind dagegen selten vertreten und noch seltener komplett dargestellt. Öfter erscheinen einzelne Körperteile: Hände in großer Zahl, selten Köpfe, Vulven sind häufig, aber auch Phallus-Darstellungen existieren. Zuweilen tauchen Mischwesen aus Mensch und Tier auf.

Interessant, was kaum oder gar nicht zu sehen ist: Pflanzen oder Bäume, Landschaft, Wolken, Sonne oder Mond, nur selten Vögel, kaum je Kleingetier. Auch Menschliches wie Zelte oder Feuerstellen fehlt, gelegentlich mögen Speere abgebildet sein. Dafür tauchen geometrisch anmutende Zeichen und mysteriöse Punkte und Linien auf. Kaum findet sich ein Bild, das erzählerisch eine Geschichte zu entfalten sucht.

An Deutungen herrscht kein Mangel: Es handle sich um Kunst um der Kunst willen, Jagdzauber, Totemismus oder um strukturalistische Beziehungen zwischen dem Männlichen und dem Weiblichen. So elaboriert viele Theorien sein mögen, kämpfen sie letztlich alle mit einem Mangel an Beweisen. Immer ist auch der Schamanismus ins Spiel gebracht worden. Am einflussreichsten war wohl der bereits erwähnte südafrikanische Archäologe David Lewis-Williams. Ausgehend von seinen Beobachtungen bei noch existierenden Jägern und Sammlern der San in Südafrika und deren Felskunst, die als schamanisch inspiriert gilt, glaubte Lewis-Williams, den Erklärungsschlüssel für die paläolithische Felskunst viele Jahrzehntausende zuvor in Europa gefunden zu haben. Denn der beruhte für ihn darauf – wir sind diesem Argument schon begegnet –, dass die Menschen damals wie heute über die gleichen neurophysiologischen Grundlagen verfügen. Der Schamanismus basierte auch für Lewis-Williams auf veränderten Bewusstseinszuständen.

Er ging davon aus, dass der Übergang in die Trance sich in drei Phasen vollziehe, wobei die erste durch das Auftreten «geometrischer Formen wie Punkte, Zickzackstreifen, Gitter, Reihen paralleler Linien, gebündelte Kurven und Mäanderlinien» gekennzeichnet sei. In Phase zwei versuchten die Menschen, diesen Formen Sinn zu verleihen, und deuteten beispielsweise Zickzacklinien als Schlangen. In Phase drei erlebten sie dann echte Halluzinationen und tauchten in die «fremdartige Welt der Trance» ein. «In dieser Phase vermeinen die Personen fliegen zu können und sich in Vögel oder andere Tiere zu verwandeln», sagt Lewis-Williams. «Sie ‹sehen› nicht mehr nur ungewöhnliche Dinge – sie werden durch ihre eigenen Halluzinationen ein Teil von ihnen.» Damit resultierten die Höhlenmalereien letztlich aus «dem allen Menschen dieser Kulturstufe innewohnenden Drang, einer generellen Tendenz unseres Nervensystems – dem Aufsuchen veränderter Bewusstseinszustände – Sinn zu verleihen.»

Mit dem Prähistoriker Jean Clottes fand Lewis-Williams einen bedeutenden Unterstützer. Doch erfuhren sie auch Kritik. Denn hier wirkt der Evolutionismus des 19. Jahrhunderts nach: Die «Primitiven», die versuchten, den eigenen Halluzinationen Bedeutung zu verleihen und deshalb 25 000 Jahre lang die Höhlen vollpinselten. Darüber hinaus ist eingewendet worden, dass verschiedenartige bewusstseinsveränderte Zustände existieren, die mitnichten nach immergleichen Phasen abliefen. Einmal mehr hatten Eliades Schwärmereien von der Trance als «archaischer Ekstasetechnik» ihre Wirkung erzielt.

Auch die 1914 in Ungarn geborene Felicitas Goodman gehört in diesen Kontext. In den 1980er-Jahren trat sie mit ihren Forschungen zu «Ritual Body Postures» hervor, also zu rituell eingenommenen Körperhaltungen, die nach einer Weile erweiterte Bewusstseinszustände, vulgo Trance, bewirken. In Zeiten, in denen es allgemein anerkannt ist, dass Yoga einen Einfluss auf das menschliche Bewusstsein hat, sollte das nicht überraschen. Die Religionsgeschichte ist voll der Beispiele von Asketen und Mystikern, Derwischen und Fakiren, die sich durch extremen Körpereinsatz in andere Bewusstseinszustände katapultierten. Goodman sah nun in fast jeder prähistorischen Darstellung eines Menschen eine rituelle Körperhaltung, mittels derer eine schamanische Reise in die Trance angetreten wurde.

*

Wir wollen uns nicht wirklich an einer neuen Deutung versuchen, möchten nur das eine oder andere betonen: Die Bilderwelten passen bestens zu unseren Ausführungen über den «Neuen Animismus». An den Höhlenwänden wird die überwältigende Fülle der Nichtmenschen dargestellt, genauer gesagt: versammelt.

Wir haben es erwähnt: Die Höhlen fungierten vor allem als Orte, die im Jahreslauf aufgesucht wurden. Sie dienten als Treffpunkt und Austauschort mehrerer Gruppen. Wie teils noch bis heute erhaltene Fußspuren zeigen, wurden hier Feste gefeiert und Rituale begangen. Wenn aber die Menschen damals in einem Kontinuum, einer umfassenden Gemeinschaft mit den nichtmenschlichen Personen lebten und äußerst bedacht waren, die Beziehungen zu diesen zu wahren, dann nimmt es nicht Wunder, dass auch die Tiere in den Höhlen versammelt wurden. Und auch nicht, dass Menschen kaum ins Bild gesetzt sind. Denn die Menschen waren ja rein physisch vor Ort, die mussten nicht noch gemalt werden. Die Bilder verwandeln die Höhlen in einen Kosmos, in dem Menschen und Nichtmenschen zusammenfinden. In dem Menschen und Tiere, aber auch Geister sich austauschten, Rituale stattfanden, Feste feierten. Hier vollzog sich Gemeinschaft.

Und die Tiere lebten. Darüber staunten die Höhlenforscher am meisten: wie lebensecht die Tiere, die Herden im Licht der Lampen erschienen. Wie erst mussten sie vom flackernden Spiel der Flammen

Tanzender Schamane? Kaum eine Höhlenmalerei hat die Fantasie der Forscher so erregt wie dieses fantastische Mischwesen aus der französischen Höhle Les Trois-Frères.

von Fackeln oder Lagerfeuern animiert worden sein. Dazu passt, dass die Künstler die Tiere oft mit äußerstem Geschick platzierten. So dass sie als Relief plastisch aus der Wand treten und einen echten Körper zu erhalten scheinen. Und die Platzierungen zeigen: Es galt jeden dramatischen Effekt auszunutzen. Felsvorsprünge, Ritzen, Klüfte wurden in die Bildgestaltung einbezogen. Die Tiere bevölkern tatsächlich die Höhlen und erwecken sie zum Leben.

Erstaunt notierten Forscher, dass sich auch an den entlegensten Orten Malereien fanden, also auch dort, wo sie niemals von Menschen gesehen wurden. Aber so überraschend ist das nicht, die Höhlen wurden bis in den letzten Winkel mit Leben gefüllt, vertraut gemacht, indem man dort Personen platzierte, Verbündete. Wer weiß, wer von dort nahte. Und nicht alle Wesen waren wie Menschen aufs Licht angewiesen. Denkbar auch, dass die Menschen damals die Spuren der Geister markieren wollten, dass sie das Unsichtbare sichtbar machten, indem sie eine Felsausbuchtung, die an eine Bisonschulter erinnert, gleich in ein ganzes Tier verwandelten.

Es gibt Tiere, Wesen, die in die Wände hinein- oder aus ihnen herauszutreten scheinen. Als wären die Höhlenwände permeabel, durchlässig, Membranen in die andere Welt. Dann bliebe, wenn man diesen Gedanken in der animistischen Perspektive weiterspinnt, das Äußere, die Hülle, das Bild zurück, wenn die Seelen durch die Wände in andere Sphären geschlüpft sind. Oder stehen die Bilder als neue Hüllen, Verkleidungen für die aus der Wand tretenden Seelen bereit? Wir kennen aus der Ethnologie die Vorstellungen, dass Höhlen zum Beispiel als Plätze gelten, wo die Kälber der Rentiere zur Welt kommen. Auch Vulven finden sich zuhauf an den Wänden: Wer weiß, wem oder was sie ins Leben verhalfen.

In diesem Kontext überraschen auch Mischwesen nicht; sie tauchen ebenfalls nicht zu häufig auf. Oft haben sie einen menschlichen Unter- und einen tierischen Oberkörper, etwa den eines Wisents. Der berühmteste ist jener aus der französischen Höhle Les Trois-Frères: Eulenkopf, Hirschohren und -geweih, Löwenpranken, Menschenbeine, Pferdeschwanz. Man sah in ihm mal einen «Zauberer», «Hexenmeister», «Herrn der Tiere», «tanzenden Schamanen» oder «Gehörnten Gott». Letztere Interpretation verdankte ihren Erfolg der Anthropologin Margaret Alice Murray (1863–1963). In populären Büchern vertrat sie die Theorie des Gehörnten Gottes, den sie als Gegenpol einer steinzeitlichen Muttergottheit postulierte; dieser sei als Cernunnos von den Kelten und dann noch bis über das Mittelalter hinaus von den Hexen verehrt worden. Die christlichen Darstellungen des Teufels seien nur böswillige Karikaturen des Gehörnten Gottes gewesen. Murrays Bücher haben den Neopaganismus, insbesondere die Wicca-Bewegung inspiriert. Noch heute wird der Gehörnte aus Les Trois-Frères gerne dem Bild des «Teufelspriesters» Nicolaas Witsens gegenübergestellt.

Wir haben ausgeführt, dass es Vollzeit-Schamanen im engen Sinn in dieser Frühzeit allenfalls in Ausnahmen gab. Ebenso kursierten noch keine Götter-Vorstellungen. Wofür diese Kreaturen in jedem Fall stehen: dass es ein Faible für Mischwesen und Gestaltwandler über die Zeiten hinweg gegeben hat. Das mögen reale Menschen gewesen sein, die Masken trugen oder sich womöglich, wie beim berühmten Löwenmenschen vom Hohlenstein-Stadel, ein Fell übergeworfen haben. Oder stellte die über 30 Zentimeter hohe Elfenbeinfigur doch eine prähistorische Schimäre dar: oben Löwe, unten Mensch? Ganz gleich: Die Thematik des Gestaltwechsels ist eines der Leitmotive dieser Bildwelten. Der Übergang zwischen Menschen und Nichtmenschen, von dieser in die andere Welt ist fluide. Das sollte nicht überraschen; im Sinne des Animismus sind solche Verwandlungen zwischen den Arten nur eine Frage des Hüllenwechsels. Das Innere, die Seele, ist überall gleich, der Rest ist Verkleidung.

Apropos Elfenbeinfigur: Natürlich darf man nicht allein die Malerei betrachten, sondern muss auch die Kleinkunst einbeziehen. Es gibt traumhaft schöne Miniaturskulpturen von Höhlenbären, Mammuts und Wasservögeln. In den Höhlen der Schwäbischen Alb wurden Flöten aus Schwanenknochen und Elfenbein gefunden, die ältesten bekannten Musikinstrumente der Welt. Auch den Stars dieser *Art mobilier* sind wir bereits begegnet. Den Frauenstatuetten, den sogenannten Venus-Figurinen. Wie bei der Malerei ist hier die Zahl der Deutungen kaum zu übersehen. Oft ist versucht worden, von ihrer Vielzahl, aber auch der Fülle ihrer Gestaltungen und der gut zwanzigtausendjährigen Dauer ihrer Verbreitung abzuleiten, dass es eine Frauenherrschaft gab. Das wird gerne mit dem Hinweis gekontert: Die Vielzahl der Mariendarstellungen in den letzten 2000 Jahren wiesen die römisch-katholische Kirche auch nicht gerade als Hort des Matriarchats aus.

Doch stellen solche Herrschaftsvorstellungen nur die umgekehrte Projektion heutiger Geschlechter-Ungerechtigkeit in die Prähistorie dar. Dass die kleinen Gruppen auch in Sachen Geschlecht egalitär organisiert waren, war schlicht Ausdruck jener solidarischen Flexibilität, die das Überleben erst ermöglichte. Ohne Frage aber sind diese

Frauenfiguren ein überdeutlicher Hinweis auf zentrale Rollen von Frauen und Weiblichkeit. Geburten waren der wunderbare Ursprung allen Lebens und der weibliche Körper die wohl augenscheinlichste Schnittstelle zwischen der sichtbaren und der unsichtbaren Welt. Frauen schenkten Seelen deren Körper.

*

Besuchen wir einen der erstaunlichsten Orte des Eiszeitalters: Dolní Věstonice in Mähren im Süden Tschechiens vor circa 29000–27000 Jahren. Einige der faszinierendsten Frauenfiguren fanden sich dort aus gebranntem Lösslehm, der mit Knochenmehl abgemagert war. Sie gehören zu den ältesten Keramiken der Weltgeschichte. Auf der gut 11 cm hohen Venus von Dolní Věstonice fand sich ein Fingerabdruck, den man einem 11–14 Jahre alten Kind zuweisen zu können glaubt.

Wir befinden uns im Gravettien, das Lager nutzten Jäger im Herbst und Winter. In den Boden gerammte Mammutstoßzähne dienten als Schutz. Etwas abgelegen lag eine Hütte, die als «Hütte des Zauberers», sogar als «Shaman's Hut» tituliert wurde. Hier fanden sich tönerne Tierfiguren, die absichtlich zerbrochen waren. Vermutlich war ihnen etwas beigemischt, um sie im Brennprozess zerplatzen zu lassen. Sollten böse Geister verscheucht werden? Oder war es eine Kinderattraktion? Experimentierten diese selbst mit dem Brennen von Ton? Auch hier stammen nicht wenige der entdeckten Fingerabdrücke von Heranwachsenden.

Im Lager fand sich ein kleines Elfenbeinplättchen, in das mit wenigen Strichen ein Gesicht graviert war. Es sieht wie eine Maske aus, der schief stehende Mund fällt ins Auge. Zudem fanden die Archäologen auch eine fünf Zentimeter hohe, wunderschöne Elfenbeinplastik. Bei ihr handelt es sich um das älteste bisher gefundene Porträt eines menschlichen Antlitzes. Es zeigt den Kopf einer Frau. Was dieses «Eiszeit-Mona Lisa» getaufte Abbild spektakulär macht: Auch ihr Mund steht schräg, ist ebenso nach links unten gezogen wie der auf

Eiszeit-Mona Lisa: Das älteste menschliche Porträt zeigt eine Frau (rechts). Vermutlich stellt auch die maskenhafte Darstellung (links) sie dar. Markant ist in beiden Fällen der leicht schiefe Mund. Fast 30 000 Jahre alte Elfenbeinarbeiten aus Dolní Věstonice.

der kleinen Maske. Haben die Ausgräber zwei Porträts derselben Frau gefunden?

Es wird noch besser: Tatsächlich fand sich ein Grab, in dem in extrem gebeugter Weise eine deutlich über 40-jährige Frau lag. Sie muss von bemerkenswert graziler Gestalt gewesen sein. Und ihr Gesicht? Schief. Asymmetrisch nach links verschoben. Die Ursache: eine Unterkieferfraktur des linken Gelenkköpfchens im Alter von 9 bis 12 Jahren. Vermutlich die Folge eines Sturzes oder eines Schlags ins Gesicht. Ihre Zähne zeigen: Sie hat fast nur auf der rechten Seite gekaut. Eine durch das Moravské-Zemské-Museum in Brno (Brünn) durchgeführte CT-gestützte Rekonstruktion ihres Gesichts zeigt, dass auch im erwachsenen Alter eine leichte Schiefstellung des Mundes zu erkennen gewesen sein muss. Dass eine Frau, die vor fast 30 000 Jahren gelebt hat, gleich dreimal archäologisch nachgewiesen werden konnte, ist eine Sensation.

Ihr Grab ist auch in Hinblick auf unsere Schamanin aufregend: Die Frau war unter dem Schutz zweier Mammut-Schulterblätter begraben. «Ihr Kopf und die Brust waren mit rotem Ocker bestreut», berichtet der Ausgräber Bohuslav Klíma. In der rechten Hand hielt sie Eckzähne eines Polarfuchses, in der linken fanden sich die Knochen eines solchen. «Und neben ihrem Kopf lag eine Spitze aus Feuerstein.» Für Klíma stand der «religiöse Charakter» des Grabes außer Frage, weshalb er auch die hier Bestattete als wahrscheinliche Bewohnerin jener Hütte ins Spiel brachte, in der magisch-rituelle Dinge in welcher Form auch immer produziert wurden.

Der Archäologe Hansjürgen Müller-Beck, einer der besten Kenner der Jagdkulturen, bezeichnete die Frau aus Dolní Věstonice als die «Angakok» des Lagers. Damit wollte er den «oft viel zu pauschal genutzten Begriff ‹Schamane›» vermeiden. «Angakok» ist ein geschlechtsneutraler Begriff der Inuit und bezeichnet eine Person, die Ritualhandlungen vornehme, durch Erzählungen die Traditionen bewahre und Hilfe bei den nicht alltäglichen Problemen leiste.

*

Als ob das alles noch nicht wundersam genug ist, stießen die Archäologen 1986 in Dolní Věstonice auf eine ebenfalls höchst mysteriöse Dreifachbestattung. Zunächst hielt man das in der Mitte bestattete Individuum aufgrund anatomischer Besonderheiten für eine Frau. Die etwa Zwanzigjährige wies von Geburt an schwere pathologische Veränderungen auf. Die Wirbelsäule war deformiert, das Becken stand schief, das rechte Bein war verkürzt und verbogen, ihr Gebiss wies diverse Fehlstellungen auf. Sie scheint wiederholte schwere Infektionen durchgemacht zu haben. Links und rechts von ihr lag je ein Mann, einer wohl wie sie um die zwanzig Jahre alt, der andere etwas jünger. Die Hände des ersten waren in den Schoß des mittleren Leichnams gelegt, die leeren Augen seines Schädels blickten ebenfalls dorthin. Der andere, jüngere Mann lag auf dem Bauch und schien ihre linke Hand zu halten, sein Kopf war jedoch abgewandt.

Der ältere Mann trug eine Art zweireihiges Diadem aus eng aneinandergereihten durchbohrten Fuchszähnen, das wie auf einer Pelzhaube appliziert gewesen zu sein schien. Beidseitig war es von zwei tropfenförmigen Anhängern aus Elfenbein begrenzt. Da die Schädel der Toten an den Köpfen mit einer roten Ocker enthaltenden Lehmmasse bedeckt waren (es könnte sich um Totenmasken handeln), war dieses Diadem so genau rekonstruierbar, dass es uns zumindest ein wenig an das der Schamanin von Bad Dürrenberg erinnert.

Beide Männer waren eines brutalen Todes gestorben: Jenem mit den Händen im Schoß des mittleren Skeletts war eine Lanze in den Bauch gerammt, dem jüngeren ist mit einem stumpfen Gegenstand von hinten der Schädel eingeschlagen worden. Da das mittlere Individuum eine Rentierrippe wie ein Schmerzbeißer zwischen den Zähnen hatte und zudem ein Steinmesser im Bereich des Unterleibs platziert und dieser noch mit Rötel bestreut war, entwarf der Ausgräber Klíma ein blutiges Szenario: Der ältere Mann könnte ein «Schamane», ein «Medizinmann» gewesen sein, der versucht habe, mittels eines operativen Eingriffs die Schmerzen der Frau zu lindern. Auch einen prähistorischen Kaiserschnitt hielt er für möglich. Der andere Mann war womöglich sein Assistent. Weil die Operation schiefging, ihre Patientin starb, mussten die beiden einen entsprechenden Tod sterben. Zum Schluss wurde ein Feuer über dem Grab angefacht.

Indes, in den letzten Jahren haben Genetiker, wieder war Johannes Krause beteiligt, zeigen können, dass es sich bei dem in der Mitte liegenden Individuum mit den körperlichen Auffälligkeiten um keine Frau, sondern um einen Mann handelt. Es braucht ein neues Szenario für den Tod der drei.

*

Die Deutung Schamane ist schnell zur Hand. Auch im Fall des sogenannten Grabes von Brno 2, das nicht weit von Dolní Věstonice zu verorten ist und mit einem Alter von 25 000 Jahren in einen ähnlichen

Zeithorizont gehört, taucht der Verdacht «Schamane» auf. Bestattet lag dort ein etwa 50-jähriger Mann, der an einer chronischen, vermutlich schmerzhaften Knochenentzündung gelitten hat, auch die Oberschenkelknochen wiesen Deformationen auf. Das Grab enthielt Mammutknochen und Nashornrippen, Zähne eines Pferdes und wohl auch zwei Molaren von Auerochse oder Wisent. Mindestens 600 fossile Gehäuse einer Kahnfüßer-Schalentierart, die «Elefantenzähne» genannt wird, könnten einen Kopfschmuck geziert haben. Der Tote war mit Rötel bestreut worden.

Schutzgeist? Die Gliederpuppe aus Mammutelfenbein war einem etwa 50-jährigen Mann mit ins Grab gegeben worden, der im Verdacht steht, ein Schamane gewesen zu sein.

Merkwürdig muten zwei große Ringscheiben aus Mergelschiefer an, gut 15 cm im Durchmesser und je circa 700 Gramm schwer. Zwei Dutzend kleine, teils verzierte Scheiben meist aus Elfenbein könnten ein Set Orakelsteine abgegeben haben. Eine an den Enden polierte Stange eines Rentiergeweihs wurde als möglicher Trommelschlägel interpretiert, wäre aber auch ein passabler Hammer. Was das Grab singulär macht, ist eine aus Mammutelfenbein gefertigte Statuette eines Mannes, die aus mehreren Teilen besteht: Noch erhalten sind der Kopf, der Torso und der linke Arm (Kopf und Torso messen zusammen etwa 20 Zentimeter). «Es handelt sich um die wahrscheinlich älteste bewegliche Puppe der Welt», berichtet der Archäologe Martin Oliva. Da das Grab in ungewohnter Lage, nämlich außerhalb des Lagers direkt an einem Fluss lag, sich an der Schädelkalotte des Mannes zudem Rillen und Kratzspuren zeigten, die auf das rituelle Entfleischen des Schädels hinweisen könnten, vermutet Oliva, dass es sich um die «reliquienartige Deponierung von geheiligten Gegenständen» handeln könnte.

*

Die Eiszeit-Mona Lisa und der Puppenspieler aus Brno sind heiße Kandidaten für animistische Experten, die man mit Müller-Beck Angakok oder, wie Descola es so schön formulierte, der Bequemlichkeit halber Schamanen nennen könnte. Sie gehören beide in ein Umfeld, in dem das vorstellbar scheint. Vor der Maximalphase der letzten Eiszeit vor rund 25 000 – 30 000 Jahren lebten nordöstlich der Alpen in jenem Raum, der heute Österreich, Tschechien und die Slowakei umfasst, Gruppen von Jägern, die im engen Austausch standen. Auch die berühmte Venus von Willendorf gehört in den Kontext des Pavlovien. Zumindest halbjährig waren die Menschen hier sesshaft und bildeten entsprechend vielgestaltige Kulturtechniken aus. Da war ein spiritueller Experte auch überregional bekannt und erreichbar. Zumal die beiden vorgestellten Individuen nicht sonderlich mobil gewesen sein dürften.

Tatsächlich fällt auf, dass gerade in den außergewöhnlichen Gräbern der Zeit oft Menschen mit körperlichen Anomalien lagen. Das gilt auch für eines der reichsten Begräbnisse des Jungpaläolithikums: das Doppelgrab von Sunghir, circa 32 000 Jahre alt, zweihundert Kilometer von Moskau gelegen. Darin lagen ein 11- bis 13-jähriger Junge und ein 9 – 10 Jahre altes Mädchen. Zumindest nahm man das bis vor Kurzem an, wieder einmal wurde man durch die Genetik eines Besseren belehrt. Auch das jüngere Kind ist männlich. Seine Beine waren von Geburt an deformiert. Die Vermutung, dass dafür Inzucht in den kleinen Gruppen im Spiel gewesen sein könnte, ließ sich nicht erhärten. Erstaunlicherweise war den beiden Jungen der Oberschenkelknochen eines Erwachsenen beigegeben, der mit Rötel gefüllt war (auf dem Grab eines daneben bestatteten Mannes lag die Schädeldecke einer Frau), dazu Speere aus Mammutelfenbein. Der ältere Junge besaß wohl einen Gürtel aus 250 durchbohrten Zähnen von Polarfüchsen, beide trugen einst mit Elfenbeinperlen geschmückte Kleidung. Während sich im Grab des Mannes 2936 Perlen fanden, waren dem älteren Kind 4903 und dem jüngeren 5274 Elfenbeinperlen mitgegeben. Diese waren ein Drittel kleiner als die des Erwachsenen, also extra für die Kinder angefertigt worden. Experimente zeigen: In jeder Perle steckt eine gute Stunde Arbeit.

Es sollte uns brennend interessieren, dass die prominentesten, also beigabenreichsten Gräber oftmals Mehrfachbestattungen waren, in denen sich häufig Menschen mit körperlichen Einschränkungen fanden. In Bad Dürrenberg haben wir es ebenfalls mit einer reichen Doppelbestattung zu tun, in der mindestens ein Individuum körperlich auffällig ist.

Sehen wir uns ein letztes Beispiel an: Berühmt ist der «Romito Dwarf» aus der gleichnamigen Höhle im italienischen Kalabrien, etwa 11 500 Jahre alt. Ein Heranwachsender – das Alter wird auf 17 Jahre geschätzt –, der mit einer wohl über 40-jährigen Frau bestattet wurde. Sie lagen vor einem Felsen, der drei Auerochsen zeigt. DNA-Analysen liegen keine vor, weshalb wir nichts über eine mögliche Verwandtschaft wissen. Auch ist das Skelett nicht vollständig, entsprechend unsicher ist das Geschlecht des Heranwachsenden (Tendenz geht in Richtung «männlich»). Das Besondere ist die Kleinwüchsigkeit, Schätzungen der Körpergröße schwanken zwischen 100 und 130 Zentimetern. Zudem waren die Ellenbogen fehlgebildet, sodass diese Person ihre Arme nicht strecken konnte. Dem Grabungsbericht zufolge war sie in den Arm der Frau gebettet, Kopf ruhte an Kopf.

Heute zeigt man sich oft erstaunt, dass Menschen mit körperlichen Handicaps in der Welt der Jäger und Sammler alt werden konnten. Aber auch von den Neandertalern und selbst vom noch älteren *Homo erectus* sind Fälle bekannt, in denen Individuen körperliche Einschränkungen solchen Ausmaßes besaßen, dass sie nur dank der Unterstützung ihrer Mitmenschen überleben konnten. Das gehört zu unserem hyperkooperativen Naturell: Es wird niemand vorschnell aufgegeben. Doch auch hier gilt Vorsicht. Wir wissen nicht, wie viele Menschen ihrem Schicksal überlassen wurden, weil sie zu krank oder zu alt waren und das Überleben der Gruppen gefährdeten.

*

Ohnehin droht ein weiterer Fall von Kulturblindheit: Uns scheint es der Normalfall zu sein, dass Tote in der Erde bestattet werden. Aber das ist es nicht. Für die Menschen des Jungpaläolithikums sind Gräber keinesfalls die Norm, sie sind die Ausnahme. Was mit der großen Masse der Toten geschah, ist nicht leicht zu rekonstruieren; zumindest war es etwas, das kaum Spuren hinterlassen hat. Die Leichen können, wie bereits erwähnt, auf Plattformen den Vögeln dargeboten oder dem Wasser übergeben worden sein, womöglich deponierte man sie einfach in der Landschaft.

Tatsächlich, schreibt der Archäologe Paul Pettitt in *The Palaeolithic Origins of Human Burials*, wurden Leichen in ihre Einzelteile zerlegt und entfleischt. Einzelne Körperteile, eventuell mumifiziert oder skelettiert, sind als Amulette getragen worden und zirkulierten unter den Lebenden. Sie dienten als rituelle Objekte, als Andenken oder Trophäe, manche wurden deponiert. Aus dem ethnografischen Kontext, insbesondere dem des sibirischen Schamanismus, wissen wir, dass einzelne Knochen die gesamte Person repräsentieren, sei sie menschlich oder tierisch. Kannibalismus, rituell oder nicht, scheint zuweilen ein Thema gewesen zu sein.

Pettitt gibt ein Beispiel: Von den 232 Individuen, die wir aus dem Magdalénien in Frankreich kennen, weisen allein fünf Prozent halbwegs vollständige Skelette auf, die restlichen 95 Prozent liegen nur in Fragmenten vor. 40 Prozent zeigen Schneide- und Kratzspuren an den Knochen, die von einer Behandlung nach dem Tod stammen – zu welchem Zweck auch immer. In der Regel sind diese deutlich sorgfältiger ausgeführt, als wir das von der Fleischgewinnung an Tierknochen kennen. Wie viele Individuen aber gar keine Behandlung erfuhren, sondern einfach in den Kreislauf des Werdens und Vergehens eingespeist wurden, lässt sich nicht beziffern. Es ist die für Archäologen schweigende Mehrheit.

Gräber in unserem Sinne sind also äußerst rar und auf keinen Fall die Norm. Kann es nicht sein, fragt sich Pettitt, dass, wo wir auf einzelne Körperteile von Menschen stoßen, es sich um die «guten» Todesfälle handelt, und bei kompletten Bestattungen um die «schlimmen»? Zumal ja gerade bei Mehrfachbestattungen immer die Frage im Raum steht, wieso mehrere Individuen in einem Grab bestattet wurden. Das setzt in aller Regel einen mehr oder minder gleichzeitigen Tod voraus. Krankheit? Katastrophe? Gewalt? Menschenopfer? Das sind die gängigsten Optionen. Wir werden uns dieser Frage noch im Fall unseres Dürrenberger Cold Case stellen.

Zumindest, so Pettitt, gab es ein Bewusstsein, dass manche Individuen eine Beerdigung benötigten, während es im Fall der meisten anderen nicht so war. Die Archäologin Liv Nilsson Stutz bringt es auf die prägnante Formel, dass es bei der Behandlung der Leichen und dem Aufwand der Bestattungsart darum ging, einen «sozial akzeptablen Tod» zu produzieren. Deshalb musste in manchen Todesfällen mehr investiert werden als in anderen.

Testen wir diese Hypothese in Hinblick auf Animismus. Erklärt dessen Logik, was hier geschah? Zunächst zeichnet sich animistisches Denken dadurch aus, dass es das Innere über das Äußere, die Seele(n) über den Körper stellt. Das mag uns den heute pietätlosen erscheinenden Umgang mit menschlichen Körpern oder Teilen davon verständlicher werden lassen. Dann haben wir gesehen, dass gerade in Kulturen, in denen die Jagd eine zentrale Rolle einnahm, die Idee des Kreislaufs kursierte: Fleisch, das den nichtmenschlichen Sphären entnommen wird, muss mit Fleisch bezahlt werden.

Insofern überrascht das Deponieren von menschlichen Körpern unter freiem Himmel nicht; insbesondere dann, wenn die Menschen ohnehin mobil sind. Vielmehr erscheint es vor dem Hintergrund dieser der Reziprozität verpflichteten Logik als bedenklich, wenn den nichtmenschlichen Sphären der ihnen zustehende Anteil an Fleisch vorenthalten und damit das auf Austausch basierende Gleichgewicht gestört wird.

*

Noch ein weiterer Punkt: Das animistische Denken hilft zu verstehen, warum zumindest manche Menschen mit einem Handicap eine besondere Behandlung erfahren haben. Zugegeben, es kann sich immer schlicht um besonders geschätzte Mitglieder der Gruppe handeln. Doch dann hätten sie eben eher *keine* besondere Bestattung erhalten, weil das ja die Regel war für geschätzte Gruppenmitglieder. Entscheidender ist die animistische Logik, die hier aktiv wird. Körperliche Behinderungen, Anomalien oder Unfälle werden nicht als zufällige Launen der Natur gewertet und schon gar nicht der Diabetes der Mutter zugeschrieben (so eine Vermutung im Fall von Sunghir und Dolní Věstonice). Nein, es steckte immer ein Akteur dahinter. Stets war man mit der Folge einer sozialen Aktion konfrontiert.

Ein Denken, das noch heute verbreitet ist. Schicksalsschläge körperlicher oder welcher Art auch immer gehen mit der intuitiven Frage einher: «Warum ich? Womit habe ich das verdient?» Oft fängt dann die Schuldsuche an. Und je nach kultureller Prägung kommen böser Blick oder dunkle Magie, aber auch nichtmenschliche Akteure – Geister, Ahnen, Dämonen, Götter – ins Spiel. Es kann sich bei körperlichen Auffälligkeiten um Auszeichnungen oder Bestrafungen handeln.

Dass man mit Menschen, die gezeichnet sind, vorsichtig umgehen sollte, liegt auf der Hand. Da sind Dritte im Spiel, die nicht unbedingt Gutes im Schilde führen. Da lohnt es sich, gehörigen Aufwand zu betreiben. Eventuell geht es also bei reichen Bestattungen darum, eine Schuld abzutragen oder das Individuum so auszustatten, dass sein Geist das in der Anderswelt selbst erledigen kann. Denkbar ist auch, dass die Hinterbliebenen sich deshalb nicht trauen, körperlich ausgezeichnete Leichname wieder in den normalen Kreislauf einzuspeisen.

Eine letzte Konsequenz animistischen Denkens, die für uns wichtig ist: Körperlich gezeichnete Menschen standen offensichtlich in einem besonderen Kontakt mit den anderen Mächten. Sie waren Medien, verfügten als Mediatoren über einen privilegierten Zugang. Und zumindest in den beiden Fällen der besonders schamanisch Verdächtigen trifft das zu: die mutmaßliche Angagok aus Dolní Věstonice mit dem schiefen Gesicht und der Mann mit der Puppe aus Brno, dessen Körper über Jahre hinweg von einer Knochenhautentzündung malträtiert wurde. Wir werden noch weiteren Exempeln begegnen, und natürlich ist da unsere aufwendig bestattete Frau aus Bad Dürrenberg, die ebenfalls körperlich auffällig gewesen zu sein scheint.

Mitunter kursieren funktionalistische Deutungen: Die Übernahme rituell-spiritueller Tätigkeiten böte all jenen, die ansonsten weder jagen noch sammeln konnten, eine Chance, sich in den Dienst der Gruppe zu stellen und als nützlich zu erweisen. Das mag eine Rolle gespielt haben, ist aber beileibe nicht die ganze Geschichte. In der animistischen Perspektive waren diese Individuen privilegiert, ausgezeichnet und deshalb besonders geeignet für den Kontakt mit jenen Kräften, die unser Schicksal bestimmen.

Aus der Ethnografie kennen wir das: Viele Schamanen werden durch eine Krankheit oder eine schwere psychologische Krise auserwählt. Sie wehren sich zwar gegen die Berufung durch die Geister, geraten aber dadurch nur noch tiefer in Nöte. Erst wenn sie sich ihrem schamanischen Schicksal fügen, gesunden sie. Wieder eine Glaubwürdigkeitsstrategie: Menschen besitzen ein Alarmsystem, das darüber wacht, nicht ausgenutzt zu werden. Eine schwere Krankheit, ein körperliches Gebrechen fungieren da als augenscheinlicher Beweis, dass eine Schamanin, ein Schamane einen hohen Preis zahlen musste, dass seine Profession also kein Vergnügen und er damit kein Scharlatan ist.

22
DER AUFRITT DER SCHAMANEN

Das Mesolithikum ist jene Zeit, in der viele Archäologen das Auftauchen von Schamaninnen und Schamanen verorten. Trotzdem stellt es eine etwas stiefmütterlich behandelte Epoche der Menschheitsgeschichte dar. Im Vergleich zu den grandios anmutenden Eiszeitwelten davor, den gigantischen Gletschern, der Megafauna und der zauberhaften Höhlenkunst mutet die Waldzeit auf den ersten Blick wenig spektakulär an. Zudem ist die Kunst der Zeit zuweilen abstrakt, setzt auf geometrische Muster und scheint auch in der Fülle zurückgegangen zu sein. Das könnte dem Verlust der europäischen Eiszeit-Netzwerke geschuldet sein. Die Welt wird lokaler, kleinteiliger, so auch die Kunst.

Doch wir kämpfen mit einem Überlieferungsproblem. Als archäologische Quelle taugt nur das, was sich über die Jahrtausende hinweg erhält. Das Mesolithikum geht jedoch mit einem Medienwandel einher. Holz steht jetzt in Hülle und Fülle zur Verfügung. Zum Leidwesen der Archäologie. Holz überdauert nur in Ausnahmefällen die Zeiten. Eine Ehrenrettung ist angebracht.

*

Wie spektakulär Werke aus Holz sein können, zeigt der Glücksfund aus dem russischen Schigir-Moor nördlich von Jekaterinburg. Ein über 12 000 Jahre altes Idol aus Lärchenholz, das einst über fünf Meter in die Höhe ragte. Es erinnert an die eindrücklichen Totempfähle der Haida, die zu den *First Nations* an der kanadischen Westküste gehören.

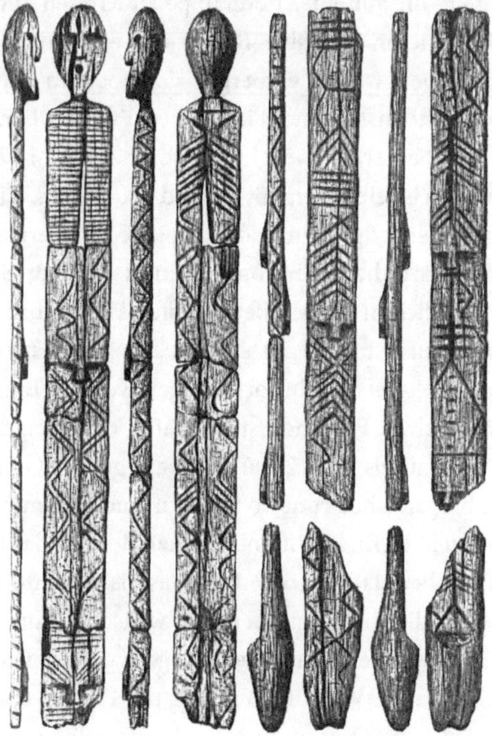

Geometrie der Geister: Die verschiedenen Ansichten des über fünf Meter hohen Holz-Idols aus dem russischen Schigir-Moor bezaubern mit ihrer geheimnisvollen Kombination aus Gesichtern und geometrischen Zeichen.

Mit geometrischen Ornamenten verziert, aus denen Gesichter hervorlugen, wird der Schigir-Pfahl von einem maskenhaften Kopf gekrönt, der ihn in ein schemenhaftes Gespensterwesen verwandelt. Dank der Konservierung im Moor haben wir damit einen materiellen Beweis: Auch Jäger und Sammler schufen monumentale Kunst. Und wer weiß, welch bildgewaltige Pfähle einst in den drei Pfostenlöchern steckten, denen wir als mesolithischer Ursprung von Stonehenge bereits begegnet sind.

Es ist, als ob uns eine Welt verloren gegangen wäre. Parallelen zum Schigir-Idol finden sich am noch aufregenderen Göbekli Tepe im Südosten der Türkei. Auch dort stehen gut fünf Meter hohe Pfähle, die menschenähnliche Wesen repräsentieren. Nur sind das Pfeiler aus

Stein, die auf einer Bergkuppe zu Kreisen angeordnet sind, Sitzbänke im Inneren inklusive. Bisher sind erst einige dieser Rundbauten ausgegraben, weitere verbergen sich noch im Boden.

In höchster Qualität aus den Pfeilern herausgemeißelt, zeigt sich eine bemerkenswert animistische Bilderwelt: Schlangen, Füchse, Wildschweinkeiler, Löwen und Leoparden, Kraniche, Geier, Auerochsen, selbst Spinnen und Skorpione. Im Vergleich zu den Bildmotiven des eiszeitlichen Europas dominieren aggressive, meist deutlich als männlich markierte Beutegreifer. Dazu gibt es Menschenköpfe; Männerfiguren mit erigiertem Penis, denen Arme und Beine fehlen; Schädel, die von Vögeln fortgetragen werden. Einmal mehr fragmentierte Menschen. Frauendarstellungen? Fehlanzeige.

Ebenfalls gut 12 000 Jahre alt, gehört Göbekli Tepe schon in den Übergangshorizont von Jägern und Sammlern zu den ersten Landwirten. Denn hier im nördlichen Bereich des Fruchtbaren Halbmonds fand bereits früh das statt, was als Neolithische Revolution tituliert wird: die Erfindung der Landwirtschaft. Im Anfang scheint Göbekli Tepe das Werk von Gazellenjägern gewesen zu sein, die teilweise sesshaft waren. Wir fühlen uns an das Prinzip der Eiszeithöhlen erinnert. Hier kamen alle zusammen: die Menschen real, die Tiere im Bild. Und es wird die Gemeinsamkeit ausgedrückt: Ganz gleich, wie unsere Hülle aussieht, im Inneren sind wir doch alle Jäger.

Auch der Archäologe Oliver Dietrich, der lange in Göbekli Tepe ausgegraben hat, betont, dass die Grenzen zwischen Menschen und Tieren fluide seien. Viele Bildmotive ließen sich sogar schamanisch deuten: «Auf Kranichdarstellungen weisen die Beine nicht nur in die verkehrte Richtung, sie ähneln sogar Menschenbeinen. Oder ein kopfloser Mensch fliegt mit erigiertem Penis auf einem Vogel in den Himmel.» Dietrich vermutet, dass die Steinkreise einst überdacht waren und als «Ritualräume» dienten. Die Skulpturen setzten den animistisch-schamanischen Kosmos theatralisch in Szene: «Im Dunkel von Fackeln erleuchtet, muss das eine schockierende Erfahrung für jeden gewesen sein, der ins Innere geführt wurde. Überall lauerten sprungbereite Tiere.» Ob diese Geisterbahn *avant la lettre* ein Ort der Initiation war, an dem Novizen in die Geheimnisse einer allbeseelten, durchaus gefährlichen Welt eingeführt wurden?

Ein gewaltiges Monument, das fast 2000 Jahre in Benutzung war und immer wieder umgestaltet wurde – ohne eine organisierende Instanz scheint das undenkbar. «Es gab einen Kanon und Spezialisten, die wussten, wie alles auszusehen hatte», sagt Dietrich. Einmal mehr: animistische Spezialisten, die man Schamanen nennen könnte.

Um noch einen Ort ins Spiel zu bringen, der beweist, dass im Mesolithikum weder animistische Bilderwelt noch künstlerische Produktion verschwunden waren: Lepenski Vir. Es liegt am Eisernen Tor in Serbien, an der Grenze zu Rumänien, wo sich die Donau in einer dramatischen Schlucht einen Weg durch die südlichen Karpaten geschaffen hat. Zur Zeit der Schamanin vor rund 9000 Jahren hatten sich dort Menschen auf einer Flussterrasse niedergelassen, angesichts des Fischreichtums ein perfekter Ort. In den Häusern standen Steinskulpturen. Oft oval geformt, im unteren Bereich mit geometrischen, wellenartigen Ornamenten verziert, prangen darüber Köpfe mit großen, runden Augen und aufgerissenen Mündern, die frappant an Fischmäuler erinnern.

Schigir, Göbekli Tepe und Lepenski Vir belegen: Die künstlerischen Fertigkeiten waren vorhanden, schlaglichtartig blitzen fantastische, geradezu surreale, oft sehr unterschiedliche Bilderwelten auf, hinter denen elaborierte Vorstellungswelten standen. Der animistische Kosmos lebte fort. Manches mag noch unentdeckt an verborgenen Orten schlummern.

*

Viele Archäologen glauben nun, in mesolithischen Gräbern Schamaninnen und Schamanen identifizieren zu können. Das Grab von Bad Dürrenberg wird seit einigen Jahren als Referenzobjekt herangezogen. Etwa wenn die Toten in einer aufrechten oder sitzenden Position bestattet wurden (wie ja auch unsere Protagonistin). Aber so einfach sei das nicht, konstatiert die Archäologin Judith Grünberg: «Selbst wenn

Steinerne Kreaturen: Die auf Terrassen an der Donau gelegenen Häuser von Lepenski Vir waren vor gut 9000 Jahren bevölkert mit fischhaften Wesen. Deren Mäuler erscheinen wie ein Tor der Seele.

Verstorbene im Mesolithikum ähnliche soziale Positionen oder den gleichen Tod erlitten haben, wurden sie dennoch nicht – auch nicht regional – gleich behandelt, sondern immer auf eine besondere Art und immer individuell.» Die Bestattungstraditionen seien noch nicht konsolidiert gewesen.

Gräber gibt es jetzt mancherorts zuhauf. Friedhöfe sind ein neues Phänomen. Auch das ist nicht so selbstverständlich, wie man es annehmen würde. Oft ist die These zu hören, schreibt der Archäologe Paul Pettitt, das sei eine normale Entwicklung gewesen: Da die Menschen im Mesolithikum sich auf kleinere Gebiete beschränkten, mit sesshafteren Lebensformen experimentierten, sie zu ihren Territorien eine intensivere Beziehung entwickelten und die Bevölkerung zunahm, habe man die Toten nun an besonderen Orten begraben. Doch das verkenne, was für eine merkwürdige Angelegenheit Gräber nun einmal gewesen seien. Wie wir im letzten Kapitel gesehen haben, war die Bestattung in der Erde zuvor nicht die Norm, sondern die Ausnahme – und der Verdacht ist begründet, dass sie problematischen Toten vorbehalten war. Wieso verliert eine an sich prekäre Praxis ihren Ausnahmecharakter?

Friedhöfe sind auch Produkte jenes neuen Denkens, über das wir bereits in Monrepos diskutierten. Die alleinige Beanspruchung von Land und natürlichen Ressourcen wäre die längste Zeit der Menschheitsgeschichte undenkbar gewesen. Wo nun Gruppen anfingen, ihr Territorium gegen andere Gruppen zu behaupten, brauchte es Erklärungen, warum ein Wald oder eine Muschelbank nicht mehr von allen genutzt werden durfte. Die intuitiv einleuchtende Begründung entscheidet heute noch jeden Streit um die Sonnenliege am Hotelpool: «Ich war als Erster da!» Dokumentiert durch ein in aller Frühe deponiertes Handtuch.

Auch in Sachen Land braucht es materielle Beweise – es lässt sich ja immer behaupten, man sei schon vor zehn Jahren da gewesen. Sichtbare Gräber der Väter oder Urgroßmütter an einem Ort erwiesen sich als eine ebenso überzeugende wie nachhaltige Lösung. Sie boten zudem einen weiteren Vorteil: Sie stellten zugleich das Personal zur Verfügung, mit dem sich das Land bewachen ließ. Tatsächlich illustriert die bereits diskutierte Studie von Peoples, Duda und Marlowe, dass die Ahnenverehrung nicht bei allen heutigen Jägern und Sammlern vertreten ist, vor allem nicht bei jenen sogenannten «immediate-return hunter-gatherer», also denen die ohne nennenswerte Vorratshaltung auskommen und deshalb mobiler sind. Wir haben es mit einer späten Erfindung zu tun: «Die Ahnenverehrung ist eine wichtige Quelle sozialer Kontrolle, die den Zusammenhalt von Verwandten stärkt und eine in direkter Linie erfolgende Kontrolle von Macht und Eigentum unterstützt», schreiben Peoples und Co. So archaisch die Rede vom «Land der Ahnen» auch klingen mag, im Mesolithikum war das als Rechtfertigung von Besitz ein neuer Hut.

Das muss nicht der einzige Grund für Friedhöfe gewesen sein, aber es war eine der treibenden Kräfte. Einmal mehr: Das, was uns heute als normal erscheint, trat erst mit dem Entdecken des Landes als einer besitzens- und damit auch verteidigungswerten Ressource in die Welt. Doch es braucht Zeit, bis sich das verbreitet. Die alten Traditionen im Mesolithikum lebten fort: Weiterhin finden sich vereinzelte Knochen in Grabgruben und Siedlungen. Gerade dort, wo es keine ressourcenreiche Orte gab wie an den Küsten, bleiben einzelne Gräber die Regel – und dürften also weiterhin für besondere Tote reserviert gewesen sein. Das gilt auch für unser Grab in Bad Dürrenberg.

*

Friedhöfe tauchen im Mesolithikum in Überflussregionen, an Seen oder am Meer auf. Berühmt sind jene im Baltikum und Karelien (Zvejnieki in Litauen und Olenij Ostrov in Russland), in Skandinavien (Vedbæk in Dänemark und Skateholm in Schweden), an der Atlantikküste (Téviec und Hoëdic in Frankreich und Moita do Sebastião in Portugal). Manche besaßen nur wenige Gräber, auf anderen lagen die Toten zu Hunderten. Und einige der Bestatteten werden als Schamanen tituliert.

Doch hier ist Vorsicht geboten. Nicht selten sind diese Deutungen theoriegeboren. Da man von der Existenz von Schamanen ausging, wurden besonders auffällige oder merkwürdige Gräber als die von Schamanen identifiziert. Aber solche Gräber gibt es allerorten. Wir haben uns nicht so viel Mühe mit unseren Analysen gegeben, dass wir nun einfach unbesehen alles als schamanisch akzeptieren würden, was als solches bezeichnet wird.

Tatsächlich haben wir es zumindest teilweise mit Ausgeburten jener kontaminierten Diskurse zu tun, die wir in unserer Archäologie des Schamanen-Begriffs freigelegt haben. Hier wird deutlich, wie sich ideologische Vorstellungen in wissenschaftliche Disziplinen einschreiben, dort eine Eigendynamik entwickeln und selbst dann noch herumspuken, wenn der alte ideologische Rahmen verschwunden ist.

Beginnen wir mit einem ebenso berühmten wie richtungsweisenden Beispiel: den Schamanengräbern von Olenij Ostrov. Sie lagen auf einer Insel im Onega-See, der zur finnisch-karelischen Seenplatte gehört. Ein Ort wie gemalt für die Jäger und Sammler des Mesolithikums:

fischreich und umgeben von Wäldern. Wie viele Gräber sich auf dieser Toteninsel einst fanden, ist unklar. Viele von ihnen fielen einem Steinbruch zum Opfer. Sowjetische Archäologen konnten trotzdem mehr als 400 Gräber identifizieren, von denen sie über ein Drittel bargen.

Vier davon werden als Schamanengräber angesprochen. Was sie hervorhob, war zunächst eine aufwendige Grabgestaltung: Schachtgräber, in denen die Toten aufrecht sitzend oder an die Wand zurückgelehnt platziert waren. Auch sollen sie im Gegensatz zu den anderen nach Westen und nicht der aufgehenden Sonne entgegengeblickt haben. Es waren zwei Männer und zwei Frauen, eine davon wohl noch unter zwanzig. Je ein Mann und eine Frau waren im reiferen Alter jenseits der vierzig. Drei der Gräber gehörten von den Beigaben her zu den reichsten.

Nun fand sich aber nichts, was deutlich für Schamanen gesprochen hätte. Allein dass einer der Männer Biber-Unterkiefer dabeihatte, wurde mit dem Verweis darauf, dass diese bei manchen Schamanen Sibiriens eine Rolle spielten, entsprechend eingeordnet. Wirklich zwingend ist das nicht. Andere überzeugende Belege für Schamanismus? Keine. Das sollte nicht überraschen, betrachtet man nämlich die Fundumstände genauer, stellt sich bald heraus: Bei diesen vier Schamanen handelt es sich um Ideologieprodukte – und ein weiteres Beispiel für die politische Instrumentalisierung der Vorgeschichte.

In aller Kürze: Wir befinden uns in der Sowjetunion im Jahr 1937 zur Zeit des «Großen Terrors», der stalinistischen Säuberungen. Ausgräber war Vladislav Iosifovich Ravdonikas, der Chef der Staatlichen Akademie für materiale Kultur in Leningrad, der schon 1924 gegen die «bourgeoise» Archäologie gepoltert hatte. 1953 wird seine Assistentin Nina Nikolajewna Gurina die Ausgrabungen fortsetzen. Beide sind zutiefst dem Historischen Materialismus des herrschenden Marxismus-Leninismus verpflichtet, und zwar in einer Weise, die der Anthropologe Ken Jacobs als «stalinistisch» bezeichnet.

Die Aufgabe der sozialistischen Wissenschaft war es zu beweisen, dass der Weg der Menschheit gesetzmäßig ins Paradies des Kommunismus führen würde, wenn man nur den «wissenschaftlichen» Lehren des Marxismus-Leninismus folgte. Auch die Archäologie hatte dem zu dienen. Tat sie es nicht, war sie «bourgeois» und diente dem Klassenfeind. Schon geringere Vorwürfe kosteten in Stalins Sowjetunion das Leben.

Entsprechend konnte die Archäologie gar nicht anders, als in der Vergangenheit Beweise für die kommunistische Ideologie zu finden. Und die postulierte in Anlehnung an einen der Gründungsväter des Evolutionismus – Lewis Henry Morgan (1818–1881) –, dass die Menschen im einstigen Stadium der «Wildheit» noch im «Urkommunismus» gelebt hatten, der durch das Aufkommen der Ausbeutung beendet worden sei.

Insofern geschah hier das, was wir schon bei den Deutungen des Grabes von Bad Dürrenberg im Nationalsozialismus beobachtet haben: Die tatsächlichen Funde werden nur so weit registriert, wie sie als ideologische Bausteine taugen. Entsprechend schnell wurde gegraben: Im Schnitt bargen die Ausgräber 1,5 Gräber pro Tag, insgesamt 144 mit mindestens 177 Individuen. Allein das zwingt dazu, die Ergebnisse vorsichtig zu interpretieren. Zumal die Gräber oft gestört und die Skelette schlecht erhalten waren, weshalb schon die Rekonstruktion der Blickrichtung der Toten heikel ist.

Ravdonikas und Gurina interpretierten Olenij Ostrov nicht als Zeugnis der Jäger und Sammler des Mesolithikums, sie verorteten es im späteren Neolithikum der ersten Bauern und Herdenbesitzer. Sie waren überzeugt, die Zeugnisse des kapitalistischen Sündenfalls auszugraben. In den Gräbern lagen die Ersten, so die Annahme, die jenseits des urkommunistischen Paradieses lebten. Hier wollten sie die Geburtsstunde sozialer Ungleichheit und Klassengesellschaft dokumentieren. Dass es keine Hinweise auf die fürs Neolithikum nötigen Haustiere gab, dafür jede Menge Knochen typischer Beutetiere? Kein großes Thema. Dass sich keine Keramikscherbe fand? Wird versucht, mit dem Hinweis auf ein Tabu wegzuerklären. Dass Hausbefunde fehlen? Störte auch nicht.

Entscheidender war: Grub man die Anfänge von Ausbeutung und Klassenkampf aus, musste es auch die entsprechenden Bösewichter geben. Wir kennen sie schon: die Schamanen. Sie gehörten laut sowjetischer Doktrin in die Riege der ersten Ausbeuter der Weltgeschichte, weil sie ihre Opfer mit jenem Stoff versorgten, den Lenin in Abwandlung eines Marx-Zitats als «Opium für das Volk» bezeichnete: die Religion. Insofern konnten die reichsten Gräber per definitionem nur die der Ausbeuter, der Schamanen sein. Das gab die Ideologie vor.

Wir sehen hier die Kehrseite der sowjetischen Eliminierungskampagne gegen den real existierenden Schamanismus Sibiriens. Beide stützen sich gegenseitig: Identifizieren die Archäologen Schamanen als jene, die für den Verlust des Urkommunismus verantwortlich sind, bekämpft die sowjetische Politik sie, um endlich wieder das Paradies des Kommunismus zu errichten.

So greifen die Archäologen auf die Erkenntnisse jener zurück, die am atheistisch-kolonialistischen Feldzug in Sibirien beteiligt waren: die sowjetischen Ethnografen. Wissenschaftliche Bedenken? Fehlanzeige. Denn da alle Gesellschaften gesetzmäßig bestimmte Entwicklungsstufen durchlaufen, ist es legitim, Kulturen gleichzusetzen – mögen sie auch Tausende von Jahren auseinanderliegen. Gurina vertrat die Theorie, dass die prähistorischen Gräber von Olenij Ostrov einer Kultur entstammten, die den zeitgenössischen Nganasan entspräche: Rentierhaltern im äußersten Norden Sibiriens. Was von denen zu halten war, gab die offizielle Politik der Sowjetunion vor: Die Nganasan wurden in den 1930er-Jahren parallel zu den Ausgrabungen Opfer der stalinistischen Zwangskollektivierung, die Familien enteignet und in Kolchosen gezwungen. Auch die Archäologie stellt sich damit in die Dienste der sowjetischen Ausbeutung und Vernichtung indigener Kulturen.

*

Nun wäre das alles nur eine traurige Fußnote, wenn es diesen ideologiegeborenen Schamanen aus Olenij Ostrov nicht ähnlich ergangen wäre wie der Idee des Schamanismus selbst. Diese hatte Mircea Eliade ihres ursprünglichen Kontextes entkleidet und so aus dem sowjetisch-kolonialistischen Schreckgespenst eine Traumgestalt des Westens geschaffen. Es waren die Archäologen John O'Shea und Marek Zvelebil, denen das Verdienst zukommt, Olenij Ostrov korrekt im Mesolithikum zu verorten. Bemerkenswerterweise übernahmen sie – wenn auch mit gänzlich anderen Intentionen – die Kategorisierungen Gurinas. Vor der Leistung der sowjetischen Archäologin verbeugten sie sich ausdrücklich (sie taten das 1984). Ihnen ging es darum, das Mesolithikum zu rehabilitieren, das bis dahin als eine Zeit des Niedergangs und Zerfalls galt. Insofern kam es ihnen zupass zu zeigen, mit welch einer reichen, sozial gegliederten Gesellschaft man es doch bereits vor den ersten Bauern zu tun hatte. O'Shea und Zvelebil witterten die Chance, hier eine komplexe Kultur des Mesolithikums zu rekonstruieren – und übernahmen, ohne es hinreichend zu problematisieren, Teile der stalinistisch kontaminierten Ergebnisse.

Sie folgten der Interpretation der vier Gräber als Schamanengräber. Dabei gab es in Olenij Ostrov weitere auffällige Gräber: Neun Bestattungen beiderlei Geschlechts, aber fortgeschrittenen Alters etwa waren mit geschnitzten Figuren, die meist Elche, Schlangen oder Menschen darstellten, bestattet worden. Diese waren aber in der marxistischen Tradition nicht als Schamanen infrage gekommen, weil sich unter ihnen nicht nur reiche Bestattungen fanden. Auch O'Shea und Zvelebil billigen diesen neun allein zu, eine Rolle in Fragen der rituellen Identität der Gruppen gespielt zu haben.

Ebenso griffen die beiden zurück auf die Ethnografie und projizierten deren Erkenntnisse in die Vergangenheit: Sie verwiesen auf Berichte von den Tschuktschen des 19. Jahrhunderts, auf deren Gräber ganze Berge von Rentiergeweihen deponiert worden waren. Zvelebil wird später auch ethnografische Vorstellungen wie die eines dreigegliederten durch einen Weltenbaum verbundenen Kosmos heranziehen und ins

Mesolithikum verpflanzen. Ebenso verweist er auf die berühmten Felsbilder am Onega-See, auf denen man glaubte Schamanisches zu entdecken.

*

Auch wenn dieser Ansatz schon früh Kritik erfahren hat, entfaltete einmal mehr das Charisma der schamanischen Idee seine Wirkung. Insofern taucht, wann immer sich auf mesolithischen Friedhöfen ungewöhnliche Gräber zeigen, die Vermutung «Schamane» auf. Erst recht, wenn Geweihe im Spiel sind. Dann wird auch das Nicolaas-Witsen-Bild des angeblichen tungusischen Schamanen als Beweis angeführt.

So stehen zum Beispiel in den Friedhöfen von Téviec und Hoëdic an der französischen Atlantikküste je sechs Individuen im Verdacht, Schamanen zu sein. Der Grund dafür: Rothirschgeweihe waren über ihren Köpfen zeltähnlich arrangiert. Dazu kamen reiche Beigaben: perforierte Muscheln, bearbeitete Wildschweinhauer, durchbohrte Rothirschzähne und eine Vielzahl von Werkzeugen aus Flint und Knochen. Ähnliches gilt für Gräber im dänischen Vedbæk; da fanden sich drei Tote mit Hirschgeweihen.

Wir wollen damit keineswegs ausschließen, dass es sich in besagten Gräbern in Olenij Ostrov, Téviec, Hoëdic oder andernorts um Schamanen handeln könnte. Denn die meisten Individuen haben keine Beigaben erhalten, konstatiert Judith Grünberg, eine der besten Kennerinnen mesolithischer Gräber. «Nur wenigen Personen sind mehr als zwei Werkzeuge und mehr als zehn Stücke persönlichen Schmucks beigegeben worden.» Aber es existieren auch ansonsten bemerkenswerte Bestattungen. In Vedbæk-Gøngehusvej war über dem Brandgrab eines Menschen ein Rehkitz bestattet worden. Ist das schamanisch? Und wie steht es um den reichen Kopfschmuck aus durchlochten Tierzähnen wie im lettischen Zvejnieki? Der Mann in Donkalnis, Litauen, besaß ebenfalls einen, ihm waren zudem Tierzähne in Augenhöhlen, Nasenlöchern und Mund platziert worden.

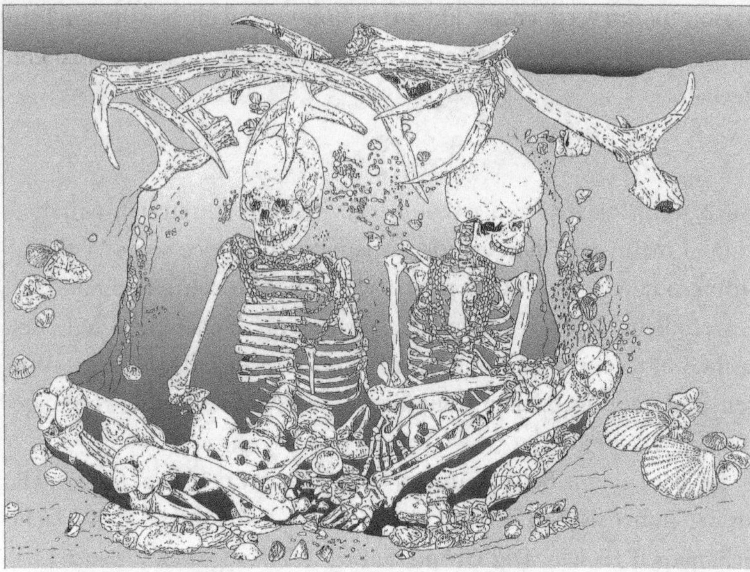

Auf Muscheln gebettet: Die in Muschelhaufen eingetieften Gräber von der bretonischen Insel Téviec bestechen nicht allein durch den Reichtum ihrer Beigaben. Die mitgegebenen Hirschgeweihe werden oft als Indiz für Schamanenbestattungen gewertet.

Insgesamt lässt sich mit Grünberg feststellen: «Es gibt einen bemerkenswert hohen Grad an Individualität den Ort und die Konstruktion der Gräber betreffend, genauso wie die Behandlung der Toten in jeder Hinsicht.»

Wir sehen, es verbietet sich, einzelne Faktoren als sichere Kennzeichen für Schamanismus auszuwählen. Insbesondere dann, wenn die Kriterien dafür aus dem Heute gewonnen werden und deshalb nicht selten ideologisch kontaminiert sind: Der Faktor «besonders reiche Bestattung» stammt aus der sowjetischen Gleichsetzung «Schamane = Ausbeuter» und das Kennzeichen «Geweih» resultiert vor allem aus der kolonialistischen Fabelwesen-Illustration eines angeblichen Teufelspriesters. Kurzum, bis zur Erbringung weiterer Hinweise stehen die allermeisten bisher als Schamanen titulierten Toten des Mesolithikums im Verdacht, Theoriegeburten zu sein. Doch es gibt mindestens drei Ausnahmen.

*

Wechseln wir zunächst den Kontinent und statten dem *Horn Shelter Man* in Texas einen Besuch ab. Die beiden Amerikas wurden schließlich am Ende der letzten Eiszeit auch von Jägern und Sammlern besiedelt, die den Weg aus Sibirien hierher gefunden hatten. Entdeckt wurde der Mann, die Anthropologen taxierten ihn auf um die vierzig, in einem Abri, einem Felsüberhang, der in prominenter Lage über dem Brazos River in Bosque County lag. Schon seit langer Zeit kamen Menschen hierhin, wieder einmal ist es ein perfekter Ort mit Aussicht und besten Verbindungen: Der Brazos fließt zum Golf von Mexiko.

Der *Horn Shelter Man* war vor 11 000 Jahren gemeinsam mit einem 10- bis 11-jährigen Mädchen bestattet worden, beide blickten Richtung Sonnenuntergang. Leider fehlen genetische Untersuchungen, sodass die Verwandtschaftsfrage offenbleibt. Dass es sich um die junge Frau eines alten Mannes handelt, wäre bei den hochgelobten Griechen vorstellbar gewesen, kaum aber bei Jägern und Sammlern. Verletzungen sind keine zu sehen, sodass unklar bleibt, was ihnen ungefähr zur selben Zeit das Leben gekostet hat.

Auf dem Gesicht des Mannes ruhte ein Schildkrötenpanzer, als ob er eine Maske trüge. Unter seinem Kopf fanden sich zehn Objekte; die Tasche, die sie einst barg, war dem Fraß der Zeit zum Opfer gefallen. Darunter lagen verschiedene Werkzeuge aus Geweih und Stein, eine Knolle Rötel, Sandsteinplatten und drei wie Suppenschüsseln ineinandergestapelte Schildkrötenpanzer. Im Bereich des Männerkopfes befanden sich Krallen von Dachs und Präriebussard. Die Schneckenschalen und die Koyotenzähne dagegen waren durchbohrt und stammten von einer Halskette. Zu dem Schildkrötenpanzer neben seiner Hüfte gehörte ein benutzter Stößel aus Geweih. Dem Mädchen sind wohl einige der Schneckenschalen zuzurechnen, neben seiner Hüfte lag eine

Knochennadel. «Holz, Leder, Kräuter, Textilien, Dornen, Pelz und Federn mögen vorhanden gewesen sein, aber haben sich nicht erhalten», sprechen die Archäologen Margaret A. Jodry und Douglas W. Owsley das typische Dilemma der Archäologie an. Das Mädchen muss also keinesfalls so arm an Beigaben ins Grab gegangen sein, wie es heute den Anschein hat.

Was aber lagerte unter dem Kopf des *Horn Shelter Mans*? Ein Medizinbündel, das seine heiligen Objekte beinhaltete? Oder eher eine prähistorische Arzttasche? Werfen wir einen Blick hinein und beziehen auch die anderen Objekte ein. Einige der Geweihwerkzeuge – das Rohmaterial stammt von Weißwedelhirschen – funktionierten bestens zum Zerkleinern und Pulverisieren, zum Zermahlen und Verrühren von Substanzen. Schrammen und Rillen zeigen, dass die Schildkrötenpanzer als Schalen benutzt wurden. Zwei wiesen Hämatitspuren auf, also Rötelreste.

Die Rötelknolle besaß deutliche Abriebflächen. Sie könnte Farbe gespendet haben. Da Eisen aber auch adstringierend und damit blutstillend und entzündungshemmend wirkt, liegt eine paläomedizinische Verwendung ebenfalls im Bereich des Möglichen. Auch auf den Sandsteinplatten fand sich Rötel, ebenso an der als Spatel ausgearbeiteten Spitze eines Hirschknochens. Er könnte zum Anrühren und Auftragen von Farbe gedient haben – und macht damit dem sehr ähnlichen Bad Dürrenberger Fund den Rang als ältester Schminkstift der Welt streitig. Ebenso gut können damit Pasten jeglicher Art zubereitet worden sein.

Gestützt auf nordamerikanische ethnografische Befunde, mag ein beidflächig bearbeitetes Feuersteingerät mit Aderlass, dem Ritzen der Haut und Tätowieren in Verbindung stehen. Zumal auch die Koyotenzähne zur Skarifizierung gedient haben könnten, zur Produktion ornamentaler Narben. Ob nun die unbenutzten Krallen von Präriebussard und Dachs das schamanische Potenzial des Grabes stützen, weil sie, wie Jodry und Owsley vermuten, Himmel und Unterwelt repräsentieren, sei dahingestellt.

Vielversprechender in dieser Hinsicht sind aber die Schildkröten. Sie lieferten ja nicht nur Geschirr, eine bedeckte das Gesicht. Mehr noch: Die gesamte Grabarchitektur scheint eine Schildkröte zu simulieren. Die beiden Toten liegen unter 19 Kalksteinplatten, die so arrangiert sind, dass sie wie ein Schildkrötenpanzer Schutz spenden. Die Köpfe der Toten aber sind ausgespart, sie schauen aus dem Steinpanzer hervor – die beiden werden damit selbst zur Schildkröte.

Dass Schildkröten Jahrtausende später in Nordamerika (aber nicht nur dort) wegen ihrer Langlebigkeit verehrt werden, und etwa die Arapaho und Cheyenne überzeugt waren, die Erde werde von einer Schildkröte getragen, können wir registrieren, aber nicht unbedingt fürs Mesolithikum voraussetzen. Einsichtiger ist da der Hinweis, dass Dosenschildkröten sowohl im Wasser wie auf Land leben, sie also in unterschiedlichen Sphären beheimatete Wesen sind. Das könnte sie als Grenzgänger zu Protagonisten eines schamanischen Kosmos machen – wie auch die Sumpfschildkröten im Grab unserer Heldin.

Wer also war der *Horn Shelter Man*? Ein medizinischer Experte, sagen Margaret A. Jodry und Douglas W. Owsley, womöglich ein Schamane, der heilend tätig war, kräuterkundig, erfahren in zeremoniellen Praktiken, die mit Bemalung, Tätowierung und dem Verletzen menschlicher Haut einhergingen. Da es sich um das reichste Grab der Region handelt, nahm er eine zentrale Rolle in seiner Gemeinschaft ein.

Und dann sind da noch die kräftigen Unterarme und Hände des Herrn aus Texas. Sein Skelett verrät, dass er immer wieder einer anstrengenden, sich wiederholenden Tätigkeit nachging. Was das sein könnte? Jodry und Owsley vermuten – Eliade lässt grüßen –, er habe die Schamanentrommel geschlagen.

*

Fünf Dosenschildkröten? Das ist nichts gegen die mindestens neunzig Maurischen Landschildkröten, die sich im Grab von Hilazon Tachtit fanden. Es weist einige erstaunliche Parallelen zum *Horn Shelter Man* auf, obwohl es über 11 000 Kilometer entfernt in jenem Landstrich liegt, der viele Jahrtausende später einmal das «Heilige Land» des Juden- und des Christentums werden sollte.

Es wird nur ein netter Zufall der Geschichte sein. Aber hier im westlichen Galiläa liegen in kaum dreißig Kilometer Entfernung zwei Orte, aus denen Wundertäter stammen, die stets ins Spiel gebracht werden, geht es um die Frage, ob nicht auch in der Bibel Schamanismus existiert. Da ist die oft als Hexe bezeichnete Nekromantin von En-Dor: Sie ist es, die auf Bitten des Königs Saul den Totengeist des Propheten Samuel heraufbeschwört. «Seelenbegleiterin» nennt sie die Theologin Marie-Theres Wacker.

Und da ist der Wunderheiler aus Nazareth: Es ist wiederholt darauf hingewiesen worden, dass die Versuchung Jesu doch sehr einer durch Fasten induzierten Schamanenreise ähnelt. Er wird vom Geist Gottes in die Wüste geführt, wo er vierzig Tage hungert und mit den wilden Tieren lebt, bis ihn der Teufel versucht und erst nach Jerusalem, dann auf einen Berg entführt, und am Ende erscheinen die Engel.

Doch jetzt erliegen wir selbst der schamanischen Kraft von Hilazon Tachtit und reisen wild durch die Zeiten. Aber etwas scheint an dieser Region zwischen See Genezareth und Mittelmeer außergewöhnlich. Denn betrachtet man das 12 000 Jahre alte Felsengrab, kommt man um das Epitheton «wundersam» kaum umhin. Als stünde man einem Urahn all jener Charismatiker gegenüber, die hier in späteren Zeiten für Furore sorgen – und das sind wahrlich nicht wenige.

Wir befinden uns also im Jahr 3000 vor der Schamanin oder 10 000 vor Christus. Was die Vorgeschichte etwas kompliziert erscheinen lässt, ist die nicht immer einheitliche Terminologie. Wir befinden uns hier im Epipaläolithikum. So wird im ostmediterranen Raum die Übergangszeit vom Paläolithikum zum Neolithikum bezeichnet, die in den meisten Regionen Europas Mesolithikum heißt. Die Kultur des Natufien in der Levante ist die erste, die Hinweise auf Sesshaftigkeit liefert; die Menschen begannen, wildes Getreide und andere Pflanzen zu kultivieren. Das ist ein sich über mehrere Jahrtausende hinstreckender Prozess, der durchaus Ähnlichkeiten zum europäischen Mesolithikum aufweist (etwa die beginnende Territorialität), wenn auch hier die großen und dichten Wälder fehlten.

150 Meter hoch über dem Wadi Hilazon gelegen, bietet die wenig mehr als zehn Meter tiefe Höhle einer Felsloggia gleich eine grandiose Aussicht. Vorher gab es hier keine menschlichen Aktivitäten, danach auch nicht mehr (erst in historischen Zeiten entdeckten Hirten sie als Unterstand für ihre Ziegen). Obwohl die nächste Siedlung 10 Kilometer entfernt lag und die Natufier ihre Toten meist zu Hause unter dem Fußboden begruben, scheute man an diesem entlegenen Ort keine Mühen. Die Menschen schlugen ein Meter tiefes Loch in den Felsboden, das ein fast perfektes Oval ergab. Anschließend schleppten sie Lehm herbei und verputzten den Boden und die Wände des Grabes. In den noch feuchten Untergrund drückten sie Platten aus Kalkstein – und schufen so ein gekacheltes Grab.

Nachdem sie den Leichnam halb sitzend an die Wand gelehnt, ihn mit Beigaben ausgestattet und schwere Steine auf der Leiche deponiert hatten, begingen die Menschen ein opulentes Fest. Die meisten der Schildkröten hatten nämlich nicht als Tiegel und Dosen gedient. Nein, sie waren verspeist worden. Einige hatte man in den Schalen gekocht. Allein die Schildkröten, so die Archäologinnen Leore Grosman and Natalie D. Munro, lieferten 25 Kilo Fleisch. Auch Schlangen, Rebhühner, Gazellen und Auerochsen wurden serviert. Da Gazellenkitze dominierten, muss das Höhlenbegräbnis zwischen April und Juni stattgefunden haben. Ob aus rituellen Gründen oder weil es in der Höhle an Füllmaterial fehlte: Die Speisereste landeten im Grab. Zum Schluss wurde zuoberst eine massive, dreieckige Felsplatte zur Markierung platziert.

Ein zweites Loch war auf ähnliche Weise in den Felsen geschlagen worden. Auch dieses war mit Speiseabfällen gefüllt. Dann wurde dort eine Frau ohne Beigaben bestattet. In drei weiteren Gruben entdeckten die Ausgräber mindestens 25 Individuen. Die waren nicht auf einmal beigesetzt worden. Wie es typisch für das Natufien ist, sind die Gräber wiederholt geöffnet und Schädel und Langknochen entnommen worden. Immer mehr Tote wollten, sollten hier bestattet werden – neben jener ersten Person. So wie sich später die Menschen rund um die Heiligengräber erst in, dann außerhalb der Kirchen begraben ließen, um im Tod gewichtige Fürsprecher zur Seite zu haben.

Wer aber lag nun in diesem extraordinären Grab? Wer war die Person, die solchen immensen Aufwand auf sich zog? In historischen Zeiten würde die Antwort zumeist lauten: ein Mann. Im Fall von Hilazon Tachtit handelte es sich um eine Frau. Und was für eine. Eine kleine, grazile: Sie war 1,50 Meter groß. Eine alte: Zumindest für damalige Verhältnisse war sie das mit ihren 45–50 Jahren. Eine körperlich schwache: Ihr Skelett deutet auf diverse Altersleiden hin. Eine, die seit Geburt an mit massiven Beeinträchtigungen zu kämpfen hatte. Steiß- und Kreuzbein waren verwachsen, das Becken verformt, ebenso verschiedene Lenden- und Rückenwirbel. Sie wird stark gehinkt und einen Fuß nach sich gezogen haben. Ihre ganze Gestalt muss, so Grosman und Munro, «ein unnatürliches, asymmetrisches Aussehen» gehabt haben. Für diese kleine, alte Dame war den Menschen kein Aufwand zu groß.

Und wir haben noch nicht einmal von ihren Grabbeigaben erzählt: Neben all den Schildkröten und diversen Steingeräten fanden sich Teile von Tieren, die in dieser Kombination einmalig sind: Da gab es zwei Schädel von Steinmardern, das Vorderbein eines Wildschweins, die Flügelspitze eines Steinadlers mit einst prächtigen Federn, den Schwanz eines Auerochsen – und die Hüfte eines Leoparden. Repräsentierten sie die Armada ihrer Hilfsgeister?

Als ob das nicht schon mysteriös genug wäre, hatte sie noch einen kompletten menschlichen Fuß dabei. Er gehörte einmal einer Person, die bedeutend größer war als sie. Woher hatte man den? Gerade abgeschnitten? Wie hatte man ihn hertransportiert? Wahrscheinlicher ist, dass es ein mumifizierter Menschenfuß war. Aus der Ethnologie kennen wir Fälle, in denen Kinder die geräucherte Hand eines toten Verwandten als Amulett um den Hals tragen. Lebte die Tote zwar nicht auf

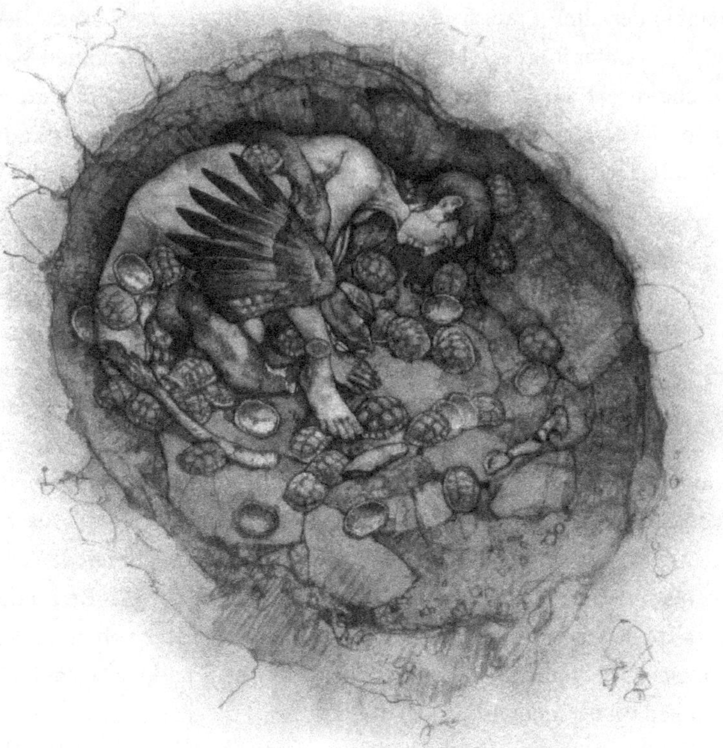

Eine wunderbare Frau: Menschenfuß, Leopardenschwanz, Adlerschwinge, Marderschädel und unzählige Schildkröten – das 12 000 Jahre alte Grab der mutmaßlichen Schamanin von Hilazon Tachtit.

großen, aber dafür mit einem dritten Fuß? Schmückte er einst ihren Stock?

Das Grab des *Horn Shelter Man* und des Mädchens schien symbolisch als eine Schildkröte gestaltet worden zu sein; der Eindruck der gut 90 Panzer in dem recht kleinen Grab muss ebenfalls eindrucksvoll gewesen sein, sagen Grosman und Munro. Ob damit auch eine Schildkrötenanmutung evoziert werden sollte, lässt sich nicht entscheiden. Deutlicher ergibt sich eine Parallele bei einem weiteren Beigaben-Ensemble der alten Frau: Es erinnert an jenes Bündel aus Texas. Dieses lag nicht unter ihrem Kopf, sondern in einer eigens geschaffenen Steinnische direkt zu ihren Füßen. Dort fand sich das rechte Horn einer männlichen Gazelle mit einem Stück des Stirnbeins, drei vollständige Schildkrötenpanzer, Herzmuscheln aus dem Mittelmeer, Stücke von Rötel und Kreide sowie eine Schale aus Basalt.

Ein Team um Laure Dubreuil und Leore Grosman gelangte mit ihren Analysen zum Schluss: Die Basaltschale war absichtlich zerbrochen worden, die Untersuchung der Rückstände im Inneren zeigte, dass sie zum Anmischen von Holzasche oder Kalk gedient hatte. «In vorindustriellen Gesellschaften wird das Mischen von Asche oder auch Kalk mit Wasser für die Zubereitung von Lebensmitteln, der Herstellung von Seife oder Farben in Verbindung gebracht.» Entsprechende Mixturen werden aber auch als Insektenschutz und zur symbolischen Reinigung verwendet. Natürlich spielen die Archäologinnen die Schamanismus-Karte: Interessant sei, dass alkalische Asche «als Bestandteil verschiedener Rezepturen erwähnt und insbesondere von südamerikanischen Schamanen bei der Zubereitung von halluzinogenen Getränken verwendet wird».

«Eine Schamanin», das war auch das einhellige Urteil der Ausgräberinnen Grosman und Munro, und sie verweisen auf das Grab von Bad Dürrenberg als Vergleichsbeispiel. Dabei war zu der Zeit noch gänzlich unbekannt, dass dieses ebenfalls extrem aufwendig gestaltet war. Dass eine vielköpfige Trauergemeinde einer alten Frau solch eine letzte Ehre erwies, passt ins Natufien. Wo einfacher Hack- und Gartenbau betrieben wird, herrschen meist matrilineare Verhältnisse. Denn diese Form der Landwirtschaft liegt vor allem in der Hand von Frauen, die Männer gehen weiter auf die Jagd. Das ist nicht zu verwechseln mit dem Matriarchat, der Frauenherrschaft, für die es weder archäologische noch ethnografische Belege gibt. Im matrilinearen Gesellschaften bleiben aber die Töchter vor Ort, der Besitz wird in der weiblichen Linie weitergegeben. Das verschaffte Frauen eine noch stärkere Rolle, als sie diese schon unter Jägern und Sammlern besaßen. In dieses Bild passt auch, dass die einzigen beiden anderen vollständigen Körpergräber in der Höhle wiederum Frauen gehörten: einer zweiten älteren und einer jungen Frau, neben deren Becken ein Fötus lag. Beigaben erhielten diese beiden aber keine.

*

Sehen wir uns eine letzte mögliche Schamanin an. Denn bei jenen beiden, denen wir selbst aus unserer skeptischen Perspektive den Titel «Schamanin von Hilazon Tachtit» oder «Horn-Shelter-Schamane» kaum verwehren mögen, haben wir es doch mit zwei entfernten Fällen zu tun, die überdies noch zwei-, respektive dreitausend Jahre älter sind als unser Doppelgrab in Bad Dürrenberg. Deshalb wenden wir uns nun einem Fall zu, der näher liegt und jünger ist als der unserer Schamanin und somit für eine Kontinuität solch animistischer Experten spricht.

Kaum hatte das südschwedische Trelleborg-Museum die etwa siebentausendjährige Frau aus Grab XXII des mesolithischen Friedhofs von Skateholm rekonstruieren lassen, feierten Medien wie die *BBC* oder *National Geographic* die «Schamanin von Skateholm» und interviewten den Rekonstrukteur Oscar D. Nilsson, der sie mittels forensischer Methoden erschaffen hatte. «Sie ist wie ein Tor zwischen unserer Welt und der anderen Welt», beschreibt Nilsson seine Intention, «und das wollte ich in ihrem Gesicht erkennbar werden lassen.»

Es scheint aufgegangen zu sein: «Ich hatte Gänsehaut, als ich sie das erste Mal sah», sagt die Museumsdirektorin Ingela Jacobsson. «Diese Frau hatte eine hervorragende Stellung, wenn man bedenkt, mit was sie begraben wurde.» Aber Jacobsson fügt auch hinzu: «Darüber hinaus können wir keine Aussagen über sie machen.» Wie immer: Solange wir nirgends das Goldene Ehrenabzeichen der Internationalen Schamanen-Vereinigung finden, bleibt die Unsicherheit, was diese Person zu Lebzeiten wirklich war.

Hier am südlichsten Zipfel Schwedens führten Jäger, Sammler und Fischer am Rande einer Lagune ein Leben im Überfluss. Verschiedene Friedhöfe haben die Archäologen entdeckt. In Skateholm I waren es

65 Gräber, im älteren von Skateholm II 22. In manchen von ihnen lagen Menschen gemeinsam mit einem Hund; in manchen lag auch allein der Hund begraben.

Gerade die sitzende Position einiger Toter sowie die Beigabe von Rothirschgeweihen in Skateholm II ließ Archäologen wie Nataliia Mykhailova und Marek Zvelebil die Verbindung zu den unter Schamanismus-Verdacht stehenden Gräbern in Olenij Ostrov ziehen. In einem Grab saß ein junger Mann, in der Nähe des Kopfes lagen zwei Geweihstangen, eine dritte zu seinen Füßen. Die Stirn war geschmückt mit einer Kette aus Rothirsch-Zähnen.

Rekonstruiert und als mögliche Schamanin gehandelt wurde nun die Tote aus Grab XXII. Sitzend war auch sie bestattet worden, berichtet der Ausgräber Lars Larsson, und zwar in einer Art Schneidersitz, den Blick nach vorn gerichtet. Unter ihren Beinen ragte rechts und links je eine Geweihstange eines Rothirsches heraus, sodass es den Anschein hat, als säße sie auf einem Geweihthron. Womöglich sollte sogar der Eindruck erweckt werden, sie werde von einem Hirsch getragen. Ihre Hüfte war mit einer Kette aus Rothirsch- und Wildschweinzähnen geschmückt, zu der wohl auch zwei Marderunterkiefer gehörten. Auf der Brust trug sie eine rechteckige an der Oberseite durchlochte Schieferplatte. Unter dem rechten Arm lagen zwei Feuersteinmesser.

Der Archäologe Per Karsten weist auf die besondere Lage des Grabes hin. Es liegt in unmittelbarer Nähe zum Frauengrab XX. Die Frau darin ist auf dem Rücken bestattet. Auch sie trug eine Tierzahnkette um die Hüfte, ebenso eine um den Kopf. Gleich daneben befand sich das reichste Hundegrab des Friedhofs. Der Hund war auf die linke Seite gebettet, die Beine angezogen, ein Hirschgeweih war auf seinem Rücken deponiert, ein verzierter Geweihhammer lag neben der Brust, und drei Feuersteinmesser lagerten neben seinem Oberschenkel. Bilden die beiden Frauen und der Hund ein Grabensemble? Wer war hier die Hauptperson?

Für die Dame aus Skateholm wie für all die anderen Fälle gilt: Die Gräber zeigen eine hohe Individualität. Es gibt keine kanonische Aus-

Thron des Nordens: Auf Geweihen sitzend, trat die Frau aus Grab XXII im schwedischen Skateholm vor gut 7000 Jahren die Reise in die andere Welt an. War sie eine mächtige Frau im Umgang mit den Geistern oder mit den Menschen?

stattung für bestimmte soziale Gruppen, geschweige denn für animistische Experten. Das reguläre Bestatten von Menschen auf Friedhöfen befand sich noch in den Kinderschuhen. Deutlich wird der animistische Kontext. Hunde werden nicht anders als Menschen bestattet. Ob es in diesem Fall sogar um mehr als nur «den besten Freund des Menschen» geht, nämlich um ein animalisches Seelen-Double oder einen Hilfsgeist, bleibt einmal mehr Gegenstand der Spekulation.

Nun hat auch der Preußenkönig Friedrich II., genannt der Große, seine Lieblingshunde mit «Sie» angeredet, diese auf der Terrasse von

Sanssouci in Potsdam bestatten lassen und später dann seine eigene Gruft gleich daneben erhalten. Er ruht dort mit seinen Lieblingshunden Biche, Alcmène, Thisbe, Superbe, Pax und Hasenfuß. Falls Archäologen in 10000 Jahren Sanssouci ausgraben werden: Glauben sie dann, einen großen Schamanen gefunden zu haben?

Wir haben Skateholm auch deshalb als letztes Beispiel gebracht, weil es einmal mehr illustriert, dass unsere Schamanen-Brille auch Gefahren birgt. Denn sie reproduziert ein Geschlechterstereotyp, das implizit unterstellt, Frauen könnte in der Vorgeschichte allenfalls im spirituellen Kontext eine ausgezeichnete Stellung zukommen – die Option, dass es sich um eine in weltlich-politischen Sphären bedeutende Frau handelte, kommt damit gar nicht in den Blick. Eine Schamanin scheint vorstellbar, eine Anführerin eher nicht. Aber warum sollte die Dame aus Grab XXII in Skateholm, die ja als auf den Geweihen thronend beschrieben wird, nicht der *Chief*, die «Häuptlingin» eines Stammes gewesen sein?

Es war wiederum Marek Zvelebil, der in diesem Kontext auf eine Studie aus dem Jahr 1989 hingewiesen hat, in der Trinette S. Constandse-Westermann und Raymond R. Newell die Skateholm-Gräber auf «Limb Lateralisation» hin untersucht hatten, also ob körperliche Arbeit zur stärkeren Ausbildung einer Körperseite geführt hatte. Es zeigte sich, dass Frauen, deren Grab für einen hohen sozialen Status sprach, einen symmetrischeren Körper besaßen, also weniger hart gearbeitet hatten als Frauen mit einem niedrigeren sozialen Status. Bei den Männern war es umgekehrt, da zeigten die höheren sozialen Ränge eine stärkere Lateralisierung. Zvelebil bringt als eine mögliche Erklärung die These ins Spiel, dass wir es mit einer matrilinearen Gesellschaft zu tun haben könnten, in der sozialer Status in der weiblichen Linie weitergegeben wird. Ein bedeutendes Grab einer Frau in der Vorgeschichte sollte also nicht automatisch als das einer Schamanin interpretiert werden. Nun sollten wir gewappnet sein, uns anzusehen, wer da wirklich im Grab von Bad Dürrenberg lag.

23

GERÜSTET FÜR DIE EWIGKEIT

Wir haben alles unternommen, um zu verhindern, dass uns moderne Vorstellungen den Blick verstellen, wenn wir uns an die finalen Analysen des Doppelgrabes von Bad Dürrenberg machen. Überdies haben wir genügend prähistorisches Hintergrundwissen gesammelt, um in einem ersten Schritt das Grab aus seiner Zeit heraus zu betrachten und uns dann in einem zweiten Schritt im nächsten Kapitel der Frau und dem kleinen Jungen auf Basis neuer medizinischer und weiterer genetischer Untersuchungen zu widmen. Damit hätten wir alles beisammen, um uns abschließend an der Lösung ihres Rätsels zu versuchen.

Wie exzeptionell das Grab ist, das haben wir im Verlauf des Buchs oft genug registriert. Angesichts der Gräber, die wir in den letzten Kapiteln vorgestellt haben, möchten wir aber doch noch einmal auf einen Punkt hinweisen, damit wir den richtigen Bewertungsmaßstab erhalten: In Mitteldeutschland sind keine zehn Gräber aus dem Mesolithikum bekannt. In ganz Deutschland sind es nicht einmal ein halbes Hundert. Sie enthalten oft gar keine oder selten mehr als eine oder zwei Steinklingen als Grabbeigaben.

Allein die Fülle und die Vielfalt des Inventars lassen das Grab von Bad Dürrenberg in seinem mitteleuropäischen Zeitkontext zu einer absoluten Ausnahme werden. Von der geheimnisvollen Grabarchitektur – rotes Rechteck in weißem Achteck – ganz zu schweigen. Und einmal mehr dürfen wir nicht vergessen: Wir kennen nur die knöchernen und steinernen Reste. Von all den Fellen und Pelzen, den Federn und

Pflanzen, den Beigaben aus Holz und Fleisch hat nichts die Zeiten überdauert.

*

Für unsere Analyse möchten wir verschiedene Dimensionen unterscheiden. Da ist zunächst die animistische. Das Grab versammelt vor allem die Tiere des Waldes. Nun wäre da prosaisch einzuwenden, dass sich darin schlicht die ausgeprägte Ressourcennutzung des Mesolithikums widerspiegelt. Für verschiedene Aufgaben wird je spezifisches Material eingesetzt. Knochen waren aber immer mehr als nur Rohstoff. Und das Zungenbein eines Wildschweins, das Schulterblatt eines Igels, das Sprungbein eines Bibers legen nahe, dass in diesem Grab einzelne Knochen als Pars pro Toto ein ganzes Tier, seine Art oder deren spezifische Qualitäten repräsentieren. Die beiden Menschen befinden sich in bester Gesellschaft; schließlich sind es jene Tiere, mit denen die Menschen gedeihlich zusammenzuleben versuchen, weil sie von ihnen in Sachen Nahrung, Bekleidung oder Werkzeuge abhängig sind. Wir finden also nur nichtmenschliche Personen, bei denen die Menschen tief in der Schuld stehen.

Aggressive Tiere, die ihrerseits Beute machen und womöglich eine Konkurrenz zu den Menschen darstellen, sind nicht vertreten. Das Dürrenberger Grab versammelte eine animistische Welt, die das Gegenteil von jener ist, die Jäger in Göbekli Tepe in Stein gemeißelt hatten und in der Zähnefletschen und Schädelkult regieren. Die Diversität der Tiere, die unsere Heldin begleiten, korrespondiert eher mit den Gräbern von Hilazon Tachtit und Horn Shelter.

Der Ethnograf László Vajda bezeichnete die Annahme tiergestaltiger Hilfsgeister als unverzichtbar für die Existenz des schamanischen Komplexes. Wir sehen sie hier vereint, so wie Jahrtausende später die Schamanen Sibiriens ihre Trachten mit möglichst vielen Repräsentanten der tierischen Schutzgeister schmücken werden. Sicher werden diese auch als Vertreter der verschiedenen Sphären gelten – Luft, Wasser, Erde – und damit universal einsetzbar sein.

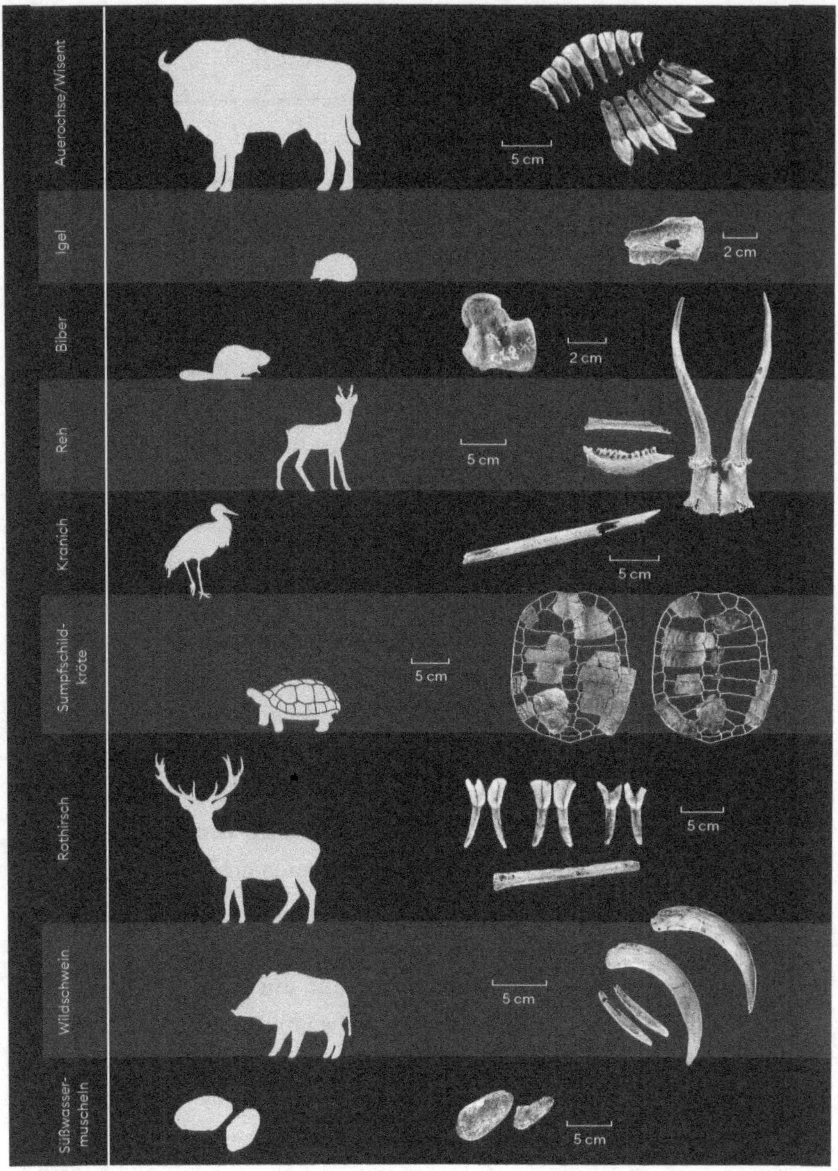

Sozialer Kosmos: Das Grab von Bad Dürrenberg besticht durch die Vielzahl verschiedener Tiere. Es scheint, dass diese symbolisch alle Sphären der Welt abdeckten: das Wasser, die Erde, den Wald, die Lüfte.

Dann sind da die Geweihe. Zunächst einmal gibt es Neuigkeiten. Wieder war es Karol Schauer, der eine mögliche Erklärung für die seltsamen Schnittspuren an beiden Stangen des Rehgehörns präsentierte. Da sie sich vor allem an der Innenseite auf halber Höhe befanden, vermutet er, dass sie der Fixierung des Rehgeweihs mit einer Schnur dienten. Dieses könnte an den Ohren eines Rehfells festgebunden worden sein, das als Umhang oder mützenartige Kappe diente. Damit wäre das Geweih gegen das Verrutschen geschützt gewesen.

Der Fund der beiden neben dem Grab deponierten Hirschmasken lässt in unseren Augen den Schamanismusverdacht zur Gewissheit werden. Bad Dürrenberg ist damit nicht nur der erste tatsächliche Nachweis von Geweihmasken im kultischen Rahmen. Die neuen Masken stehen auch für eine kanonische Ausstattung, eine Tracht oder zumindest die feste Etablierung von Symbolen, die über Generationen hinweg für Schamanen verbindlich sind. Ein Schritt zu Institutionalisierung und Traditionsbildung, wie er für diese Epoche der Menschheitsgeschichte erwartbar ist. Fortan wäre animistisches Expertentum nicht mehr nur Berufung, sondern auch Beruf.

Die nächste Dimension ist die des praktischen Nutzens. Da sind jene Objekte, die für den prosaischen Gebrauch gedacht scheinen. Dass sie das sicher nicht allein sind, dafür spricht die grazile Gestalt unserer Heldin. Fehlende Muskelansätze an den Knochen deuten darauf hin, dass sie kaum körperlich anstrengende Arbeiten ausführte. Wenn ihr also ein kunstvoll geschliffenes Steinbeil ins Grab mitgegeben wurde, das wie eine Dechsel zur Holzverarbeitung gedient haben könnte, ist die Intention wohl eher symbolischer Natur, um sicherzustellen, dass die Tote auch in der Anderswelt für alle Eventualitäten gewappnet ist.

Es könnte auch die Exotik im Vordergrund gestanden haben. «Es ist ein außergewöhnliches Stück», sagt der Archäologe Mario Küßner. Er glaubt, das Rätsel um dessen Herkunft gelöst zu haben: Es ist die Designidee, die aus dem Vorderen Orient stammt. «Solche geschliffenen und polierten Exemplare gibt es dort bereits drei Jahrtausende früher. 1000 bis 1500 Jahre später tauchen in Europa an verschiedenen

Orten die ersten Stücke auf.» Es war die Idee, die auf verschlungenen Wegen nach Westen und Norden gelangte, denn die entsprechenden Beile wurden aus lokalem Material hergestellt. «Vielleicht werden sie von bestimmten Gruppen gefertigt und weitergetauscht.» Aber selbst wenn es sich doch um eine mesolithische Innovation handeln sollte, stellt das Beil ein ebenso erlesenes wie kostbares Stück dar.

Ähnliches ist über die kaum minder exquisite Kranichdose zu sagen: Sie enthält mit 29 Mikrolithen und zwei mikrolithischen Abschlägen erstaunliche Kunstwerke der Steinproduktion, kaum daumennagelgroß. «Unglaublich gut gemachte Stücke aus einem transluzenten grau-braunen Feuerstein», urteilt Holger Dietl. An ihnen haften noch Reste schwarzen Birkenpechs. Damit waren sie einst in Pfeile eingeklebt. Als ungleichschenklige Dreiecke fungierten sie als Widerhaken, manche auch als Pfeilspitze. Scharf wie Glas, sollten sie ihrem Opfer möglichst blutende Wunden zufügen und sich nicht leicht aus dem Fleisch lösen. Warum aber waren sie aus dem Pfeil genommen worden? Damit die Schamanin mit leichtem Gepäck reisen konnte? Pfeile sind schließlich schnell gemacht.

Zwar verrät ihr Skelett, dass sie zu Lebzeiten wohl nicht selbst auf die Jagd ging. Was aber für die Anderswelt nichts heißen muss, ihren Körper ließ sie schließlich im Grab zurück. Auch hier könnte die symbolische Dimension im Vordergrund stehen: Sie war für jedes Wagnis gewappnet und gegen alle bösen Geister gefeit. Sicherlich ist noch vieles andere denkbar: Handelte es sich um Orakelsteine oder Zählhilfen für einen Mondkalender? Doch dafür besitzen wir keinen Anhalt.

Beschränken wir uns also bei den weiteren Beigaben auf die naheliegende Funktionsvermutung: Da ist das stark überarbeitete Geweihstück, dessen Nutzungsspuren auf einen hammerartigen Einsatz hinweisen. Dann gibt es ein Set aus langen pfriemartigen Knochengeräten, gefertigt aus Mittelfuß- und Mittelhandknochen von Hirsch und Reh. «Sie weisen sehr unterschiedliche Gebrauchsspuren auf, was für verschiedene Verwendungen spricht», erklärt Juan Antonio López Padilla, Spezialist für Gebrauchsspuren an Knochengeräten vom Archäologischen Museum MARQ im spanischen Alicante. «Typischerweise werden sie beim Korbmachen und Flechten von Weidenruten gebraucht. Mit ihnen kann aber auch Leder gelocht werden, um einen Faden hindurchzuziehen.» Sie sind mehrfach nachgeschliffen und haben einiges an Länge eingebüßt. Das größte von ihnen hat eine hochglanzpolierte Oberfläche und eine lange, scharfe Spitze, weist aber keine oder kaum Hinweise auf Nachschärfen auf. «Es ist möglich, dass das eine Haar- oder Gewandnadel war», sagt López Padilla. «Sie könnte auch zum Befestigen des Pelzkopfschmucks gedient haben.»

«Dieser Knochen bewahrt drei Sekunden aus dem Leben vor 9000 Jahren», ergänzt Roberto Risch, Archäologieprofessor von der Autonomen Universität Barcelona. Auf dem langen Knochen zeichnen sich nämlich Abdrücke von Zähnen ab: «Das war ein Hund! Der hat sich den Knochen geschnappt und wollte mit ihm verschwinden. Da gab's eins hinter die Löffel, und er ließ den Knochen fallen», lacht Risch. War das die Schamanin, die ihre Haarnadel retten wollte?

«Die Steinwerkzeuge spiegeln die geologische Vielfalt der Region», sagt Risch. Jeder Stein ist anderer Herkunft. Neben dem als Dechsel eingesetzten Steinbeil hat sie einen Retuscheur dabei, um Silexklingen herstellen und bearbeiten zu können. Dann ist da ein Reib- und Polierstein, mit dem etwa Wandputz wie im Grab ausgestrichen werden konnte. Und ein Schlagstein, der außerdem auch zur Lederverarbeitung gedient haben könnte. Teils weisen die Steine unterschiedliche Gebrauchsspuren auf. «Das ist wie eine Werkzeugkiste, die sie dabeihat. Für jede Aufgabe ist sie gerüstet, und sie kann damit weitere Werkzeuge produzieren.» Auch hier biete sich ein Schlüssellochblick auf die Schamanin: Da es sich vermutlich um ihre persönliche Ausstattung handelte, verraten die Gebrauchsspuren des Retuscheurs: Sie war Linkshänderin.

Das Grab ist ein Mikrokosmos, der den Makrokosmos widerspiegelt. «Wir sehen die Vielfalt der Steine und die Vielfalt der Tiere», sagt Risch. «Ich bin überzeugt, dass ihr genauso eine Vielfalt an Pflanzen mitgegeben worden ist.» Leider lieferten die Proben in Sachen Pflanzenpollen bisher keine befriedigenden Ergebnisse. Einzig ein Pollenkorn vom *Linum usitatissimum*-Typ hat die Archäobotanikerin Elisabeth Endtmann bisher entdecken können, also Flachs.

Die Vorstellung einer blauen Blume wie Flachs im Grab der Schamanin von Bad Dürrenberg ist einer dieser unvorstellbar hübschen Zufälle. Denn es war ausgerechnet der Dichter Novalis (1772–1801), dem wir das Symbol von der romantischen Suche nach der blauen Blume verdanken, der, ohne es zu wissen, wohl mehr als einmal am Grab der Schamanin stand. Friedrich von Hardenberg, das ist Novalis' bürgerlicher Name, war im Brotberuf Salinenassessor und Mitglied des Salinendirektoriums, das auch für die Dürrenberger Salzproduktion zuständig war. Schon sein Vater war Erster Direktor der kurfürstlichen Salinendirektion von Dürrenberg, Kösen und Artern gewesen.

Das ist vor allem auch deshalb eine wundervolle Pointe, weil die Romantik sich nicht nur durch ihre Märchen- und Sagenbegeisterung auszeichnet, sondern auch durch ihre Naturspiritualität und den Traum der Allbeseeltheit der Welt. In Novalis' Roman *Heinrich von Ofterdingen*, in dem der Titelheld der Sehnsucht nach der blauen Wunderblume verfällt, erzählt dieser gleich zu Beginn: «Ich hörte einst von alten Zeiten reden; wie da die Tiere und Bäume mit den Menschen gesprochen hätten. Mir ist grade so, als wollten sie allaugenblicklich anfangen und als könnte ich es ihnen ansehen, was sie mir sagen wollten.» Ein Hinweis mehr, wie das animistische Denken sich immer wieder neu Bahn bricht. Hätte Novalis nur geahnt, wer da zu seinen Füßen in der Erde ruhte.

Zurück zum Grab: Dann ist da jenes Ensemble an Gegenständen, die man in Anlehnung an Hilazon Tachtit und den *Horn Shelter Man* der medizinisch-magischen Dimension zurechnen kann: die Schildkrötenpanzer, die Muschelschalen, das abgeriebene Stück Rötel und der halbierte Mittelfußknochen eines Rothirsches, an dessen Ende noch Rötel haftet. Der kann wie ein Spatel zum Abrieb und Auftrag von Farbe gedient haben, sagt Juan López Padilla, etwa für die Körperbemalung. «Er wird aber auch zum Anrühren benutzt worden sein. Rötel wird oft mit anderen Substanzen wie fetthaltigen Bindemitteln vermischt.» Wer weiß, was sich einst an Kräutern und Sole, Rindenextrakten und anderen Mixturen im Grab befand.

Ziehen wir ein erstes Fazit: Besser ausgestattet konnte man im Mesolithikum die Reise in die andere Welt nicht antreten. Für alles war vorgesorgt. Das gilt für die tierischen Hilfsgeister wie für das technische Survival Kit. Zentral auch: Das Beil, Pfeilspitzen, steinzeitliche Werkzeugkiste – sie hat jede Menge Gegenstände dabei, die in historischen Zeiten als «männlich» gelten werden. Allein an den Beigaben ließe sich das Geschlecht der bestatteten Person nicht bestimmen. Zementierte Genderrollen sind kein Faktor unserer tiefen Vergangenheit.

Deshalb müssen wir aufpassen, nicht den Fehler zu begehen, den Geschlechterklischees unserer Tage zu erliegen und Frauen allenfalls im rituell-heilerischen Kontext eine besondere Rolle zuzugestehen. In den späteren Zeiten der Bauern werden exklusive Beile in männlichen Gräbern als Symbol von Macht, später auch Herrschaft angesehen. Warum nicht auch schon früher im Fall dieser Frau? Aus den Skelettuntersuchungen in Skateholm wissen wir, dass sich sozial höhergestellte Frauen gerade durch weniger Arbeit auszeichneten. Und unsere Heldin besitzt für ihre Zeit unterdurchschnittliche Muskelansätze. Nun muss aber bedacht sein, dass sich im an der Küste gelegenen Skateholm Ansätze einer komplexeren sozialen Organisation fanden, während im Land um die Saale egalitäre Gruppen lebten, die noch keine allzu nennenswerten Hierarchien ausgebildet hatten.

Keine Frage, die materielle Ausstattung des Grabes von Bad Dürrenberg würde gut mit der möglichen Profession einer spirituellen Expertin harmonieren. Dennoch finden sich einige Stücke, die in diesem Kontext überraschen. Und zwar jene, die, wenn ein Mann im Grab liegen würde, schnell als die Insignien eines Anführers im weltlich-politischen Bereich interpretiert würden. Konstatieren wir also anhand der Ausstattung: Es handelte sich um eine höchst respektierte Frau, die Macht in welcher Form auch immer besaß.

*

Schließlich ist da die soziale Dimension des Grabes: Die bemerkenswerte, offensichtlich symbolisch aufgeladene Grabarchitektur an einem so prominenten Ort erinnert uns an die Höhle mit der grandiosen Aussicht und dem aufwendig gestalteten Grab der alten Frau in Hilazon Tachtit. Dort kamen viele Menschen zusammen, um am offenen Grab ein Fest zu feiern. Der Nachgrabung in Bad Dürrenberg verdanken wir die Einsicht, dass sich auch auf der weithin sichtbaren Terrasse Menschen versammelten, um den Toten das letzte Geleit zu geben.

Bereits unter den Altfunden waren neben den Mikrolithen neun Feuersteinartefakte, die als Messer oder Klingen anzusprechen sind. Hinzugekommen sind bisher an die 40 Neufunde. Die Zahl wird noch steigen, da noch nicht alle Sedimente ausgesiebt sind. Ausgehend von der Hypothese, dass in den meisten mesolithischen Bestattungen maximal 1–3 Messer vorhanden sind, ist zu vermuten, dass sich verschiedene Personen ein Silex-Messer zum Leichenschmaus teilten – oder es als Beigabe ins Grab legten. Bei der Anteilnahme einer Gruppe von 20 bis 25 Personen, von denen allenfalls wenig mehr als die Hälfte erwachsen ist, könnte ein Messer also für vier Personen stehen.

Bei den etwa 50 Klingen und Abschlägen von Bad Dürrenberg kämen wir damit auf eine Trauergemeinde von circa 200 erwachsenen Personen. Diese Größenordnung wird durch eine weitere Beobachtung gestützt: Holger Dietl konnte bei den Klingen bisher acht unterschiedliche Varietäten baltischen Feuersteins nachweisen. Es ist also von mindestens acht Rohknollen auszugehen, aus denen vor Ort die Klingen geschlagen und retuschiert wurden. Wenn eine Gruppe eine Knolle dabeihatte, landen wir wieder bei rund 200 Personen. Natürlich ist das nur eine äußerst grobe Schätzung. Doch sie zeigt, dass hier wohl sechs bis zehn verschiedene Gruppen zusammengekommen sein könnten, die der Toten das letzte Geleit gaben. Auch das stützt die These einer Vollzeit-Schamanin, die für mehrere Gruppen zuständig war und von Menschen aus der Ferne besucht wurde.

Anders als in Hilazon Tachtit landeten die Speiseabfälle nicht im Grab, oder allenfalls einige wenige: Es fanden sich Kiefer von Rehen, denen das Knochenmark entnommen war. Womöglich könnten die mitgegebenen Messer aber auch Aufträge repräsentieren, welche die Schamanin auf ihrer ultimativen Reise erfüllen sollte: verloren gegangene Seelen in den anderen Sphären befreien etwa.

Alles an und in diesem Grab spricht dieselbe Sprache: Es kündet von einer fantastischen Person, die im Zentrum ihrer sichtbaren und unsichtbaren Welt stand. Die Menschen kamen zu ihr. Sie half und wusste Rat. Alles an diesem Grab schreit «Gemeinschaft» – und es ist nichts dabei, was diesem Eindruck widersprechen würde.

*

Und das Kind? Könnte der kleine Junge nicht die Hauptperson sein? Wir kennen besondere Kindergräber bereits aus dem Eiszeitalter. Den beiden Jungen aus Sunghir sind wir begegnet. Vor 31 000 Jahren wurden in Krems-Wachtberg nur wenige Wochen alt gewordene Zwillinge unter einem Mammutschulterblatt beigesetzt. Im sibirischen Mal'ta entdeckten Archäologen in den 1930er-Jahren nicht nur das reiche Grab eines 3–4 Jahre alten Kindes, sondern auch zahlreiche Elfenbeinfiguren, die Kinder darstellten. Diesen wird also schon früh der Status bestattungswürdiger Personen zugesprochen. Das setzt sich im Mesolithikum fort: In Arma Veirana im Nordwesten Italiens fand sich jetzt ein nur 40–50 Tage alt gewordenes Mädchen, dem neben anderen Objekten Ketten aus Muschelschalen beigegeben worden waren. Auch das Kind auf dem Schwanenflügel, das mit einer Frau im dänischen Vedbæk bestattet wurde, haben wir bereits erwähnt.

Doch in Bad Dürrenberg deutet nichts darauf hin, dass das Kind die wichtigere Rolle gespielt haben könnte; sozialer Rang wird in diesen egalitären Gesellschaften noch nicht vererbt. Abgesehen von den filigranen Schneckenhäusern lassen sich keine Objekte einem sechs bis acht Monate alten Jungen zuordnen. War er dann vielleicht selbst eine Beigabe? Ein Opfer? In diversen Gräbern finden sich fremde Körperteile, der Fuß in Hilazon Tachtit ist das bemerkenswerteste Beispiel. Hat die Schamanin das Kind in mumifizierter Form herumgetragen? Als eine magische Puppe vielleicht? Der mögliche Schamane von Brno II besaß eine aus Elfenbein. Die Vorgeschichte war fantastischer, als wir uns das ausmalen mögen, sicher auch obskurer. Deshalb wollen wir das nicht ausschließen, doch wir sehen bisher keine Indizien, die einen solchen Verdacht erhärten würden.

Auch der Vergleich macht das unwahrscheinlich: Wie Judith Grünberg berichtet, enthalten von über hundert publizierten mesolithischen Doppelbestattungen in Europa mehr als die Hälfte mindestens ein Kind. Spannenderweise tauchen Gräber, die eine Frau und ein Kind enthalten, genauso oft auf wie solche, die einen Mann mit einem Kind bergen. Einmal mehr: Geschlechterrollen sind flexibel. In keinem Fall, so Grünberg, gibt es Hinweise, dass Kinder getötet wurden, um den Erwachsenen ins Grab zu folgen.

Die wahrscheinlichste, weil schlankeste Erklärung lautet also, dass der Tod der beiden in einem mindestens engen zeitlichen Zusammenhang steht. Dieser doppelte Schicksalsschlag muss ein besonderes Ereignis gewesen sein, das außerordentliche Auswirkungen gezeitigt hat – Bestattungen sind ja nicht der Normalfall. Insbesondere hier in Mitteldeutschland, wo wir nur verschwindend wenige Gräber aus dieser Zeit haben. Es muss also darum gegangen sein, einen sozial akzeptablen Tod zu produzieren. Zu den Aufgaben der Schamanen Sibiriens gehört es, gute Geister zu schaffen. Zum Beispiel dadurch, dass sie in der Anderswelt die Seelen jener miteinander vermählen, die allein oder zu früh gestorben sind. So wird verhindert, dass diese rastlos umherspuken und die Lebenden peinigen.

Fassen wir zusammen: Die Gemeinschaft der beiden, die nicht Mutter und Kind sind, über das Leben hinaus. Das Fest, das von so vielen Menschen begangen wurde, der die Toten am Herzen lagen. Alles kündet von einem großen Verlust, der kompensiert werden sollte. Hier wurde ein Ort der Kraft geschaffen, der von Menschen über Jahre hinweg aufgesucht wurde. Das belegen die beiden später deponierten

Hirschgeweihmasken. Lägen hier Menschen, die einen schlimmen Tod erlitten, wäre dieser Ort als ein böser Ort gemieden worden. So können wir von einem tragischen, reich betrauerten Ende ausgehen – aber von einem Ende, das kein schlechtes war, sondern seine Wirkung über den Tod hinaus entfaltete. Höchste Zeit, die Toten selbst zum Sprechen zu bringen.

24

TOTE REDEN DOCH

«Ich prophezeie euch, ihr werdet nichts finden.» Das waren die Worte Walter Wohlgemuths, Medizinprofessor und Direktor der Klinik für Radiologie am Universitätsklinikum Halle. Wir hatten mit ihm beratschlagt, ob wir das Erbgut der Schamanin auf Hinweise mentaler Auffälligkeiten durchforsten lassen sollten, die traditionell mit Schamanismus in Verbindung gebracht werden. Seine Untersuchungen unserer Heldin hatten ihn zur Überzeugung kommen lassen, eine Frau vor sich zu haben, die im Vollbesitz ihrer geistigen Kräfte gewesen war.

Wir selbst waren hin- und hergerissen. Einerseits hofften wir, dass der Mediziner recht behalten würde. Die Annahme, dass eine psychische Erkrankung wie etwa Schizophrenie oder Epilepsie im Spiel gewesen sein könnte, ähnelte den Versuchen, Schamanismus als «arktische Hysterie» zu beschreiben und biologistischen Reduktionismus zu betreiben. Andererseits: Eine schizophrene Frau, die das reichste Grab ihrer Zeit erhielt – das wäre sensationell. Damit gelänge erstmals der Nachweis, dass spirituelles Spezialistentum in der Vorgeschichte eine Möglichkeit war, Menschen mit kognitiven Besonderheiten in die Gruppen einzubinden – und ihnen alles andere als eine randständige Existenz zu bieten.

Da das Genom der Schamanin vorlag, wäre es doch fahrlässig, es nicht weiter zu untersuchen. Es sollte ja ohnehin analysiert werden, ob sich nicht mehr über das Verhältnis zwischen ihr und dem Jungen herausfinden ließe. Dann befänden wir uns auf festerem Grund für unsere abschließende Diagnose und die Rekonstruktion dessen, was vor 9000 Jahren in Bad Dürrenberg wirklich geschah.

*

Am Leipziger Max-Planck-Institut für evolutionäre Anthropologie holt uns Wolfgang Haak am Empfang ab. Wieder nehmen wir den Aufzug und nicht die Kletterwand. Er stellt uns Ainash Childebayeva aus seiner Arbeitsgruppe vor. Die Spezialistin für die Analyse alter DNA hat das Genom der Schamanin noch einmal auf mögliche Auffälligkeiten hin untersucht, insbesondere auf Hinweise mentaler Störungen. Und dann ist da noch Harald Ringbauer, der neue Methoden entwickelt hat, alte Genome auf entfernte Verwandtschaftsverhältnisse zu inspizieren. Bisher ist ja nur bekannt, dass wir es nicht mit Mutter und Sohn zu tun haben.

«Wir müssen uns immer bewusst sein, dass alle Versuche, bestimmte genetische Sequenzen mit konkreten individuellen Ausprägungen in Verbindung zu bringen, auf der Analyse moderner Menschen basieren», gibt Ainash Childebayeva vorneweg zu bedenken. «Ob das auf Menschen in der Vorgeschichte ebenso übertragbar ist, können wir nicht sagen.» Zumal das Erbgut, der Genotyp, ja nicht alles ist. Welche Ausprägungen das im konkreten Erscheinungsbild, dem Phänotyp, eines Menschen hat, hängt nicht nur von epigenetischen Prozessen ab, sondern auch von Umweltbedingungen, Ernährungslage, Bewegung, aber auch von sozialen Faktoren. In all diesen Bereichen ist die Varianz ebenso enorm wie zufällig.

Wie schwierig der Schluss vom Geno- auf den Phänotyp selbst bei relativ simpel erscheinenden Phänomenen ist, demonstriert Childebayeva am Beispiel der Augenfarbe der Schamanin: 0,56 beträgt der Anteil Blau, 0,25 der Anteil Braun und 0,19 der einer Komponente, die sich nur als «intermediär», also «gemischt» bezeichnen lässt. Versucht man das nun mit heutigen Augenfarben-Tafeln abzugleichen, die aber auch nicht jede erdenkliche Kombination verzeichnen, wird deutlich, wie groß die reale Varianz in Sachen Pigmentierung ist. «Die Grundaussage bleibt aber bestehen», sagt Wolfgang Haak. «Die Schamanin hatte höchstwahrscheinlich helle Augen, eher Blau mit einigen Beimischungen.»

Ainash Childebayevas Hauptaugenmerk galt möglichen Hinweisen auf Schizophrenie und andere psychische Erkrankungen, von denen eine genetische Basis bekannt ist. Uns war bewusst, dass, selbst wenn sich entsprechende Hinweise fänden, diese nur Aufschluss über bestimmte Wahrscheinlichkeiten gäben und nicht über eine tatsächliche Krankheit. Es bedarf noch vieler klinischer Studien, um die Zusammenhänge zwischen dem genetischen Profil eines Menschen und einer Erkrankung aufzudecken. Es gibt nicht wenige Stimmen, die bezweifeln, ob das überhaupt je möglich sein wird; viel zu viele Optionen seien im Spiel.

«Ich kann es kurz machen: Ich habe keine Auffälligkeiten gefunden», sagt die Archäogenetikerin. Niemand von uns ist überrascht. «Allein ein Gen-Marker für Alzheimer ist auffällig», sagt Childebayeva. «Der spricht dafür, dass sie ein dreifach erhöhtes Risiko gehabt hat, an Alzheimer zu erkranken. Aber auch dieser Wert basiert auf modernen Studien.» Nun müssten weitere Marker untersucht werden, die das Risiko wiederum reduzieren oder potenzieren könnten. Doch auch das sagt immer noch nichts darüber aus, ob nun bei ihr eine Alzheimer-Erkrankung auftritt oder nicht. «Ohnehin hat die Schamanin gar nicht das Alter erreicht, in dem sich Alzheimer bei ihr zeigen würde», sagt Childebayeva.

Spannend ist zudem die Frage, inwieweit das, was wir heute als Alzheimer-Erkrankung beschreiben, durch die völlig veränderten Umwelten verstärkt wird, in denen unser modernes Leben stattfindet. Depressionen und Einsamkeit spielen eine wichtige Rolle. Es spricht also einiges dafür, dass die prähistorischen Umwelten, in denen Menschen in ein viel dichteres soziales Netz eingebettet waren, einen beträchtlich schlechteren Nährboden für solche psychischen Erkrankungen boten.

Dass das Erbgut nur das biologische Potenzial darstellt, das sich nicht im konkreten Leben eines Individuums realisieren muss, illustriert auch die letzte genetische Besonderheit, die Childebayeva präsentiert: Ihren Genen zufolge war der Körper der Schamanin nicht besonders gut darin, die für viele physiologische Funktionen wichtige Folsäure zu verarbeiten: «Sie verfügte darin nur über eine 65-prozentige Effizienz.»

«Am Skelett sehen wir davon nichts», sagt Jörg Orschiedt. «Soweit sich das beurteilen lässt, war sie kerngesund. Und sie hat ein Alter erreicht, in dem viele ihrer Zeitgenossen gestorben sind.» In einer Zeit reichhaltiger Ernährung wird eine mögliche verminderte Effizienz der Folsäureverwertung folgenlos geblieben sein: «Aus den Isotopenanalysen ihrer Knochen wissen wir, wie gut ihre Ernährung war. Was ihren Proteinkonsum anging, gehörte sie zur Spitzengruppe ihrer Zeit.»

«Keine *Smoking Gun* also», resümiert Wolfgang Haak, «genetisch sehen wir bei der Schamanin keinerlei Hinweise auf irgendwelche psychischen oder sonstigen Erkrankungen.» Alle nicken zufrieden. Wir fühlen uns bestätigt, deutet doch auch archäologisch alles auf eine Frau hin, die keinen Beeinträchtigungen schwerwiegender Natur ausgesetzt war.

*

Um zu verstehen, was Harald Ringbauer auszeichnet, müssen wir ein wenig ausholen: Vor fünfzehn Jahren war es lediglich möglich, Verwandtschaftsverhältnisse mittels mitochondrialer DNA annähernd zu bestimmen. Diese wird von den Müttern an ihre Kinder vererbt. War sie bei zwei Individuen gleich, konnte man also sagen, dass diese über die weibliche Linie miteinander biologisch verwandt waren. Es konnte sich um Geschwister handeln. Oder um Mutter und Kind oder Großmutter und Enkel. Ob sie jedoch ersten oder zweiten Grades verwandt waren, ließ sich nicht feststellen. Mehr war nicht drin. Als dann die Archäogenetik schnell und kostengünstig die autosomale DNA analysieren konnte (also das eigentliche auf den Chromosomen befindliche Erbgut), war es möglich, Verwandtschaftsverhältnisse näher aufzuschlüsseln und damit auch Eltern, Großeltern und Urgroßeltern festzustellen. Mehr als Verwandtschaften dritten Grades waren allerdings nicht zu identifizieren. Dann kam Harald Ringbauer.

«Ich habe Methoden aus der modernen Genetik für die Archäogenetik verfügbar gemacht und Computerprogramme entwickelt, die auch entferntere Verwandte identifizieren, und zwar bis zum sechsten Grad», erklärt Ringbauer. «Ist man mit jemandem verwandt, zeigt sich das nicht nur an einzelnen Stellen des Genoms. Man teilt dann mit dieser Person auch längere genetische Sequenzen.» Diese können bis mehrere Zehnmillionen Basenpaare lang sein. Je entfernter die Individuen verwandt sind, desto kürzer werden die Sequenzen, und umso kleiner wird die Anzahl identischer Passagen. Ringbauers Methode kann diese Sequenzen nun bei halbwegs gut erhaltener alter DNA aufspüren.

Weil sich auf diese Weise noch entferntere Verwandte erkennen lassen, können sogar Aussagen über Populationsgrößen getroffen werden. Liegen auf einem Friedhof viele Verwandte, handelt es sich um ein eher kleines Dorf. Mit diesem Ansatz konnte Ringbauer sogar Kolumbus des Schwindels überführen: Der hatte nach seiner Rückkehr am spanischen Hof geprahlt, in der Karibik existierten Millionen von Menschen. Tatsächlich zeigte Ringbauer anhand historischer Genome, dass auf den beiden größten Inseln der Karibik, Hispaniola und Puerto Rico, kurz vor der Ankunft der Europäer lediglich zwischen zehn- und fünfzigtausend Menschen lebten.

Die genauen Populationsgrößen des europäischen Mesolithikums sind dagegen derzeit angesichts der geringen Anzahl von sequenzierten Genomen noch schwer abzuschätzen. «Aber es waren eindeutig weniger Menschen als später bei den Bauern im Neolithikum», sagt Ringbauer. Auch das bestätigt das Genom der Schamanin: «Unsere Untersuchungen zeigen, dass ihre eigenen Eltern wohl Cousin und Cousine zweiten Grades waren. Das spricht für eine eher kleine Bevölkerung.»

Inzwischen ist das Sequenzieren des Genoms des Jungen vorangetrieben worden. «Die ersten Analysen stammten ja aus dem groben

Shotgun-Verfahren. Wir stehen jetzt auf solidem Grund», sagt Wolfgang Haak. «Das Kind ist definitiv männlich, und die Schamanin ist definitiv nicht seine Mutter.» «Es liegen aber auch nicht zwei völlig Fremde im Grab», ergänzt Harald Ringbauer, der gemeinsam mit Ainash Childebayeva die Daten untersucht hat. «Die Frau und der Junge sind biologisch verwandt. Das ist zu 100 Prozent sicher.» Das Grab von Bad Dürrenberg ist immer für eine Überraschung gut.

«Wir können tatsächlich feststellen: Die Frau und der Junge sind fünften oder sechsten Grades miteinander verwandt», sagt Ringbauer. Eltern, Geschwister oder die eigenen Kinder sind Verwandte ersten Grades. «Fünfter Grad wären zum Beispiel Cousins zweiten Grades, jeweils ein Großelternteil wäre verschwistert.» Sofort werden die verschiedensten Konstellationen durchgespielt: Die beiden könnten den gleichen Urgroßvater besitzen. Sollte das Kind mumifiziert gewesen sein, könnte es auch der Bruder ihrer Ururgroßmutter gewesen sein. Klingt aber nicht sehr wahrscheinlich.

Die Frage, die sich aufdrängt: Waren die Menschen sich damals einer solchen biologischen Verwandtschaft überhaupt bewusst? Zumal auch in der Vorgeschichte galt: *Pater semper incertus* (der Vater ist immer unsicher). Und das noch mehr im Mesolithikum als in historischen, also patriarchalen Zeiten, gewinnt doch die Frage der Vaterschaft erst in der agrarischen Welt ihre Brisanz, wenn es für Männer um die Weitergabe von Eigentum an die eigenen Kinder geht. Insofern ist für die frühe Vorgeschichte mit einem deutlich geringer ausgebildeten Bewusstsein für Verwandtschaftsverhältnisse zu rechnen.

Aber wir dürfen nicht vergessen, dass die beiden altersmäßig mindestens eine, wenn nicht sogar zwei Generationen auseinanderliegen. Die ersten Geburten können bereits mit 17 oder 18 Jahren erfolgt sein. Das sind also schon mal ein oder zwei Verwandtschaftsgrade. Es könnte sich also um den Enkel oder Großenkel einer Cousine oder eines Cousins der Schamanin handeln. Die Verblüffung ist groß, das Verhältnis der beiden plötzlich recht konkret benennen zu können. «Doch nur, wenn die beiden tatsächlich zeitgleich bestattet worden sind», wirft Ringbauer ein. Angesichts der besonderen Grabkonstruktion ist es ja möglich, dass das Kind Jahre später ins Grab der Schamanin gelegt worden ist. Gelangten sie aber gleichzeitig ins Grab, ist davon auszugehen, dass die Schamanin mindestens ein Elternteil des Jungen kannte – und auch um das Verwandtschaftsverhältnis wusste. Sind wir einer Familientragödie auf der Spur?

*

Am nächsten Tag geht es ins Universitätsklinikum Halle, wo wir die Befunde mit Walter Wohlgemuth diskutieren wollen. Neben den DVT-Aufnahmen des Kieferbereichs, mit dem wir dieses Buch begonnen haben, sind Knochen und Zähne der Schamanin mittels Computertomografie untersucht worden. Selbst das Hallenser Fraunhofer-Institut für Mikrostruktur von Werkstoffen und Systemen hatte Mikro-CTs der Zähne beigesteuert.

Um die Zähne hatte es zwischenzeitlich etwas Aufregung gegeben. Bei den Untersuchungen der offenen Zahnhöhlen in den Schneidezähnen zeigte sich, dass tief in ihnen eine dunkle feste Masse steckte. War die prähistorisch? Hatte unsere Heldin Birkenpech benutzt, den Klebstoff der Steinzeit, um ihre Löcher zu verschließen und das Eindringen von Essensresten zu verhindern? Dann könnte das die älteste nachgewiesene Zahnfüllung der Menschheitsgeschichte sein. Vielleicht fänden sich bei den Analysen dieser Substanz auch Hinweise auf den Einsatz antibakteriell wirkender Pflanzen. Alle waren gebannt. Erst die Untersuchung durch den Chemiker Christian-Heinrich Wunderlich brachte Gewissheit. Es handelte sich bei der mutmaßlichen Füllung um eine thermoplastische Masse zur Zahnabformung, wie sie in den 1930er-Jahren benutzt wurde. Vermutlich hatten die Nazis das Gebiss ihres angeblichen arischen Urahnen abgeformt. Schade, damit verpasst die Schamanin den Eintrag in die Annalen der Zahnmedizin.

Walter Wohlgemuth begutachtet die neuen Mikro-CT-Aufnahmen der Schneidezähne. Deutlich sind die Spuren von zwei Zahnwurzel-Granulomen zu erkennen, die als Reaktionen auf Entzündungen entstanden sind. Das eine Granulom ist bereits abgeheilt und liegt mindestens ein Jahr, wenn nicht länger zurück; das andere muss relativ akut gewesen sein. Die Existenz einer bereits verheilten Entzündung, die zu Knochenabbau im Kiefer geführt hatte, unterstützt die These, dass die Pulpa der Frontzähne nicht erst kurz vor ihrem Tod geöffnet wurde.

«Beide sind bemerkenswert klein», diagnostiziert Wohlgemuth. «Sonst hat sie nichts. Sie muss eine hervorragende Mundhygiene betrieben haben und konnte sich selbst behandeln, falls Entzündungen auftraten. Jeder, der bereits unter einer vereiterten Zahnwurzel litt, weiß, dass der Zahnarzt eine Weile damit zu tun hat. Sie aber hatte das unter Kontrolle.» Klingt nach einem medizinischen Ritterschlag über die Jahrtausende? Wohlgemuth nickt. «Dafür, dass sie jahrelang mit zwei offenen Wurzelkanälen lebte, ist sie geradezu absurd gesund. Auch ist sehr bemerkenswert, dass ihr die Zähne nicht ausgefallen sind.»

«Wie klein diese Granulome sind, hat mich auch überrascht», sagt Jörg Orschiedt. «Ich kenne aus meiner anthropologischen Arbeit Entzündungen, die ziehen sich den ganzen Kieferknochen hoch, riesige Zysten. Den Menschen fielen die Zähne gleich reihenweise aus.» Das Gebiss der Schamanin dagegen ist, abgesehen von den beiden Pulpa-Öffnungen und den damit verbundenen Kieferknochenveränderungen, für ihr Alter tadellos. Auch dass man trotz der Reinigung in den 1930er-Jahren nicht einmal winzige Reste von Zahnstein fand, spricht für eine hervorragende Mundhygiene. Das abgeheilte Granulom belege, dass sie etwas von Heilung verstand, sagt Wohlgemuth. «Das ist ein *hard fact*.»

Konnte der akute Abszess die Todesursache sein? Unter besonderen Bedingungen, wie schlechter Ernährungslage oder anderen Infektionen, kann solch eine Entzündung eskalieren. Nach Auswertung der CT-Bilder erscheint das als eher unwahrscheinlich. Die Entzündungen sind lokal begrenzt, da ist nichts Richtung Gehirn durchgebrochen. Was brachte ihr dann den Tod? «An 99 Prozent der Skelette können

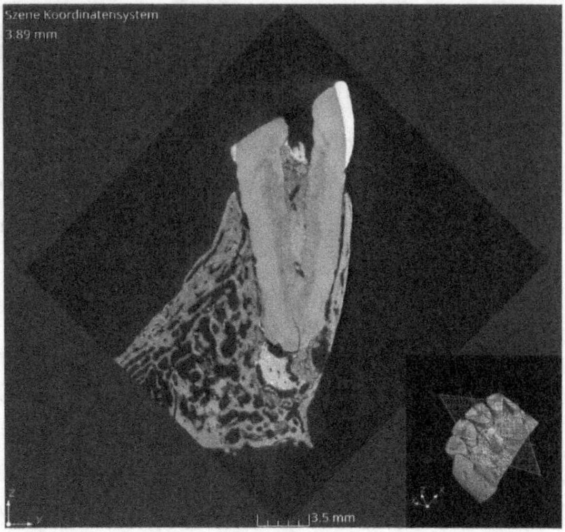

Absicht oder Versehen? Mikro-CT-Schnitt durch einen der oberen Vorderzähne. Deutlich erkennbar ist die Öffnung der Zahninnenhöhle (Pulpa).

wir nicht feststellen, woran die Menschen gestorben sind», sagt Orschiedt. Infektionskrankheiten wie Magen-Darm-Infekte rafften die meisten hin, hinterlassen aber am Skelett keine Spuren.

*

Und dann taucht die alte Frage wieder auf: Warum waren die Zahnhöhlen überhaupt geöffnet? Das muss höllisch wehgetan haben. Normalerweise kommt es nie so weit, weil der Zahn sich mit der Bildung von sekundärem Dentin dagegen schützt. «Deshalb muss es sehr schnell gegangen sein», sagt Orschiedt. «Für mich deutet das auf eine aktive und bewusste Handlung hin. Beiläufig kann man sich die Zähne nicht so abschleifen. Und das ist schon mal nichts, dem du dich freiwillig unterziehst.»

«Ich gehe auch von einer aktiven, äußerst schmerzhaften Handlung aus», schließt sich Wohlgemuth an. «Ich kann mir nur rituelle Gründe vorstellen. Sie hat sich, indem sie diese Schmerzen auf sich nahm, einer höheren Gefahr ausgesetzt und große Tapferkeit bewiesen. Dahinter stand eine Idee, die wir nicht nachvollziehen können.» Auch die gleichmäßige Form der Abnutzung spreche dafür. «Das sieht nach einem feilenartigen Gegenstand aus, mit dem erst der eine und dann der andere Zahn abgeschliffen wurde, und zwar bei beiden Zähnen in nahezu identischer Weise.»

Schmerzrituale kennt man aus der Ethnografie zuhauf: Menschen werden eiserne Haken in den Rücken oder die Rippen getrieben, an denen man sie dann in die Höhe zieht; jedes erdenkliche Körperteil, mag es auch noch so delikat sein, wird aufgespießt oder durchbohrt, abgeschnürt, beschnitten oder verstümmelt. Da wird über glühende Kohlen gelaufen, Nagelbretter kommen zum Einsatz, die Körper werden mit Hunger, Hitze, Kälte oder Schlafentzug gepeinigt, Zähne ohne jegliche Betäubung gezogen. In den Praktiken der Selbstkasteiung zeigt sich ein ähnliches Spektrum wie in der Folterung anderer. Meist dienten sie als Initiationsritual, als Eintrittszeremonien ins Erwachsenenalter oder fungierten als Aufnahmeprüfung in eine exklusive Gemeinschaft. Wir sprachen schon von *Costly Signals*: Sie stellen öffentlich unter Beweis, dass es weder Scharlatane noch Betrüger oder Trittbrettfahrer waren. Und es sind Glaubwürdigkeitssignale (*CREDs*), die für die absolute Ernsthaftigkeit jener werben, die unmenschlich erscheinende Schmerzen ertragen.

Zwar ist die geöffnete Pulpa für andere nicht sichtbar, wie etwa zu Raubtier-Reißzähnen gefeilte Zähne. Doch wenn das öffentlich geschah, war die Wirkung enorm. Allein der Gedanke, dass die Innenseite der Zähne aufgefeilt wird – ohne jede Betäubung –, versetzt die meisten von uns in Panik. Die Schmerzen, das Feilen, bis Blut aus den Zähnen läuft. Das brennt sich ins kollektive Gedächtnis einer Gruppe ein.

Doch diese These setzt voraus, dass es bereits eine rituelle Gemeinschaft oder etwas wie Schamanismus als Profession gab, mit entsprechend festgelegten Eintrittsschranken, wie wir das aus späteren Zeiten kennen. Mircea Eliade spricht davon, dass solche Praktiken dem Muster von Tod und Wiederauferstehung folgen: «Alle diese Rituale und Proben haben den Sinn, das vergangene Leben vergessen zu machen.» Sie verwandeln die künftigen Schamanen in andere Wesen.

Natürlich ließe sich einmal mehr über mögliche symbolische Bedeutungen spekulieren: Die angehende Schamanin könnte rituell in eine Schlange verwandelt worden sein, die Öffnungen ihrer Zähne evozierten dann die Giftzähne. Einmal mehr animistischer Gestaltwandel. Schlangen-Darstellungen tauchen im Mesolithikum wiederholt auf. Immer galten sie als den Mächten der Erde nahestehend, ihre Häutung machte sie zu transitorischen Wesen der Wiedergeburt. Ihr Gift war todbringend, ist aber sicher schon früh medizinisch genutzt worden. Im Altertum sind Schlangen ein Symbol der Heilung, und der schlangenbewehrte Äskulapstab ist noch heute das Standeszeichen von Ärzten und Pharmazeuten. Aber einen wirklichen Hinweis darauf haben wir nicht.

Und dass es sich doch um einen nicht intentionalen Prozess handelte, wie der Anthropologe und Zahnarzt Kurt W. Alt betont hatte? Zur Erinnerung: Weltweit wird diese Abnutzung der oberen Schneidezähne in Verbindung gebracht mit Tätigkeiten wie dem Schälen von Wurzeln und Knollen, dem Entfernen von Rinde. «Es sieht nach einer schabenden oder nagenden Tätigkeit aus. Die kann durch zusätzliche Faktoren verstärkt worden sein», hatte Alt gesagt. Rinden etwa wirken erosiv. Immerhin sei es ungewöhnlich, dass die Pulpa an beiden Zähnen geöffnet ist. Aber an eine bewusste Manipulation mochte er nicht glauben. «Das ist Zufall. Sie muss irgendetwas exzessiv betrieben haben», sagte Alt. «Es ist wie beim Holzsägen: Das macht man auch nicht, um sich den Daumen abzusägen. Trotzdem passiert das manchmal.»

Doch was soll das gewesen sein? Aus archäologischer Analyse des Grabes drängt sich einzig ein Verdacht auf: Es könnte etwas mit der Verarbeitung von Weidenruten zu tun haben. Sie nahm Knochenwerkzeuge mit ins Grab, die fürs Korbmachen verwendet werden konnten. Und sie lag mit dem Kind in einer Grabkammer aus Weidenruten. Verlockend wäre die Idee, dass es ihrer Profession als Heilerin geschuldet war: Weidenrinde enthält Salicil, das im Körper in Salicylsäure verwandelt wird, auf der wiederum unser modernes Aspirin basiert. Salicylsäure lindert Schmerz, senkt Fieber und wirkt antirheumatisch. Dass Weidenrinde zu medizinischen Zwecken eingesetzt wird, ist von den frühen Hochkulturen, aber auch von Germanen und Kelten bekannt. Hippokrates wie Plinius der Ältere führten sie als Arznei an. Sicher reichte die Kenntnis weit in die Steinzeit zurück. Sollte unsere Heilerin ihre Zähne bei der Medikamentengewinnung ruiniert haben? Riskierte sie ihre Gesundheit in Diensten der Allgemeinheit? Die Gerbstoffe in der Rinde dürften den Prozess forciert, die Salicylsäure den Schmerz womöglich gelindert haben. Wir können es nicht sagen.

Gezielte Manipulation oder versehentliche Zahnschädigung – beide Optionen lassen sich im schamanischen Kontext interpretieren. Mögen wir die definitive Ursache der merkwürdigen Zahnmanipulation nicht eruieren können, dürfen wir es als belegt ansehen, dass es der Frau über Jahre hinweg gelang, die daraus resultierenden Risiken wie wiederkehrende Entzündungen unter Kontrolle zu halten. Der Rest ihres Gebisses wie ihre gesamte körperliche Verfassung waren gut. Als Zwischenergebnis unserer Ermittlungen steht also fest: Sie war eine Meisterin der Heilung, eine medizinische Expertin, die hochverehrt starb.

Wir haben die Frage schon einmal gestellt: War es also Zufall, dass sie an einem Ort bestattet wurde, an dem Salzquellen sprudelten? In entsprechender Konzentration wirkt Sole desinfizierend und mag ihr geholfen haben, sich vor Entzündungen zu schützen – und später half sie damit anderen. Versorgte sie ihre Mitmenschen auch noch mit einem steinzeitlichen Aspirin aus Weidenrinde? Vielleicht sollten die Ärzte und Pharmazeuten über ein neues Standessymbol nachdenken. Wie wäre es mit Rehgeweih und Schildkrötenschalen?

*

Die geöffneten Schneidezähne sind nicht ihre einzige körperliche Auffälligkeit – und womöglich nicht einmal die ungewöhnlichste. Walter

Wohlgemuth wollte es nicht glauben, als ihm während seiner Visite bei der Schamanin im Museum der neu entdeckte Axis vorgelegt wurde, der zweite Halswirbel, der unter dem deformierten Atlaswirbel positioniert ist. «Als ich sah, dass auch der nicht normal ausgebildet war und exakt auf den Atlas passte, war das für mich eine letzte Bestätigung, welche enormen Zufälligkeiten hier zusammenkamen.» Es sei kaum zu fassen, was sich fast ein Jahrhundert nach der Notbergung alles noch fand: die fehlenden Halswirbel ebenso wie das Felsenbein des Kindes. «Man könnte glauben, ihre Magie wirkt bis heute.»

Bei der Frau kommen gleich drei Besonderheiten zusammen, die, obwohl eng benachbart, in keinem funktionalen Zusammenhang stehen. «Wenn es heute in ganz Deutschland fünf Personen gäbe, die diese Kombination aufweisen, wäre das viel», sagt Wohlgemuth. Im Mesolithikum mit einer um so viel kleineren Bevölkerung war sie ein Unikum. Zunächst ist da die Knochenanomalie, die zu den merkwürdig ausgebildeten Halswirbeln führte. Dann ist da die Anomalie der *Arteria vertebralis*, die sich in die knöcherne Basis des Schädels hineindrückte. Sobald die Schamanin den Kopf nach rechts drehte und den Hals nach hinten legte, reduzierte sie die Blutzufuhr zum Hirnstamm.

Und die dritte Anomalie? «Dass sie trotz der anderen Anomalien keine so schwere Beeinträchtigung hatte, wie das bei Hirnstammdurchblutungsstörungen sonst der Fall ist. Am Hirnstamm ist so etwas schnell fatal.» Ihre Blutversorgung war dort so gut abgesichert, dass sie eben nur geringe Symptome zeigte. «Sie war ja offensichtlich gesund und hatte kein permanentes neurologisches Defizit.»

Was macht den Mediziner so sicher? «Das beweist das reiche Grab, sie war offensichtlich eine prominente Person», sagt Wohlgemuth. «Und sie hat trotz einer nicht unerheblichen Zahnproblematik ein für ihre Zeit reifes Alter erreicht.» Hätte sie nämlich mehr als nur milde Symptome gezeigt, wäre all das nicht der Fall gewesen. «Der Hirnstamm ist ein sehr sensibles Areal, da befinden sich Blutdruckregulation, Atemregulation, das Wachzentrum. Viele haben schwerste neurologische Defizite oder sterben.» Wäre ihre Problematik nur ein wenig stärker gewesen, hätte eine halbseitige Lähmung auftreten können, oder sie wäre einfach so umgefallen. Keine Voraussetzungen für ein langes Leben im Mesolithikum.

Da aber allein der Hirnstamm betroffen ist, hat sie einen klaren Blick auf die Realität. Die höheren, im Großhirn angesiedelten Denkfunktionen sind davon nicht betroffen. «Mir fehlt natürlich der Weichteilbefund, ich kann nur einen Analogieschluss ziehen. Für mich erscheint es aber schlüssig, auf Basis der medizinischen und archäologischen Befunde zu konstatieren, dass ihre tatsächlichen Einschränkungen minimal waren.» Solange sie nicht auf andere Weise nachgeholfen hat, wird sie also nicht halluziniert und keine Visionen gehabt haben.

Also gar nichts Dramatisches? Keine epileptischen Anfälle, plötzlichen Ohnmachten, wilden Zuckungen? «Nein, für eine Schamanin wäre das auch wenig praktikabel. Einmal mit dem Kopf aufgeschlagen, kann das schon das Ende sein. Sie hat auch keine Frakturen», sagt Wohlgemuth. Trotzdem diagnostiziert er eine Auffälligkeit, die

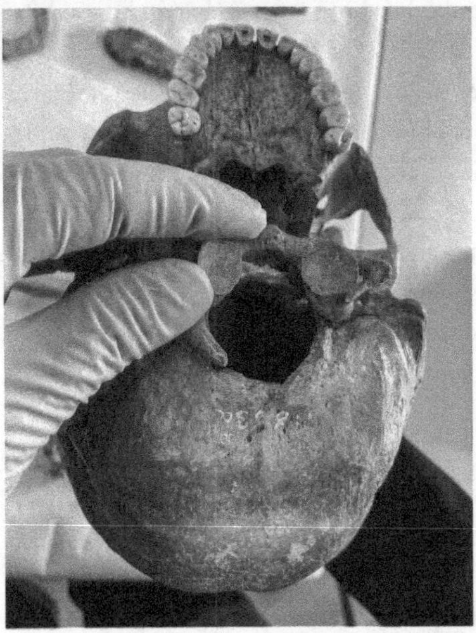

Kein Defizit: Der fehlgebildete Atlas-Wirbel an der Unterseite des Schädels gehört zu einer Reihe von Anomalien, die die Schamanin zu einer Person mit ganz besonderen Fähigkeiten machten.

durchaus Schamaninnenpotenzial hat. Eine, die sie unheimlich macht, *spooky*.

Aus Studien ist bekannt: In Zusammenhang mit ihren Anomalien tritt ein Downbeat-Nystagmus auf. Der führt zu einer schnellen vertikalen Augenbewegung. Der ganze Augapfel zuckt nach unten und oben. «In Abhängigkeit von der Wendung des Kopfes bewegten sich ihre Augen also seltsam – das sah wie besessen aus», erklärt der Medizinprofessor. «Das kannst du nicht bewusst erreichen. Das wird aus dem Hirnstamm reguliert. Wenn du das einmal siehst, vergisst du das nicht.» Hielt sie den Kopf wieder gerade, normalisierte sich nach einer Weile die Augenbewegung. Weitere neurologische Einschränkungen gingen damit nicht einher. «Das ist eine Anomalie, keine Erkrankung», sagt Wohlgemuth. «Es gibt ein großes Spektrum an körperlichen Erscheinungen. Das erkläre ich auch meinen Patienten immer. Es ist keine pathologische Missbildung. Es ist nur – anders.»

«Aus anthropologischer Perspektive kann ich das unterschreiben», sagt Jörg Orschiedt. «Die körperliche Entwicklung von Individuen verläuft nie hundert Prozent gleich. Es ist ein Fehler zu glauben, Menschen seien identisch. Das sind sie nicht. Bei jedem Skelett, das ich mir ansehe, denke ich: Wie unterschiedlich wir eigentlich sind. Es gibt keinen, der aussieht wie der andere. Es gibt so viele anatomische Abweichungen und Varianten.»

Die Frage, die sich für einen Arzt stellt: Ist das ein Minus oder ein Plus? Handelt es sich um ein Handicap, das sie beeinträchtigt? Oder haben wir es mit einer Anomalie zu tun, die vielleicht sogar einen positiven Impact auf diese Frau hatte? Sie vielleicht zu Dingen befähigte, die anderen verschlossen blieben? Angesichts ihrer Prominenz, welche die Archäologie enthüllt, kommt Walter Wohlgemuth zum Schluss: «Es ist kein Handicap, es ist eine Befähigung. Es war etwas sichtbar Verrücktes, das überproportional beeindruckend war, aber sie nicht weiter behinderte: *It's not a bug, it's a feature.*»

Wir haben es bereits thematisiert: Körperliche Auffälligkeiten werden im animistischen Denken nicht als anatomische Zufälle, sondern als Werk von Akteuren wahrgenommen. Sie sind intentional und damit ein Zeichen. Ob ein gutes oder ein schlechtes, ist zunächst einmal offen. Die so Ausgezeichneten verfügen über einen privilegierten Zugang zur Anderswelt. Das macht sie zu charismatischen Personen. Als Mittler zwischen den Welten können sie helfen, das Schicksal der Menschen zu beeinflussen.

Wenn Augen, die so viel über Menschen verraten, plötzlich ein Eigenleben entfalten, als würden ihre Besitzer von anderen Mächten erfasst, dann ist das ein im doppelten Wortsinn verstörender Augenblick. Man sieht geradezu, wie der Mensch den Kontakt zu dieser Welt verliert und in eine andere übertritt. Aber auch für sie selbst muss das befremdlich gewesen sein. Der Blick trübt sich, die Wirklichkeit scheint zu zerfallen, löst sich auf. Sie hat ja keine Ahnung, was da mit ihr passiert. Niemand kann es ihr erklären. Sind das die Geister? Nehmen sie Kontakt auf?

Der Nystagmus wird bereits im Kindesalter aufgetreten sein. Mit der Zeit erkennt sie, welche Haltungen ihn hervorbringen, und lernt, das zu beherrschen. Irgendwann kommt ihr in den Sinn, das gezielt einzusetzen. Und die anderen? Waren erschrocken. Vorstellungen von der Macht des bösen Blicks finden sich zu allen Zeiten. Womöglich trug sie deshalb einen Schleier aus Tierzähnen vor den Augen.

All das trug nicht nur zu ihrer Mystifizierung bei, es half tatsächlich. Wir haben die Macht der Placebo-Effekte und des «Tamtams für die Sinne» auf die menschliche Psychologie thematisiert: Das Eintreten des Nystagmus als augenscheinlichen, für alle sichtbaren Beweis, dass sie die anderen Mächte rekrutierte, um im Hier und Jetzt zu helfen, entfaltete tatsächlich seine Wirkung, indem es – zusätzlich zu ihren medizinischen Interventionen – die Selbstheilungskräfte der Menschen aktivierte.

*

Sie hätte ganz normal am Leben teilnehmen können. Doch die gering ausgeprägten Muskelansätze an den Knochen belegen: Im Gegensatz zu ihren Zeitgenossen hat sie sich weniger bewegt. «An den Gelenken zeigen sich keine degenerativen Veränderungen, obwohl die in ihrem Alter zu erwarten wären», sagt Orschiedt. «Die einzigen Belastungsspuren befinden sich im Bereich der Wirbelsäule, und dort mehr an den Brust- als an den Lendenwirbeln.» Wohlgemuth bestätigt das: «Ihre Prominenz spiegelt sich in ihrem Skelett.» In einer Zeit, in der die Menschen ständig unterwegs waren, um sich Nahrung zu beschaffen, verbrachte sie überproportional viel Zeit an einem Ort, wohl vor allem in einer sitzenden Haltung. Sie wurde von den anderen versorgt – und das nur allzu gut: Die Stickstoff-Isotopen-Analysen ihrer Knochen wie ihr allgemeiner Zustand zeigen, dass sie bestens ernährt war.

«In meiner Fantasie stelle ich sie mir wie das Orakel von Delphi vor. Sie hielt Hof. Die Menschen kamen zu ihr, fragten sie um Rat», sagt Wohlgemuth. «Und zwar über eine lange Zeit. Veränderungen wie die an ihrer Wirbelsäule sieht man erst nach vielen Jahren. Sie war ein Profi in dem, was sie tat, und für die damalige Zeit extrem erfolgreich.» Sie konnte mit einer doppelten Expertise punkten: Sie verfügte über erstaunliche medizinische und soziale Kompetenzen. Und sie besaß einen besonderen Draht zu Wesen menschlicher und nichtmenschlicher Natur. Das ermöglichte ihr eine beachtenswerte intellektuelle Karriere. «Deshalb war ich sicher, dass sich in ihrem Erbgut keine Hinweise auf psychische Erkrankungen finden würden.» Falls die Magie unserer Schamanin tatsächlich noch bis in unsere Tage Wirkung zeigt, dann hat sie jetzt auch noch den Medizinprofessor Walter Wohlgemuth verzaubert.

*

Hier öffnet sich ein Hintertürchen für die Trance. Bloßes Sitzen allein reicht nicht, um die degenerativen Veränderungen der Wirbelsäule zu erklären. Die Belastungsspuren sind vor allem auf der Vorderseite der Wirbelkörper zu finden. «Sie muss eine dauerhafte, seltsam vorgebeugte Haltung eingenommen haben, vor allem mit den Schultern», sagt Orschiedt. «Das scheint geradezu habituell gewesen zu sein.»

Könnten das ekstatische Bewegungen mit dem Rumpf gewesen sein? «Das müsste sie schon mehrere Stunden am Tag gemacht haben.»

Die vom Anthropologen postulierte Haltung korrespondiert erstaunlich gut mit jener Entspannungsposition, in der unsere Heldin verhindern konnte, dass ihre Augen ein wildes Eigenleben entfalteten. Womöglich war das von klein auf die Haltung, in der sie saß; auch, weil sie so sicher war, niemanden zu verschrecken.

Und hier erhält die Trance-These eine neue Chance, ohne dass wir bar aller Indizien behaupten müssten, das auch sie zu Fliegenpilzen oder zu psilocybinhaltigen Pilzen wie dem Spitzkegeligen Kahlkopf griff, der in Mitteleuropa vorkommt. Spezielle, dauerhaft eingenommene Körperhaltungen können nach einer Weile erweiterte Bewusstseinszustände, also Trance, hervorrufen. Wir hatten die auf Felicitas Goodman zurückgehenden Forschungen erwähnt. Im Fall unserer Schamanin erscheint folgende Annahme deshalb nicht abwegig: Weil sie sich oft ebenso angestrengt wie dauerhaft nach vorne beugte, um einem Nystagmus zu entgehen (und die anderen womöglich vor ihrem Blick zu schützen), entdeckte sie, wie sie sich in tranceartige Zustände versenken konnte.

Über deren Inhalte etwas auszusagen, ist unmöglich. Nicht nur, weil die Berichte, die uns heute vorliegen, alle individueller Natur sind. Sondern weil sie – und hier begegnen wir einmal mehr demselben Phänomen wie in Sachen genetischer Grundlage von Haut- und Augenfarbe – von heutigen Menschen stammen. Es ist fraglich, ob deren oft gemachte Erfahrung von der Auflösung der Subjektivität, dem Verschmelzen von Ich und Welt, dem plötzlichen Sprechen von Tieren und nichtbelebten Dingen nicht gerade das typische Produkt unserer ebenso materialistischen wie individualistischen Weltsicht sind, die eine klare Grenze zwischen Ich und Außenwelt, zwischen Geist und Materie behaupten. In einem animistischen Kosmos, in der diese heute als psychedelisch gehandelten Annahmen ohnehin Teil der Alltagswahrnehmung waren, stellten solche Erlebnisse nichts allzu Besonderes dar. Doch würde auch bei der Schamanin eine Trance zu überraschenden Erfahrungen geführt haben, die ihr den Eindruck vermittelten, ins Reich der Geister überzutreten. Ihre Seele begab sich auf Reisen, wenn sie in dieser konzentrierten Haltung verharrte und in rhythmisches Schwanken verfiel.

*

Aber bargen diese Körperpraktiken keine Gefahr für sie? «Nun, sie muss aufpassen, dass sie nicht nach hinten fällt, wenn sie den Nystagmus provoziert», erklärt der Arzt. «Kommt sie unglücklich auf und blockiert noch die andere den Hirnstamm versorgende Arterie, kann das böse enden.» Wahrscheinlicher aber: Malträtiert sie die anomal ausgebildete Arterie zu oft mit dem Knochen durch ein Nach-hinten-Beugen des Kopfes, kann es zu einer Hyperplasie der Ader kommen, zu einer inneren Verdickung. Solange das allmählich geschieht, ist das keine Gefahr. Die Blutversorgung kann über die andere Arterie kompensiert werden. Kommt es bei der ersten Ader dann zu einem Verschluss, ist das nicht lebensbedrohend. Wohl aber funktioniert der Nystagmus nicht mehr. Sie verliert ihre Fähigkeit.

«Bei immer wiederkehrendem mechanischem Druck auf das Blutgefäß ist auch eine Dissektion möglich», erklärt Wohlgemuth. «Die Gefäßwand reißt ein, die Ader kollabiert.» Das nennt man einen *Bow Hunter Stroke*. «Wenn jemand einen Bogen spannt» – Wohlgemuth wendet den Kopf nach hinten, um mit den Augen der imaginären Bogensehne zu folgen – «reißt die Vertebralarterie, und es kommt zum Schlaganfall.»

Halten wir als Ergebnis unserer archäologisch-medizinischen Ermittlungen fest: Wir sind beeindruckt, dass wir zwei charakteristische Körperhaltungen der Schamanin von Bad Dürrenberg rekonstruieren können. Und zwar zwei, die schwerlich anders zu erklären sind, als dass sie ins Arsenal ihrer professionellen Körperperformance gehören. Kamen Menschen in Nöten zu ihr, legte sie erst den Kopf nach hinten, wendete ihn nach rechts und nahm so den Kontakt zur Geisterwelt auf. Sobald ihre Augen in Bewegung gerieten, stand die Verbindung.

Da sie den Blutfluss zum Stammhirn nicht zu lange einschränken durfte, beugte sie sich nach vorne, hielt diese Position, auf eine Lösung sinnend, und versank allmählich in eine Trance, in der ihr Geist begleitet von Hilfsgeistern zu Reisen aufbrach, um Wege der Rettung oder der Heilung zu erkunden. «Ich hätte nie gedacht», sagt Walter Wohlgemuth, «dass wir die eigentlich skurril anmutende These, es könnte sich um eine Steinzeitschamanin handeln, mit wissenschaftlichen Mitteln untermauern können.»

*

Und das Kind? Der Junge? Leider ist es angesichts des stark fragmentierten Zustands des Skeletts nicht möglich, dieses ebenso zum Sprechen zu bringen, wie das bei der Schamanin gelang. Zumindest eine Beobachtung hat Jörg Orschiedt gemacht: Auf dem Oberarmknochen befinden sich leichte Auflagerungen. Jetzt hat er solche unterm Mikroskop auch auf einem Schädelbruchstück identifiziert. «Die sind unspezifisch. Das kann eine Mangelerscheinung sein.» Auch wenn das unwahrscheinlich erscheint, lebten doch beide prinzipiell noch in einer idealen Umwelt. Das Klima war warm und die Ernährung vermutlich nie reichhaltiger als damals – von Fisch bis Nüssen, von bestem Wild bis Kräuter, Knollen und Wildgemüse. «Mir ist noch kein Mesolithiker mit Mangelerscheinungen untergekommen», sagt Orschiedt. Eine Stoffwechselstörung wäre eine Option. Vielleicht war die eigentliche Mutter gestorben und die Versorgung des Säuglings nicht mehr sichergestellt. «Ansonsten sieht das Kind normal entwickelt aus, durchaus robust. Mehr lässt sich derzeit nicht sagen als: Das Kind scheint nicht vollständig gesund gewesen zu sein.» Hatte man also der Schamanin ein krankes Kind gebracht, damit sie es retten sollte? Oder war es ein Kind, das ihr von ihrer Cousine, ihrem Cousin anvertraut war? Weil es ein bisschen merkwürdig war? Ein wenig von ihrer Art?

25

VON ALLEN GUTEN GEISTERN VERLASSEN

Wir sind am Ende einer langen Reise angekommen. Noch sind nicht alle Untersuchungen abgeschlossen, schließlich ziehen neue Erkenntnisse immer neue Fragen nach sich. Doch handelt es sich eher um Details: Die Analyse der Schwefel-Isotopie ihrer Knochen soll etwa Auskunft über ihren Fischkonsum geben. Die Schamanin hat zudem neue Forschungen initiiert: Einige Kilometer weiter südlich ist ein mesolithischer Fundplatz an der Saale entdeckt worden. Dort wurden bislang über 2000 Steinartefakte geborgen. Viele der Mikrolithen aus Feuerstein erinnern an jene aus der Kranichbüchse. Womöglich war dort das Lager unserer Heldin. In jedem Fall lag der Ort im Zuständigkeitsbereich ihrer schamanischen Praxis.

Auch befindet sich im Museumsbesitz ein Rehgehörn, das ähnliche Bearbeitungsspuren wie jenes aus Bad Dürrenberg aufweist. Es ist 2000 Jahre jünger und stammt aus einer Siedlung der Linearbandkeramik bei Eilsleben. Das sind die ersten Bauern Mitteleuropas, die Nachfahren hellhäutiger Migranten aus Anatolien. Könnte es sein, dass das Eilslebener Rehgeweih auch von einer Schamanin stammt? Die Siedlung liegt an der nördlichen Grenze der neuen Bauernwelt, an der *Frontier* sozusagen. Hatten diese in höchster Not eine Vertreterin der alten Welt zu Hilfe geholt, weil es ihnen noch an Wissen über die Heilpflanzen Mitteleuropas fehlte? Auch dem wird jetzt nachgegangen.

Als das Forschungsprojekt begann, hätte sich niemand träumen lassen, mit welcher Fülle an Ergebnissen wir konfrontiert würden. In jedem Fall sind wir überzeugt, den Indizienbeweis in Sachen Schamanin von Bad Dürrenberg geführt zu haben. Wir haben getan, was in unserer Macht stand, unsere Beweisführung so transparent wie möglich zu gestalten, und einigen Aufwand betrieben, den ideologischen Schutt und die kolonialistischen Kontaminationen beiseitezuräumen, die allzu oft auch der Wissenschaft zusetzten. Deshalb glauben wir, jetzt feststellen zu können: Was vor fast zwanzig Jahren ein begründeter Verdacht war, kann nun als erbrachter Beweis gelten. Wir haben es hier erstmals in der Menschheitsgeschichte mit dem sicher nachweisbaren Grab einer spirituellen Expertin zu tun, die besten Gewissens als Schamanin bezeichnet werden kann, deutliche Hinweise auf Trance inklusive. Es liefert genügend Beweise für die Existenz von Schamanen als einer Art Berufsstand im Mesolithikum und erhärtet damit auch den Schamanismusverdacht bei Gräbern wie jenen des *Horn Shelter Man* und der alten Frau von Hilazon Tachtit. Zeit also für eine Bilanz, welche Lehren wir aus dieser Reise zu unseren Anfängen für uns heute ziehen können, bevor wir uns dann im Epilog daran wagen zu erzählen, wie sich alles wirklich zugetragen haben könnte.

*

Doch dann platzen im Juli 2022, als das Buchmanuskript längst auf dem Weg zum Verlag sein soll, die neuen C14-Datierungsergebnisse des Mannheimer Curt-Engelhorn-Zentrums für Archäometrie in Sachen Hirschgeweihmaske herein. Wir erinnern uns: Die erste Probe einer der neben dem Grab deponierten Masken hatte kein Ergebnis gebracht, die zweite lieferte aufgrund zu wenig Kollagens ein wohl viel zu junges Datum (circa 6200 vor Christus). Die dritte Probe nun besitzt mit 0,7 Prozent mehr als die erforderliche Menge Kollagen – und sie bestätigt nahezu das Ergebnis der zweiten Probe: Die Maske stammt aus der Zeit um 6300 vor Christus.

Zum Glück haben wir uns im Fall der Schamanin an Überraschungen gewöhnt. Die beiden Hirschgeweihmasken sind tatsächlich erst mehrere Jahrhunderte nach der Schamanin deponiert worden. Da C14-Datierungen immer einen längeren Zeitraum umfassen und keine genaue Jahresangabe liefern, können sie also 400 oder auch 800 Jahre nach dem Tod der Schamanin niedergelegt worden sein. Der enge räumliche Bezug (die beiden Masken liegen knapp einen Meter neben dem Grab und sind beide mit der Schädelbasis auf die Schamanin ausgerichtet) sowie die inhaltliche Verbindung (der schamanische Bezug ist jeweils offenkundig) lassen es gänzlich unwahrscheinlich erscheinen, dass es eine zufällige Deponierung war.

Das zwingt uns zu der kaum weniger unwahrscheinlich klingenden Annahme, dass nicht allein die genaue Lagekenntnis des Grabes, sondern auch das Wissen, wer dort bestattet worden war, über mehrere Jahrhunderte oral tradiert worden ist. Schrift gab es keine. Das Grab muss also nicht nur dauerhaft markiert gewesen sein, die Geschichte der Schamanin von Bad Dürrenberg muss zudem wie eine Legende weitergegeben worden sein – und das über zwanzig, dreißig Generationen. Unweigerlich kommen einem die *Ilias* und die *Odyssee* in den Sinn. Die Epen kursierten über Jahrhunderte in mündlicher Form, bis sie im 8. Jahrhundert vor Christus von Homer aufgeschrieben wurden.

Das zeugt von einer unerwarteten Stabilität und Kontinuität der mesolithischen Jäger-und-Sammler-Gesellschaft, vor allem aber unterstreicht es einmal mehr die ungeheure Bedeutung unserer Heldin. Was für eine Frau muss sie gewesen sein! Über Jahrhunderte erzählten sich die Menschen ihre Geschichte und kehrten an das Grab zurück. Um einen Vergleich zu heute zu ziehen: Das wäre fast so, als ob sich die Kenntnis des Grabes des 1226 gestorbenen Franz von Assisi und das Wissen um seine Person bis heute erhalten hätten (auch er übrigens ein animistischer Freund der Tiere, den Visionen nicht abhold). Und das ohne Schrift, ohne steinerne Architektur und ohne einen kirchlich organisierten Memorialkult.

Was das neue Datum besonders spannend macht: Die Datierung rückt die Masken-Deponierung in den Bereich der Misox-Schwankung, des sogenannten 8.2k-Events: Ab etwa 6350 vor Christus kühlte sich das Klima innerhalb weniger Jahre stark ab. Die jährliche Durchschnittstemperatur sank um 2–3 Grad Celsius. Vorstellbar ist also, dass zwei Schamaninnen oder Schamanen, beunruhigt durch die Wetterverschlechterung, das legendäre Grab aufsuchten und dort ihre Masken bestatteten, in der Hoffnung, so die Hilfe ihrer großen Urahnin zu gewinnen, um die Mächte des Schicksals zu beschwichtigen.

Am Anfang unseres Buchs haben wir kokettierend gerätselt, ob in Bad Dürrenberg ein «Lourdes der Steinzeit» gelegen haben könnte. Am Ende erscheint das nicht so abwegig: Die Menschen haben über Jahrhunderte hinweg das Grab der Schamanin wie einen Wallfahrtsort aufgesucht. Sie stiftete lange über ihren Tod hinaus Gemeinschaft.

*

Die Schamanin von Bad Dürrenberg ist aber nicht nur für Überraschungen gut, sie hat sich auch als eine begnadete Seelengeleiterin erwiesen. Wir haben dieser Reise wichtige Erkenntnisse zu verdanken, die wir nun in aller Kürze auf ihre Relevanz für unser Heute befragen möchten.

So erlebten wir eine untergegangene Welt, in der Frauen starke, ja, epochale Positionen besaßen. Feste Geschlechterrollen waren kein Thema. Es war eine Welt, in der auch Menschen selbstverständlich ihren Platz fanden, die mit Besonderheiten lebten, die wir heute mit dem Etikett «Handicap» versehen würden. Ohnehin spürten wir einem zutiefst sozialen Leben nach: Alles rund um das Grab von Bad Dürrenberg signalisiert Gemeinschaft. Die beiden Protagonisten, obwohl nicht Mutter und Kind, reisten zusammen in die andere Welt. Das *Sharing and Caring* beschränkte sich nicht auf Menschen, sondern umfasste Tiere wie Geister. Die Menschen verstanden sich als integraler Teil einer allbeseelten und allverbundenen Welt. Jede Handlung war in ein Netz gegenseitiger Abhängigkeit und damit auch Verantwortung eingewoben. Der Tod war nur einer der Wege, die Gestalt zu wechseln und zwischen den Sphären zu wandeln. Eingebunden in den Kreis des Lebens, stellte sich keine Sinnfrage.

Das alles sind auch charakteristische Merkmale der menschlichen Natur, die in den letzten Jahren von Primatologie, evolutionärer Anthropologie und Ethnografie rekonstruiert worden sind. Diese Wissenschaften stützen sich jedoch auf Analogieschlüsse, auf Beobachtungen und Experimente mit anderen Primaten und heute lebenden Menschen sowie auf Berichte über Jäger-und-Sammler-Populationen. Das projizierten sie auf unsere Vorfahren zurück. Gerade deshalb ist die archäologische Ermittlungsarbeit unverzichtbar. Nur sie kann wirkliche Beweisstücke aus unserer frühen Vergangenheit vorlegen. Und da ist das Doppelgrab von Bad Dürrenberg ein ebenso zentrales wie aussagekräftiges Zeugnis, das die Annahmen über die animistische und egalitäre auf Gegenseitigkeit ausgerichtete Natur des *Homo sapiens* bestätigt. Das ist tatsächlich unsere Vergangenheit – und keine Hypothese.

Deshalb taugt Archäologie als Medium der Selbsterkenntnis. Die beschriebene Welt hat uns geformt. Unsere Psychologie ist als Anpassung an die prähistorischen Umwelten entstanden. Wir und die Welt, das waren zwei über Jahrhunderttausende hinweg vorzüglich ineinandergreifende Gegenstücke. Nun aber hat sich seither die Welt radikal verändert; doch die alte Psychologie tragen wir alle noch in uns. Die kulturellen Innovationen schritten zu rasant voran, als dass sich die biologisch fundierten Bereiche unserer Mentalität anpassen konnten.

Es gelingt den meisten von uns recht gut, in höchst artifiziellen und zunehmend digitalen Welten zu leben. Und wir fühlen uns durchaus wohl dabei. Wir sind eine flexible Spezies. Trotzdem gilt es zu realisieren, dass zwischen uns und unseren heutigen Lebenswelten eine Kluft entstanden ist. Uns ist das alte Gegenstück abhandengekommen. Das sorgt für Entfremdungserfahrungen und stürzt uns in einem Maß in Schwierigkeiten, wie es noch nicht recht realisiert wurde.

*

Erinnern wir uns: Als Wesen, deren Überleben von der funktionierenden Kooperation einer Gruppe abhing, besitzen wir ein feines Sensorium dafür, ob unsere Beziehungen zu unserem Umfeld im Lot sind. Und dazu gehörten menschliche wie nichtmenschliche Wesen. Dieses soziale Netz war die längste Zeit der Menschheitsgeschichte unsere Lebensversicherung. Wir sorgten uns um die anderen und konnten uns deshalb in der Not auf sie verlassen. Ist das nicht der Fall, droht Gefahr: entweder durch Zorn und Rachsucht jener, die wir vernachlässigt haben, oder durch mangelnde Unterstützung. Alleinsein war die längste Zeit unserer Evolution ein Todesurteil. Wen wundert es da, dass Einsamkeit heute einer der Hauptfaktoren für Depressionen und Krankheiten aller Art ist.

Der Anthropologe Philippe Descola hat das animistische Denken als eines beschrieben, in dem der Mensch nicht als Individuum begriffen wird, sondern als Knotenpunkt eines Netzes, zu dem nicht nur Menschen gehören. Wenn also das Ich sich einst durch mannigfache Beziehungen konstituierte, durch den Beistand, die Solidarität in einer *Larger-than-human-World*, kann es von der seither stattfindenden «Entsozialisierung» der Welt nicht unberührt bleiben. Die lebendige Vielfalt wurde reduziert, das nicht nur menschliche Netz gekappt.

Die wissenschaftlich-mechanistische Weltsicht habe die Natur «stumm» werden lassen, sagt Descola, «jeglichen Lebens entleert». Deshalb legte der von uns in der Einleitung zitierte Albert Camus den Finger in die Wunde, als er fünfzig Jahre vor Descola schrieb, dass die Absurditätserfahrung des modernen Menschen «der Gegenüberstellung des Menschen» entspringe, «der fragt, und der Welt, die vernunftwidrig schweigt».

Die stumm gewordene Welt, die aus einem Verlust der menschlichen wie animistischen Netzwerke resultierte, hat einen Phantomschmerz zur Folge, der uns quält, ohne dass wir recht wissen, warum. Uns plagt eine kaum bewusste, unbestimmbare Sehnsucht, hinter der sich ein Verlangen nach sozialer Resonanz verbirgt, wie der Soziologe Hartmut Rosa gezeigt hat. Wir haben alle gelernt, damit zu leben. Trotzdem befindet sich etwas in uns in einem Alarmzustand.

Um das in seiner ganzen Tragweite zu verstehen, müssen wir uns in aller Kürze ansehen, wie wir in diese missliche Lage geraten sind. Wir können das mit groben, schnellen Strichen skizzieren, weil einer von uns beiden das gemeinsam mit dem Anthropologen Carel van Schaik in seinem letzten Buch ausführlich vorgestellt hat.

*

Einen besseren Ausgangspunkt als unsere Schamanin kann es kaum geben: Denn diese ist eine durchaus janusköpfige Gestalt. Eines ihrer beiden Gesichter blickt tief in die Vergangenheit zurück. Sie ist, wenn man so möchte, die ideale Personifizierung der animistischen Weltsicht: die Meisterin all der Beziehungen zwischen Menschen untereinander und zu allen Personen nichtmenschlicher Gestalt. Ihr zweites Gesicht aber weist Richtung Zukunft. Denn mit Schamanen beginnt im Mesolithikum die Geschichte der Spezialisten, der Experten, und das bedeutet auch der Abhängigkeiten, der ungleich verteilten Ressourcen und der Macht über andere. Der Zugang zu jenen Mächten, die als lebensbestimmend gelten, wird beschränkt. Es kann nicht mehr jeder mit den Geistern – und später Göttern – kommunizieren. Gerade in existenziell wichtig erscheinenden Bereichen des Lebens haben die Menschen ihr Schicksal nicht mehr in der eigenen Hand.

In der auf das Mesolithikum folgenden Welt der Ackerbauern, dem Neolithikum, lösen sich die alten Gruppenbeziehungen auf. Einmal, weil die Menschen nun an Grund und Boden gebunden sind und die neue Nahrungsmittelproduktion die Bevölkerung explodieren lässt, was zu Konkurrenz um Ressourcen, zu Konflikt in neuen Dimensionen und Krieg führt. Einmal auch, weil nun Eigentum in Gestalt von Vorräten und Land die Existenz sichert – und beschützt und gegebenenfalls verteidigt werden muss. Dazu behält man die Söhne vor Ort, die Frauen müssen in fremde Familien heiraten und verlieren ihre alten Netzwerke. Für Männer wird es zentral, das Eigentum an die Söhne weiterzuvererben. Hier wird die Einbahnstraße Richtung Patriarchat eingeschlagen, das uralte Gleichgewicht der Geschlechter zerstört.

Um die neuen Ansprüche auf Land und Eigentum zu legitimieren, wird der Ahnenkult forciert. Wir haben das im Kontext erster Siedlungen im Mesolithikum beobachtet. Die Ahnen wachen nun über die neuen Regeln und spenden Macht. Und so wie die Menschen ungleicher werden, werden auch die Ahnen ungleicher. Die Menschen müssen mächtige Menschen kennen, erst dann können sie sich mächtige Gottheiten vorstellen. Wir erinnern uns an die grundlegende Studie von Peoples und Co.: Ahnenkult wie Götter sind recht späte Erfindungen der Menschheit.

Wo Landwirtschaft intensiv betrieben und Besitz angehäuft wird, öffnet sich die soziale Schere immer weiter. Neue Herrschaftsformen entstehen, bald formieren sich erste Staaten. Deren Herrscher begründen ihre Macht als Günstlinge der Götter. Es entsteht etwas, das man nur als Herrschaftsreligion beschreiben kann. Thron und Altar schmieden ihre verhängnisvolle Allianz.

Die Herrschaftsreligion setzt auf Überwältigung und Monumentalität, auf Heerscharen von Priestern und bombastische Tempel. In dieser polytheistischen Welt der vielen Götter bestehen aber auch noch die alten spirituellen Sphären fort, die Welt der Geister, der Magie, des Zaubers und einer Vielzahl schamanischer Techniken. Das ist bunt, alltagstauglich, nicht dogmatisch, es wird mit allem experimentiert, was hilft und heilt. Wir haben es mit einer Religion von oben und einer Religion von unten zu tun. Nur die von oben, die Herrschaftsreligion, schreibt den Menschen vor, was sie zu glauben haben, wie sie leben sollen und was gut und böse ist. Die von unten, die Alltagsreligion, ist einfach da und versteht sich intuitiv von selbst.

In der jüdisch-christlichen Welt kommt es zu dem, was man als religiöse und spirituelle Enteignung der Menschen beschreiben kann. Der ehemalige Staatsgott Jahwe, ein Vertreter der Religion von oben, wird zum einzig existierenden Gott. Für diesen neuen Monotheismus sind per definitionem alle anderen Götter nicht existent und ihre Verehrung verabscheuungswürdiger Götzendienst. Damit wird auch die Sphäre der Alltagsreligion mit ihren Geistern, Ahnen, aber auch vielen mächtigen weiblichen Gottheiten als Aberglauben und Ketzerei bekämpft. Die Bibel hält die Repräsentanten der Religion von unten für todeswürdig. Jegliche Konkurrenz muss ausgemerzt werden, die Menschen dürfen nur noch das glauben, was ihnen von oben vorgeschrieben wird.

Der Gott der christlichen Kirche wird mit Unterstützung griechischer Philosophen und römischer Kaiser allmächtig, vor allem dogmatisch. Alle alternativen religiösen und spirituellen Praktiken werden verteufelt. Ob Heiden, Hexen, allzu beseelte Mystikerinnen: Die Kirche verfolgt sie mit größter Brutalität. Der europäische Kolonialismus trägt das in alle Welt. Im Namen des christlichen Gottes wird animistischem Denken, wie gesehen, allerorten der Krieg erklärt.

Doch das ist ein Kampf gegen die menschliche Natur. Denn die setzt auch in übernatürlichen Dingen auf viele Akteure. Darum musste schon das Christentum mit Engeln und Teufel, mit Dämonen und Legionen von Heiligen nachbessern. Unsere Natur verlangt zu allen Zeiten nach ihrem Recht. Deshalb bricht diese verdrängte und unterdrückte Seite heute wieder hervor, kaum haben die Kirchen ihre Macht verloren. Mit dem wissenschaftlichen Fortschritt verschwindet das spirituelle Bedürfnis der Menschen beileibe nicht vollständig. Wie auch, meldet sich hier doch unsere alte animistische Natur. Längst existiert eine solche Vielzahl esoterischer, spiritueller, alternativreligiöser Strömungen, dass Religionswissenschaftler von «populärer Religion» sprechen. Sie alle versuchen, die Welt erneut zum Sprechen zu bringen.

*

Das ist in aller Kürze das historische Panorama, das sich zwischen der Zeit der Schamanin und der Zeit von heute aufspannt. Erst vor diesem Hintergrund wird verständlich, was aktuell geschieht – und das hat weniger mit Religion zu tun, als man denken möchte. Auch wenn die offensichtlichsten Konsequenzen der beschriebenen religiösen und spirituellen Enteignung in diesem Kontext zu beobachten sind.

Die Religion von oben, die institutionalisierte Herrschaftsreligion, namentlich das Christentum, hat in den letzten fast 2000 Jahren verhindert, dass die Religion von unten, also das animistische Substrat der Menschen, zeitgemäße kulturelle Ausdrucksformen entwickeln konnte, die einen Rahmen geboten hätten, die Kontakte zu Akteuren jeglicher Natur auszuleben. So etwas geschah nur im Verborgenen.

Deshalb sehen wir heute diesen bunten Wildwuchs in Sachen Spiritualität und alternativer Religiosität. Denn da die Kontrolle der Kirche weggefallen ist, will dieses Vakuum endlich gefüllt werden. Überall wird versucht, alte, verschüttete Traditionen zu neuem Leben zu erwecken: Hexen tanzen wieder, die Natur wird als heiliger Raum erfahren, Bäume sprechen zu vielen, Geister und Ahnen werden beschworen. Deshalb werden auch religiös-spirituelle Konzepte aus aller Welt importiert; wenn sich die Menschen nicht gleich selbst auf die Suche begeben. In den entlegensten Winkeln glauben sie mitunter das zu finden, was im ehemals christlichen Abendland fehlt: gelebter Animismus, der sich in ebenso ehrwürdigen wie selbstverständlichen Ritualen und heiligen Zeremonien, altbewährten Praktiken und uralten Traditionen manifestiert.

Deshalb auch die Begeisterung für Schamanen: Da werden alle Strapazen auf sich genommen, um in den Amazonasdschungel, nach Sibirien oder in die Mongolei zu reisen. Den Suchenden erscheint es, als erlebten sie dort Begegnungen mit einer Traumgestalt. Etwas tief in ihrer Seele wird angesprochen, erfährt endlich Resonanz. Schamanen erwecken für sie die vielbeseelte und in unendlich vielen Stimmen sprechende Welt wieder zum Leben. Es ist ein Wiedererkennen: Die spirituellen Charismatiker liefern vielen das, was sie so lange vermissten: das heiß ersehnte Gegenstück.

*

Nun gilt das nur für ein bestimmtes Segment von Menschen. Viele wollen oder können nicht wieder an Geister oder spirituelle Kräfte glauben (wie die Autoren dieses Buchs). Trotzdem sind alle Menschen von diesem Verlust der guten Geister betroffen, und zwar in einem viel fundamentaleren Ausmaß, als es zunächst scheinen mag. Unsere alte evolutionär entwickelte Natur verbucht den Verlust nämlich als ein soziales Defizit und damit als Mangel an Sicherheit.

Heikel wird das, weil es von einem zweiten komplementären, aber viel wesentlicheren Prozess begleitet wird: Auch was die realen menschlichen Netzwerke angeht, sind wir tief in die roten Zahlen geraten. Parallel zu den geschilderten Ereignissen der letzten Jahrtausende sind unsere sozialen Beziehungen zu Menschen erodiert. Erst lösten sich die Gruppen der Jäger und Sammler auf; dann trat eine Welt an ihre Stelle, die immer stärker von Konkurrenz und Hierarchien bestimmt wurde und die Menschen voneinander entfremdete. Individualisierung ist das Signum unserer Zeit.

Wir pflegen hier keinen Kulturpessimismus, und nichts läge uns ferner, als konservative Gemeinschaftsfantastereien zu beschwören. Es ist jedoch existenziell wichtig zu verstehen, welch grundlegenden Phänomenen wir hier gegenüberstehen. Unser biologisches Erbe sorgt nämlich in der heutigen Welt für massive Probleme. Erst wenn uns das bewusst ist, können wir zeitgemäße Lösungen entwickeln. In die Welt der Jäger und Sammler führt kein Weg zurück.

Jared Diamond hat das Grunddilemma auf den Punkt gebracht: Einst waren die Menschen materiell arm, aber sozial unvorstellbar reich. Heute ist das umgekehrt: Wir sind materiell reich, jedoch sozial verarmt. Damals garantierten die sozialen Beziehungen unsere Sicherheit, heute hängt diese vom materiellen Wohlstand ab. Und hier liegt das Problem: Unser Sicherheitssensorium checkt nur unsere sozialen Netze, nicht unser Bankkonto. Da Eigentum evolutionsgeschichtlich eine sehr junge Erfindung ist (von Renten-, Kranken- und anderen Versicherungen ganz zu schweigen), spendet es schlicht kein Gefühl der Geborgenheit. Der Volksmund wusste es schon immer: Geld macht nicht glücklich.

Die Folge: ein sich selbst verstärkender, immer mehr Fahrt aufnehmender Teufelskreislauf. Weil materieller Wohlstand kein wirkliches Gefühl der Sicherheit spendet, wird noch mehr Wohlstand angestrebt. Wir verfügen in materiellen Dingen über kein Sensorium, das uns signalisiert: Es reicht. Da die daraus resultierende Konkurrenz stabile soziale Beziehungen zusätzlich erschwert, wächst das Unsicherheitsgefühl weiter, was wiederum zu mehr Anhäufen von Materiellem führt. In einem typischen Fall von Kulturblindheit haben uns Ideologien das lange als Normalität, als den Grundzustand des Menschen verkauft: Sie erklären uns zu Vertretern des *Homo oeconomicus*, die nur auf ihren Vorteil, also auf Wohlstandsoptimierung erpicht seien und einen Kult ums ewige Wachstum betreiben. Die Anthropologie hat längst gezeigt, wie falsch das ist.

Wir haben es mit jenem Motor zu tun, der die Wohlstandsspirale des immer Mehr antreibt. Sie verschlingt die Ressourcen der Welt, reduziert die Lebenschancen eines Großteiles der Menschheit, degradiert die anderen Lebewesen des Planeten zu ausbeutbarem Material oder rottet sie gleich ganz aus. Wir alle kennen die Berichte, wie sich der Reichtum der Welt immer stärker in der Hand weniger Superreicher konzentriert. Bedenkt man, dass der *Homo sapiens* eigentlich eine zutiefst egalitäre Primatenart ist, wird deutlich, auf was für einen Irrweg die Menschheit geraten ist.

*

Wir sollten uns bewusst sein, dass wir alle versuchen, auf je verschiedene Weise diese sozialen Defizite zu füllen. Zwei Kompensationsstrategien haben wir bereits gestreift: Weil wir in einer Welt leben, in der einst tragfähige menschliche Netzwerke auf ein Minimum geschwunden sind, versuchen nicht wenige den Verlust an jenen Kontakten, die den Menschen ein Gefühl der Sicherheit und Geborgenheit geben, auf spirituelle Weise zu kompensieren, indem sie sich der Unterstützung höherer Mächte welcher Art auch immer versichern.

Die zweite Kompensationsstrategie lautet: in immer mehr materiellen Wohlstand investieren. Es ist abstrus, was wir in den wohlhabenden Gesellschaften heute an Dingen um uns herum anhäufen. Die Werbung hat längst erkannt, dass wir da einen weichen Punkt besitzen. Warum wohl werden uns «Dinge mit Seele» verkauft, wird uns angeraten, mit Möbeln zu leben, die «Geschichten erzählen»? Warum umgeben wir uns mit Gadgets, die zu uns sprechen? Wieso lassen wir uns von Siri oder Alexa einen «schönen Tag» wünschen und sogar Witze erzählen? Mit unseren sozialen Defiziten lässt sich der große Reibach machen.

Das gilt auch für die dritte Strategie: den Verlust der analogen Kontakte digital kompensieren. Darauf bauen die Megakonzerne von heute ihr Imperium auf. Sie speisen uns mit «sozialen Medien» ab. So wichtig diese als Mittel der Demokratisierung auch sein mögen, verdanken sie ihren Erfolg doch ihrer Funktion als Surrogate, Ersatzstoffe. Nur wenige digitale Beziehungen beglücken die Menschen nachhaltig. Deshalb ist auch hier Überkompensation zu beobachten: Freunde, Follower gehen in die Abertausende. Es gibt kein Genug. Ob Instagram oder TikTok: Gerade jene Plattformen boomen, denen es am besten gelingt, uns eine Welt der Freundschaften und des spontanen Miteinanders vorzugaukeln. Etwas in uns bleibt jedoch hungrig zurück. Tatsächlich starren wir nur einsam auf unsere angeblich «smarten» Gadgets. Der Albtraum, in einer einzigen Computersimulation zu leben, den vor vielen Jahren der Film *Matrix* in Szene setzte, scheint immer realer zu werden. Zeit für die rote Pille, Neo.

*

Wir möchten nichts davon verteufeln (außer die zunehmende Ungerechtigkeit der Welt mit ihren verhängnisvollen Konsequenzen). Wir möchten allein ein Bewusstsein dafür schaffen, dass diese Mechanismen uns immer weiter in die Isolierung treiben – und dass unsere Psyche damit immense Schwierigkeiten hat, weil sie noch in der Vorgeschichte hängen geblieben ist. Ohne diese Erkenntnis laufen wir Gefahr, ausgebeutet zu werden, modernen Rattenfängern auf den Leim zu gehen oder uns in jenem Hamsterrad von Überkompensation und materiellem Overkill zu Tode zu hecheln und nebenbei die Welt in den Untergang zu treiben.

Deshalb sehen wir die prähistorische Archäologie nicht nur als Mittel der Selbsterkenntnis, sondern auch als Instrument der Emanzipation an. Wenn wir diese Diskrepanz zwischen unserer ererbten Natur und der heutigen Welt kennen und verstehen, warum das Probleme bereitet, können wir uns an modernen, zeitgemäßen Lösungen versuchen. Schließlich sind wir eine kulturell höchst begabte Spezies. Wir sollten unser Schicksal in die eigenen Hände nehmen. Es ist an der Zeit.

*

Zuweilen hatten wir während all der Forschungen zu diesem Buch das Gefühl, dass die Schamanin von Bad Dürrenberg eine Sphinx ist, die uns ein Rätsel stellt: Wer sind wir wirklich? Zutiefst soziale Wesen, würde unsere Antwort lauten, für deren Wohlbefinden reale Beziehungen lebensnotwendig sind. Hält die Schamanin auch eine Lehre bereit? Wir glauben schon: Wenn uns die guten Geister abhandengekommen sind und wir in soziale Defizite geraten, sehen wir nur einen zeitgemäßen Ausweg: Wir sollten in stabile Beziehungen zu echten Menschen investieren. In Beziehungen, die auf dem Prinzip der Gegenseitigkeit beruhen. Wir müssen endlich wieder Verantwortung für uns selbst und andere übernehmen. Und erkennen, dass wir auf Dauer nur in einer allverbundenen Welt überleben können – zu der auch die anderen Lebewesen dieses Planeten gehören. Unserer alten animistischen Seele zumindest leuchtet das sofort ein.

DER TOD DER SCHAMANIN

Angehende Schamanen werden von den Geistern in ihre Einzelteile zerlegt, diese kochen die Knochen, befreien sie vom alten Fleisch, setzen sie neu zusammen und erwecken sie zum Leben. Diese schamanische Vorstellung aus Sibirien haben wir am Anfang unseres Buchs vorgestellt. Auch wir haben das unter Schamanismus-Verdacht stehende Grabensemble in seine Einzelteile zerlegt, jedes noch so kleine Knöchelchen penibel untersucht, um dann alles wieder zusammenzusetzen. Nun tritt uns eine Gestalt entgegen, die uns sprachlos macht: Es ist eine solch faszinierende und bedeutende Frau, dass sich die Menschen noch Jahrhunderte später voller Bewunderung von ihr erzählten.

Wollten wir diese schamanische Transformation vollenden, müssten wir nun alles zum Leben erwecken und schildern, wie unsere Heldin wirklich war. Das können wir natürlich nicht. Hier endet die Wissenschaft. Case closed. Doch da es sich um eine solch außergewöhnliche Frau handelt und wir selbst alles dafür geben würden, noch viel mehr über sie zu erfahren, möchten wir uns am Ende unseres Buchs an eine faktengestützte Spekulation wagen. Keine Frage, das kann nur Fiktion sein. Aber wir haben so viele Details auch medizinischer Natur gesammelt, dass wir glauben, sie zu einer Schicksalsgeschichte zusammensetzen zu können, um unsere Lösung des Rätsels der Schamanin zu präsentieren.

Wir werden uns an keinem «Roman der Archäologie» à la C. W. Cerams *Götter, Gräber und Gelehrte* versuchen. Wir skizzieren nur eine archäologische Kurzgeschichte und beschränken uns dabei auf die Aspekte ihres Lebens, für die wir Hinweise besitzen. Eine Lovestory haben wir also nicht zu bieten und auch keine allzu spektakulären Wundertaten. Zumindest aber können wir besten Gewissens behaupten: *based on a true story.*

*

Sie erinnerte sich nicht mehr, wann es angefangen hatte. Es war schon immer da. Dieses Gefühl, anders zu sein. Nicht dass sie es sein wollte. Sie merkte nur, die anderen gingen besonders mit ihr um. Sie gehörte nie ganz dazu. Wann immer sie versuchte, die Distanz zu überbrücken, bemerkte sie, wie die anderen erschraken, unmerklich nur. Sie sah geweitete Augen, ein Erstarren, ein leichtes Abrücken. Die anderen beteuerten, sie bilde sich das nur ein.

Aber das war ja albern. Jeder im Lager wusste, es war besser, wenn sie nicht mitging. Nicht zur Jagd, nicht zum Fischen. Die Gefahr war zu groß. Sie sollte zu Hause bleiben. Alle kannten die Geschichten, wo man sie doch einmal mitgenommen hatte, wo sie so begeistert war und alles nicht fassen konnte. Ihren Blick überall hinwendete und den Fischadler am Himmel verfolgte – bis es geschah und die Geister über sie kamen.

Sie konnte den Adler nicht mehr erkennen, alles verschwamm, die Welt verwandelte sich in eine der Schemen und Schatten. Sie schrie, stürzte. Sie hörte die verschluckten Schreie der anderen, während sie den Kopf nach vorne beugte, die Augen schloss und hoffte, die Geister verschwänden genauso schnell, wie sie gekommen waren. An eine Jagd war nicht mehr zu denken, alle wollten schleunigst zurück. Die Gefahr erschien zu groß in einer bereits aufgeschreckten Geisterwelt, ein Leben zu nehmen. Wer weiß, was das entfesselte.

Ihren Eltern war früh aufgefallen, dass mit ihr etwas nicht stimmte. Immer wenn sie den Hals verrenkte, weil sie, neugierig wie sie war, alles mit dem Blick verfolgen musste, und sei es ein Stern am Himmel, kam es über sie: Ihre Augen entfalteten ein Eigenleben, und was für eins. Sie selbst sah Dinge, die sie sonst nicht sah. Undeutlich nur, sie versuchte herauszufinden, was es war. Ihr wurde schummrig. Angst packte sie. Was geschah da mit ihr? Klärte sich ihr Blick wieder, sah sie den Schrecken auf dem Gesicht der Eltern. Fürchteten sie sich vor ihrem eigenen Kind? Sie erfuhr, dass ihre Augäpfel wild nach unten und oben geschlagen hätten.

Niemand hatte je so etwas gesehen. Im Lager tuschelte man, es habe sich ein verrückter Geist in ihr eingenistet. Man ging mit ihr flussabwärts zur alten Frau auf dem Berg hoch über dem Wasser, die über alles Bescheid wusste. Sie hatte sich vor der Alten gefürchtet, das weiß sie noch. Aber nicht verstanden, was da geschah. Sie war ja noch klein. Sie erinnerte sich an Rauch, murmelnde Worte. Es zischte, und tausend Gerüche bissen ihr in die Nase. Es wurde gesungen, sie wurde auf eine Matte gebettet. Sie sah noch, wie die Alte lange mit den Leuten aus dem Lager sprach. Dann schlief sie ein. Sie träumte von einem Rehbock, dem sie durchs Unterholz folgte.

Seither sollte sie im Lager bleiben. Die Eltern hatten ihr verboten, in den Himmel zu gucken. So saß sie da, nach vorne gebeugt. Das war am sichersten. Auch vermied sie so die ängstlichen Blicke der anderen. Sie grübelte, was mit ihr geschah. War sie allein, neigte sie den Kopf nach hinten und drehte ihn zur Seite. Sie wollte wissen, was sich ihr zeigte, wollte erfahren, ob sie mit diesen Wesen – es waren doch solche? – sprechen konnte.

Sie hörte den Erwachsenen zu, kannte bald alle Geschichten. Das waren die einzigen Abenteuer, die sich ihr boten. Sie war so neugierig. Sie half, wo sie konnte, und lernte schnell. Ob es darum ging, Weiden zu flechten, nicht ohne vorher die Rinde abzuschaben. Sie erfuhr, wie man Kräuter und Pasten anrührte, Farbe herstellte und welche Zeichen wo auf den Körper zu malen waren. Sie war geschickt im Herstellen von Pfeilspitzen.

Kaum wurde ein Tier ins Lager gebracht, war sie die Erste. Murmelte wie die anderen die Worte, mit denen dem Tier gedankt wurde, dass es den Menschen half zu leben. Bald sprach sie laut mit, irgendwann war sie die Einzige, die zu den Geistern der Tiere sprach.

Ganz gleich, was sie tat, sie tat es höchst konzentriert. Oft versank sie in einer Traumwelt. Die Dinge redeten zu ihr, sie lernte, ihre Träume zu lenken. Immer ging es hinaus in den Wald, an den Fluss. Sie sprach mit den Tieren und Wesen, die sie nicht kannte. Den Rehbock traf sie häufig. Sie erlebte Abenteuer und versuchte so oft wie möglich, in dieses Reich jenseits des Alltags zurückzukehren. Wenn sie dann den anderen davon erzählte, weiteten sich deren Augen, bald auch deren Ohren. Man bat sie zu schildern, was sie da sah…

*

Halten wir kurz inne: Bis hierhin leuchtet alles ein. Ihr Nystagmus wird schon in Kindertagen aufgefallen sein, Augenbewegungen, die niemand zuvor gesehen hat und die niemand imitieren konnte. Keiner wird eine Erklärung gehabt haben, außer die Universalerklärung jener Tage: Die Geister sind im Spiel. Deshalb galt es, vorsichtig zu sein mit ihr. Ihre Knochen verraten, dass sie weniger gelaufen ist als die anderen. So wird sie langsam älter, eine Jugendliche, eine junge Erwachsene. Und nun stehen wir vor dem Rätsel zu erklären, wie es zu den Löchern in den oberen Schneidezähnen kommt. Zwei Optionen stehen zur Verfügung.

Entweder war es ein Versehen. Sie hat etwas immer und immer wieder mit den Zähnen bearbeitet, und zwar in höchst exzessiver Weise. So schnell, dass der Zahn sich nicht dagegen schützen konnte. Wir könnten nun imaginieren, dass sie, weil sie im Lager blieb, bei der Weidenverarbeitung half und Weiden mit den Schneidezähnen entrindete. Doch warum sollte sie dazu keinen Schaber benutzt haben? Merkte sie nicht, wie es anfing zu schmerzen? Und sie machte trotzdem weiter und weiter? Es spräche etwas zutiefst Manisches daraus, Selbstverstümmelndes.

Oder Option zwei: Es geschieht im Rahmen eines Initiationsrituals. Sie lebte in einer Gesellschaft, die spirituelle Experten besaß, und sie war selbst durch ihre Besonderheit dazu prädestiniert. Insofern könnte es eine Zahnmanipulation im Rahmen einer Aufnahmezeremonie gewesen sein. Sie musste beweisen, dass sie mutig war und vor nichts zurückschreckte. Dass sie mehr war als eine begnadete Geschichtenerzählerin mit wirren Augen. Es ging um das Schicksal aller. Es wäre fahrlässig gewesen, das wichtigste Amt jemandem anzuvertrauen, der nicht bereit war, größte Schmerzen auf sich zu nehmen, um der Gruppe zu helfen.

Liegt es an unseren modernen Prägungen, dass uns diese Version der Geschichte einleuchtender erscheint? Trotzdem sträuben wir uns dagegen, uns auszumalen, wie man ihr die Zähne auffeilte. Erst den einen. Dann den anderen. Und zwar so akkurat, dass beide gleich weit abgetragen wurden. Das legt nahe, dass sie ganz ruhig geblieben ist, sich nicht wehrte. Da ist keiner der umliegenden Zähne beschädigt. Oder war sie fixiert worden? Wir stellen uns den Schmerz nicht vor, das Schreien, schließlich das Blut. Und nicht das Publikum, das um sie herumsaß, alles gebannt beäugte, auch wenn Einzelne den Blick abwandten.

*

Sie brachten sie zu der Alten auf den Berg. Sie mochte nicht mehr leben, so sehr schmerzte es. An essen war nicht zu denken, an trinken ebenso wenig. Trotzdem flößte die Alte ihr eine übel schmeckende Flüssigkeit ein. Sie wehrte sich, versank wieder im Schlaf. Immer wenn sie zu erwachen glaubte, war die Alte über ihr und der Rehbock. Immer hörte sie Stimmen, ohne diese je zu verstehen. Dennoch fühlte sie sich aufgehoben, geborgen. «Du musst es annehmen», sagte die Alte. «Die Geister haben dich erwählt, du musst damit leben. Je eher du dich ihnen fügst, desto schneller findest du den Weg. Du wirst nie mehr allein sein.»

Die Alte zeigte ihr, wie sie mit dem Kiel einer Kranichfeder die Löcher in den Zähnen reinigen konnte. Wie man Wasser aus den Quellen unten am Berg nahm, es einkochte, bis am Rand sich eine weiße Kruste zeigte, um damit den Mund und die Zähne zu spülen und anschließend mit Bienenwachs die Löcher zu verstopfen. «Du musst es immer reinigen.» Sie lehrte sie, auf welche Weise Weidenrinde gegen die Schmerzen zubereitet wurde und welcher Sprüche es dazu bedurfte. Auch sonst erfuhr sie bei der Alten alles, erlebte jeden Geist, der Pflanzen, Pilzen und Tieren innewohnte, und versuchte sich an all den Rezepturen, die ihr die Alte verriet. Und probierte selbst neue aus.

Dann kam ein feierlicher Tag. Die Alte gab ihr ein mit Federn und Zähnen geschmücktes Gewand, ein Cape aus Fell, das von einem Rehgehörn bekrönt war. «Ist das er, den ich immer sehe», fragte sie. Die Alte nickte. «Er ist in dir, immer an deiner Seite. Vertrau darauf.» Dann nahm sie eine Kette aus Zähnen und band sie ihr um die Stirn. «Das schützt dich, das schützt die anderen», sagte die Alte. «Wenn es ernst ist, musst du es abnehmen. Führe ihnen deine Augen vor.»

Fortan war sie dabei, wenn die Menschen zur Alten auf den Berg kamen. Sie folgte ihr, wurde diese zur Hilfe gerufen. Sie ging ihr zur Hand bei allem, was zu erledigen war. Verletzungen behandeln, Brüche schienen, Zeichen in die Haut ritzen, verirrte Seelen suchen, Frauen auf die Geburt vorbereiten, die Neugeborenen den Schutzgeistern vorstellen, Abwehrzauber in Gesichter malen, Dämonen vertreiben, Ader lassen, dem Wild danken. Sie gab Rat und schlichtete Streit. Bald wendeten sich die Menschen zuerst an sie. Die Alte lächelte.

Eines Tages kam die Alte nicht zurück. Sie war gegangen, um Schildkröten zu fangen und Kräuter zu sammeln. Man suchte nach ihr. Die Schülerin sandte ihre Seele aus, um die Lehrerin zu finden. Sie legte ihren Kopf in den Nacken, bis die Schatten über sie kamen. Dann saß sie, wie sie immer saß, nach vorne gebeugt, den Oberkörper leicht wiegend, und ließ die Seele suchen. Doch wo sie auch hinwanderte, sie begegnete immer nur dem Rehbock. Und endlich verstand sie dessen Botschaft: «Es ist gut. Du bist es nun.»

Für Trauer war kaum Zeit. Es war kein gutes Jahr, kalt und viel Regen. Sie musste den Menschen helfen. Ob sie in ihrem Zelt saß oder draußen: Sie befolgte immer dieselbe Prozedur. Sie nahm vor einem Pfahl Platz, der sicherstellte, dass sie nicht nach hinten fallen konnte. Damit hatte sie unliebsame Erfahrungen gemacht. Dann nahm sie die Kette aus Zähnen von der Stirn. Sie fixierte mit ihren blauen Augen ihr Gegenüber, befragte es, was schmerzte, was Sorgen oder Nöte bereitete. Sie hörte zu und hörte zu. Irgendwann legte sie den Kopf zurück in den Nacken, drehte ihn langsam nach rechts. Es dauerte eine Weile, dann spürte sie, wie ihre Augen das Drama aufführten. Sie richtete sich auf, sie musste es gar nicht sehen, sie fühlte, wie ihr Gegenüber beim Anblick der rollenden Augen versteinerte. Dann lehnte sie sich nach vorne, um zu entspannen. Ihre Augen fanden Ruhe. Ihre Seele ging auf Reisen. Sie wusste nicht mehr, wo sie war, was sie tat. Sie tauchte in andere Sphären ein, wo sie mit den Tieren beratschlagte, wie und wo Hilfe zu finden sei. Immer hatte der Rehbock das letzte Wort. Wenn sie erwachte, wusste sie, wie sie helfen konnte, und legte wieder die Kette aus Tierzähnen an.

Sie war erfolgreich. Das sprach sich herum. Es kamen immer mehr Menschen, auch von weit her. Sie selbst war begeistert, sie hörte von Abenteuern da draußen. Es gab keine Probleme, keine Schwierigkeiten, mit denen sie nicht konfrontiert wurde. Sie lernte, experimentierte, fand Lösungen. Sie ging zu den salzigen Quellen, sie beobachtete die Schildkröten, die Schlangen, die Kraniche. Sie spürte dem Biber nach und befragte den Igel. Niemand verbot ihr das mehr, auch wenn sie wusste, dass immer jemand darauf achtete, dass sie nicht zu weit fortging. Ihr Verlust wäre unersetzlich gewesen.

Sie erlebte Krisen. Nicht immer war sie erfolgreich. Jeder Tod war für sie, als würde etwas in ihr sterben. Oft war es zu viel, oft reichte die Zeit nicht. Ihre Zähne entzündeten sich, der Schmerz zog den Kiefer hoch. Sie lag in ihrem Zelt und dämmerte vor sich hin. Die Leute versorgten sie. Sie fühlte, wie groß die Furcht war. Bald sprachen alle von dem Unheil. Sie wusste, sie musste es in den Griff bekommen. Sie bekam es in den Griff.

Aber es war nicht mehr wie früher. Mit den Jahren musste sie sich mehr anstrengen, um den Kontakt aufzunehmen. Immer länger richtete sie den Blick gen Himmel, war glücklich, wenn in der Dämmerung der Abendstern erschien, den sie fixieren konnte. Wenn es dann endlich gelang, spürte sie, dass etwas in ihrem Kopf nicht mehr stimmte. Es verunsicherte sie. Hatte sie die Zuneigung der anderen Welt verloren? Konnte sie deren Hilfe nur noch mit Gewalt erzwingen?

Sie vermied es fortan immer öfter und legte ihren Schleier aus Zähnen nicht mehr ab. Sie lehnte den Kopf nur kurz nach hinten, beugte sich dann umso rascher nach vorn. Dort fand sie noch immer den Weg, der ihre Seele aus dem Körper herausführte. Mit ihrer Erfahrung konnte sie den meisten auch so helfen. Das vertraute sie aber niemandem an. Sie merkte, wie ihre Kräfte schwanden. Es ging bald nicht mehr. Sie überlegte, wer ihr folgen sollte. Es brauchte jemanden an ihrer statt. Bisher aber hatte sich noch keine Nachfolgerin, kein Nachfolger offenbart. Sie fragte alle, ob ihnen nichts aufgefallen sei. Ein Kind vielleicht, das ein Zeichen trage, das Erscheinungen hatte.

Und dann kam eine junge Frau, begleitet von ihrer Familie, sie erkannte sie gleich. Sie stammte aus der Verwandtschaft ihrer Mutter. Die Frau trug ihren Sohn, in Fell gewickelt. Die Geburt vor wenigen Monaten war schwer gewesen. Sie hatte beide retten können und den kleinen Jungen mit den mächtigen Schutzgeistern versehen. Alles ging gut, das Kind wuchs heran. Doch plötzlich: Es schrie. Nichts half, die Augen glasig, kaum mehr ein Wimmern.

Ein kurzer Blick auf den Jungen, und da war die Ahnung: Es könnte zu spät sein. Sie betrachtete die Mutter, spürte deren Verzweiflung, sie würde keine zweite Geburt überstehen. Der Blick so wirr. Hier drohte mehr als ein Tod. Sie unternahm alles. Sie richtete ihren Platz am Pfahl, fachte die Glut an, warf Kräuter in die Flammen, es prasselte, das Feuer loderte auf, alle rochen es. Sie platzierte die Frau mit dem Kind ihr gegenüber. Leise murmelnd, dann singend nahm sie ihren Platz ein, ganz angespannt, bittend. Sie nahm den Zahnvorhang von ihren Augen, betrachtete das Kind, die Mutter. Sie lehnte sich an den Pfahl, tat wie immer das, was ihr die Eltern verboten hatten. Sie legte den Kopf in den Nacken, leicht nach rechts gewendet. Sie wartete. Und wartete. Sie flehte und drückte den Kopf noch mehr zur Seite. Sie erblickte den Abendstern. Es tat sich nichts. Der Stern funkelte. Sie wollte aufgeben, aber konnte die beiden nicht aufgeben.

Dann – endlich merkte sie, wie die Wirklichkeit verschwand. Das Reich der Schatten kam über sie. Mit einer Macht wie nie zuvor. Ihre Augen weiteten sich. Da, sie sah den Rehbock. Er floh. Ihre Augen bewegten sich nach unten, nach oben. Langsam. Panik erfasste sie. Sie wollte sich nach vorne wenden, um die junge Mutter zu fixieren und selbst Halt zu finden. Da standen die Augen still. Nichts geschah. Alle starrten fassungslos. Sie sahen den unbeweglichen Blick. Langsam kippte sie zur Seite.

Niemand rührte sich. Die Welt schien stillzustehen. Angst griff um sich. Panik. Wildes Geschrei. Die Nachricht vom Tod der Schamanin verbreitete sich wie ein Lauffeuer. Am gleichen Tag starb das Kind.

*

Der Verlust, die Trauer, der Schock waren riesig. Es stand außer Frage, dass man für die beiden ein gemeinsames Grab ausheben würde. Die Grabgrube solle acht Ecken haben, wie der Abendstern, von dem sie so oft gesprochen hatte. Die Menschen hofften, das würde gegen die Dämonen der Dunkelheit schützen. Dann setzte man sie in einen Korb aus Weidenruten, legte ihr den Jungen an die Brust und eine blaue Blume dazu. Es sah aus, als säßen die beiden wie in den alten Tagen am Lagerfeuer. Jetzt taten sie es für immer. Den Knochen, mit dem sie ihren Pelzumhang fixiert hatte, rettete man im letzten Moment aus dem Maul eines Hundes. Man gab ihr all ihre Utensilien mit, Knochen der Hilfsgeister und den Schamanenornat. Zum Schluss das Gehörn ihres Rehbocks. Sie musste auch in den anderen Sphären für Hilfe sorgen können. Sie war ja nicht vollkommen fort. Nur schwerer erreichbar.

Bereits zu Lebzeiten war sie eine Legende gewesen und blieb es über den Tod hinaus. Die Menschen pilgerten zu dem Grab, das ein Pfahl markierte. Die Geschichten, die man sich von ihr in den langen Winternächten erzählte, wurden von Generation zu Generation fantastischer. Menschen kamen von weit her, um Hilfe zu finden, Rat zu erhalten. Sie saßen dann lange ums Grab und stimmten die alten Gesänge an.

Unzählige Winter später, als die Kälte nicht aus der Welt weichen wollte, gruben zwei Schamanen ein Loch, in das sie ihre Hirschgeweihmasken legten. Die Seelendoppelgänger sollten nach der großen alten Frau suchen, die, wie man sich erzählte, mit ihrer Macht über die Geister immer alle gerettet hatte, wenn die Not am größten war. Es hieß, sie sei eines Tages mit einem kleinen Jungen aufgebrochen, um den Sternen zu helfen, die von ihren Künsten gehört hatten. Von dieser Mission war sie bisher nicht zurückgekehrt. Die Alten hatten erzählt, nur die Frau vom Berg könnte die Geister der Kälte besänftigen. Sie warteten.

*

Was dann geschah, wir wissen es nicht. Wir wissen nur, dass die Menschen überzeugt waren, dass hier eine Schamanin lag, deren Macht weit über den Tod hinausreichte. Wir können das bestätigen.

DANK

«Alles an diesem Grab schreit Gemeinschaft.» Das ist eine der wesentlichen Erkenntnisse unserer Ermittlungen. Und genau das lässt sich über dieses Buch sagen: Alles an ihm schreit Gemeinschaft. Denn es ist ein fantastisches Gemeinschaftsunternehmen gewesen. Wir hoffen, dass unser Buch als gelungenes Beispiel dazu taugt, wie fruchtbar und gewinnbringend die enge Zusammenarbeit und der intensive Austausch der verschiedensten Wissenschaftsdisziplinen sein kann. Nur gemeinsam war es möglich, Dinge über die Schamanin und das Kind an ihrer Seite zu erfahren, die wir uns zu Beginn des Projekts nie hätten träumen lassen.

Das haben wir nicht zuletzt der Schamanin selbst zu verdanken. Sie hat uns alle in ihren Bann gezogen. Jede neue Entdeckung führte zu neuen Rätseln, die neue Forschungen anstießen. Auch deshalb war für uns die Arbeit mit allen Beteiligten nicht nur spannend und produktiv. Sie hat extrem viel Freude bereitet.

Wir stehen tief in der Schuld all jener, die in diesem Buch auftreten oder uns behilflich waren. Sie haben uns durch all die Zeit überaus großzügig unterstützt und an ihrem Wissen teilhaben lassen. Zuweilen fühlten wir uns wie rasende Reporter, die fast in Echtzeit über die Forschungen berichten durften – und zwar, was sehr ungewöhnlich ist, bevor all die Neuigkeiten publiziert waren.

Da ist zunächst das eigentliche Forschungsteam rund um die Schamanin: Holger Dietl, Jörg Orschiedt und Andreas Siegl. Sie haben unzählige Stunden mit allen Aspekten rund um das Grab verbracht und großartige Entdeckungen gemacht. Sie haben uns in jeglichen Belangen immer wieder bestens unterstützt und inspiriert. Ohne das fantastische Porträt der Schamanin von Karol Schauer gäbe es dieses Buch womöglich nicht. Wir freuen uns sehr, in diesem Buch auch erstmals sein neues Bildnis der Schamanin ganz ohne Ornat präsentieren zu dürfen. Dann sind da die Wissenschaftlerinnen und Wissenschaftler Kurt W. Alt, Sabine Gaudzinski-Windheuser, Wolfgang Haak, Olaf Jöris, Franziska Knoll, Johannes Krause, Roberto Risch, Carel van Schaik und Walter Wohlgemuth zu nennen, die dem Projekt aufs Engste verbunden waren und uns mit großem Einsatz und teils noch größerer Begeisterung unterstützten.

Des Weiteren haben das Buch bereichert, indem sie uns mit ihrer Expertise zur Seite standen: Heiko Breuer, Ainash Childebayeva, Oliver Dietrich, Elisabeth Endtmann, Susanne Friederich, Julia Gresky, Judith M. Grünberg, Uwe Hoßfeld, Per Karsten, Erich Kasten, Mechthild Klamm, Jan Kellershohn, Nick Kirchhoff, Mario Küßner, Lars Larsson, Dietrich Mania, João Marreiros, Arnold Muhl, Carola Oelschlägel, Juan Antonio López Padilla, Sandra Penske, Jürgen Richter, Harald Ringbauer, Maïté Rivollat, Merle Scheunchen, Gunter Schöbel, Lisa Schunk, Ralf Schwarz, Andreas Stahl, Thomas Terberger, Fred Timm, Thorsten Uthmeier und Christian-Heinrich Wunderlich.

Juraj Lipták hat viele Aspekte rund um das Grab wunderbar fotografisch in Szene gesetzt. Peter Palm verdanken wir die gut verständliche und informative Überblickskarte sowie die zeitliche Orientierung über die prähistorischen Epochen. Anna Swieder war eine große Hilfe bei der Datenaufbereitung für die Karte. Anne Gottstein, Birte Janzen und Brigitte Parsche übernahmen die professionelle grafische Gestaltung rund um die Funde aus dem Grab.

Am Landesamt für Denkmalpflege und Archäologie Sachsen-Anhalt sind wir folgenden Personen zu Dank verpflichtet: Alfred Reichenberger hat uns in allen Fragen der Öffentlichkeitsarbeit stets kompetent beraten, Bettina Stoll-Tucker möchten wir für die Bildbereitstellung danken. Auch Jan-Heinrich Bunnefeld, Konstanze Geppert, Susanne Kimmig-Völkner, Johanna Schwehn, Claudia Wollmann und Rolf Vieweg halfen uns immer wieder.

Bedanken möchten wir uns einmal mehr bei unseren Agenten Max Brockman, Russell Weinberger und Michael Healey, die dieses Projekt mit bewährter Professionalität begleitet haben.

Im Rowohlt Verlag haben Nicola Bartels und Moritz Schuller das Buch von Anfang an mit großem Interesse und Engagement unterstützt. Antje Röttgers hat mit bewundernswerter Gelassenheit und Professionalität das Buch lektoriert und alle Abläufe bestens gemanagt, obwohl die Schamanin mit ihren ständigen Überraschungen so manche Deadline pulverisierte. Katrin Finkemeier und Ingrid König sorgten mit großem Einsatz für den höchst gelungenen optischen Auftritt. Zu Dank sind wir auch Nora Gottschalk, Simon Hamann, Edgar Illert, Tessa Martin, Coco Meurer, Christian Möller und Imke Schuster verpflichtet.

Tief in der Schuld stehen wir wie eh und je bei Emilia und Franziska, Katharina, Anna und Nikolai. Ohne ihre ständige Unterstützung und Inspiration hätte sich dieses Buch nicht realisieren lassen.

Möge die Macht der Schamanin mit euch sein!

LITERATUR

Um die Lesefreundlichkeit zu erhöhen, haben wir auf Fußnoten verzichtet. Dafür listen wir hier für jedes Kapitel die verwendete Literatur auf. Auf Doppelnennungen haben wir verzichtet. Weite Passagen des Buchs beruhen zudem auf persönlichen Gesprächen mit den beteiligten Wissenschaftlern sowie eigenen Forschungen, Akten und Unterlagen des Landesamtes für Denkmalpflege und Archäologie Sachsen-Anhalt in Halle an der Saale. Diese Dokumente werden hier nicht aufgeführt.

Based on a True Story

A. Camus, Der Mythos des Sisyphos: Ein Versuch über das Absurde (Reinbek bei Hamburg 2011).

C. W. Ceram, Götter, Gräber und Gelehrte: Roman der Archäologie (Reinbek bei Hamburg 2011).

T. Fischermann / D. Huteni, Der Sohn des Schamanen: Die letzten Zauberer am Amazonas kämpfen um das magische Erbe ihrer Welt (München 2021).

A. van Gennep, De l'emploi du mot chamanisme. Revue de L'Histoire des Religions 47, 1903, S. 50–57.

H. Meller / K. Michel, Die Himmelsscheibe von Nebra: Schlüssel zu einer untergegangenen Kultur im Herzen Europas (Berlin 2018).

H. Meller / K. Michel, Griff nach den Sternen: Nebra, Stonehenge, Babylon: Reise ins Universum der Himmelsscheibe (Berlin 2021).

C. van Schaik / K. Michel, Das Tagebuch der Menschheit: Was die Bibel über unsere Evolution verrät (Reinbek bei Hamburg 2016).

C. van Schaik / K. Michel, Die Wahrheit über Eva: Die Erfindung der Ungleichheit von Frauen und Männern (Hamburg 2020).

1 Erster Verdacht

M. Eliade, Schamanismus und archaische Ekstasetechnik (Frankfurt / M. 1975).

J. M. Grünberg, Mesolithische Bestattungen in Europa: Ein Beitrag zur vergleichenden Gräberkunde. 2 Bde. (Rahden / Westf. 2000).

J. M. Grünberg, Die enthauptete «Schamanin». In: H. Meller (Hg.), Schönheit, Macht und Tod: 120 Funde aus 120 Jahren Landesmuseum für Vorgeschichte Halle (Halle / S. 2001).

J. M. Grünberg, Die mesolithischen Bestattungen in Mitteldeutschland. In: H. Meller (Hg.), Paläolithikum und Mesolithikum. Katalog zur Dauerausstellung im Landesmuseum für Vorgeschichte Halle 1 (Halle / S. 2004), S. 275–290.

R. Hutton, Shamans: Siberian Spirituality and the Western Imagination (New York 2001).

J. Orschiedt, Manipulationen an menschlichen Skelettresten: Taphonomische Prozesse, Sekundärbestattungen oder Kannibalismus? (Tübingen 1999).

M. Makarenko, The Mariupol Burial Place (Kiew 1933).

H. N. Michael (Hg.), Studies in Siberian Shamanism (Toronto 1963).

M. Porr, Grenzgängerin. Die Befunde des mesolithischen Grabes von Bad Dürrenberg. In: H. Meller, Paläolithikum und Mesolithikum. Kataloge zur Dauerausstellung im Landesmuseum für Vorgeschichte Halle 1 (Halle / S. 2004), S. 291–300.

M. Porr / K. W. Alt, The Burial of Bad Dürrenberg, Central Germany: Osteopathology and Osteoarchaeology of a Late Mesolithic shaman's grave. In: International Journal of Osteoarchaeology 16, 5, 2006, S. 395–406.

K. J. Solov'eva, Die Schamanenzeremonie – Kamlanie. In: E. Kasten (Hg.), Schamanen Sibiriens: Magier – Mittler – Heiler (Stuttgart 2009), S. 82–95.

2 Weiblicher Ötzi?

B. Bramanti u. a., Genetic discontinuity between local hunter-gatherers and Central Europe's first farmers. In: Science 326, 5949, 2009, S. 137–140.

M. Rivollat u. a., Ancient genome-wide DNA from France highlights the complexity of interactions between Mesolithic hunter-gatherers and Neolithic farmers. Science Advance 6, 22, 2020, eaaz5344.

3 Besuch bei einer alten Dame

J. M. Grünberg, Rot in paläolithischen und mesolithischen Bestattungen. In: H. Meller / C.-H. Wunderlich / F. Knoll (Hg.), Rot: Die Archäologie bekennt Farbe (Halle / S. 2013), S. 121–134.

J. M. Grünberg, Animals in Mesolithic burials in Europe. Anthropozoologica 48,2, 2013, S. 231–253.

J. M. Grünberg, The Mesolithic burials of the Middle Elbe-Saale region. In: J. M. Grünberg u. a. (Hg.), Mesolithic burials: Rites, symbols and social organisation of early postglacial communities (Halle / S. 2016), S. 257–290.

J. M. Grünberg / B. Gramsch / L. Larsson / J. Orschiedt / H. Meller (Hg.), Mesolithic burials: Rites, symbols and social organisation of early postglacial communities (Halle / S. 2016).

M. Teichert / L. Teichert, Tierknochenfunde aus dem spätmesolithisch / frühneolithischen Rötelgrab bei Bad Dürrenberg, Kr. Merseburg. In: J. Herrmann (Hg.), Archäologie als Geschichtswissenschaft: Studien und Untersuchungen (Berlin 1977), S. 521–525.

C. H. Wunderlich, Scharlach, Rötel und anderer Zinnober. Zur Kulturgeschichte roter Farbmittel. In: H. Meller / C.-H. Wunderlich / F. Knoll (Hg.), Rot: Die Archäologie bekennt Farbe (Halle / S. 2013), S. 13–32.

4 Willkommen im Wunderland

A. Barnard, Defining Hunter-Gatherers: Enlightment, Romantic, and Social Evolutionary Perspectives. In: V. Cummings / P. Jordan / M. Zvelebil (Hg.), The Oxford Handbook of the Archaeology and Anthropology of Hunter-Gatherers (Oxford 2014), S. 43–54.

L. Carroll, Alice im Wunderland (Frankfurt / M. 1998).

E. Hobsbawm / T. Ranger, The Invention of Tradition (Cambridge 1992).

T. Hobbes, Leviathan oder Stoff, Form und Gewalt eines kirchlichen und bürgerlichen Staates (Frankfurt / M. 1984).

D. Graeber / D. Wengrow, Anfänge: Eine neue Geschichte der Menschheit (Stuttgart 2021).

M. Porr / J. M. Matthews. Interrogating Human Origins: Decolonisation and the Deep Human Past (London 2020).

5 Arierwahn

G. Aly / S. Heim, Vordenker der Vernichtung: Auschwitz und die deutschen Pläne für eine neue europäische Ordnung (Frankfurt / M. 2013).

J. Andree, Der eiszeitliche Mensch in Deutschland und seine Kulturen (Stuttgart 1939).

J. Andree / F.-K. Bicker, Bodenständige Kulturentwicklung in Mitteldeutschland von der Altsteinzeit bis zur Indogermanenzeit. In: Mannus. Zeitschrift für Deutsche Vorgeschichte 28, 4, 1936, S. 407–422.

F.-K. Bicker, Mesolithisch-Neolithische Kulturverbindungen in Mitteldeutschland? In: Mannus. Zeitschrift für Vorgeschichte 25, 3, 1933, S. 249–268.

F.-K. Bicker, Dünenmesolithikum aus dem Fiener Bruch (Halle / S. 1934).

F.-K. Bicker, Ein bedeutungsvoller Grabfund in Bad Dürrenberg (Kreis Merseburg). In: Mitteldeutsche Volkheit 2, 1935, S. 44–45.

F.-K. Bicker, Ein schnurkeramisches Rötelgrab mit Mikrolithen und Schildkröte in Dürrenberg, Kr. Merseburg. In: Jahresschrift für die Vorgeschichte der sächsisch-thüringischen Länder 24, 1936, S. 59–81.

F.-K. Bicker, Vorläufer der Nordischen Rasse im Unstruttal bei Bottendorf Kr. Querfurt. In: Nachrichtenblatt für Deutsche Vorzeit 16, 1940, S. 236–237.

F.-K. Bicker, Die Bedeutung der Mittleren Steinzeit im nördlichen Mitteldeutschland für die Indogermanenfrage. In: Zeitschrift für vergleichende Sprachforschung auf dem Gebiete der Indogermanischen Sprachen 64, 1. / 2., 1937, S. 24–41.

F.-K. Bicker / G. Heberer, Mitteldeutschland, die Nordische Steinzeit und die Indogermanenfrage. Der mittelsteinzeitliche Mensch von Bottendorf an der Unstrut und seine Kultur (Halle / S. unpubl. Manuskript, ca. 1942 / 44).

R. Bollmus / H. Mommsen, Das Amt Rosenberg und seine Gegner: Studien zum Machtkampf im nationalsozialistischen Herrschaftssystem (Berlin 2009).

H. Eberle, Die Martin-Luther-Universität in der Zeit des Nationalsozialismus 1933–1945 (Halle 2002).

M. S. Fischer / U. Hoßfeld / J. Krause / S. Richter, Jenaer Erklärung: Das Konzept der Rasse ist das Ergebnis von Rassismus und nicht dessen Voraussetzung (Jena 2019), https://www.uni-jena.de/190910-jenaererklaerung.

S. Geringer u. a. (Hg.), Graben für Germanien: Archäologie unterm Hakenkreuz (Stuttgart 2013).

N. Goodrick-Clarke, Die okkulten Wurzeln des Nationalsozialismus (Graz 2000).
H. Grünert, Gustav Kossinna – ein Wegbereiter der nationalsozialistischen Ideologie. In: A. Leube (Hg.), Prähistorie und Nationalsozialismus: Die mittel- und osteuropäische Ur- und Frühgeschichtsforschung in den Jahren 1933–1945 (Heidelberg 2002), S. 307–320.
H. Hahne, Die Landesanstalt für Vorgeschichte zu Halle als Stätte der Forschung, Lehre und Erziehung (Halle/S. 1934).
H. Hahne, Das vorgeschichtliche Europa: Kulturen, Völker und Rassen (Bielefeld 1935).
U. Halle, «Die Externsteine sind bis auf weiteres germanisch!»: Prähistorische Archäologie im Dritten Reich (Bielefeld 2002).
U. Halle, Die Externsteine: Symbol germanophiler Interpretation. In: A. Leube (Hg.), Prähistorie und Nationalsozialismus: Die mittel- und osteuropäische Ur- und Frühgeschichtsforschung in den Jahren 1933–1945 (Heidelberg 2002), S. 235–254.
G. Heberer, Der jungsteinzeitliche Schädel von Dürrenberg. In: Jahreschrift für die Vorgeschichte der sächsisch-thüringischen Länder 24, 1936, S. 82–90.
G. Heberer, Beiträge zur Rassengeschichte Mitteldeutschlands: Die mitteldeutschen Schnurkeramiker. Veröffentlichungen der Landesanstalt für Volkheitskunde zu Halle 10 (Halle/S. 1938).
G. Heberer, Die jüngere Stammesgeschichte des Menschen. In: G. Just (Hg.), Handbuch der Erbbiologie des Menschen, Bd. 1: Die Grundlagen der Erbbiologie des Menschen (Berlin 1940), S. 584–644.
G. Heberer, Eine Rekonstruktion des mittelsteinzeitlichen Schädels von Bottendorf an der Unstrut. In: Nachrichtenblatt für Deutsche Vorzeit 18, 1–2, 1942, S. 8–9.
G. Heberer, Der mittelsteinzeitliche Fund von Bottendorf und seine rassengeschichtliche Bedeutung. In: Die Umschau 47, 5, 1943, S. 65–69.
G. Heberer/F.-K. Bicker, Der mesolithische Fund von Bottendorf a. d. Unstrut. In: Anthropologischer Anzeiger 17,3–4, 1940 (1941), S. 266–272.
G. Heberer, Rassengeschichtliche Forschungen im indogermanischen Urheimatgebiet (Jena 1943).
G. Heberer (Hg.), Die Evolution der Organismen: Ergebnisse und Probleme der Abstammungslehre (Jena 1943).
F. Helzel, Ein König, ein Reichsführer und der Wilde Osten: Heinrich I. (919–936) in der nationalen Selbstwahrnehmung der Deutschen (Bielefeld 2004).
U. Hoßfeld, Gerhard Heberer (1901–1973): Sein Beitrag zur Biologie im 20. Jahrhundert (Berlin 1997).
U. Hoßfeld, Geschichte der biologischen Anthropologie in Deutschland. Von den Anfängen bis in die Nachkriegszeit (Stuttgart 2016).
M. H. Kater, Das «Ahnenerbe» der SS 1933–1945: Ein Beitrag zur Kulturpolitik des Dritten Reiches (München 2006).
G. Kurth, Evolution und Hominisation: Festschrift zum 60. Geburtstag von Gerhard Heberer (Stuttgart 1962).
A. Leube (Hg.), Prähistorie und Nationalsozialismus: Die mittel- und osteuropäische Ur- und Frühgeschichtsforschung in den Jahren 1933–1945 (Heidelberg 2002).
P. Longerich, Heinrich Himmler: Biographie (München 2010).
D. Mahsarski/G. Schöbel, Von Gustaf Kossinna zur NS-Archäologie. In: S. Geringer u. a.

(Hg.), Graben für Germanien: Archäologie unterm Hakenkreuz (Stuttgart 2013), S. 31–37.
W. Pape, Zur Entwicklung des Faches Ur- und Frühgeschichte in Deutschland bis 1945. In: A. Leube (Hg.), Prähistorie und Nationalsozialismus: Die mittel- und osteuropäische Ur- und Frühgeschichtsforschung in den Jahren 1933–1945 (Heidelberg 2002), S. 163–226.
E. Schallmayer (Hg.), Archäologie und Politik: Archäologische Ausgrabungen der 30er und 40er Jahre des 20. Jahrhunderts im zeitgeschichtlichen Kontext (Wiesbaden 2011).
J. Schneider, Geschichte des Museums 1912 bis 1945. In: Jahresschrift für mitteldeutsche Vorgeschichte 67, 1984, S. 87–115.
G. Schöbel, Hans Reinerth: Forscher – NS-Funktionär – Museumsleiter. In: A. Leube (Hg.), Prähistorie und Nationalsozialismus: Die mittel- und osteuropäische Ur- und Frühgeschichtsforschung in den Jahren 1933–1945 (Heidelberg 2002), S. 321–396.
G. Schöbel, Die Einflussnahme des «Amtes Rosenbergs» auf die Rheinprovinz. In: J. Kunow u. a. (Hg.), Archäologie und Bodendenkmalpflege in der Rheinprovinz 1920–1945 (Bonn 2013), S. 47–66.
A. Stahl, Heinrichskult und Ahnenerbe: Instrumentalisierte Grabungen zur NS-Zeit in Quedlinburg und Memleben 1936/37. In: Memlebener Hefte 2, 2020, S. 126–186.
R. Weikart, The Role of Darwinism in Nazi Racial Thought. In: German Studies Review 36. 3, 2013, S. 537–556.
P. Weingart/J. Kroll/K. Bayerzt, Rasse, Blut und Gene: Geschichte der Eugenik und Rassenhygiene in Deutschland (Frankfurt 1992).
I. Wiwjorra, «Ex oriente lux» – «Ex septentrione lux». Über den Widerstreit zweier Identitätsmythen. In: A. Leube (Hg.), Prähistorie und Nationalsozialismus: Die mittel- und osteuropäische Ur- und Frühgeschichtsforschung in den Jahren 1933–1945 (Heidelberg 2002), S. 107–146.
I. Ziehe, Hans Hahne (1875–1935), sein Leben und Wirken: Biographie eines völkischen Wissenschaftlers (Halle 1996).

6 Lourdes der Steinzeit?

U. Fischer, Die Gräber der Steinzeit im Saalegebiet: Studien über neolithische und frühbronzezeitliche Grab- und Bestattungssitten in Sachsen-Thüringen (Berlin 1956).
F. Geschwindt, Der vor- und frühgeschichtliche Mensch und die Heilquellen (Hildesheim 1972).
V. Geupel, Das Rötelgrab von Bad Dürrenberg, Kr. Merseburg. In: J. Herrmann (Hg.), Archäologie als Geschichtswissenschaft: Studien und Untersuchungen (Berlin 1977), S. 101–110.
V. Geupel, Zum Verhältnis Spätmesolithikum – Frühneolithikum im mittleren Elbe-Saale-Gebiet. In: B. Gramsch (Hg.), Mesolithikum in Europa (Berlin 1981), S. 105–112.
H. Grimm, Neue Gesichtspunkte zur Beurteilung des Rötelgrabes von Dürrenberg. In: Ausgrabungen und Funde 2, 2, 1957, S. 54–55.
K.-H. Otto, Führer durch die Schausammlung des Landesmuseums für Vorgeschichte. Erläuterungen zu den vor- und frühgeschichtlichen Funden aus Mitteldeutschland (Halle/S. 1948).

8 Die Erfindung der Schamanen

T. Ahlbäck (Hg.), Sami religion (Uppsala 1987).

S. T. Asma, Monster, Mörder und Mutanten: Eine Geschichte unserer schönsten Alpträume (Berlin 2011).

A. Brand, Beschreibung der chinesischen Reise (Hamburg 1698).

C. Dell, Monster: Dämonen, Drachen & Vampire. Ein Bestiarium (Wien 2010).

E. Devlet, Rock art and the material culture of Siberian and Central Asian shamanism. In: N. S. Price (Hg.), The Archaeology of Shamanism (New York 2001), S. 43–55.

H. Durchhardt (Hg.), Russland, der Ferne Osten und die «Deutschen» (Göttingen 2009).

T. A. DuBois, An Introduction to Shamanism (Cambridge 2009).

G. Flaherty, Shamanism and the Eighteenth Century (Princeton NJ 1992).

R. N. Hamayon, Die Geweihkrone der sibirischen Schamanen: Eine neue Sicht auf ein wenig beachtetes Objekt und seine bisherige Interpretation. In: E. Kasten (Hg.). Schamanen Sibiriens: Magier – Mittler – Heiler (Stuttgart 2009), S. 70–81.

R. Hamayon, Shamanism and the hunters of the Siberian forest: soul, life force, spirit. In: G. Harvey (Hg.), The Handbook of Contemporary Animism (Durham 2013), S. 284–293.

J. Happel, Unter Ungeziefer und «Wilden»: Sibirien-Reisende im 18. Jahrhundert. In: Jahrbücher für Geschichte Osteuropas 61, 1, 2013, S. 1–25.

Å. Hultkrantz / M. Ripinsky-Naxon / C. Lindberg, Das Buch der Schamanen: Nord- und Südamerika (München 2002).

M. Hundt (Hg.), Beschreibung der dreijährigen chinesischen Reise: Die russische Gesandtschaft von Moskau nach Peking 1692 bis 1695 in den Darstellungen von Eberhard Isbrand Ides und Adam Brand (Stuttgart 1999).

E. I. Ides, Moscowitischen Reise-Beschreibung zu Lande nach China, in den 1693/94 und 95sten Jahren von dem Moscowitischen Abgesandten Hr. Isbrand gehalten. In: C. Mentzel, Kurtze Chinesische Chronologia oder Zeit-Register Aller Chinesischen Kaeyser Von ihrem also vermeinten Anfang der Welt bis hieher zu unsern Zeiten des nach Christi unsers Seligmachers Gebuhrt 1696ten Jahres (Berlin 1696), o. S.

E. Kasten (Hg.), Schamanen Sibiriens: Magier – Mittler – Heiler (Stuttgart 2009).

E. Kasten (Hg.), Schamanen Sibiriens und ihr Vermächtnis (Fürstenberg / Havel 2021).

M. Kizilov, Noord en Oost Tartarye by Nicolaes Witsen: The First Chrestomathy on the Crimean Khanate and its Sources. In: D. Klein (Hg.), The Crimean Khanate between East and West (15th–18th Century) (Wiesbaden 2012), S. 169–187.

W. B. Lincoln, The Conquest of a Continent. Siberia and the Russians (Ithaca / London 2007).

K. E. Müller, Schamanismus: Heiler – Geister – Rituale (München 2011).

N. S. Price (Hg.), The Archaeology of Shamanism (New York 2001).

N. S. Price, Shamanism. In: T. Insoll (Hg.), The Oxford Handbook of the Archaeology of Ritual and Religion (Oxford 2011), S. 983–1003.

A. Reymann, ‹Schamane› oder nicht ‹Schamane›? Zur Problematik der Nutzung eines ethnologischen Terminus bei der Analyse vorgeschichtlicher Bestattungen. In: N. Müller-Scheeßel, ‹Irreguläre› Bestattungen in der Urgeschichte: Norm, Ritual, Strafe …? (Frankfurt / M. 2013), S. 65–74.

A. Reymann, Das religions-ethnologische Konzept des Schamanen in der prähistorischen Archäologie (Bonn 2015).
A. Reymann / R. Krause, Der Schamane – der Bär – das Museum. Zur Inszenierung von ethnoarchäologischen Themen im musealen Raum. In: P. Fasold u. a. (Hg.), Forschungen in Franconofurd (Frankfurt / M. 2017), S. 267–278.
E. W. Said, Orientalismus (Frankfurt / M. 2009).
A. E. Stolz, Schamanen. Ekstase und Jenseitssymbolik (Köln 1991).
K. v. Stuckrad, Schamanismus und Esoterik: Kultur- und wissenschaftsgeschichtliche Betrachtungen (Leuven 2003).
W.-D. Storl, Schamanentum: Die Wurzeln unserer Spiritualität (Bielefeld 2010).
D. Torri / S. Roche (Hg), The Shamaness in Asia: Gender, Religions and the State (London 2021).
M. Uhlig, Schamanische Sinnentwürfe? Empirische Annäherungen an eine alternative Kulturtechnik in der Eifel der Gegenwart (Münster 2016).
P. Vitebsky, Piers. Schamanismus: Reisen der Seele, magische Kräfte, Ekstase und Heilung (München 1998).
E. Wamers (Hg.), Bärenkult und Schamanenzauber: Rituale früher Jäger (Frankfurt / M. 2015).
N. Witsen, Noord en Oost Tartarye (Amsterdam, 1. Auflage 1692; 2. Auflage 1705).
A. A. Znamenski, Shamanism in Siberia: Russian Records of Indigenous Spirituality (Dordrecht 2003).
A. A. Znamenski. The Beauty of the Primitive: Shamanism and the Western Imagination (Oxford 2007).
A. A. Znamenski, Jenseits von Sibirien: Schamanismus in der Wissenschaft und in zeitgenössischen Bewegungen des Westens. In: E. Kasten (Hg.), Schamanen Sibiriens: Magier – Mittler – Heiler (Stuttgart 2009), S. 172–187.

9 Decodiert

A. Childebayeva u. a., Population Genetics and Signatures of Selection in Early Neolithic European Farmers. In: Molecular Biology and Evolution 39, 6, 2022, msac108.
J. Krause / T. Trappe, Die Reise unserer Gene: Eine Geschichte über uns und unsere Vorfahren (Berlin 2019).
J. Krause / T. Trappe, Hybris: Die Reise der Menschheit zwischen Aufbruch und Scheitern (Berlin 2021).

10 Ekstase in psychedelischen Zeiten

L. Aldred, Plastic Shamans and Astroturf Sun Dances: New Age Commercialization of Native American Spirituality. In: American Indian Quarterly 24, 3 (2000), S. 329–352.
A. Beck Kehoe, Shamans and Religion: An Anthropological Exploration in Critical Thinking (Illinois 2000).
J. Blain, Neo-Shamanism: Pagan and Neo-Shamanic Interactions with Archaelolgy. In: T. Insoll (Hg.), The Oxford Handbook of the Archaeology of Ritual and Religion (Oxford 2011), S. 1017–1031.

C. Castaneda, Die Lehren des Don Juan: Ein Yaqui-Weg des Wissens (Frankfurt / M. 1988).
V. Charitonova, Die Wiederbelebung des Schamanismus in Russland. In: E. Kasten (Hg.), Schamanen Sibiriens: Magier – Mittler – Heiler (Stuttgart 2009), S. 188 – 199.
M. Eliade, Das Heilige und das Profane (Hamburg 1957).
B. Feinberg, The Devil's Book of Culture: History, Mushrooms, and Caves in Southern Mexico (Austin 2003).
M. Harner, Der Weg des Schamanen: Das praktische Grundlagenwerk des Schamanismus (München 2013).
M. Harner, Die Wirklichkeit des Schamanen: Ein Wegweiser in verborgene Welten und Bewusstseinsräume (München 2016).
G. Hobson, The Rise of the White Shaman as a New Version of Cultural Imperialism. In: G. Hobson (Hg.), The Remembered Earth (Albuquerque NM 1978), S. 100 – 108.
A. Huxley, Die Pforten der Wahrnehmung. Himmel und Hölle: Erfahrungen mit Drogen (München / Zürich 1970).
W. James, Die Vielfalt religiöser Erfahrung: Eine Studie über die menschliche Natur (Frankfurt / M. 2014).
S. Kinzer, Poisoner in Chief: Sidney Gottlieb and the CIA Search for Mind Control (New York 2020).
N. Nauwald / F. D. Goodman, Ecstatic Trance: Ritual Body Postures – The Workbook (o. O. 2021).
M. Pollan, Verändere dein Bewusstsein: Die neuesten Erkenntnisse der klinischen Erforschung von Psychedelika zu Angst, Depression, Sucht und Transzendenz (München 2022).
K. Riedl, Künstlerschamanen: Zur Aneignung des Schamanenkonzepts bei Jim Morrison und Joseph Beuys (Bielefeld 2014).
G. Wasson, Seeking the Magic Mushroom. In: Life 42, 19, 1957, S. 100 – 120.
V. P. Wasson, I Ate the Sacred Mushrooms. In: This Week Magazine 17. Mai 1957, S. 8 – 12.

11 Fahndungsliste

C. Humphrey / U. Onon, Shamans and Elders: Experience, Knowledge and Power Among the Daur Mongols (Oxford 1996).
A. Lommel, Schamanen und Medizinmänner – Magie und Mystik früher Kulturen (München 1980).
J. D. Lewis-Williams, The Mind in the Cave. Consciousness and the Origins of Art (London 2002).
J. D. Lewis-Williams / T. A. Dowson, Through the veil: San rock paintings and the rock face. In: South African Archaeological Bulletin 45, 1990, S. 5 – 16.
J. Penelope, 6 Reasons to Stop Using the Word «Shaman» (2019), https://www.patheos.com/blogs/thewanderingwitch/2019/03/6-reasons-you-should-stop-using-the-word-shaman.
B. Tedlock, The Woman in the Shaman's Body: Reclaiming the Feminine in Religion and Medicine (New York 2005).
L. Vajda, Zur phaseologischen Stellung des Schamanismus. In: C. A. Schmitz (Hg.), Religionsethnologie (Frankfurt 1964), S. 145 – 171.

12 Hirsch – Zahn – Kind

K. W. Alt / S. Pichler, Artificial Modifications of Human Teeth, In: K. W. Alt, F. W. Rösing / M. Teschler-Nicola (Hg.), Dental Anthropology, Fundamentals, limits and prospects (Wien / New York 1998), S. 387–415.

J. C. Berbesque u. a., Sex Differences in Hadza Dental Wear Patterns: A Preliminary Report. In: Human Nature 23, 2012, S. 270–282.

J. G. D. Clark, Excavations at Star Carr: An Early Mesolithic Site at Seamer near Scarborough, Yorkshire (Cambridge 1954).

R. Crane / J. Watson / R. Haas, The effects of aberrant tooth on occlusal relationships. In: C. Schmidt / J. Watson, Dental Wear in Evolutionary and Biocultural Contexts (London 2020), S. 99–121.

E. David u. a., A Symbolic Use of Antler in Growth, to Face Neolithization. In: S. Vitezović (Hg.), Close to the bone: Current studies in bone technologies (Belgrad 2016), S. 112–120.

E. Dutkiewicz / M. Wild, Die «Hirschmaske von Berlin-Biesdorf». In: Acta Praehistorica et Archaeologica 53, 2001, S. 7–25.

B. Elliott u. a., Understanding the bone and antler assemblages from Star Carr. In: D. Groß u. a. (Hg.), Working at the Sharp End: From Bone and Antler to Early Mesolithic Life in Northern Europe (Kiel, Hamburg 2019), S. 419–432.

L. Giemsch, Hirsch, Ren und Elch. Die Verehrung der Geweihträger bei frühen Jägern. In: E. Wamers (Hg.), Bärenkult und Schamanenzauber: Rituale früher Jäger (Frankfurt 2015), S. 85–100.

A. Little u. a., Technological Analysis of the World's Earliest Shamanic Costume: A Multi-Scalar, Experimental Study of a Red Deer Headdress from the Early Holocene Site of Star Carr, North Yorkshire, UK. In: PLoS ONE 11, 4, 2016, e0152136.

H. Meller / R. Maraszek (Hg.), Masken der Vorzeit in Europa (I) (Halle / S. 2010).

H. Meller / R. Maraszek (Hg.), Masken der Vorzeit in Europa (II) (Halle / S. 2012).

N. Mykhailova, The cult of the deer and «shamans» in deer hunting society. In: Archäologia Baltica 7, 2005, S. 187–198.

N. Mykhailova, Shaman – Hunter – Deer. In: Adoranten 2016, S. 84–98.

N. Mykhailova, «Shaman» burials in Prehistoric Europe: gendered images? In: J. K. Koch / W. Kirleis (Hg.), Gender Transformations in Prehistoric and Archaic Societies (Leiden 2019), S. 341–362.

N. Mykhailova / A. P. Garfinkel, Horned Hunter: Shaman, Ancestor and Deity. In: Origin of Language and Culture: Ancient History of Mankind 5, 1, 2018, S. 5–26.

M. Street, Jäger und Schamanen: Bedburg-Königshoven – ein Wohnplatz am Niederrhein vor 10 000 Jahren (Mainz 1989).

M. Street / M. Wild, Schamanen vor 11 000 Jahren? Die «Geweihmasken» von Bedburg-Königshoven. In: L. Giemsch / M. Hegewisch, Eiszeitjäger: Leben im Paradies – Europa vor 15 000 Jahren (Mainz 2014), S. 274–287.

J. Watson / R. Haas, Dental evidence for wild tuber processing among Titicaca Basin foragers 7000 ybp. In: American Journal of Physical Anthropology 164, 1, 2017, S. 117–130.

Weyrich, L., Duchene, S., Soubrier, J. et al. Neanderthal behaviour, diet, and disease inferred from ancient DNA in dental calculus. In: Nature 544, 2017, S. 357–361.

M. Wild, An evaluation of the antler headdress evidence from Hohen Viecheln. In:

D. Groß u. a. (Hg.), Working at the Sharp End: From Bone and Antler to Early Mesolithic Life in Northern Europe (Kiel / Hamburg 2019), S. 163 – 177.

M. Wild, Shamans in the Mesolithic? Re-analysis of antler headdresses from the North European Plain. In: D. Borić / D. Antonović / B. Mihailović (Hg.), Foraging Assemblages 2 (Belgrad, New York 2021), S. 678 – 684.

M. Wild, Hirschgeweihkappen. Tier-Mensch-Beziehungen in der frühen Mittelsteinzeit (ab ca. 9600 v. Chr.). In: F. Klimscha / L. Wiggering (Hg.), Die Erfindung der Götter: Steinzeit im Norden (Hannover 2022), S. 46 – 49.

M. Wild / B. Gehlen / M. Street, Antler Headdresses. Implications from a many-faceted study of an earliest Mesolithic phenomenon. In: Quartär 67, 2020, S. 205 – 223.

A. Zander, European Mesolithic sites with antler Headdresses: A brief overview. In: S. Gaudzinski-Windheuser / O. Jöris (Hg.), The Beef behind all Possible Pasts (Mainz 2021), S. 689 – 703.

13 Fantastische Zeiten

M. Baales / T. Terberger (Hg.), Welt im Wandel: Leben am Ende der letzten Eiszeit (Darmstadt 2016).

G. Bailey, Mesolithic Europe: Overview and New Problems. In: G. Bailey / J. Spikins (Hg.), Mesolithic Europe (Cambridge 2008), S. 361 – 375.

G. Bailey / J. Spikins (Hg.), Mesolithic Europe (Cambridge 2008).

C. Bonsall, The Mesolithic of the Iron Gates. In: G. Bailey / J. Spikins (Hg.), Mesolithic Europe (Cambridge 2008), S. 238 – 279.

N. J. Conrad / S. Rau, Eiszeit: Kunst und Kultur (Ostfildern 2009).

V. Cummings, Hunter-Gatherers in the post-glacial world. In: V. Cummings / P. Jordan / M. Zvelebil (Hg.), The Oxford Handbook of the Archaeology and Anthropology of Hunter-Gatherers (Oxford 2014), S. 437 – 455.

C. Cupillard u. a., Changes in ecosystems, climate and societies in the Jura Mountains between 40 and 8 ka cal BP. In: Quaternary International 378, 2015, S. 40 – 72.

E. Cziesla, Jäger und Sammler: Die Mittlere Steinzeit im Landkreis Pirmasens (Aichwald 1992).

E. Cziesla, The Late Palaeolithic and Earliest Mesolithic in Berlin-Brandenburg: State of research 2020. In: S. Gaudzinski-Windheuser / O. Jöris (Hg.), The Beef behind all Possible Pasts (Mainz 2021), S. 657 – 670.

B. Gramsch, Friesack: Letzte Jäger und Sammler in Brandenburg. In: Jahrbuch des Römisch-Germanischen Zentralmuseums Mainz 47,1, 2000, S. 51 – 96.

B. Gramsch, Mesolithische Knochenartefakte von Friesack, Fundplatz 4, Lkr. Havelland. In: Veröffentlichungen zur brandenburgischen Landesarchäologie 45, 2011 (2012), S. 7 – 59.

B. Gramsch, Die Artefakte aus Holz und Baumrinde vom mesolithischen Moorfundplatz Friesack 4, Lkr. Havelland. In: Veröffentlichungen zur brandenburgischen Landesarchäologie 47, 2013 (2016), S. 7 – 54.

B. Haggerty / A. Brockbank, Mezolith 1 (Ludwigsburg 2016).

B. Haggerty / A. Brockbank, Mezolith 2 (Ludwigsburg 2016).

M. A. Jochim, The Mesolithic of the Upper Danube and Upper Rhine. In: G. Bailey / J. Spikins (Hg.), Mesolithic Europe (Cambridge 2008), S. 203 – 220.

O. Jöris, The Late Magdalenian of Gönnersdorf and its headless anthropomorphic depictions: On social coherence and the Late Upper Palaeolithic colonization of Central Europe. In: S. Gaudzinski-Windheuser / O. Jöris (Hg.), The Beef behind all Possible Pasts (Mainz 2021), S. 325–368.

M. Küßner, Jüngeres Mesolithikum – Älteres Neolithikum. Zur Neolithisierung im Mittelelbe-Saale-Gebiet (MESG). In: H.-J. Beier / R. Einicke (Hg.), Das Neolithikum im Mittelelbe-Saale-Gebiet und in der Altmark. Eine Übersicht und ein Abriss zum Stand der Forschung (Wilkau-Hasslau 1994), S. 7–25.

T. Litt, Naturraum Mitteldeutschland im Neolithikum. In: H. Meller (Hg.), Früh- und Mittelneolithikum. Kataloge zur Dauerausstellung im Landesmuseum für Vorgeschichte Halle (Halle / S. 2021), S. 119–124.

D. Mania, Nebra: Eine jungpaläolithische Freilandstation im Saale-Unstrut-Gebiet (Halle / S. 1999).

H. Meller / T. Puttkammer, Klimagewalten: Treibende Kraft der Evolution (Halle / S. 2017).

L. D. Minc / K. P. Smith, The spirit of survival: Cultural responses to resource variability in North Alaska. In: P. Halstead / J. O'Shea (Hg.), Bad Year Economics: Cultural Responses to Risk and Uncertainty (Cambridge 1989), S. 8–39.

E. B. Petersen, Diversity of Mesolithic Vedbæk (Oxford 2015).

M. Porr, Stochern im Dunkeln? Anmerkungen zum Schamanismus als Motiv der Interpretation paläolithischer Darstellungen. In: J. M. Burdukiewicz u. a. (Hg.), Erkenntnisjäger, Kultur und Umwelt des frühen Menschen (Halle / S. 2003), S. 457–465.

H. Parzinger, Die Kinder des Prometheus. Eine Geschichte der Menschheit vor der Erfindung der Schrift (München 2014).

J. Richter / T. Uthmeier / A. Maier (Hg.), Der Magdalénien-Fundplatz Bad Kösen-Lengefeld an der Saale: Die Funde aus dem nördlichen und südlichen Siedlungsbereich (Halle / S. 2021).

P. Spikins, Mesolitic Europe: Glimpses of Another World. In: G. Bailey / J. Spikins (Hg.), Mesolithic Europe (Cambridge 2008), S. 1–17.

J. Svoboda, Post-Glacial Transformations. In: V. Cummings / P. Jordan / M. Zvelebil (Hg.), The Oxford Handbook of the Archaeology and Anthropology of Hunter-Gatherers (Oxford 2014), S. 521–536.

T. Uthmeier, Bestens angepasst: Jungpaläolithische Jäger und Sammler in Europa. In: H. Meller / T. Puttkammer, Klimagewalten: Treibende Kraft der Evolution (Halle / S. 2017), S. 283–317.

A. Zander / B. Gehlen / B. Gramsch, Vom frühen Präboreal bis zum Subboreal: Aktuelle Forschungen zum Mesolithikum in Europa (Kerpen-Loogh 2020).

M. Zvelebil, Innovating Gunter-Gatherers: The Mesolithic in the Baltic. In: G. Bailey / J. Spikins (Hg.), Mesolithic Europe (Cambridge 2008), S. 18–59.

14 Und dann spricht der Pilz

D. Garrow / N. Wilkin, The World of Stonehenge (London 2022).

S. Gaudzinsky-Windheuser / O. Jöris (Hg.), Menschliches Verstehen: Die Archäologie der menschlichen Verhaltensevolution (Mainz 2022).

F. Hallgren / E. Fornander, Skulls on stakes and skulls in water. Mesolithic mortuary ri-

tuals at Kanaljorden, Motala, Sweden 7000 BP. In: J. M. Grünberg u. a. (Hg.), Mesolithic burials – Rites, symbols and social organisation of early postglacial communities (Halle / S. 2016), S. 161 – 174.
D. Holst, Hazelnut economy of early Holocene hunter-gatherers: A case study from Mesolithic Duvensee, northern Germany. In: Journal of Archaeological Science 37 (2010), S. 2871 – 2880.
S. M. Hudson u. a., Life before Stonehenge: The hunter-gatherer occupation and environment of Blick Mead revealed by sedaDNA, pollen and spores. In: PLoS ONE 17(4), 2014, e0266789.
P. Karsten, In the Wake of a Woman: Stone Age Pioneering of North-Eastern Scania, Sweden, 10 000 – 5000 BC – the Årup Settlements (Stockholm 2006).
W. Pfeifer, Mittelsteinzeit, ein Leben im Paradies? Ein praktischer Versuch zur Archäologie der letzten Jäger, Fischer und Sammler im Norden Europas (Husum 2019).
R. J. Schulting / M. P. Richards, Dating Women and Becoming Farmers: New Palaeodietary and AMS Dating Evidence from the Breton Mesolithic Cemeteries of Téviec and Hoëdic. In: Journal of Anthropological Archaeology 20, 2001, S. 314 – 344.
T. Terberger u. a., Standing upright to all eternity – The Mesolithic burial site at Groß Fredenwalde, Brandenburg (NE Germany). In: Quartär 62, 2015, S. 133 – 153.
T. Terberger, The Mesolithic «multiple burial» of Gross Fredenwalde revisited. In: S. Gaudzinski-Windheuser / O. Jöris (Hg.), The Beef behind all Possible Pasts (Mainz 2021), S. 671 – 688.

16 Was wir glauben

J. L. Barrett, Why would anyone believe in God? (Walnut Creek CA 2004).
J. L. Barrett, Cognitive Science, Religion, and Theology. From human minds to divine minds (West Conshohocken PA 2011).
J. L. Barrett, Exploring Religion's Basement. The cognitive Science of religion. In: R. D. Paloutzian / C. L. Park (Hg.), Handbook of the Psychology of Religion and Spirituality (New York 2013), S. 234 – 255.
Boyer, P., Und Mensch schuf Gott (Stuttgart 2004).
V. Cummings / P. Jordan / M. Zvelebil (Hg.), The Oxford Handbook of the Archaeology and Anthropology of Hunter-Gatherers (Oxford 2014).
S. Guthrie, Faces in the Clouds: A New Theory of Religion (New York 1993).
G. Harvey, Indigenous Religions (London 2019).
J. Henrich, The Secret of our Success. How Culture Is Driving Human Evolution, Domesticating Our Species, and Making Us Smarter (Princeton MA 2016).
K. Hock, Einführung in die Religionswissenschaft (Darmstadt 2014).
T. Insoll (Hg.), The Oxford Handbook of the Archaeology of Ritual and Religion (Oxford 2011).
H. C. Peoples / P. Duda / F. W. Marlowe, Hunter-Gatherers and the Origins of Religion. In: Human Nature 27, 2016, S. 261 – 282.
P. Pettitt, Religion and Ritual in the Lower and Middle Palaeolithic. In: T. Insoll (Hg.), The Oxford Handbook of the Archaeology of Ritual and Religion (Oxford 2011), S. 329 – 343.
F. W. J. Schelling, Philosophie der Mythologie. Bd. 1: Einführung in die Philosophie der Mythologie (Darmstadt 1976).

D. S. Whitley, Hunter-gatherer religion and ritual. In: V. Cummings / P. Jordan / M. Zvelebil (Hg.), The Oxford Handbook of the Archaeology and Anthropology of Hunter-Gatherers (Oxford 2014), S. 1221–1242.

C. van Schaik, The Primate Origins of Human Nature (Hoboken NJ. 2016).

C. van Schaik / K. Michel, Wie aus Zorn Liebe wird: Die Evolution Gottes. In: E. Klempt (Hg.), Explodierende Vielfalt (Wiesbaden 2019), S. 201–211.

17 Das Mysterium

B. Boulestin, Les sépultures mésolithiques de Téviec et Hoëdic: Révisions bioarchéologiques (Oxford 2016).

G. F. Kempter, Das Oktogon als architektonische Grundform – Ein Netz von Stauferstelen in Europa. In: G. F. Kempter, Erlebte Architektur: Gedanken und Erinnerungen eines Denkmalpflegers (Herbolzheim 2013), S. 307–315.

A. Little u. a., Stone Dead: Uncovering Early Mesolithic Mortuary Rites, Hermitage, Ireland. In: Cambridge Archaeological Journal 27, 2, 2017, S. 223–243.

P. V. Petersen, Zigzag lines and other protective patterns in Palaeolithic and Mesolithic art. In: Quaternary International 573, 2021, S. 66–74.

18 Menschen und Nichtmenschen

P. Descola, Jenseits von Natur und Kultur (Frankfurt / M. 2011).

G. Harvey (Hg.), The Handbook of Contemporary Animism (Durham 2013).

G. Harvey, Animism: Respecting the Living World (London 2017).

G. Harvey / M. A. Astor-Aguilera, Rethinking Relations and Animism: Personhood and Materiality (London 2018).

T. Insoll, Animism and Totemism. In: T. Insoll (Hg.), The Oxford Handbook of the Archaeology of Ritual and Religion (Oxford 2011), S. 1004–1016.

D. Naveh / N. Bird-David, Animism, conservation and immediacy. In: G. Harvey (Hg.), The Handbook of Contemporary Animism (Durham 2013), S. 27–37.

G. Sprenger / T. Ingold / K. Århem, Animism in Southeast Asia (London 2016).

E. B. Tylor, Die Anfänge der Kultur. Untersuchungen über die Entwicklung der Mythologie, Philosophie, Religion, Kunst und Sitte. 2 Bde. (Leipzig 1873).

R. Willerslev, Hunting animism: Human-animal transformations among the Siberian Yukaghirs. In: G. Harvey (Hg.), The Handbook of Contemporary Animism (Durham 2013), S. 148–158.

19 Das Geheimnis der Trance

J. Henrich, The evolution of costly displays, cooperation and religion: credibility enhancing displays and their implications for cultural evolution. In: Evolution and Human Behavior 30, 2009, S. 244–260.

M. Hove / J. Stelzer, Biological foundations and beneficial effects of trance. In: Behavioral and Brain Sciences 41, 2018, E76.

N. Humphrey / J. Skoyles, The evolutionary psychology of healing: A human success story. In: Current Biology 22, 17, 2012, S. 695–98.

J. D. Lewis-Williams / T. A. Dowson, The Signs of All Times: Entopic Phenomena in Upper Palaeolithic Art. In: Current Anthropology 29, 2, 1988, S. 201–245.
T. McKenna, Food of the Gods: The Search of the Original Tree of Knowledge (New York 1992).
H. Sidky, The Origins of Shamanism, Spirit Beliefs, and Religiosity: A Cognitive Anthropological Perspective (Lanham 2017).
M. Singh, The cultural evolution of shamanism. In: Behavioral and Brain Sciences 41, 2018, E66.
M. Singh / J. Henrich, Why do religious leaders observe costly prohibitions? Examining taboos on Mentawai shamans. In: Evolutionary Human Sciences 2, 2020, e32.
L. Strecker, Halluzinogene Pflanzen und Pilze und ihre Rolle im sibirischen Schamanismus. In: E. Kasten (Hg.), Schamanen Sibiriens: Magier – Mittler – Heiler (Stuttgart 2009), S. 112–113.
M. Williams, Prehistoric belief: Shamans, trance and the afterlife (Stroud 2010).
M. Winkelman, Shamanism: A Biopsychosocial Paradigm of Consciousness and Healing (Santa Barbara CA 2010).
M. Winkelman, Shamanism and the evolutionary origins of spirituality and healing. In: NeuroQuantology 9, 1, 2011, S. 54–71.

20 Es ist ein…

R. Peyroteo-Stjerna u. a., Mummification in the Mesolithic: New Approaches to Old Photo Documentation Reveal Previously Unknown Mortuary Practices in the Sado Valley, Portugal. In: European Journal of Archaeology 25, 3, 2022, S. 309–330.

21 Höhlen, Gräber und Gebeine

P. Bahn, Religion and Ritual in the Upper Palaeolithic. In: T. Insoll (Hg.), The Oxford Handbook of the Archaeology of Ritual and Religion (Oxford 2011), S. 344–357.
P. Bahn, Written in Bones: How Human Remains Unlock the Secrets of the Dead (New York 2012).
J. Clottes / J. D. Lewis-Williams, Schamanen: Trance und Magie in der Höhlenkunst der Steinzeit (Sigmaringen 1997).
N. J. Conard / C.-J. Kind, Als der Mensch die Kunst erfand: Eiszeithöhlen der Schwäbischen Alb (Darmstadt 2017).
M. Dočkalová / V. Vančata, Gravettian Human Remains Brno II: Postcranial Skeleton. In: Anthropologie 42, 2–3, 2005, S. 295–304.
V. Formicola, From the Sunghir Children to the Romito Dwarf. In: Current Anthropology 48, 3, 2007, S. 446–453.
F. Goodman, Body Posture and Religious Altered State of Consciousness: An Experimental Investigation. In: Journal of Humanistic Psychology 26, 1986, S. 81–118.
J. M. Grünberg, «Arm» und «Reich»: Die Ausstattung der Toten in paläolithischen und mesolithischen Gräbern. In: H. Meller u. a. (Hg.), Arm und Reich – Zur Ressourcenverteilung in prähistorischen Gesellschaften (Halle / S. 2016), S. 127–146.
C. Jeunesse, Societies without ancestors? Why are so few graves found in the European

Upper Palaeolithic and Mesolithic? In: Archäologisches Korrespondenzblatt 51, 2021, S. 309–327.
B. Klíma, The first ground-plan of an Upper Paleolithic loess settlement in Middle Europe and its Meaning. In: R. J. Braidwood / G. R. Wiley (Hg.), Courses toward Urban Life (Edinburgh 1963), S. 163–210.
B. Klíma, Dolní Věstonice II. Ein Mammutjägerrastplatz und seine Bestattungen (Lüttich 1995).
N. Kolankaya-Bostanci, The Evidence of Shamanism Rituals in Early Prehistoric Periods of Europe and Anatolia. In: Colloquium Anatolicum XIII, 2014, S. 185–204.
H. Müller-Beck, Masken und Geister der Altsteinzeit. In: H. Meller / R. Maraszek (Hg.), Masken der Vorzeit, Bd. I (Halle / S. 2010), S. 23–33.
M. Murray, The God of the Witches (London 1931).
Z. Nerudová u. a., The woman from the Dolní Věstonice 3 burial: A new view of the face using modern technologies. In: Archaeological and Anthropological Sciences 11, 2019, S. 2527–2538.
M. Oliva, The Brno II Upper Palaeolithic burial. In: W. Roebroeks u. a. (Hg.), Hunters of the Golden Age (Leiden 2000), S. 143–159.
M. Oliva, Die Kunst des Gravettien / Pavlovien in Mähren. In: H. Meller / T. Puttkammer (Hg.), Klimagewalten – Treibende Kraft der Evolution (Halle / S. 2017), S. 338–359.
J. Orschiedt, The Late Upper Palaeolithic and earliest Mesolithic evidence of burials in Europe. In: Phil. Trans. R. Soc. 2018, B3732017026420170264.
P. Pettitt, The Palaeolithic Origins of Human Burial (London 2011).
C. Rauer, Wandgeburten der Höhlenmalerei. In: Das Altertum 62, 2017, S. 271–310.
C. Rauer, Gewalt und Kult in der Bildsprache des Jungpaläolithikums. In: H. Meller u. a. (Hg.), Rituelle Gewalt – Rituale der Gewalt (Halle / S. 2020), S. 69–100.
L. N. Stutz, Mortuary practices. In: V. Cummings / P. Jordan / M. Zvelebil (Hg.), The Oxford Handbook of the Archaeology and Anthropology of Hunter-Gatherers (Oxford 2014), S. 712–728.
J. A. Svoboda, Dolní Vestonice-Pavlov. Place: South Moravia. Time: 30 thousand years ago (Mikulov 2010).
J. Svoboda u. a., Pavlov VI: an Upper Palaeolithic living unit. In: Antiquity 83, 2009, S. 282–295.
E. Trinkaus, An abundance of developmental anomalies and abnormalities in Pleistocene people. In: PNAS 115, 47, 2018, S. 11941–11946.
E. Trinkaus / A. P. Buzhilova, Diversity and differential disposal of the dead at Sunghir. In: Antiquity 92, 361, 2018, S. 7–21.
D. S. Whitley, Rock art, religion and ritual. In: T. Insoll (Hg.), The Oxford Handbook of the Archaeology of Ritual and Religion (Oxford 2011), S. 306–326.
A. Zeeb-Lanz / A. Reymann, Löwenmenschen und Schamanen: Magie in der Vorgeschichte (Darmstadt 2019).

22 Der Aufritt der Schamanen

A. Butrimas, Biržulis lake islands Donkalnis and Spiginas Mesolithic cemeteries (West Lithuani). In: J. M. Grünberg u. a. (Hg.), Mesolithic burials – Rites, symbols and social organisation of early postglacial communities (Halle / S. 2016), S. 193–218.

C. Conneller, The Mesolithic, In: T. Insoll (Hg.), The Oxford Handbook of the Archaeology of Ritual and Religion (Oxford 2011), S. 358–370.

O. Dietrich / K. Schmidt: Göbekli Tepe. The imagery of the pillars in the monumental buildings A-D, F and H (im Druck).

A. Deter-Wolf, T. M. Peres, S. Karacic, Ancient Native American bone tattooing tools and pigments: Evidence from central Tennessee. In: Journal of Archaeological Science 37, 2021, 103002.

L. Dubreuil / L. Grosman, Ochre and hide-working at a Natufian burial place. In: Antiquity 83, 322, 2009, S. 935–954.

L. Dubreuil / L. Grosman, The Life History of Macrolithic Tools at Hilazon Tachtit Cave. In: O. Bar-Yosef / F. R. Valla, Natufian Foragers in the Levant: Terminal Pleistocene Social Changes in Western Asia (Ann Arbor MI 2013), S. 527–543.

L. Dubreuil u. a., Evidence of ritual breakage of a ground stone tool at the Late Natufian site of Hilazon Tachtit cave (12,000 years ago). In: PLoS ONE 14, 10, 2019: e0223370.

F. Fahlander, A Piece of the Mesolithic. Horizontal Stratigraphy and Bodily Manipulations at Skateholm. In: F. Fahlander / T. Oestigaard, The materiality of death: bodies, burials, beliefs (Oxford 2008), S. 29–45.

H. Goldgeier / N. D. Munro / L. Grosman, Remembering a sacred place: The depositional history of Hilazon Tachtit, a Natufian burial cave. In: Journal of Anthropological Archaeology 56, 2019, 101111.

W. Grittner, Der Preußenkönig Friedrich II. und die Tiere. Eine historische Betrachtung. In: Deutsches Tierärzteblatt 3, 2013, S. 312–319.

L. Grosman / N. D. Munro, A Natufian Ritual Event. In: Current Anthropology 57, 3, 2016, S. 311–331.

L. Grosman / N. D. Munro, Hilazon Tachtit Cave, a Late Natufian Burial Site in the Western Lower Galilee, Israel. In: Y. Enzel / O. Bar-Yosef, Quaternary of the Levant: Environments, Climate Change and Humans in the Levant (Cambridge 2017), S. 303–306.

L. Grosman / N. D. Munro / A. Belfer-Cohen, A 12,000-year-old Shaman burial from the southern Levant (Israel). In: PNAS 105, 46, 2008, S. 17665–17669.

J. M. Grünberg, Aufrecht ins Jenseits: Die sitzende Haltung von Verstorbenen im Mesolithikum. In: Die Kunde N. F. 59, 2008, S. 38–89.

J. M. Grünberg, Archaeological remains of Mesolithic funerary rites and symbols. In: D. Borić / D. Antonović / B. Mihailović (Hg.), Foraging Assemblages, Bd. 2 (Belgrad / New York 2021), S. 622–628.

N. N. Gurina, Oleneostrovskii mogil'nik. Materialy i issledovanniia po arkheologii SSSR 47 (Moskau / Leningrad 1956).

I. Hodder / L. Meskell, A «Curious and Sometimes a Trifle Macabre Artistry»: Some Aspects of Symbolism in Neolithic Turkey. In: Current Anthropology 52, 2, 2011, S. 235–263.

K. Jacobs, Returning to Olinij' ostrov: Social, Economic, and Skeletal Dimensions of a Boreal Forest Mesolithic Cemetery. In: Journal of Anthropological Archaeology 14, 4, 1995, S. 359–403.

K. Jennbert, Animal Graves: Dog, Horse and Bear. In: Current Swedish Archaeology 11, 2003, S. 139–152.

M. A. Jodry / D. W. Owsley, New Look at the Double Burial from Horn Shelter No. 2. In:

D. W. Owsley / R. L. Jantz (Hg.), Kennewick Man: The Scientific Investigation of an Ancient American Skeleton (College Station 2014), S. 549–604.
L. Larsson, Some aspects of mortuary practices at the Late Mesolithic cemeteries at Skateholm, southernmost Sweden. In: J. M. Grünberg u. a. (Hg.), Mesolithic burials – Rites, symbols and social organisation of early postglacial communities (Halle / S. 2016), S. 175–184.
N. D. Munro / L. Grosman, Early evidence (12,000 B. P.) for feasting in a burial cave in Israel. In: Proceedings of the National Academy of Sciences 107, 2010, S. 15362–15366.
J. O'Shea / M. Zvelebil, Oleneostrovski mogilnik: Reconstructing the Social and Economic Organization of Prehistoric Foragers in Northern Russia. In: Journal of Anthropological Archaeology 3, 1984, S. 1–40.
R. J. Schulting, Antlers, bone pins and flint blades: The Mesolithic cemeteries of Téviec and Hoëdic, Brittany. In: Antiquity 70, 1996, S. 335–350.
T. Terberger / M. Zhilin / S. Savchenko, The Shigir idol in the context of early art in Eurasia. In: Quaternary International 573, 2021, S. 14–29.
M.-T. Wacker, SchamanInnen in der Welt der Bibel? Ein kulturvergleichendes Element. In: Schlangenbrut 57, 1997, S. 17–21.
I. Zagorska, Mesolithic burial traditions in Latvia. A case study from Zvejnieki burial ground. In: J. M. Grünberg u. a. (Hg.), Mesolithic burials – Rites, symbols and social organisation of early postglacial communities (Halle / S. 2016), S. 225–240.

23 Gerüstet für die Ewigkeit

J. Hodgkins u. a., An infant burial from Arma Veirana in northwestern Italy provides insights into funerary practices and female personhood in early Mesolithic Europe. In: Scientific Reports 11, 2021, 23735.
K. Mannermaa, Powerful birds. The Eurasian jay (Garrulus glandarius) and the osprey (Pandion haliaetus) in hunter-gatherer burials at Zvejnieki, northern Latvia and Yuzhniy Oleniy Ostrov, northwestern Russia. In: Anthropozoologica 48, 2, 2013, S. 189–205.
K. Mannermaa / T. Kirkinen, Tracing the Materiality of Feathers in Stone Age North-Eastern Europe. In: Current Swedish Archaeology 28, 2020, S. 23–46.
L. Lbova, The Siberian Paleolithic site of Mal'ta: A unique source for the study of childhood archaeology. In: Evolutionary Human Sciences 3, 2021, E9.
Novalis, Gesammelte Werke (Frankfurt / M. 2010).

24 Tote reden doch

C. Hunger / S. Rittner, Ritual Body Postures: Empirical Study of a Neurophysiological Unique Altered State of Consciousness. In: The Humanistic Psychologist 43, 4, 2015, S. 371–394.
N. Jadeja / K. Nalleballe, Pearls & Oysters: Bow hunter syndrome: A rare cause of posterior circulation stroke. In: Neurology 91, 2018, S. 329–331.
J. G. Mahdi u. a., The historical analysis of aspirin discovery, its relation to the willow tree and antiproliferative and anticancer potential. In: Cell Proliferation 39, 2, 2006, S. 47–55.
H. Meller u. a. (Hg.), Rituelle Gewalt – Rituale der Gewalt (Halle / S. 2020).

25 Von allen guten Geistern verlassen

J. Diamond, Vermächtnis: Was wir von traditionellen Gesellschaften lernen können (Frankfurt / M. 2012).

S. Pratsch, Die Geweihfunde der neolithischen Siedlung von Eilsleben (Bördekreis). In: Jahresschrift für Mitteldeutsche Vorgeschichte 88, 2004, S. 67 – 136.

H. Rosa, Resonanz: Eine Soziologie der Weltbeziehung (Frankfurt / M. 2016).

R. A. Schulting u. a., Radiocarbon dating from Yuzhniy Oleniy Ostrov cemetery reveals complex human responses to socio-ecological stress during the 8. 2 ka cooling event. In: Nature Ecology & Evolution 6, 2022, S. 155 – 162.

BILDNACHWEIS

Abbildungen im Text

Seite 13: bpk / Ethnologisches Museum, SMB / Pjotr Schimkewitsch

Seite 20: LDA Sachsen-Anhalt, Karol Schauer (links); ALPHA © 2018 Studio 8, LLC. All Rights Reserved. Courtesy of Columbia Pictures (rechts)

Seite 25: Courtesy of Michael Oppitz and Galerie Buchholz

Seite 28: Shim Harno / Alamy Stock Foto

Seite 51: Archiv LDA Sachsen-Anhalt

Seite 82 oben und unten: LDA Sachsen-Anhalt, Andreas Siegl

Seite 95: Niedersächsische Staats- und Universitätsbibliothek Göttingen, Sign. 4 H AS II, 7196:2 RARA

Seite 107: Arterra Picture Library / Alamy Stock Foto

Seite 110: Aus: E. Kasten (Hg.), Schamanen Sibiriens und ihr Vermächtnis, Fürstenberg / Havel 2021 – https://dh-north.org/themen/kulturstiftung-sibirien/de

Seite 131: migstock / Alamy Stock Foto

Seite 145: © Museum Ulm, Foto: Oleg Kuchar

Seite 147: LDA Sachsen-Anhalt, Andreas Siegl

Seite 148: Neil Gevaux / York Museum (links); bpk / The Trustees of the British Museum (rechts)

Seite 151: Nationalmuseet, Kopenhagen / Roberto Fortuna und Kira Ursem / commons.wikimedia.org / CC BY-SA 3.0 Unported

Seite 162: LDA Sachsen-Anhalt, Karol Schauer

Seite 165: LDA Sachsen-Anhalt, Juraj Lipták

Seite 186 oben und unten: LDA Sachsen-Anhalt, Andreas Siegl

Seite 189: LDA Sachsen-Anhalt, Heiko Breuer

Seite 192: LDA-Sachsen-Anhalt, Jörg Orschiedt; Grafik: Anne Gottstein, Birte Janzen

Seite 211 oben: LDA Sachsen-Anhalt, Andreas Siegl, Mario Wiegmann, Birte Janzen

Seite 211 unten: LDA Sachsen-Anhalt, Andreas Siegl, Mario Wiegmann, Anne Gottstein

Seite 220: aus P. Graziosi, Die Kunst der Altsteinzeit (Florenz 1956)

Seite 231: Courtesy of Michael Oppitz and Galerie Buchholz

Seite 246: aus C. Rauer, Gewalt und Kult in der Bildsprache des Jungpaläolithikums. In: H. Meller u. a. (Hg.), Rituelle Gewalt – Rituale der Gewalt (Halle / S. 2020) – Zeichnung von Abbé Breuil, 1952

Seite 250 links und rechts: LDA Sachsen-Anhalt, Juraj Lipták
Seite 253: LDA Sachsen-Anhalt, Juraj Lipták
Seite 261: UtCon Collection / Alamy Stock Foto
Seite 264: Petar Milošević, CC BY-SA 4.0 International / commons.wikimedia.org
Seite 272: aus The Idea of the Eneolithic. In: K. Kristiansen / L. Smejda / J. Turek (Hg.), Paradigm Found. Archaeological Theory, Present, Past And Future. Essays in Honour of Evžen Neustupný (Oxford 2015)
Seite 279: Greg Harlin: http://www.wrh-illustration.com
Seite 283: Gert Germeraad / Trelleborgs Museum
Seite 287: LDA Sachsen-Anhalt, Birte Janzen
Seite 305: LDA Sachsen-Anhalt / Fraunhofer IMWS
Seite 310: LDA Sachsen-Anhalt, Harald Meller

Abbildungen in den Tafelteilen

Tafelteil 1

Seite 1: LDA Sachsen-Anhalt, Karol Schauer
Seiten 2 oben und unten, 3: LDA Sachsen-Anhalt, Zeichnungen: Karol Schauer, Repro: Andrea Hörentrupp
Seiten 4, 5: LDA Sachsen-Anhalt, Juraj Lipták
Seite 6 / 7: LDA Sachsen-Anhalt, Foto: Juraj Lipták; Grafik: Holger Dietl, Birte Janzen
Seite 8 oben und unten: LDA Sachsen-Anhalt, Karol Schauer

Tafelteil 2

Seiten 1, 2, 3, 4, 5: LDA Sachsen-Anhalt, Fotos: Juraj Lipták, Grafik: Brigitte Parsche
Seiten 6 unten, 6 / 7 oben und unten: LDA Sachsen-Anhalt, Karol Schauer
Seite 8 oben und unten: LDA Sachsen-Anhalt, Juraj Lipták

Carel van Schaik, Kai Michel
Menschsein

[illegible]

Tiefe Vergangenheit: Auf das Pleistozän mit seinen extremen Temperaturschwankungen (graue Kurve) folgt das Holozän, in dem es dauerhaft warm wird. Es bricht das kulturgeschichtliche Zeitalter des Mesolithikums an, die Zeit der Schamanin.

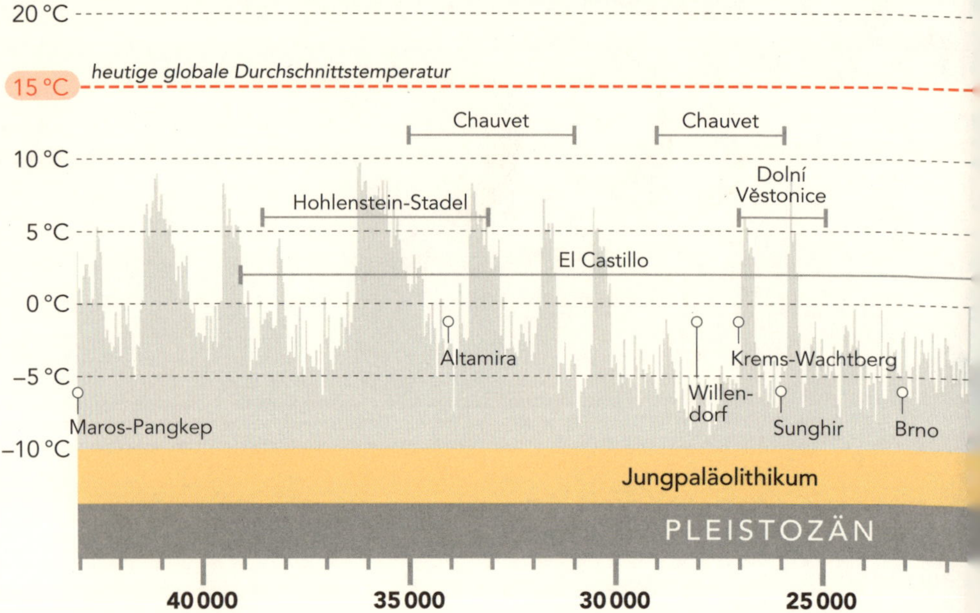

Schamanenzeit: Altersdatierungen liefern in der Regel kein jahrgenaues Datum, weshalb hier oft ein Zeitfenster für wichtige Orte und Funde aus dem Mesolithikum angegeben ist. Manche Plätze sind aber auch über lange Zeit wiederholt genutzt worden.

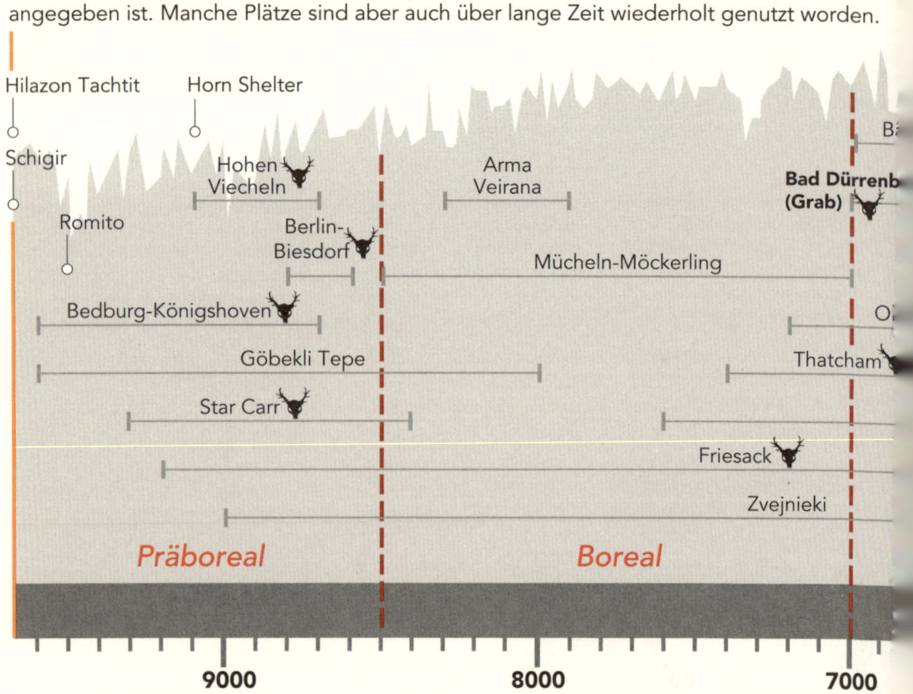